교양 있는 우리 아이를 위한
세계 역사 이야기 3
근대편

글_ 수잔 와이즈 바우어

수잔 와이즈 바우어는 미국의 소설가이자 교육자입니다. 자신의 어머니와 함께 홈스쿨링 책의 표준이 된 『잘 훈련된 정신(The Well-Trained Mind: A Guide to Classical education at Home)』이라는 책을 쓰기도 했습니다. 수잔 바우어는 버지니아에 있는 윌리엄&메리 대학에서 강의를 하고 있습니다. 수잔 바우어도 학교가 아니라 가정에서 교육을 받았습니다. 현재 그녀는 남편과 함께 집에서 4명의 자녀를 가르치고 있습니다. 수잔 바우어의 홈페이지는 다음과 같습니다.
http://www.susanwisebauer.com

옮긴이_ 최수민

1956년 태어나 성균관대학교 영문학과를 졸업했습니다. 옮긴 책으로 엘리스 워커의 『은밀한 기쁨을 간직하며』, 스티븐 킹의 『내 영혼의 아틀란티스』, 틱낫한 스님의 『화』, 마틴 코헨의 『철학을 의심하라』, 존 그리샴의 『크리스마스 건너뛰기』, 지주 코더의 『라이언보이』 등이 있습니다.

세밀화_ 정병수

전북 남원에서 태어났고 원광대 서양화과를 졸업했습니다. 『병팔이의 일기』, 『인디언 숲으로 가다』, 『행복한 세상 : 함께 나누는 우리 창작동화 10』, 『어린이 파브르 곤충기』 시리즈 등에 그림을 그렸고, 《생각쟁이》 등 어린이 잡지에도 그림을 그리고 있습니다.

교양 있는 우리 아이를 위한 세계 역사 이야기 3

글_ 수잔 와이즈 바우어 | 옮긴이_ 최수민 | 세밀화_ 정병수 | 초판 펴낸날 2004년 7월 25일 | 개정판 1쇄 펴낸날 2005년 12월 30일 | 개정판 18쇄 펴낸날 2025년 2월 17일 | 펴낸곳 이론과실천 | 펴낸이 최금옥 | 등록 제10-1291호 | 주소 (07207) 서울시 영등포구 양평로21가길 19, 512호 | 전화 02) 714-9800 | 팩스 02) 702-6655

THE STORY OF THE WORLD VOL.3: Early Modern Times
by Susan Wise Bauer
Copyright ⓒ 2004 by Susan Wise Bauer
Korean Translation Copyright ⓒ 2004 by Theory & Praxis Publishing Co., Korean translation rights published by arrangement with Theory & Praxis Publishing Co. through Corea Literary Agency, Seoul
이 책의 한국어판 저작권은 Corea 에이전시를 통한 Peace Hill Press c/o Richard Henshaw Group과의 독점 계약으로 도서출판 이론과 실천에 있습니다. 신저작권법에 의해 한국 내에서 보호를 받는 저작물이므로 무단 전재와 복제를 금합니다.

*값은 뒷표지에 있습니다.
*잘못된 책은 바꾸어 드립니다.

ISBN 978-89-313-8010-1 74900
　　　978-89-313-8007-1(전5권)

교양 있는 우리 아이를 위한
세계 역사 이야기 3
근대편

수잔 와이즈 바우어 지음 | 최수민 옮김

추천사

세계 역사와 문화에 대한 이해는 어린이의 필수 교양

세계화 시대를 맞아 세계를 상대하며 살아가야 할 우리 아이들에게 세계 역사와 문화에 대한 이해는 외국어 못지않은 필수 교양이다. 호기심 많은 아이들에게 세계사는 매우 흥미진진한 과목이지만 아이들은 이구동성으로 세계사가 너무 배우기 어렵다고 한다. 그 결과 고등학교에서 세계사를 선택하는 학생이 나날이 줄어들고 있는 형편이다. 이웃 나라 일본에서 세계사가 필수 과목이 되어 있는 것은 우리가 눈여겨보아야 할 대목이다.

수잔 바우어가 자신의 자녀에게 재미있는 이야기를 들려주듯이 쓴 이 책을 우리 아이들의 손에 들려 준다면 누가 세계사를 어렵다고 할까.

역사적 사실과 신화, 전설, 민담 사이를 종횡무진 오가며 인류 역사를 흥미진진하게 재구성해 놓은 이 책은, 단순한 세계사 지식을 보여 주고 있는 것이 아니라 역사를 해석하고 통찰할 수 있는 눈을 열어 주는 재미있는 안내서다. 쉽고도 기초적인 설명으로 세계사에 관심을 가진 아이들이라면 누구나 품기 마련인 의문들을 친절하고 흥미롭게 풀어 주고 있다. 또한 동서양의 고대 문명에 대한 아이들의 지적 호기심을 채워 주는 데서 한 걸음 더 나아가 새로운 탐구심을 끊임없이 불러일으킨다. 이 책 시리즈를 읽어 가노라면 아이들은 어느새 세계 문명과 역사에 대해 풍부한 교양을 갖춘 세계인이 되어 있는 자신을 발견하게 될 것이다.

영양 많고 맛있는 음식은 아이 어른 할 것 없이 누구나 즐기듯, 수잔 바우어의 책은 세계사에 대한 지적 호기심에 가득한 10대는 물론이고 그때의 지적 욕구를 채우지 못한 채 살아가고 있는 10년, 20년, 30년 전의 10대들에게도 더없이 반가운 선물이다.

2004년 1월
서원대학교 사회교육학부 교수 · 한국교육자료박물관장
허 원

추천사

어린이 역사 교육은 어린이의 눈높이에 맞추어야

초등학생인 내 아이가 다니는 학교에서 고학년 학생들을 대상으로 한 '역사 교실'을 1년 동안 지도한 적이 있다. 그러고 나서 깊이 깨달은 것은, 초등학생을 대상으로 한 역사 교육은 대학에서 고고학을 가르치는 것과는 전혀 다른 차원의 일로서, 대학 교수가 아닌 전혀 다른 전문가와 전문 도서 및 자료를 필요로 하는 일이라는 사실이었다.

어린이에게 인류의 역사를 쉽게 가르친다는 것은 매우 어려운 일이다. 그것은 과거의 역사가 현재를 사는 우리들에게 지니는 의미를 아이들의 눈높이에 맞추어 이야기해 주는 일이 쉬운 일이 아니기 때문이다. 그러나 이보다 더 어려운 일은 과거에 있었던 일들을 '쉽고도 재미있게 간추려 말해 준다'는 것이다. 사람들이 어떻게 해서 지금과 같은 문명사회를 이루고 살았으며, 유적이나 유물로 남아 있는 고대인의 생활이 어떠하였는가를 아이들의 언어와 사고방식으로 말해 준다는 것은 아무나 할 수 있는 일이 아니기 때문이다.

역사 교육의 목표, 특히 자라나는 아이들을 대상으로 한 역사 교육의 목표는 과거에 있었던 일을 이해하며 스스로 그 교훈을 깨우쳐 나가는 데 있다고 하겠다. 즉, 어린이를 위한 역사 교육은 교육이고 공부이기보다 우선 재미있는 역사 이야기 읽히기 혹은 들려주기가 되어야 한다는 것이다. 그런 점에서 수잔 바우어가 쓴 이 ≪교양 있는 우리 아이를 위한 세계 역사 이야기≫ 시리즈는 유익한 책이다. 이 책은 농경 사회의 등장에서 시작하여 역사상의 중요한 사건들을 어린이의 눈높이에 맞추어 알기 쉽고 재미있게 써 내려갔다는 점에서 보기 드문 책이다.

유사한 종류의 아동 도서에서는 흔히 출처 불명의 부정확한 정보가 눈에 띄기 마련이나, 이 책은 상당히 높은 수준의 지식과 정확한 정보를 쉽게 전달하고 있다. 고고학자이고 대학교수이기 이전에 초등학생 자녀를 둔 학부모의 입장에서, 이 책이 자라나는 자녀의 지적 성장에 도움이 될 것이라 믿으며 추천하는 바이다.

2004년 1월
서울대학교 인문대학 교수
이선복

* 일러두기

≪교양 있는 우리 아이를 위한 세계 역사 이야기≫는 수잔 와이즈 바우어 교수가 어린이가 세계 역사에 흥미를 가질 수 있도록 재미있게 엮은 이야기 책입니다. 그래서 어린이에게 쉽고 친숙한 용어와 단어를 선택하여 역사를 설명하고 있는데 대부분 그대로 따랐습니다. 또 역사 사실이나 연대 등도 수잔 교수의 서술을 그대로 따랐습니다.

* 본문의 삽화 중 세밀화로 된 그림은 새로 그려 넣은 것으로, 원서에는 없는 것임을 밝혀 둡니다.

서문

근대편 — 엘리자베스 1세로부터 포티 나이너스*까지

탐험가들이 바위 산에 묻힌 보물을 발견하고, 바다에는 해적들이 우글거리고, 국왕들은 왕좌에 웅크리고 앉아서 죽는 날까지 왕관을 지키고 머리가 떨어지지 않기를 고대한단다. 모험가들은 낯설고 새로운 땅을 찾아서 작은 나무배를 타고 굶주림과 요동치는 파도와 싸우면서 전 세계를 항해하지.

그러나 그러한 일들이 일어났던 그 시대의 세계에 대해서 아는 게 없다면 너는 어떠한 이야기를 들어도 별로 재미를 느끼지 못하게 돼. 1600년에 바다를 누볐던 모험가들은 넓디넓은 바다가 여러 대륙들을 서로 갈라놓고 있다는 사실은 알았지만, 도대체 바다가 얼마나 넓은지는 몰랐단다. 지금은 지구 표면의 4분의 3이 바다라는 사실을 모르는 사람은 아무도 없겠지? 지리학자들은 이 바다를 다섯 개의 대양ocean으로 나누었는데, 태평양, 대서양, 인도양, 남극해, 북극해가 바로 그것이란다. 이 대양들을 쉽게 기억하게 해 주는 짧은 시를 지어 볼까?

*포티 나이너스(forty-niners)는 1849년에 미국에서 금광을 찾으러 캘리포니아로 몰려간 사람들을 말합니다.

　　태평양은 제일 크고,
　　인도양은 벵골 만에서 시작되지요.
　　대서양은 지금도
　　움직이고 있고요.
　　북극해와 남극해는 아주 작아요.

이 바다들 사이와 주위에 우리가 대륙continent이라고 부르는 거대한 땅덩어리들이 있어. 지구의 땅을 우리는 일곱 개의 대륙으로 나누는데, 북아메리카, 남아메리카, 아프리카, 유럽, 아시아, 오스트레일리아, 남극 대륙이 바로 그것이야. 이 일곱 개의 대륙들을 쉽게 기억하게 해 주는 시를 또 한 편 지어 볼까? 지구의를 앞에 놓고 손가락으로 짚어 가면서 읊어 봐.

　　차가운 얼음으로 덮인 제일 남쪽의 남극 대륙에서 출발해서
　　북쪽으로 올라가면 오스트레일리아가 나와요. 거기는 햇빛이 눈부시고 뜨겁답니다.
　　바다를 가로질러 더 북쪽으로 올라가요, 뭍에 닿을 때까지.

　　거기가 아시아예요. 아시아 대륙에는 얼음도 있고 모래 사막도 있지요.

서문

서쪽으로 발길을 돌리면 오래지 않아서 유럽의 산맥들이 저만치에 나타난대요.
유럽에는 그리스 사람들과 독일 사람들이 살고 프랑스 사람들과 스페인 사람들이 살지요.

유럽을 떠나 남쪽으로 내려가면 곧 밀림과 드넓은 초원이 나타나요.
얼룩말들이 풀을 뜯고 사자들이 갈기를 흔들어요.
적도를 따라서 서쪽으로 가면 남아메리카의 해안에 도착하지요.
그곳에서는 라마가 보이고 재규어와 콘도르도 볼 수 있답니다.

내리쬐는 햇볕을 받으며 다리처럼 걸쳐진 땅을 건너 북쪽으로 가면
북아메리카에 도착한 것이에요. 우리의 대륙 여행은 여기까지랍니다!

추천사   세계 역사와 문화에 대한 이해는 어린이의 필수 교양   허 원

추천사   어린이 역사 교육은 어린이의 눈높이에 맞추어야   이선복

서 문   근대편－엘리자베스 1세로부터 포티 나이너스까지

제1장   제국들의 세계
신성 로마 제국의 황제가 된 세 나라의 왕 카를   17
스페인을 부유하게 만든 남아메리카의 금   23

제2장   프로테스탄트의 반란
네덜란드의 영웅 침묵자 빌렘   31
단두대에서 죽은 메리 여왕   37

제3장   두 나라의 국왕, 제임스
제임스 왕과 그의 적들   47 | 식민지 제임스타운과 포카혼타스   52

제4장   북서 항로를 찾아서
캐나다에 식민지를 개척한 샹플랭   61
귀신이 된 영국 탐험가 허드슨   66

제5장   일본의 장군들
중국을 넘본 도요토미 히데요시   75
막부를 연 도쿠가와 이에야스   81

제6장   신대륙의 새로운 식민지들

바다 건너 북아메리카에 정착한 청교도들　89
신대륙의 네덜란드 사람들　96

제7장　**노예 제도의 확산**
담배 산업 때문에 끌려온 노예들　105
포르투갈과 맞서 싸운 앙골라의 여왕 은징가　111

제8장　**투르크 족이 장악한 중동 지방**
중동 지방의 흥망성쇠　119
오스만 투르크 제국을 다시 일으킨 무라드　125

제9장　**유럽의 30년 전쟁**　|　종교 문제로 서로 싸운 유럽　135

제10장　**일본의 쇄국과 중국의 청나라**
문을 닫고 선(禪) 불교를 발전시킨 일본　147
만주족이 세운 청나라　153

제11장　**인도 무굴 제국의 황제들**
세계의 지배자, 세계의 왕, 세계의 정복자　161
인도를 망하게 한 아우랑제브의 세 가지 결정　168

제12장　**영국의 청교도 혁명, 흑사병, 화재**
목 잘린 국왕 찰스 1세　175　|　크롬웰이 '수호'하는 나라　182
런던을 휩쓴 흑사병과 화재　188

제13장　**프랑스의 절대 군주**　|　태양 왕 루이 14세　195

제14장 **프로이센의 발흥**
  최초의 독일 왕국 프로이센을 세운 프리드리히 205

제15장 **신대륙의 혼란**
  식민지 영국인들과 인디언의 전쟁 213
  이로쿼이 족을 물리친 프랑스 여인 219
  퀘이커 교도 윌리엄 펜이 이룩한 필라델피아 226

제16장 **서양 세계**
  뉴턴과 로크가 발견한 보편 법칙 237 | 과학이 이룩한 농업 혁명 245

제17장 **서양으로 눈 돌리는 러시아**
  유럽 문물을 들여온 표트르 대제 253
  서양으로 가는 항구를 차지한 표트르 대제 259

제18장 **동양과 서양의 충돌** | 서양으로 눈 돌린 오스만 투르크 269

제19장 **인도의 영국인들**
  무너지는 인도 제국 279 | 점원들의 공격으로 무너진 인도 285

제20장 **위풍당당한 동양**
  전국의 책을 모은 건륭제 293 | 장엄한 용이 지배하는 나라 300

제21장 **북아메리카를 둘러싼 전쟁**
  유럽과 식민지의 의미 없는 전쟁들 309
  식민지에서 유럽으로 번진 7년 전쟁 315

차례

제22장 **영국 식민지의 독립 전쟁**
   영국과 식민지의 마찰 325 | 아메리카 식민지의 독립 전쟁 331

제23장 **새로운 나라**
   미국의 탄생과 헌법의 제정 341 | 미국의 첫 대통령 워싱턴 347

제24장 **남쪽 바다로**
   바다의 사나이 쿡 선장 355
   영국 죄수들의 새로운 터전 오스트레일리아 363

제25장 **음산해진 혁명**
   바스티유 감옥 습격 371 | 기요틴과 로베스피에르의 공포 정치 380

제26장 **예카테리나 대제**
   망나니 왕자와 결혼한 예카테리나 389
   남편을 제치고 황제가 된 예카테리나 397

제27장 **바뀌는 세계**
   사람들의 삶을 바꾼 증기 기관 407
   사람들의 삶을 바꾼 휘트니의 발명 412

제28장 **중국을 위협하는 서양**
   건륭제에게 무시당한 대영 제국 419
   중국에 아편을 판 영국 상인 425

제29장 **나폴레옹의 등장**

나폴레옹의 야망 431 | 황제가 된 나폴레옹 437

제30장 **아이티 노예들의 봉기** | 생도밍그 섬의 반란 445

제31장 **또 다른 반란**
여자들과 어린아이들이 공장으로 455
기계를 때려 부순 러다이트 운동 461

제32장 **길 트는 서부**
루이스와 클라크의 미국 서부 탐사 467
백인에게 저항한 테쿰세 475

제33장 **나폴레옹의 종말**
나폴레옹의 전쟁들과 1812년 영·미 전쟁 483
나폴레옹의 운명을 바꾼 워털루 전투 490

제34장 **남아메리카의 자유**
베네수엘라의 해방자 볼리바르 499
독립했으나 단결하지 못한 남아메리카 506

제35장 **멕시코의 독립**
돌로레스의 외침 515 | 멕시코 공화국 탄생 521

제36장 **막 내리는 노예 무역** | 노예 제도 폐지론자들의 호소 527

제37장 **요동치는 아프리카**
아프리카를 재난으로 몰아넣은 샤카 왕 537

보어 인과 영국인 손에 넘어간 아프리카 542

제38장 **미국의 비극**
눈물의 길 549 | 흑인 목사 냇 터너의 반란 555

제39장 **표류하는 중국** | 아편 전쟁으로 문 열린 중국 563

제40장 **멕시코와 이웃 나라들**
멕시코의 미국인 거주지 텍사스 571 | 멕시코 땅을 사들인 미국 577

제41장 **뉴질랜드와 그 지배자들**
영국 땅이 된 뉴질랜드 585 | 마오리 족과 영국의 깃대 전쟁 590

제42장 **1849년 무렵의 세계**
골드 러시—황금을 찾아 캘리포니아로! 595
요동치는 세계 600

연표 602

찾아보기 609

페르디난트와 펠리페의 제국

제1장 제국들의 세계

신성 로마 제국의 황제가 된 세 나라의 왕 카를

네가 1600년에 세계를 여행하는 나그네라고 가정해 볼까? 20년 동안이나 세계를 여행해 왔다고 쳐 보자고. 너는 아라비아의 천막과 유럽의 궁궐과 인도의 일자집(길게 붙은 공동 주택)에서 잠을 잤어. 로마에서는 생선을 삭혀 만든 젓갈을 먹었고, 영국에서는 송아지 내장으로 만든 푸딩을 먹었고, 비텐베르크에서는 설탕에 절인 사탕무를 먹었고, 프랑스에서는 금가루를 묻힌 멧돼지 머리 고기를 먹었어. 너는 이가 딱 두 개만 남았단다. 오랫동안 채소를 먹지 못한 탓에 비타민 C가 모자라서 생기는 괴혈병이라는 질병과 설탕에 절인 사탕무 때문에 이가 거의 다 빠져 버린 것이지. 그것뿐이 아니야. 아이슬란드를 여행하는 동안에는 동상에 걸려서 발가락 세 개를 잃기도 했지. 아시아에서는 낙타한테 깨물렸고, 인도에서는 코브라한테 물렸고, 북아메리카에서는 워터 모카신이라는 이름의 독사한테 물리기도 했어.

세계를 여행하는 동안에 너는 가는 곳마다 두 개의 깃발이 있는 것을 보았어. 하나는 흰 바탕에 빨간 십자가가 그려진 깃발이고, 다른 하나는 머리가 두 개인 독수리가 그려진 깃발이었어. 온 세상에 그 두 가지 깃발이 펄럭거렸어. 스페인과 포

르투갈, 눈 덮인 알프스로부터 물에 잠긴 네덜란드의 해변에 이르기까지, 유럽 전 지역에서 빨간 십자가와 머리가 둘인 독수리 깃발이 펄럭였어. 북아메리카와 남아메리카의 정착지들, 심지어는 필리핀에서도 그 두 깃발이 펄럭이는 것을 보았어. 가는 곳마다 빨간 십자가와 머리가 둘인 독수리가 그려진 깃발이 펄럭이지 않는 곳이 없었어!

이 두 깃발을 내건 사람들은 스페인의 펠리페 2세Felipe II와 신성 로마 제국의 페르디난트 1세Ferdinand I였는데 말이야, 그들은 숙질 간이었단다. 삼촌과 조카 사이란 말이지. 그들은 세계의 넓디넓은 지역을 통치했는데, 그건 순전히 너무도 유명한 한 소년 때문이었다는구나.

이 이야기가 시작된 때로부터 100년 전에, 그러니까 서기 1500년에, 참으로 복도 많은 그 아이는 유럽의 어느 돌로 된 궁궐에서 태어났단다. 그의 아버지는 네덜란드의 국왕이었고, 그의 할아버지는 독일의 여러 소국(작은 나라)들을 다스렸어. 그의 또 다른 할아버지는(외할아버지였겠지?) 스페인의 국왕이었어. 그 아이의 집안에는 국왕이 세 명이나 있었더라는 말이야. 그 아이의 이름은 카를(카를 5세Karl v)이었어.

카를은 여섯 살 때 아버지가 죽었어. 그래서 카를은 네덜란드의 국왕이 되었지. 열여섯 살 때에는 스페인 할아버지가 죽으면서 스페인의 왕좌를 그에게 물려주었어. 열아홉 살 때에는 독일 할아버지가 죽고, 그가 독일의 국왕이 되었어. 아직 십 대의 나이에 카를은 왕좌를 세 개나 가진 국왕이 되었던 것이야.

그런데 카를은 더 많은 걸 원했단다. 그는 '신성 로마 제국의 황제'라는 이름마저 가지고 싶었어.

카를이 태어나기 1500년 전으로 거슬러 올라가 볼까? 그때는 유럽 전 지역은 물론이고 아프리카의 일부까지도 로마 제국의 영토였단다. 제국의 국경선 안에 사는 사람들은 누구나 로마의 법을 지키며 고분고분 살아야 했어. 이 '로마의 평화'는 오랫동안 계속되다가 북쪽으로부터 야만인들이 쳐들어오면서부터 깨어지기 시작했고, 오래지 않아서 로마 제국은 멸망했어.

그 후 500년 동안 유럽 전 지역에서는 여러 나라들 사이의 전쟁이 끊이지 않다가, 이윽고 샤를마뉴라는 이름의 위대한 국왕이 등장했지. 샤를마뉴는 이웃 독일의 영토들을 정복해서 그의 영토로 만들었어. 그는 왕국의 평화를 지키기 위한 법률들을 공포했어. 이윽고 그의 왕국이 너무도 강대해지자 기독교 교회의 수장인 교황이 특별 예배를 열고 샤를마뉴를 '로마 황제'라고 선포했단다.

로마 제국은 벌써 여러 세기 전에 멸망했잖아? 그런데 이게 도대체 무슨 뜻이지? 무슨 뜻이냐면, 고대 시대에 로마 제국이 그랬던 것처럼, 샤를마뉴의 새로운 왕국

신성 로마 제국의 황제가 된 세 나라의 왕 카를

카를 5세

이 유럽의 넓은 지역을 평화롭게 다스려 줄 것이며, 또 샤를마뉴는 기독교도이기 때문에 그의 새로운 '로마 제국'이 기독교를 전 세계에 퍼뜨리는 데 크게 도움이 될 것이라고 기대한다는 뜻이었단다. 샤를마뉴가 '신성한' 로마 황제로 알려지게 된 이유가 바로 이것이야.

카를은 자기도 '신성 로마 황제'라는 이름으로 세상에 알려지고 싶었던 거야. 그러기 위해서는 먼저 교황이 특별 예배를 열어서 그를 신성 로마 황제라고 선포하도록 설득해야 했어! 그런데 교황은 카를에게 그 칭호를, 과연 그 칭호에 따르는 권력을 주어도 되는 것인지 알 수가 없었단다. 카를은 이미 유럽의 대부분을 다스리고 있었어. 그런 카를이 더욱 강해진다면, 교황의 권력은 어떻게 될까?

그런 불안을 가진 사람은 비단 교황만이 아니었단다. 프랑스 국왕은 카를이 프랑스에 쳐들어올지도 모른다는 불안에 떨고 있었어. 이탈리아를 다스리던 군주들도 언제 카를에게 왕좌를 빼앗길지 몰라 벌벌 떨고 있었어. 그래서 교황과 프랑스의 국왕과 이탈리아의 군주들이 한데 뭉쳐서 카를과 그의 군대를 맞아 싸울 준비를 갖추었단다.

그러나 카를은 기가 죽지 않았어. 교황을 설득해서 그를 황제로 인정하게 할 수 없다면 기어이 무력(군대의 힘)을 쓸 기세였지.

그의 전략은 간단하고도 충격적인 것이었단다. 여러 해 동안 카를은 그의 영토 안에 사는 프로테스탄트 신자들을 억압해 왔었어. (2권에서 종교 개혁에 대해 배웠던 거 기억 나지? 기독교 교회가 가톨릭과 프로테스탄트로 나뉘게 되었잖아?) 프로테스탄트 신자들은 가톨릭 교회는 부패했으며, 교황은 모든 기독교도들에게 어떤 방법으로 신을 숭배하고, 어떤 태도로 살아가야 하는지를 말할 권리가 없다고 믿었지. 카를은 프로테스탄트 신자들을 감옥에 가두거나 그들의 땅에서 쫓아내는 등의 박해를 가했어. 그러나 카를은 만약 그가 교황과 싸운다면 프로테스탄트 신자들이 성을 내며 나서 주리라는 것을 잘 알고 있었어. 그래서 그는 독일의 프로테스탄트 군대를 고용해서 그의 군대와 함께 로마로 쳐들어가게 했어.

저먼 퓨리German Fury라고 불리는 이 성난 군대가 진격해서 로마를 포위했지. 교황의 군대는 수가 훨씬 적었단다. 그들은 성벽 위에서 녹슬고 망가진 대포 몇 대를 쏘았지만, 침략군은 성문들을 부수고 도시 안으로 쏟아져 들어갔지. 교황과 그의 군대는 도시 안의 요새에 들어가 숨었어. 여덟 달 동안 교황은 이 요새 안의 감옥에 갇혀서 지냈고, 한편 저먼 퓨리 군대는 로마 시내를 휩쓸고 다니며 불을 지르고 살인과 노략질을 했단다.

한편 카를은 스페인에 앉아서 로마 공격에 대해서 아무것도 모르는 척하고 있었어. 그는 교황에게 전갈을 보내서 저먼 퓨리 군대가 자기의 허락도 없이 행동했던 것이라고 주장했단다. 카를이 이렇게 외쳤대요. "난 지금 몹시 화가 났소이다! 어

떻게 이런 일이 있을 수 있다는 말이오?"

교황이 그 말을 믿었을까? 그건 우리로서는 알 수 없어. 그러나 교황이 특별 예배를 열어서 카를을 '신성 로마 황제'라고 선포하겠다고 동의했다는 것은 잘 알고 있단다. 그 대가로 카를은 교황이 저먼 퓨리 군대를 물리치도록 도와주었어.

이제 카를은 자신을 '로마 인들의 국왕이며, 스페인과 시실리와 예루살렘과 대서양 저편의 수많은 섬들과 땅의 국왕이며, 오스트리아의 대공, 부르고뉴와 아테네의 공작, 아시아와 아프리카의 군주'라고 부를 수 있게 되었어. 그러나 이 황홀한 칭호들에도 불구하고 카를은 너무도 많은 문제들을 안고 있었단다. 그는 왕위에 오른 이후 오랜 세월을 전쟁에 바쳤는데, 전쟁에는 돈이 들게 되어 있단 말이야. 그는 날이 갈수록 가난해졌지. 그의 왕국들 안에서는 가톨릭 신자들과 프로테스탄트 신자들이 끊임없이 서로 싸우고 있었어. 게다가 프로테스탄트 신자인 백성들은 더 이상 카를의 명령에 복종하지 않았단다.

교황이 그에게 신성 로마 황제의 칭호를 허락한 지 24년 후에 카를은 드디어 자기 힘으로는 제국을 다스릴 수 없다고 판단했어. 검은 옷을 입고 가장 아끼는 신하의 부축으로 왕좌에서 일어난 카를은 신하들에게 이렇게 말했어. "나는 지금까지 내 나라와 나의 신념을 지키려고 최선을 다해 왔소이다. 그러나 이제는 병들고 허약해서 더 이상 싸울 수가 없소. 나는 이제 이 왕좌에서 물러나야겠소. 나는 스페인과 네덜란드와 이탈리아의 영토를 내 아들 펠리페에게 물려주겠소." 다시 천천히 왕좌에 앉는 카를을 바라보면서 신하들이 통곡을 했어.

2년 후에 카를 5세는 제국의 나머지 영토를 그의 동생 페르디난트에게 주었고, 페르디난트가 형의 뒤를 이어서 신성 로마 황제가 되었지. 카를은 어느 수도원에 들어가서 기도와 독서로 세월을 보내다가 2년이 채 못 되어서 죽었단다.

세상에서 제일 큰 복을 타고났던 그 어린 소년은 마침내 그의 왕국들을 다 잃어버렸어. 그리고 이제는 그의 동생 페르디난트와 아들 펠리페가 유럽 대륙의 가장 부유한 왕국들을 다스리게 되었어. 그리고 그들의 행동이 세계를 바꾸게 된단다.

스페인을 부유하게 만든 남아메리카의 금

어린 소년이 어두운 동굴 속에 서 있어. 묵직한 자루가 그의 두 다리에 기대어져 있고, 발밑은 미끈미끈하고 축축한 진흙이 덮인 험한 돌 바닥이야. 얼굴에서는 땀이 줄줄 흘러내리고, 저만치 앞에는 어둠 속에서 희미하게 횃불이 이글거리고, 바위를 쪼개는 쇠망치 소리들이 텅텅 울리고 있어.

이윽고 뒤로 돌아선 소년의 앞에는 위를 향해서 가파르게 경사진 좁은 터널이 있어. 까마득히 멀리 햇빛이 뿌옇게 비치는 곳이 터널의 입구야. 소년은 허리를 굽히고 자루를 집어 들어. 양쪽 벽에 돋은, 바늘같이 뾰족한 돌에 소년은 연방 두 팔과 등이 긁히는구나. 소년이 터널을 올라가기 시작하는데, 자루가 너무 무거워서 허리가 꺾인 채로 숨을 헐떡거려. 그러나 공기가 너무 뜨끈뜨끈하고 역겨운 냄새마저 나서 제대로 숨을 쉴 수가 없단다.

소년은 너보다도 나이가 그리 많지 않아. 지금 이 소년은 남아메리카의 어느 광산

에서 일을 하고 있는 거야. 스페인의 국왕 펠리페 2세를 위해서 금을 나르고 있는 것이지.

스페인 사람들은 처음에는 순전히 우연으로 남아메리카에 오게 되었어. 수백 년 동안 스페인과 유럽의 다른 여러 나라의 상인들은 동쪽으로(16쪽 지도의 오른쪽) 가서 인도에서 정향과 육두구와 후추를 샀어. 그러나 인도로 가는 길은 너무 멀고 험했단다. 군데군데 메마른 사막과 거친 바위가 널린 땅을 거쳐야 했거든. 그래서 크리스토퍼 콜럼버스라는 모험가가 유럽에서 서쪽으로(16쪽 지도의 왼쪽) 항해를 해 보았어. 그쪽으로 계속 가면 지구의 저쪽 편에 있는 인도에 도착할 수 있을 것이라고 생각했던 거였지. 오랜 항해 끝에 마침내 육지를 보았을 때, 그는 자기가 인도 근처의 섬에 도착한 게 틀림없다고 믿었어. 그는 그 섬에 사는 사람들을 '인디언'이라고 불렀단다. 그리고 그 땅을 스페인의 영토라고 선언했어. 스페인의 여왕이 그에게 탐험을 떠날 수 있도록 배를 살 돈을 주었기 때문이었지.

콜럼버스가 돌아온 후, 스페인의 모험가들이 우르르 콜럼버스가 갔던 그 길을 따라 '인도'로 갔어. 그 모험가들을 '콘키스타도레스conquistadores'라고 하는데, 이 말은 '정복자들'이라는 뜻이야. 그러나 그들은 콜럼버스가 인도에 도착했던 게 아니었다는 걸 알게 되었단다. 콜럼버스는 이제껏 유럽에서는 아무도 알지 못했던 전혀 새로운 땅을 발견했던 거야. 그리고 그 새로운 땅에는 향료보다도 훨씬 더 사람을 흥분시키는 무엇인가가 있었어. 남아메리카의 원주민들은 누구나 금으로 만든 장신구를 가지고 있었어. 그들은 정복자들에게 금과 은으로 만든 장식품들을 내주었지. 그리고 '엘 도라도El Dorado' (스페인 어로 '황금의 사나이' 라는 뜻) 라는 이름으로 불리는 왕에 관한 이야기를 들려주었단다. 그 왕은 날마다 금가루 속에서 뒹굴며 지낸다는 것이었어.

그 이야기를 들은 스페인의 펠리페 2세는 남아메리카의 그 흔해 빠진 금을 스페인으로 가지고 와야겠다고 결심했어. 그래서 그는 스페인의 정복자들과 '엥코미엔다encomienda' 라고 하는 특별 계약을 맺었단다. 정복자들은 누구나 남아메리카로 가서 그곳의 금을 닥치는 대로 가지고 와도 좋다고 허락한 것이었지.

그러나 남아메리카가 금으로만 가득 찬 텅 빈 땅일 리는 없었지. 아스테크 인, 마야 인, 잉카 인이라는 이름의 여러 부족들이 이미 그곳에 살고 있었던 거야. 그러나 펠리페 2세는 남아메리카를 스페인의 영토라고 우겼는데 말이야, 그곳에 사는 부족들이 기독교도가 아니라는 게 그 이유였어. 그는 "신은 이 세상의 모든 땅을 교황에게 주셨다. 그리고 교황은 이 새로운 땅을 스페인 국왕에게 주셨다."라고 선언했단다.

스페인 사람들 모두가 다 남아메리카의 금을 스페인이 가지는 게 신의 뜻이라고 생각했던 것은 아니었어. 많은 기독교 목사들이 펠리페 국왕의 엥코미엔다를 반대하는 설교를 했어. 그러나 정복자들은 목사들의 말을 무시했어. 그들은 처음에는 원주민 부족들한테서 금으로 만든 장신구를 빼앗았어. 그러다가 이내 차가운 물이 흐르는 개울의 모래 속에 금가루가 섞여 있다는 것을 알게 되었지. 그래서 그들은 개울에서 체로 금을 걸러 내기 시작했단다. 그들은 쇠로 만든 체를 들고 차가

금을 채취하는 원주민들
원주민들이 금을 채취하는 작업은 간단하지 않아. 몸을 숙여서 개울에서 체로 금을 걸러 낸 후, 모래와 금가루를 분리하지. 그렇게 하루 종일 일해도 많은 금을 얻을 수 없었단다.

운 물속에 들어갔어. 모래를 절반쯤 체에 떠 담아 가지고 아래위로 천천히 들었다 놓았다 하면 흐르는 물에 모래는 씻기고 무거운 금가루는 바닥에 가라앉는 거야. 그러나 그런 방법으로 금을 모아 가지고서야 어느 세월에 부자가 될 수 있겠어? 그래서 스페인 사람들은 땅을 파서 광산을 만들기 시작했어. 가느다란 금의 띠가 들어 있는 바위를 찾으려는 것이었지. 그 바위를 '쿼츠quartz'(석영)라고 해. 광부들이 도끼로 쿼츠를 떼 내어서 바깥으로 운반해. 그리고 바위 덩이를 잘게 부수어서 가루를 불에 태우면 금이 녹아서 흘러내리는 거야. 금이 녹은 물이 거푸집 속으로 흘러내려서 금화가 되거나 '잉곳ingot'이라고 불리는 금 덩어리가 되는 것이야.

수많은 광산들이 금과 은을 펑펑 쏟아 내었단다. 스페인 사람들이 남아메리카에서 캔 금은 5천억 달러어치에나 이르렀단다.

5천억이라는 숫자에 대해서 잠깐 생각해 볼까? 네가 날마다 밤낮없이 수를 센다고 해 보자. 그러면 50억까지 세는 데는 150년이 걸려. 1페니짜리 동전을 끈처럼 한 줄로 늘어놓는다면 50억 페니로는 지구를 7바퀴나 감고도 남는단다! 그것의 100배를 상상해 볼까? 5천억까지 세는 데는 1만 5천 년이 걸려. 밤낮을 가리지 않고 잠시도 쉬지 않고 세어야 해. 그리고 1페니짜리를 한 줄로 늘어놓으면 지구를 700바퀴나 감을 수 있어. 5천억 달러를 가지고 있다면 너는 이 지구에 사는 모든 사람들에게 10단 기어 자전거를 한 대씩 사 줄 수 있어!

스페인의 법은 신대륙에서 들여오는 금의 일부는 국왕의 것이라고 선언했어. 남아메리카의 금이 펠리페 2세를 이 세상 최고의 부자로 만들어 주었던 것이야! 물론 그의 백성들도 부자가 되었어. 스페인의 수많은 남녀 가난뱅이들이 남아메리카로 몰려가서 하나같이 부자가 되었단다. 남아메리카에 정착한 어느 스페인 사람은 고향으로 보낸 편지에서 이렇게 썼어. "신이 나에게 금을 주셨다. 이곳에서 나는 부자가 되고 귀족이 되었다. 어느 누구도 나를 다시 스페인으로 돌아가서 가난뱅이로 살게 하지는 못할 것이다." 그래서 더욱 많은 스페인 사람들이 남아메리카로 몰려갔고, 급기야는 그 대륙의 일부가 '뉴스페인New Spain(새로운 스페인)'이라는 이름으로 불리게 되었단다.

스페인 사람들이 하나같이 부자가 되어 가는 한편, 남아메리카의 원주민 부족들은 아주 심한 고통을 당했단다. 스페인 사람들이 그들을 광산에 몰아넣고 인정사정없이 부려 먹었던 거야. 남자들은 축축하고 컴컴한 토굴 속에서 몇 달이나 갇혀서 고된 노동을 했어. 여자들은 개울에서 체로 금을 걸러 내거나 금맥이 든 바위를 부수어서 가루로 만들었어. 어린아이들은 광산 속에서 돌덩이들을 주워 모아서 바깥으로 운반했어. 스페인 사람들은 또 아프리카 사람들을 잡아 와서 광산에 몰아넣었단다. 죽어라 일만 하고, 제대로 먹지 못하고, 스페인 사람들이 퍼뜨린 온갖 전염병에 걸린 수많은 아프리카 사람들과 남아메리카 원주민들이 앓다가 죽었어. "날마다 노예들의 시체가 큰 덩어리가 되어 거대한 구덩이에 묻혔다."라고 어느 스페인 나그네가 고향으로 보낸 편지에서 썼어. 남아메리카의 금은 스페인 사람들과 국왕들에게는 부와 권력을 가지게 해 주었지만, 남아메리카 사람들에게는 참혹한 불행을 안겨 주었던 거야.

스코틀랜드와 네덜란드

제2장 프로테스탄트의 반란

네덜란드의 영웅 '침묵자 빌렘'

스페인 해안을 따라 북쪽으로 올라가다가 프랑스 해안을 지나고 영국 해협을 지나면 바다 쪽으로 땅이 비스듬히 경사가 져 있고 들판은 온통 물 웅덩이인 축축한 땅에 도착하게 돼. 스페인과 이탈리아의 도시에 사는 사람들이 보기에는 그 땅은 유럽의 아득한 끝이거나 '낮은' 땅이라고 여겨졌어. 그래서 그들은 그 땅을 '네덜란드Netherlands', 혹은 '아득히 먼 땅'이라고 불렀단다.

신성 로마 황제 카를 5세가 스페인과 네덜란드를 그의 아들 펠리페에게 물려주었을 때, 펠리페는 상당히 골치 아픈 문제 하나까지 물려받았어. 그 문젯거리란 다름 아닌, '침묵자 빌렘Willem the Silent'이라는 이름의 귀족이었단다. 빌렘(영어로는 윌리엄이라고 함)은 '오렌지 공'이라고도 불리는데 빌렘이 프랑스의 오랑주(영어로는 오렌지)에서 왔기 때문에 그런 이름이 붙었어. 오렌지에서 온 빌렘이라는 뜻이지.

빌렘이 태어났을 때 펠리페는 여섯 살이었어. 두 소년은 전혀 딴판인 환경에서 자랐어. 펠리페는 스페인의 어느 궁정에서 살았고, 충실한 가톨릭 신자로서의 교육을 받았어. 한편 빌렘은 독일에서 자랐고, 부모님으로부터 착실한 프로테스탄트 교육을 받았지.

빌렘이 열한 살이 되었을 때, 그의 사촌들 중에서 한 명이 죽는 바람에 카를의 제국 내의 두 방대한 지역이 그의 차지가 되었단다. 하나는 프랑스 남부 지방이고, 다른 하나는 네덜란드의 어느 지방이었어. 카를 황제는 열한 살 먹은 빌렘이 장차 반드시 강력한 귀족이 될 것이라고 내다보았어. 그러나 그는 빌렘이 로마 가톨릭 신앙에 대해서 적대(적으로 맞서 버팀)적인 생각을 키우며 성장해 가는 것을 원하지 않았어. 그래서 아직 어린아이인 빌렘을 부모한테서 떼 내어서 그의 궁정에 와서 살게 했단다. 카를은 빌렘에게 여러 명의 개인 교사로부터 왕자의 수업을 받게 했어. 프랑스 어를 배우고, 전쟁의 기술과 국가를 운영하는 법을 배우고, 그리고 무엇보다도 중요한 것은, 훌륭한 가톨릭 신자로서의 소양을 쌓는 것이었지. 오래지 않아서 어린 빌렘은 카를 황제가 제일 아끼는 신하가 되었단다. 그는 성품이 바르고, 기상이 굳세며, 사려 깊고, 카를과 그의 왕실에 대한 충성심이 강한 청년으로 자라났어. 카를 황제가 왕좌에서 일어나서 자기는 이제 더 이상 신성 로마 제국의 황제라는 칭호를 감당할 수 없다고 선언했을 때, 그가 어느 신하의 부축을 받았더라는 이야기, 기억 나지? 그 신하가 바로 빌렘이었단다.

카를 황제가 그 선언을 한 후에 펠리페가 네덜란드의 국왕이 되었어. 펠리페는 넓디넓은 나라의 일부를 빌렘에게 맡겨서 다스리게 했단다. 그런데 빌렘이 그 지방을 다스리면서 보니까, 국민들이 늘 싸움에 매달려 있는 것이 아니겠어? 그 싸움은 다른 나라들과의 싸움이 아니었어. 그 싸움은 바다와의 싸움이었단다. 네덜란드는 '로우 컨트리스Low Countries'라는 이름으로도 불리는데, 땅이 바다의 수면보다 낮기 때문이야. 조수(해와 달의 인력 때문에 주기적으로 들어왔다 나갔다 하는 바닷물)가 밀려오거나 폭풍이 몰아쳐서 거센 파도가 일 때마다 온 나라가 물에 잠겼어. 그러나 그 나라 사람들은 바다를 밀어내겠노라고 단단히 각오를 했어. 개미 떼처럼 달려들어서 수심이 얕은 호수나 습지 바닥의 진흙을 퍼 날라다가 거대한 흙벽들을 곳곳에 쌓았는데, 이 흙벽을 다이크dike라고 해. 그 흙벽들이 바닷물의 침범을 막아 주었어. 네덜란드에 가서 그 흙벽 아래에 서서 위를 올려다보면 말이야, 벽 너머의 바닷물이 네 머리 위에 있는 걸 보는 아주 신기한 경험을 할 수 있단다. 만약에 어느 한 흙벽이라도 터지는 날에는 바닷물이 넘쳐흘러서 집과 농장과 도시를 휩쓸게 되는 것이야.

빌렘은 네덜란드를 부유하고 평화로운 나라로 만들겠다고 다짐했어. 그러나 날이 갈수록 그는 펠리페의 통치에 불만을 품게 되었단다. 펠리페는 국민의 생활에 보탬이 되고 이익이 될 것인지를 놓고 어느 누구와도 상의하지 않은 채 자기 마음대로 마구 법을 선포했어. 프로테스탄트 신자들이 자기들의 신앙을 실천하는 것을 금지하는 법들이 수두룩했단다. 그런데 빌렘은 자기가 프로테스탄트 신자로서 태어났다는 사실을 잠시도 잊지 않고 있었어. 비록 펠리페의 궁정에서 가톨릭 신앙의 교육을 받으며 자라기는 했지만, 빌렘은 자기들만의 방식으로 신을 섬기기를 원하는 프로테스탄트 신자들에게로 마음이 기울어 있었던 것이었지.

빌렘은 펠리페에 대한 충성심을 버리지 않으려고 노력했어. 그런데 펠리페가 국

침묵자 빌렘

왕이 된 지 3년 후 어느 날, 빌렘은 너무도 무서운 비밀을 알게 되었어. 그가 프랑스 국왕의 궁정을 방문하고 있을 때였는데, 프랑스 국왕은 펠리페와 마찬가지로 가톨릭 신자였어. 프랑스 국왕은 빌렘이 프로테스탄트 신자로서 태어났다는 사실을 모르고 있었지. 그가 빌렘에게 말했어. 펠리페가 네덜란드의 프로테스탄트 신자들을 다 죽여 없애고 프로테스탄트 신앙을 뿌리째 뽑아 버리려는 계획을 가지고 있다는 것이었어. 그러나 빌렘은 그 끔찍한 말을 듣고도 전혀 얼굴빛이 변하지 않았고, 무어라 대꾸도 하지 않았어. 그는 그저 입을 꾹 다물고 고개를 끄덕이며 듣기만 했다는 거야. 그 자리에서 그가 입을 꾹 다물고 있었기 때문이었는지, 빌렘은 그 뒤부터 '침묵자' 라는 별명으로 알려지게 되었단다.

네덜란드로 돌아온 뒤에도 빌렘은 여전히 펠리페 국왕에 대한 충성심에 변함이 없는 것처럼 보였어. 그러나 그는 펠리페의 그 무서운 계획으로부터 자기의 백성들을 보호하기 위한 방법을 벌써부터 궁리하고 있었어. 그리고 한 무리의 백성들이 들고일어나서 펠리페의 권위에 대항해서 싸우겠다고 선언했을 때, 빌렘은 그 지도자들을 만났어. 빌렘은 그들에게 펠리페의 궁정에 청원(도와주기를 청함) 사절을 보내서 프로테스탄트 신앙을 금지하는 법을 없애 줄 것을 요구하라고 설득했단다.

청원 사절단이 궁정에 도착했을 때, 귀족들은 허리를 꺾으며 웃었어. 누군가가 조롱했어. "어디서 웬 거지 떼가 몰려온 거지?" 청원 사절단의 지도자들은 그 말을 칭찬으로 들었다는구나. 그래서 그들은 스스로를 '거지 떼beggars'라고 부르게 되었고, 펠리페의 통치에 항거하는 무장 봉기(무기를 갖추고 한꺼번에 들고일어남)를 일으켰단다. 거지 떼가 지휘하는 군중이 시골을 휩쓸고 다니면서 가톨릭 교회들을 불태우고 가톨릭 성자들의 성상들을 닥치는 대로 부수었어.

그 소식을 들은 펠리페는 알바 공작Duke of Alba을 파견해서 반란군을 진압하게 했어. 군인이면서 귀족인 알바 공작은 물론 가톨릭 신자였지. 알바 공작은 빌렘과 반란군의 두 지도자에게 평화를 되찾기 위한 자신의 계획에 대해서 상의를 해 보자며 초대했어. 두 지도자는 초대에 응했어. 그런데 갑자기 심한 불안감을 느낀 빌렘은 독일에 있는 자기 가족들을 만나러 가야 할 일이 생겼다고 둘러대고 독일로 가 버렸어. 알바 공작은 자기의 진영에 도착한 반란군의 두 지도자를 즉시 체포해서 목을 잘라 버렸단다! 그리고 네덜란드의 빌렘의 영토를 몰수한다고 선포했어. 이제 빌렘은 국왕의 적이 되어 버린 것이야.

그 후 10년 동안 네덜란드 사람들은 자기들의 나라를 점령한 스페인 군대에 대항해서 싸웠단다. 알바 공작은 1천 명의 네덜란드 사람들을 처형했는데, 그 이유는 단지 그들이 프로테스탄트 신자라는 것뿐이었단다. 그는 병사들이 도시를 불 지

네덜란드의 영웅 '침묵자 빌렘' 35

르고 주민들을 마구 죽이는 것을 허락하고 모른 체했어.

한편 독일로 도망간 빌렘은 군대를 일으켜서 그의 나라로 진격하려 했단다. 전투가 끊이지 않았지. 빌렘의 두 동생이 싸움터에서 죽었어! 그러나 빌렘과 '거지 떼'는 굴복하지 않았어. 거지 떼가 곳곳의 흙벽을 무너뜨리고, 흘러넘치는 바닷물에 배를 띄우고 쳐들어가서 스페인 군대가 점령하고 있던 도시들을 포위했어. 육전을 해전으로 바꾸었던 것이지. 마침내 네덜란드 북부의 일곱 개 지방이 스페인으로부터의 독립을 선언하고, 침묵자 빌렘을 새로운 국왕으로 추대(윗사람으로 떠받듦)했어. 그가 네덜란드의 빌렘 1세Willem Ⅰ가 된 거야.

펠리페는 격분했어! 그는 한때 그의 친구였던 빌렘을 암살하는 자에게는 큰돈을 주겠노라고 광고를 했어. 그러자 발타자르 제라르Balthazar Gerard라는 이름의 청년이 그 끔찍한 짓을 하겠다고 나섰어. 그는 빌렘의 궁정으로 갔어. 그리고 전쟁 중에 가족을 모두 잃어버린 프로테스탄트 신자인 척을 했어. 빌렘은 그를 환대하고, 궁정에서 허드렛일이나 하면서 지내도록 허락했단다.

어느 날 저녁에 제라르는 길고 검은 겉옷으로 몸을 감싼 채 빌렘이 식사를 하는 방 앞에 몸을 숨기고 있었어. 빌렘이 식사를 마치고 나오는 순간에, 어둠 속에 숨어 있던 제라르가 튀어나와서 권총을 쏘았어. "오, 신이여. 이 불쌍한 백성들을 돌보소서!"라고 외치며 빌렘이 쓰러졌어. 그리고 불과 몇 분 만에 네덜란드의 위대한 영웅은 숨을 거두었단다.

그러나 그의 나라는 독립을 잃지 않았어. 지금 우리는 그 나라를 '네덜란드(홀란드

Holland라고도 함)'라고 부르고, 그 국민을 '더치Dutch'라고 부른단다. 현재 네덜란드의 국왕인 베아트릭스 여왕Queen Beatrix은 빌렘의 13대 손녀야.

단두대에서 죽은 메리 여왕

가톨릭 신자들과 프로테스탄트 신자들이 서로 사이가 좋지 않았던 나라는 비단 네덜란드만이 아니었단다. 펠리페 2세의 왕국 전 지역에서, 신성 로마 제국의 모든 곳에서, 두 종교의 신자들은 늘 서로 싸웠고, 저 멀리 스코틀랜드에서도 그러했단다.

잉글랜드와 스코틀랜드는 지금 우리가 영국이라고 부르는 나라의 한 부분이야. 그러나 17세기 초에 스코틀랜드는 자기들만의 궁정과 법률과 여왕을 가진 독립 국가였단다.

스코틀랜드의 여왕 메리Mary는 태어난 지 5일 만에 왕위를 물려받았단다! 그래서 어머니인 '기즈의 메리Mary of Guise'가 섭정이 되었어. 나이 어린 왕을 대신해서 나랏일을 돌보는 사람을 섭정이라고 해. 이 여자는 프랑스의 기즈 공작 클로드 로랭이라는 사람의 딸이기 때문에 '기즈의 메리'라고 불러. '프랑스 땅 기즈에서 태어난 메리'라는 뜻이지. 기즈의 메리는 딸이 스스로의 힘으로 나라를 다스릴 만한 나이가 될 때까지 스코틀랜드를 통치하게 되어 있었어.

기즈의 메리는 훌륭한 섭정이었어. 그녀는 가톨릭 신자였지. 그런데 '로드Lord'라고 불리는 스코틀랜드의 권세가(권력과 세력을 가진 사람)들은 대다수가 프로테스

탄트 신자들이었단다. 그들은 가톨릭 신자인 통치자를 원하지 않았어. 그래서 그들은 '프로테스탄트 평의회Prostestant Council'라는 것을 만들어서, 어린 메리가 자라서 어른이 될 때까지 스코틀랜드를 자기들이 통치하겠다고 나섰어.

기즈의 메리는 이 평의회가 아기 여왕을 프로테스탄트 신자로 바꾸어 놓으려 들지 않을까 겁이 났어. 그래서 그녀는 어린 메리가 다섯 살이 되자 프랑스로 보냈어. 가톨릭 신자들 사이에서 훌륭한 가톨릭 신자로서 자라나게 하려는 것이었지. 기즈의 메리는 스코틀랜드에 남아 있었어. 그리고 다시는 딸의 얼굴을 보지 못하고, 몇 년 후에 세상을 떠났단다.

어린 메리는 그 후 13년 동안 프랑스에서 살았단다. 한편 스코틀랜드의 프로테스탄트 권세가들은 점점 더 그 세력이 커져 갔어. 존 녹스John Knox라는 이름의 프로테스탄트 목사는 스코틀랜드의 방방곡곡을 돌아다니면서 절대로 여자는—특히 가톨릭 신자인 여자는—왕좌에 앉을 수 없다고 설교했단다. 그는 "여자가 감히 남자들 위에 군림한다는 것은 자연의 질서에 어긋나는 것이다."라고 선언했다는구나.

그러나 메리는 그렇게 생각하지 않았어! 열여덟 살이 되자 그녀는 이제는 스코틀랜드로 돌아가서 왕위를 되찾겠다고 결심했어.

스코틀랜드의 가톨릭 신자들 중의 일부는 메리가 프랑스 군대를 이끌고 돌아와서 프로테스탄트 신자들을 말끔히 없애 주기를 고대하고 있었단다. 그러나 메리는 프로테스탄트건 가톨릭이건 그 신앙을 문제 삼아서 죽이는 짓은 하고 싶지 않았

스코틀랜드의 메리 여왕
메리는 스코틀랜드의 여왕이지만 프랑스 궁정에서 자란단다. 그리고 열여덟 살에 스코틀랜드로 돌아와. 하지만 그녀의 주위에는 그녀를 미워하는 프로테스탄트 권세가들이 있었고, 영국에는 그녀에게 쌀쌀한 사촌 언니 엘리자베스 여왕이 있었어. 메리가 왜 비운의 여왕이 되었는지 조금 짐작이 가지 않니?

어. 그녀는 성실한 가톨릭 신자인 여왕으로서 나라를 다스리고 싶었을 뿐이고, 프로테스탄트 신자들이 그들만의 방식으로 신을 섬기는 것을 금지하겠다는 생각은 전혀 하지 않았단다.

8월의 어느 무더운 날에 메리는 왕실에 딸린 배를 타고 프랑스를 떠나 스코틀랜드로 출발했어. 그 놀라운 소식을 전해 들은 스코틀랜드의 프로테스탄트 평의회는 급히 모여서 회의를 열었어. 정당한 혈통의 여왕이 곧 상륙할 터인데, 그들은 도대체 무엇을 어찌할 것인가? 만약 그들이 여왕을 몰아내려 한다면, 스코틀랜드의 가톨릭 신자들이 메리 여왕을 지키기 위해서 칼을 뽑아 들고 프로테스탄트 권세가들에게 대들 게 뻔한 노릇이었어. 그리고 내전(같은 국민끼리의 전쟁)이 시작되겠지!

그래서 메리를 실은 배가 스코틀랜드 땅에 닻을 내렸을 때, 프로테스탄트 권세가들은 그녀를 맞이하러 나가서 귀국을 환영한다고 말했어. 존 녹스는 거기에 나가지 않았단다. 그녀가 도착하던 날 아침에 스코틀랜드의 해안 지대는 온통 짙은 안개에 잠겼다는구나. 그러자 녹스는, "저것 봐, 메리는 벌써부터 슬픔과 비탄과 암흑을 몰고 오잖아!"라고 초조하고 안타까운 소리를 내질렀대요. 그러나 메리를 본 권세가들은 그녀의 매력에 홀딱 빠져 버렸대. 참으로 아름답고 총명하고 인정미가 넘치는 모습이었던 거야. 메리가 스코틀랜드의 프로테스탄트 신자들을 박해하지 않을 것이라고 말하자, 권세가들은 그 말을 그대로 믿지 않을 수 없었어. 메리는 더 나아가서 로드 단리Lord Darnley라는 이름의 프로테스탄트 권세가와 결혼했어. 그래서 적어도 당분간은 그녀의 치세(태평한 세상)가 부드럽게 이어져 나갔단다. 그런데 어느 때부터 단리는 권력을 탐내기 시작했어. 그는, 메리가 가톨릭 신자라는 사실을 아직도 몹시 못마땅해 하는 프로테스탄트 권세가들과 합세해서 음모를 꾸미기 시작했어. 권세가들은 메리를 그녀가 사는 성안의 어느 감옥에 가두어 버리고, 단리를 내세워서 나라를 다스리게 하려는 계획을 꾸몄어. 그 다음에는 프로테스탄트 권세가들 편인 단리가 가톨릭 신앙을 금지하는 법을 공포하기로 했지.

그 음모를 알아차린 메리는 한밤중에 몰래 작은 쪽문으로 궁궐을 빠져나왔단다. 그리고 밤새 말을 달려서 다른 성으로 갔어. 그리고 그 성에서 자신에게 충성을 바치는 군인들을 모아서 군대를 만들었단다. 그 사실을 안 프로테스탄트 권세가들은 기겁을 해서 나라 밖으로 달아나 버렸어. 그런데 단리는 어떻게 되었을까? 그는 나라 밖으로 달아난 권세가들에게 모든 죄를 뒤집어씌우려고 작정을 했단다.

영국의 엘리자베스 여왕은 단리의 모반 소식을 듣고 이렇게 말했다는구나. "내가 메리라면, 단리의 칼을 빼앗아서 그자의 배를 찔러 버릴 거야!" 그러나 메리는 남편을 용서하기로 결심했어. 아기를 낳을 때가 다 되어 가고 있었기 때문에, 남편이 곁에 있어 주기를 원했던 거야.

그러나 메리는 남편을 진짜로 용서했던 게 아니었지.

메리가 아기를 낳은 뒤, 몹시 추운 2월의 어느 날 밤에, 단리와 그의 시종은 스코틀랜드의 에든버러 시의 어느 작은 집에 머물고 있었어. 메리와 그녀의 갓난 아들과 궁정의 신하들도 같은 도시의 훨씬 더 큰 집에서 묵고 있었어. 새벽 2시 정각,

고요와 암흑에 잠겨 있던 에든버러 시에 갑자기 천지를 흔드는 폭음이 울렸어. 부서진 돌과 벽돌 조각이 에든버러의 거리에 비처럼 쏟아져 내렸어. 단리가 묵고 있던 집이 박살이 났던 거야! 대체 무슨 일이 일어났는지 알아보려고 황급히 달려간 메리와 신하들은 그 집의 정원에서 단리의 시체를 발견했어. 그는 나무에 목이 매달린 채 죽어 있었다는구나.

대체 누가 단리를 죽였을까? 그건 아무도 몰라. 그러나 많은 사람들이 메리가 그 일을 꾸몄던 게 틀림없다고 보았을 거야.

메리는 갈수록 믿음과 백성들의 지지를 잃었어. 그녀의 권세가 약해져 가자 프로테스탄트 권세가들은 다시 스코틀랜드를 자기들이 좌지우지하려고 들기 시작했어. 그들은 메리의 젖먹이 아들 제임스가 스코틀랜드의 왕이 되어야 한다고 선언했어.

메리는 반란 세력과 맞서 싸우기 위해서 다시 군대를 모으려고 했어. 그러나 그녀의 병사들이 거의 등을 돌리자 그녀는 자기 발로 왕좌에서 걸어 내려와서 권세가들에게 굴복하지 않을 수 없었단다.

권세가들은 그녀를 황량하고 외로운 변방의 어느 성에 가두었어. 그들은 날마다 그녀를 찾아가서 어린 제임스에게 왕위를 물려준다는 내용의 문서에 서명을 하라고 윽박질렀단다. 그리고 남달리 마음이 다급했던 어느 권세가가 강제로 그녀의 손에 펜을 쥐어 주고 문서 앞에 끌어당겨서 앉히자, 스코틀랜드의 여왕 메리는 서명을 하지 않을 수 없었어. 그렇게 해서 고작 13개월 된 그녀의 젖먹이 아들 제임스가 스코틀랜드의 국왕이 되었어. 존 녹스는 제임스의 즉위식에서 설교를 했다는구나!

메리는 영국으로 도망쳤어. 사촌 언니인 엘리자베스 여왕이 어떻게든지 도와줄 것이라고 기대했어. 그러나 자식이 없었던 엘리자베스 여왕은 메리가 자기한테 가장 가까운 혈육이며, 따라서 영국의 다음 왕위 계승자이기도 하다는 사실을 모르지 않았단다. 그녀는 메리가 모의를 꾸며서 자기를 암살하고 영국의 왕관을 차지해 버릴지도 모른다는 두려움을 느꼈어.

그래서 그녀는 병사들을 보내서 메리를 도중에 맞이하게 했어. 병사들은 메리를 영국 북부의 어느 근사한 저택으로 데리고 갔어. 그 후 19년 동안 메리는 영국 여왕의 포로 신세가 된 채로 그 집에서 살았단다.

불쌍한 메리! 그녀는 자신의 처지를 어떻게 해 볼 방도가 없었어. 그저 수십 마리의 개와 새들을 기르며 하루하루를 보내고, 하염없이 수를 놓고 바느질을 했지. 그 중에서 썩 잘된 것들을 골라서 엘리자베스 여왕에게 선물로 보내고, 그 편에 자기의 처지를 한탄하고 하소연하는 편지를 보내는 게 고작이었단다.

어느 때부터 그녀는 탈출 계획을 꾸미기 시작했어. 그러나 엘리자베스가 보낸 첩자들이 메리가 밖으로 내보내는 모든 편지와 전갈을 낱낱이 감시하고 있었어. 마침내 첩자들은 영국의 가톨릭 신자들에게 보내는 메리의 편지들을 중간에 가로채서 엘리자베스 여왕에게 가져다 바쳤단다. 그곳에서 나가게 해 준다면 오래지 않아서 자기가 영국의 여왕이 될 것이라고 말하는 내용이었어. 그것은 곧 엘리자베

단두대에서 죽은 메리 여왕

스를 죽일 계획을 가지고 있다고 말하는 것이나 마찬가지였지. 메리는 엘리자베스 여왕을 해치겠다는 생각 같은 것은 해 본 적이 없었다고 주장했어. 그러나 목숨의 위협을 느낀 엘리자베스는 메리를 모반죄로 처형한다는 문서에 서명했단다. 몹시 추운 2월의 어느 날 아침에 메리는 단두대(목을 자르는 도구) 위로 걸어 올라갔단다. 그리고 그녀는 무릎을 꿇고 앉아서 목이 잘렸어. 사형 집행관이 그녀의 잘린 머리를 집어 들었을 때, 구경꾼들은 그녀의 머리가 하룻밤 사이에 새하얗게 변해 있는 걸 보았다는구나.

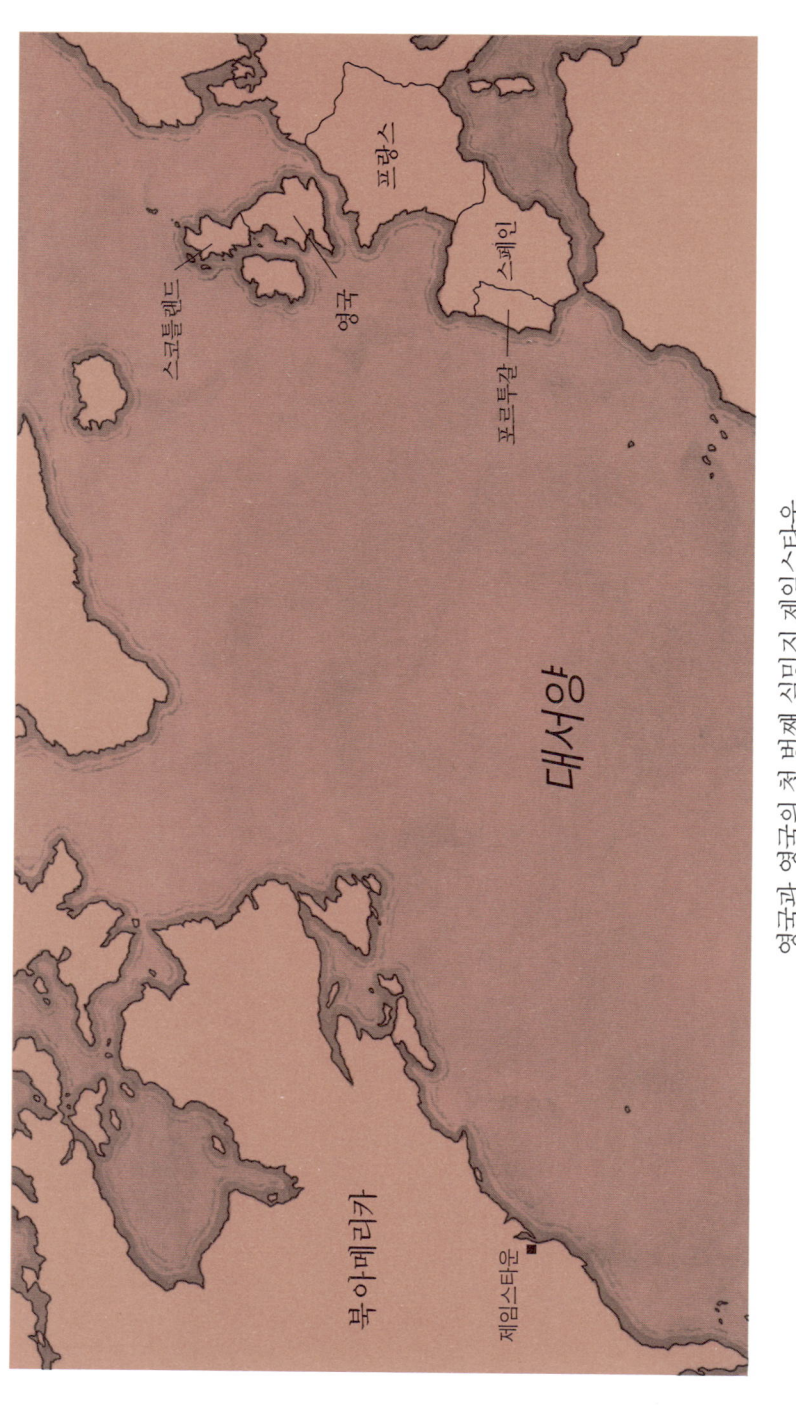

영국과 영국의 첫 번째 식민지 제임스타운

제3장 두 나라의 국왕, 제임스

제임스 왕과 그의 적들

메리의 아들 제임스 6세James VI는 어머니를 기억조차 못 했단다. 그가 기억하고 있는 것은 고작 자기가 스코틀랜드에서 살았고, 개인 교사의 가르침을 받으며 자랐다는 것뿐이었어. 제임스의 개인 교사는 조지 뷰캐넌이라는 이름의 엄격한 스코틀랜드 교육자였는데, 그는 제임스에게 라틴 어와 그리스 어와 철학을 가르쳤어. 그는 또 어린 국왕에게 통치자가 왕좌에 앉는 권리는 백성들로부터 주어지는 것이며, 그러므로 국왕은 당연히 백성들의 의견에 귀를 기울여야 할 의무를 지니고 있다고 가르쳤단다.

그러나 제임스는 스스로의 힘으로 나라를 다스릴 만큼 나이가 들자 뷰캐넌의 그러한 가르침을 무시했어. 그는 국왕은 '신성한 권리'에 의해서 나라를 다스리는 것이라고 주장했단다. 국왕의 권력은 백성들로부터 주어지는 게 아니라 신으로부터 직접 주어진 것이며, 따라서 국왕의 뜻이 곧 신의 뜻이라는 것이었지! 제임스는 《자유 군주국의 진정한 법》이라는 제목의 작은 책을 써서 그 '신성한 권리' 라는 것에 대해서 자세히 설명했단다. 그 책에서 제임스는 이렇게 선언했어. "국왕은 그의 모든 영토를 지배하는 대군주이다. 그는 그 영토 안에 사는 모든 사람들의 주인으로서, 그들 모두의 삶과 죽음을 좌우하는 권력을 가지고 있다."

20년 동안 제임스는 스코틀랜드에서 그의 '신성한' 권력을 행사했어. 한편, 영국에서는 엘리자베스 여왕이 점점 늙어 가고 있었단다. 여왕에게는 자식이 없었고, 가장 가까운 혈육이 바로 제임스였어. 제임스의 어머니 메리가 엘리자베스의 사촌 동생이라고 바로 앞에서 이야기한 거 기억 나지? 마침내 엘리자베스 여왕이 죽자, 제임스가 영국의 국왕이 되었어. 이제 그에게는 영국의 '제임스 1세James Ⅰ'라는 새로운 이름이 붙었단다. 그가 두 나라의 국왕이 된 것이야! 그때로부터 그는 '스코틀랜드의 제임스 6세이며 영국의 제임스 1세'라는 이름으로 역사에 기록되었어.

제임스는 영국 국왕에 오르기 위한 대관식을 치르기 위해서 남쪽으로 내려갔어. 5백 명의 지도자 급 런던 시민들이 화려한 치장들을 하고 나와서 제임스를 맞이했다는구나. 제임스의 즉위를 기념하기 위해서 화려한 시가 행진이 계획되어 있었는데, 그 행렬에는 저 유명한 극작가 윌리엄 셰익스피어도 낄 예정이었대! 제임스는 남쪽 나라 영국의 풍요와 사치에 눈이 어질어질했어. 거기에 비하면 스코틀랜드의 궁정은 초라하기 짝이 없는 것 같았지.

그런데, 너무도 화려한 대관식이 준비되고 있던 동안에, 흑사병이라고 하는 무서운 질병이 런던 전 지역에 번져 가고 있었어. 일주일에 1천 명 이상의 사람이 죽어 나가는 지경이었대. 런던 사람들은 질병이 더욱 빠르게 퍼질까 봐서 한자리에 모이지 않으려고 했지. 그래서 제임스는 화려한 대관식과 성대한 축하 행사를 모두 취소할 수밖에 없었어. 그는 아내 앤과 함께 웨스트민스터 사원으로 걸어가서 아주 조용하게 대관식을 치러야 했어.

그러나 그 실망스러운 대관식은 앞으로 닥쳐올 더 많은 고난들의 예고편에 지나지 않았단다! 왕위에 앉아 있던 동안에 제임스는 가톨릭 신자, 프로테스탄트 신자, 그리고 의회와 적대적인 관계에서 단 한 번도 벗어나지 못하게 되거든.

가톨릭과 프로테스탄트 신자들과의 불화가 먼저 발생했어. 제임스가 국왕이 되었을 때, 영국의 기독교도들은 세 집단으로 갈라져 있었단다. 가톨릭 신자들은 제임스가 그들에게 특별한 권리를 줄 것이라고 기대했어. 제임스의 어머니 메리가 가톨릭 신자였기 때문에 그런 기대를 했던 것이지. 한편, '앵글리칸Anglican' (영국 국교회)이라고 불리는 영국의 프로테스탄트 신자들은 제임스가 프로테스탄트 신앙을 지킬 것이라고 기대했어. 그들은 제임스가 스코틀랜드에서 프로테스탄트 교육을 받으며 자랐다는 사실을 잘 알고 있었기 때문이었지. 또 하나의 집단은 거기서도 한 걸음을 더 나아갔던 사람들이었어. 그들은 제임스가 앵글리칸 교회를 더욱 더 프로테스탄트답게 만들어 줄 것이라고 기대했어. 그들은 앵글리칸 교회에는 가톨릭 교회의 전통들이 아직도 너무 많이 남아 있다고 믿었어. 그래서 자기들의 교회에서 가톨릭의 영향을 깨끗하게 씻어 내기를 원했어. 깨끗하게 씻어 내는 것을 영어로 '퓨리파이purify' 라고 해. 그래서 그 사람들을 '퓨리턴Puritan' 이라고 부른단다. 우리말로는 청교도라고 부르지. 그러니까 청교도들은 프로테스탄트 교

회를 개혁하고자 했던 사람들이었단다.

제임스가 영국에 도착하자마자 청교도들은 1천 명의 신자들이 서명한 청원서를 그에게 보냈단다. 영국 교회를 더욱더 프로테스탄트다운 교회로 만들어 달라고 하는 내용이었어. 제임스는 그 지도자들을 만나서 그들의 요구를 놓고 의논을 하기로 했어. 그러나 그 모임에서 그는 청교도들의 주장을 모두 거부했단다. 제임스가 영국 국교회를 개혁하는 것이 신의 뜻이라고 청교도들이 계속 주장해 대자, 제임스는 그만 격분해 버렸어. 그는 청교도들에게 "너희 모두를 나의 왕국에서 추방하겠다."라고 말하고, 청교도의 예배를 불법 집회라고 선언해 버렸단다.

제임스는 그 다음에는 영국의 가톨릭 신자들의 분노를 샀어. 일요일마다 앵글리칸 교회에 나가기를 거부하는 가톨릭 신자들은 벌금을 내야 한다는 내용의 법률들을 선포했거든. 그리고 즉위한 이듬해에는 가톨릭의 모든 성직자들에게 다른 나라로 떠나라는 명령을 내렸단다.

그러자 로버트 케이츠비와 가이 포크스라는 두 가톨릭 신자가 제임스와 의회의 프로테스탄트 지도자들을 한날한시에 한 구덩이에서 없애 버리려는 계획을 꾸몄어. 그들은 거대한, 돌로 된 의사당 건물 바로 옆의 집을 샀어. 그리고 친구들과 함께 그 집 지하실에서부터 땅굴을 파기 시작했어. 의사당 건물의 기초는 두께가 3미터나 되는 돌 벽으로 에워싸여 있었는데, 그걸 뚫고 회의장 바로 밑까지 들어가려는 것이었어. 그리고 거기에 화약을 가득 채울 작정이었어. 다음번 회기(의회가 열리는 시기)가 되어서 제임스와 의회 지도자들이 한자리에 모이는 즉시 의사당 건물을 허공에 날려 버리려는 것이었지!

그들은 몇 달 동안이나 땅굴을 파 들어갔는데, 의사당에 가까워지자 땅굴에 물이 차기 시작했단다. 그래서 그들은 계획을 바꾸어야 했어. 그들은 화약을 꼭꼭 쟁여 넣은 나무통들을 의사당 안으로 가지고 들어갔어. 서른여섯 개의 나무통들을 의사당 지하실의 땔감 더미 속에 감추었단다. 드디어 때가 왔어. 그런데 화약을 터뜨리기로 예정한 때를 불과 몇 시간 앞두고 그만 포크스가 지하실에서 성냥갑을 손에 든 채로 발각되고 말았단다. 그 자리에서 체포된 그는 잔인한 고문에 못 이겨서 모든 것을 다 실토한 다음에 죽고 말았어. 지금도 영국의 어린아이들은 포크스가 체포되었던 그날이 되면 폭죽 놀이를 한단다. 포크스의 실패를 애석해 한다는 뜻일까? 아니면 그 실패를 축하한다는 뜻일까?

'화약 모의'가 발각된 후, 제임스는 영국에서 가톨릭의 예배를 금지하는 법률들을 더 많이 선포했어. 그래서 이제는 청교도들뿐만이 아니라 가톨릭 신자들도 제임스의 적이 되었단다.

그리고 오래지 않아서 의회까지도 제임스의 적이 되었어. 제임스는, 자기는 신의 뜻에 따라 통치하기 때문에 무엇이든지 자기가 하고 싶은 대로 할 수 있다고 주장했어. 그는 "국왕은 법 위에 있다."라고 선언했어. 의회가 제임스의 명령을 곧이 곧대로 듣지 않으려 하자 제임스는 의원들에게 이렇게 말했다는구나. "군주제는 이 세상에서 가장 위대한 제도이다. 국왕은, 하느님이 그러하신 것과 꼭 마찬가지로, 그의 모든 신민(臣民. 벼슬아치와 백성)들의 삶과 죽음을 좌우할 수 있는 권한을

제임스 왕과 그의 적들

가지고 있기 때문에, 왕이라기보다는 신이라고 불리는 것이 타당하다. 국왕은 오직 하느님 앞에서만 그의 행위에 대해 책임을 질 뿐이다. 따라서 누구든지 국왕한테 이래라저래라 간섭하는 것은 죄를 짓는 것이다." 그리고 제임스는 의원들을 모두 집으로 돌려보내 버렸어. 자기 혼자서 나라를 다스리려는 것이었지!

제임스는 가톨릭 신자와도 청교도와도 의회와도 적이 되었어. 그러나 그가 순전히 나쁜 짓만 했던 것은 아니었어. 제임스는 그 이름이 역사에 길이길이 기억되도록 만든 업적을 한 가지 남겼단다. 그것은 나라 안에 사는 모든 사람들이, 가톨릭도 앵글리칸도 청교도도, 똑같은 성경을 읽을 수 있도록, 전혀 새로운 영역(英譯. 영어 이외의 언어를 영어로 번역함)본 성경을 만들었다는 것이야. 그는 쉰네 명의 학자들을 선정해서 새로운 번역 작업을 시켰어. 그 작업은 제임스가 왕위에 오른 지 8년 후에 완성되었단다. '킹 제임스 판본King James Version'이라고 불리는 이 성경은 지금도 전 세계의 수많은 사람들이 사용하고 있는데, 우리가 '흠정(欽定. 황제의 명령으로 제정된 것) 영역 성서'라고 부르는 성경이 바로 그것이란다.(그래서 제임스를 바이블 킹Bible King이라고도 한단다.)

식민지 제임스타운과 포카혼타스

스페인 사람들이 남아메리카로부터 금을 바리바리 실어서 펠리페 2세에게 가져다 바치는 걸 보면서 제임스는 샘이 나서 견딜 수가 없었단다. 자기도 단단히 한 몫을 가지고 싶었던 거야!

그래서 그는 한 무리의 부자들에게 북아메리카로 금을 캐러 가도록 특별히 허락했어. 그 부자들은 돈을 모아서 수잔 콘스탄트, 갓스피드, 디스커버리라는 이름의 세 척의 배를 샀어. 그들은 음식과 연장 들을 가득 실어 놓고, 북아메리카로 금을 캐러 가는 데 지원하는 사람들에게는 나중에 신대륙에서 땅을 주겠다고 선전했어. '식민지colony'라고 불리는 새로운 정착지는 제임스 국왕의 소유가 될 것이고, 그들 모두에게 한몫씩 금이 돌아가게 되리라는 것이었지. "꿀과 젖 대신에 우리는 진주와 부를 얻을 것이다."라고 어떤 사람이 친구에게 보내는 편지에서 말했다는구나.

벽돌공들과 대장장이들과 돛 제작자들과 금세공인들을 가득 태운 세 척의 배가 몹시 추운 12월의 어느 날 출항했어. 그러나 서쪽을 향해 뱃머리를 돌리자마자 강풍이 닥치는 바람에 그들은 앞으로 나아갈 수가 없었단다. 그리고 6주 동안 바람에 떠밀려 다니다가 육지가 보이지 않는 망망대해로 밀려 나갔어. 희망에 들뜬 채로 출항했던 식민지 개척자들은 갑판 아래의 작은 선실에 오종종하게 틀어박힌 채 차례로 병이 들어갔고, 곧 서로가 서로를 잡아먹을 것처럼 분위기가 살벌해졌어.

마침내 바람이 바뀌고, 세 척의 배들은 대양을 가로지르는 멀고도 먼 항해를 시작했어. 식민지를 개척하러 나선 그 사람들은 돌처럼 굳어 버린 비스킷과 소금에 절인 고기로 목숨을 이어 가며 다섯 달 동안이나 비참하기 짝이 없는 상태에서 항해를 했어. 나무통에 담아 가지고 온 맑은 물은 이끼가 끼어서 시퍼렇게 변해 버렸기 때문에 고작 목이나 축일 뿐 목욕은 꿈도 꿀 수가 없었단다.

마침내 북아메리카의 해변이 저 멀리에 나타나고, 세 척의 배는 드디어 상륙했어. 비틀거리면서 해변으로 걸어 나간 그들의 눈앞에 짙은 그늘을 드리운 푸른 숲과 맑은 물이 흐르는 개울과 높고 무성하게 자란 풀밭이 나타났지. 때마침 봄이 한창인 때여서 날씨는 포근하고 햇살이 눈부셨어. 숲에는 야생 거위와 사슴과 토끼가 수두룩하고, 강에는 온갖 물고기와 가재와 조개가 수두룩했어. 인디언들은 낯선 그들을 친절하게 대해 주는 것 같았어. 그들은 새로운 터전을 잡기에 딱 좋은 곳을 발견했다고 생각하고는 오두막집을 몇 채 지었어. 그리고 그곳을 '제임스타운 Jamestown'이라고 불렀어. 제임스 국왕의 이름을 딴 것이었지. 그러나 정착한 식민지 개척자들은 집을 짓는 데는 그리 많은 시간을 들이지 않았단다. 금을 찾으려고 사방을 돌아다녔던 거야! 제임스타운의 지도자들 중에서 존 스미스John Smith라는 사람은 오래지 않아서 몹시 화가 났던가 봐. 그는 이렇게 투덜거렸다는구나. "서로 이야기도 하지 않고, 아무 희망도 보이지 않고, 오로지 금을 파내고, 금을 씻어 내고, 금을 정제(다시 가공하여 더 순도가 높은 것으로 만듦)하고, 금을 실어 나르는 것 말고는 아무것도 할 게 없다." 그는 영국에서 가지고 온 식량이 곧 다 떨어지리라는 것을 알고 있었어. 또 시간이 더 지나면 인디언들이 그들을 적으로 대하게 될지도 모른다는 두려움에 떨고 있었어. 그래서 그는 곡식을 경작해야 하고, 마을에 튼튼한 울타리를 쳐서 안전을 지켜야 한다고 생각했어.

한편, 제임스타운 근처에 살던 인디언들은 영국인 개척자들이 그들의 영토를 야금야금 갉아먹으며 들어오는 걸 내내 눈여겨보고 있었어. 몹시 불안했겠지! 굴러

존 스미스
영국의 제임스 국왕의 명령을 받고 아메리카 대륙에 제임스타운이라는 식민지를 만들었어. 그는 제임스타운을 살기 좋은 곳으로 만들려고 노력했어. 훗날 그가 인디언에게 잡혔을 때 인디언 추장 딸인 포카혼타스의 도움으로 풀려 난 이야기는 만화 영화로도 만들어졌단다.

들어온 저 돌들이 도대체 우리 땅을 어디까지 침범하려는 걸까? 어느 날, 보통 때와 다름없이 금을 찾으러 돌아다니던 식민지 개척자들을 한 무리의 인디언 전사들이 공격했어. 겁에 질린 식민지 개척자들은 그제야 스미스의 말에 귀를 기울이기 시작했지. 그들은 굵은 통나무로 마을을 에워싼 울타리를 만들고, 땅을 개간(거친 땅을 새로 일구어 논밭을 만듦)하여 곡식을 심었어.

그러나 때가 늦어 버린 뒤였어.

그 무렵 그곳은 아주 심한 가뭄이 계속되고 있었어. 하늘에서 비 한 방울 내리지 않았어. 새로 개간한 땅에서는 그 어떤 곡식도 자라지 않았어. 물이 더러워지고 귀해졌어. 영국에서 가지고 온 식량은 거의 바닥이 드러나고 있었지. 정체를 알 수 없는 질병과 굶주림 때문에 병자들이 잇달아서 생겨났어. 조지 퍼시라는 사람은 이렇게 썼다는구나. "우리처럼 비참한 신세가 된 영국인은 이제까지 아무도 없었을 것이다. 물에 불린 보리 한 그릇을 다섯 명이 갈라 먹어야 했다. 단 하룻밤 사이에 서너 명이 죽어 나가는 때도 있었다!"

가을까지 식민지 개척자들의 절반이 죽었대. 이윽고 겨울이 왔어. 아직 목숨이 붙어 있는 사람들은 썰렁한 나무 오두막집에 틀어박혀서 지내야 했어. 추위에 발이 얼어붙고, 굶주림 때문에 온몸의 뼈마디가 퉁퉁 부어올랐어.

그러나 스미스는 제임스타운의 운명이 그렇게 끝나는 것을 보고만 있지 않았어. 크리스마스 직전에 그는 아직 그런대로 건강을 유지하고 있던 몇몇 사람들을 모아서 먹을 것을 찾아 나섰어. 그들은 숲 사이로 흐르는 깊은 강을 천천히 거슬러 올라갔어. 갈수록 물이 얕아지고 강폭이 좁아졌지. 덤불이 무성한 둑이 양쪽에 솟아 있고, 길게 드리워진 찔레 덩굴이 카누에 닿아 그들의 얼굴을 긁어 댔어. 이윽고 그들은 쓰러진 고목이 강을 가로막은 곳에 도착하자 더 이상 앞으로 나아갈 수가 없게 되었어.

스미스는 카누를 물가에 대고 동료들에게 말했어. "강둑에 올라가서 먹을 것을 준비해. 나는 근처를 살펴보고 올게."

스미스는 진흙이 질퍽한 강변을 따라 올라갔어. 강이 위쪽으로 구불구불 휘감아 올라가고 있었어. 얼마 가지 않아서 동료들이 보이지 않았지. 그는 걸음을 멈추고 주위를 둘러보았어. 그런데 갑자기 저만치 앞에서 희미하게 휘파람 소리가 들리는 거야. 난데없이 날아온 화살 한 대가 두꺼운 가죽 바지의 허벅지에 맞고 튕겨 나갔어. 스미스는 황급히 권총을 뽑아 들고 고함을 질렀어. 덤불 속에 반쯤 몸을 숨긴 두 명의 인디언들이 보였어. 그들은 막 또 화살을 쏘려고 하고 있었어. 스미스는 뒤돌아서 달리다가 얕은 물속에 빠져 버렸어. 더 많은 인디언들이 나타나서 그를 향해 달려왔어. 스미스는 진흙탕 속을 첨벙첨벙 뛰면서 뒤를 향해 권총을 쏘아 댔어. 총알이 다 떨어질 때쯤에 그는 허리까지 차 오른 진흙탕 속에서 꼼짝 못하게 되어 버렸어.

스미스는 총알이 떨어진 권총을 던져 버리고 두 손을 번쩍 치켜들었지. 인디언들이 그를 진흙탕 속에서 끌어내서 울창한 숲길로 데리고 갔어. 이윽고 넓은 개활지(앞이 시원하게 탁 트인 너른 땅)가 나타났어. 인디언들의 집이 촘촘히 들어선 곳이었

어. 어린아이들이 근처에서 끼리끼리 모여 놀고, 여자들은 음식을 만들거나 물을 길어 나르고 있었어. 마을의 한가운데에 유난히 큰 집이 있었어. 그 인디언 부족의 추장인 포우하탄Powhatan이 사는 집이었어.

포우하탄은 그 집 안에서 두꺼운 돗자리 위에 앉아 있었어. 너구리 가죽으로 만든 화려한 옷을 입었고, 진주를 꿰어 만든 염주를 치렁치렁 걸치고 있었으며, 주위에는 전사들의 우두머리들이 둘러서 있었어. 그는 온몸에 진흙 칠갑을 한 영국인을 한참 동안 아무 말 없이 쳐다보기만 했어.

두 사람은 물론 말이 통할 리가 없었겠지. 그러나 스미스는 그새 인디언들의 말을 몇 마디쯤은 배웠고, 인디언들 중에도 영어를 아주 조금은 알아듣는 사람이 있었던가 봐. 그래서 포우하탄과 스미스는 간신히 대화를 할 수 있었어. 그들이 그때 주고받은 이야기를 뜻만 옮겨 놓는다면 대충 다음과 같을 거라고 짐작이 돼.

"당신들은 무엇을 하러 우리 땅에 왔소?" 포우하탄이 물었어.

스미스가 대답했어. "우리는 스페인 놈들하고 싸우다가 쫓겨서 우연히 당신네 땅의 해변에 닿았어요. 그런데 배마다 구멍이 숭숭 뚫려서 물이 새기 때문에 떠날 수가 없게 되었다오."

"그런데 왜 이렇게 해변에서 먼 곳까지 와서 기웃거리는 거요?" 포우하탄이 다그쳤어.

스미스는 재빨리 머리를 굴려 좋은 꾀를 생각해 냈지. 그가 말했어. "추장님, 강 상류에 당신들하고 늘 싸우는 부족이 있다는 걸 알아요. 우리는 그자들을 물리치려고 여기까지 왔답니다."

포우하탄이 말했어. "그게 정말이라면 당신들하고 우리는 앞으로 사이좋게 지낼 수 있을 것이오."

그래서 스미스가 포우하탄의 부족을 절대로 해치지 않겠다고 약속하자 포우하탄은 그를 제임스타운으로 무사히 돌려보냈단다. 그 후, 제임스타운의 또 다른 지도자인 존 롤프 John Rolfe라는 사람은 포우하탄의 딸 포카혼타스와 결혼을 했어. 〈포카혼타스〉라는 제목의 만화 영화가 있다는 건 너도 아마 알

포카혼타스

걸? 그 영화가 바로 이 이야기를 소재로 한 것이란다. 제임스타운 사람들과 포우하탄의 부족은 이제 진짜로 친구가 되어서 평화롭게 살게 된 것이야! 그리고 제임스타운 식민지는 날로 번창해 갔어. 드디어 영국인들이 북아메리카 땅에 정착하게 된 것이란다.

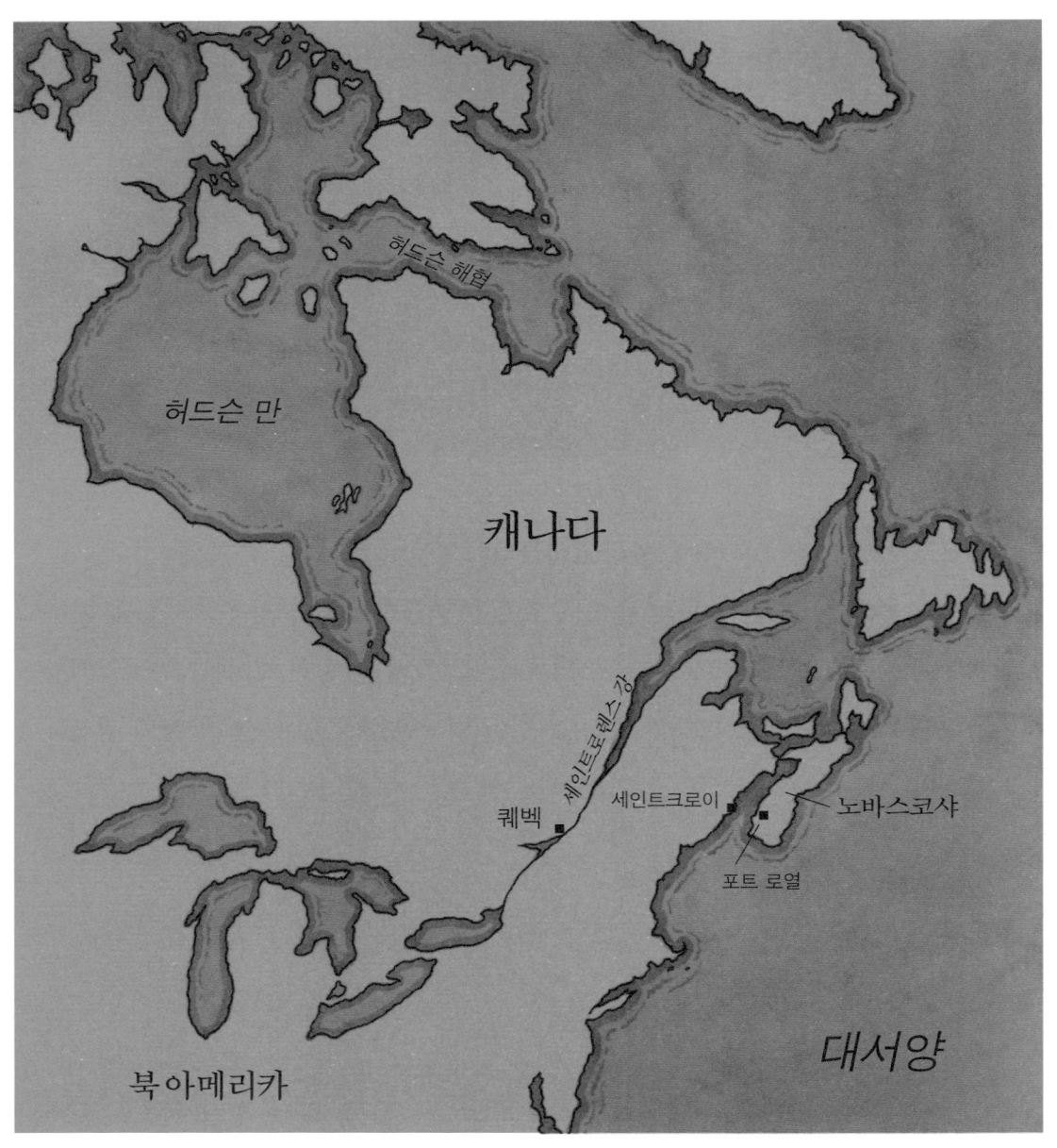

신대륙의 프랑스와 영국의 정착지

제4장 북서 항로를 찾아서

캐나다에 식민지를 개척한 샹플랭

금을 찾으러 북아메리카로 간 모험가들이 있었던가 하면, 전혀 다른 목적으로 그곳에 갔던 사람들도 있었단다. 그들은 북아메리카 대륙을 가로지르는 강을 발견하고 그 물길을 따라서 태평양으로 나가는 '북서 항로Northwest Passage'를 찾겠다는 희망을 품은 사람들이었어. 그 항로를 개척하기만 한다면 상인들은 중국과 인도 동부의 여러 항구까지 곧장 배를 타고 가서 비단과 향료를 사 가지고 돌아올 수 있을 것이기 때문이었지.

북서 항로를 찾아 나선 탐험가들이 줄을 이었지만, 아무도 성공하지 못했단다. 그런데 스코틀랜드의 제임스 1세가 영국의 왕위를 물려받았던 바로 그해에, 프랑스의 국왕 앙리 4세는 사무엘 드 샹플랭Samuel de Champlain이라는 이름의, 대단히 강인하고 과단성 있는 퇴역(어떤 직위나 일에서 물러남) 군인을 고용하여, 부디 프랑스를 위해서 북서 항로를 개척하는 데 나서 달라고 당부를 했단다.

대서양을 곧장 가로질러 항해한 샹플랭은 제임스타운 북쪽으로 아득히 멀리 떨어진 어느 곳에 상륙했어. 그곳은 지금의 캐나다 땅에 속하는 곳이었단다. 그의 눈

앞에 거대한 강이 하나 나타났어. 지금 우리가 세인트로렌스 강이라고 부르는 그 강이었어. 그 거대한 강이 육지 안쪽으로 구불구불 휘어져 들어가고 있었어. 주위는 온통 우거진 푸른 숲이고 무성한 초원이었으며, 하늘에는 기러기들이 날아다니고 해변 근처에서는 큰 사슴 무리가 풀을 뜯고 있었어. 원주민들이 나와서 샹플랭 일행을 친절하게 맞이했어. 그들이 비버와 늑대 모피 같은 것을 선사하자 프랑스 사람들은 항아리와 주머니칼 같은 걸로 보답했어. 그러자 인디언들은 또 신이 나서 말코손바닥사슴과 바다표범과 비버 고기를 굽거나 삶아서 성대한 잔치를 열어 주었다는구나.

샹플랭은 그 새로운 땅이 너무도 아름다운 데 넋을 잃었던가 봐. 이전의 탐험가들과는 달리 샹플랭은 지금 우리가 캐나다라고 부르는 그 땅이, 인도와 중국으로 가는 뱃길을 가로막고 있는 거대한 땅덩어리이지만은 않다는 것을 알아차렸어. 그는 캐나다는 프랑스 사람들이 새로운 정착지를 만들기에 더없이 좋은 곳이라고 생각했던 거야. 그는 "이보다 더 아름다운 땅은 이 세상 어디에도 다시는 없을 것이다!"라고 탄성을 질렀다는구나!

배에 모피를 가득 싣고 프랑스로 돌아온 샹플랭은 그 눈부신 신천지에 대해서 꼭 그림을 그려서 보여 주는 것처럼 생생하게 설명했어. 넋을 놓고 귀를 기울이던 앙리 4세는, 샹플랭이 이윽고 다시 한 번 그곳으로 가서 프랑스의 식민지를 만들고 싶다고 말하자, 두 번 다시 생각해 보지도 않고 허락했단다.

샹플랭은 모험심이 충천(기세 따위가 북받쳐 오름)한 한 무리의 식민지 개척자들과 함께 단 한 척의 나무배를 타고 다시 대서양을 건너갔어. 세인트로렌스 강을 따라 올라가던 그들은 끝없이 넓은 수면이 크게 휘감아 도는 어느 곳에서 작은 섬을 하나 발견했단다. 식민지 개척자들은 그 섬이 새로운 집을 짓고 살기에 딱 좋을 만큼 따뜻하고 포근할 것이라고 생각했어. 그들은 그 섬을 세인트크로이St. Croix 섬이라고 부르고, 작은 나무 오두막들을 지어서 눌러앉았단다.

그런데 세인트크로이 섬의 흙은 소금기가 너무 많아서 곡식이 제대로 자라지 않았어. 물도 사람이 마실 수 없을 만큼 탁했어. 어느새 겨울이 닥쳐왔어. 강 저편에서 눈과 함께 휘몰아쳐 온 매서운 바람이 온 섬을 휩쓸고, 온 천지가 얼음과 눈으로 뒤덮이고, 섬과 대륙 사이의 수면은 거대한 얼음 덩이들로 빽빽이 채워졌어. 꼼짝없이 섬에 갇힌 신세가 된 거야. 오래도록 신선한 것을 먹지 못한 탓에 괴혈병에 걸려서 이가 몽땅 빠지고 팔다리가 퉁퉁 부어오른 사람들이 나날이 늘어 갔어. 봄이 오기 전에 프랑스 식민지 개척자들 중 거의 절반이 숨을 거두었다는구나.

이윽고 그들의 뒤를 따라 프랑스를 떠났던 배들이 도착했어. 그 배들은 더 많은 식민지 개척자들과 연장들과 곡식 종자들을 싣고 왔어. 간신히 목숨을 이어 가고 있던 사람들에게 그야말로 하늘의 도움이 내렸던 것이었지!

샹플랭은 정착지를 포트 로열Port Royal이라는 곳으로 옮기기로 결정했어. 지금 우리가 캐나다의 노바스코샤라고 부르는, 대륙으로부터 아래쪽으로 뻗어 내린 반도 서부의 항구야. 바람이 거의 불지 않는 아늑하고 조용한 곳이었지. 식민지 개척자들은 세인트크로이 섬의 집을 차근차근 헐어서 배에 싣고 포트 로열로 가서

캐나다에 식민지를 개척한 샹플랭

다시 조립했어. 또 통나무로 새집을 짓고, 땅을 개간해서 밭을 일구어 곡식을 심고, 물에서도 숲에서도 사냥을 하고, 긴 겨울 한 철 동안 먹을 것을 저장했어.

다시 겨울이 왔지만, 식민지 개척자들은, 이번에는 단단히 준비가 되어 있었단다. 눈이 내리고 매서운 바람이 북쪽으로부터 휘몰아쳤지만, 그들은 따뜻하고 포근했어. 술과 고기와 땔감이 넉넉했거든. 그러나 길고 어두운 겨울밤을 지내기가 몹시 따분했겠지? 그래서 샹플랭은 음악을 연주하고 춤을 추며 맛있는 음식도 나누어 먹으면서 흥겹게 지내는 밤을 자주 가지려고 애를 썼단다.

그렇게 포트 로열이 한창 번성해 가고 있는데, 프랑스 국왕이 갑자기 마음을 바꾸었어. 프랑스는 북아메리카의 식민지에 더 이상 돈을 댈 수가 없다고 했던 거야. 그는 식민지 개척자들에게 정착지를 버리고 돌아오라고 명령했어. 샹플랭은 아주 비참한 심정으로 정착민들과 그들의 재산과 짐을 배에 싣고 프랑스로 돌아갔어. 그러나 그는 아주 포기한 게 아니었단다. 그는 몇 달 동안이나 궁정에서 머물면서, 캐나다에서 프랑스 식민지를 개척할 기회를 한 번만 더 달라고 국왕에게 끈질기게 간청했다는구나.

마침내 국왕은 그에게 마지막으로 한 번 더 기회를 주기로 결심했대. 샹플랭은 스물여덟 명의 모험가들을 모아서 다시 세인트로렌스 강으로 갔어. 샹플랭은 이번에는 강폭이 매우 좁은 어느 곳에 배를 대었어. 그 부근에 사는 인디언들이 '케벡 Kebec'이라고 부르는 곳이었는데, '강의 폭이 좁아지는 곳'이라는 뜻이래. 샹플랭은 그곳에 새로운 프랑스 마을을 만들었단다.

다시 겨울이 왔어. 이제껏 겪어 보지 못했던 가혹한 추위가 케벡의 작은 정착지를 위협했어. 긴 겨울에 대비해서 최선을 다해 준비를 했지만 신선한 음식이 오래지 않아서 바닥이 나기 시작했어. 또다시 사람들이 괴혈병에 걸려 죽어 나갔어. 의사도 죽었다는구나. 샹플랭도 병이 들었어. 겨울이 너무도 가혹해서 근처에 살던 원주민 몬테그니스 족Montagnis도 음식이 바닥나기 시작했던가 봐. 견디다 못한 그들이 케벡을 찾아와서 마른 콩과 빵을 구걸했다는구나!

샹플랭은 그들에게 음식을 나누어 주었어. 이윽고 여름이 되었지. 물자와 음식을 싣고 프랑스를 떠난 배가 케벡에 도착해서 보니까 스물여덟 명 중에서 고작 여덟 명만이 살아남아 있었다는구나. 그 여덟 명 중에 샹플랭도 들어 있었어. 샹플랭은 몬테그니스 사람들과 빠르게 친교를 맺었단다. 그들도 이제는 케벡 사람들을 흔쾌히 도우려 했대.

그 후 샹플랭은 케벡을 번성시키고 오래도록 살 곳으로 만들려고 갖은 노력을 다했어. 그는 캐나다의 '뉴프랑스New France' (새로운 프랑스)에 관한 책을 여러 권 썼어. 캐나다의 식물들과 동물들을 상세하게 묘사한 멋진 삽화들로 장식된 아름다운 책이었어. 그는 프랑스를 스물세 번이나 왕복하면서 그가 이루어 놓은 새로운 식민지에 더 많은 사람들을 끌어들이려고 노력했단다. 그러나 케벡은 아주 느리게 발전해 갔어. 케벡에 가서 정착해 살겠다는 결심을 하려면 누구라도 먼저 겨울 한 철의 가혹한 추위와 굶주림을 견디지 못하고 죽을지도 모르는 위험을 각오해야 했기 때문이었지. 그래서 그곳에 가서 살겠다고 나선 사람들은 거의가 거지들

이거나 이 세상 어디에도 갈 곳이 없는 죄인들이었다는구나.

그러나 샹플랭은 포기하지 않았어. 땅을 개간하고 새로운 건물을 짓게 했어. 그는 프랑스 사람들과 원주민들이 언제나 사이좋게 지내도록 하기 위해서 서로 혼인을 하도록 유도했어. 하여간에, 그는 신대륙의 땅에 프랑스 사람들의 정착지를 만들겠다는 포부를 절대로 단념하지 않았단다.

캐나다에 처음 발을 디딘 지 32년째 되는 해의 크리스마스에 샹플랭은 영영 눈을 감았어. 그동안의 그의 끈질긴 노력도 보람이 없었는지, 케벡은 그때까지도 고작 1백 명가량의 프랑스 사람들이 거주하는 작은 마을에 지나지 않았단다. 그러나 비록 작은 마을에 지나지 않았지만 케벡은 아무 탈 없이 유지되었고, 갈수록 규모가 커졌어. 그 케벡이 바로 지금 우리가 퀘벡Quebec이라고 부르는 그 도시야. 퀘벡 시가 캐나다 퀘벡 주의 주도(주의 행정 사무를 보는 관청이 있는 도시)라는 것을 혹시 알고 있니? 퀘벡 주 사람들은 누구나 아직도 프랑스 어를 사용해. 사무엘 드 샹플랭의 끈기가 신대륙에 프랑스를 옮겨 놓았던 것이고, 그에게 '뉴프랑스의 아버지'라는 별명을 붙여 주었던 것이야.

귀신이 된 영국 탐험가 허드슨

케벡의 식민지들과 제임스타운이 생존을 위한 가혹한 싸움을 벌이던 동안에도, 프랑스와 영국의 탐험가들은 중국과 인도에 이르는 지름길인 북서 항로를 찾아 나섰단다. 그들이 원하는 것은 북아메리카의 밀과 모피가 아니라 동양의 향료와

헨리 허드슨

비단이었어! 남달리 결의에 차서 꿋꿋하게 의지를 세웠던 탐험가들 중 한 사람으로서 헨리 허드슨Henry Hudson이라는 이름의 영국인이 있었단다. 허드슨은 어느 친구에게 보낸 편지에서 이렇게 썼대. "인도로 가는 뱃길을 발견하는 자는 누구든지 후세에 길이길이 그 이름이 기억될 것이라네. 나는 후세에 그려질 수많은 해도(항해용 지도)에 아로새겨질 그 이름이 나의 이름이 되도록 할 거야."

그러나 허드슨은 인도로 가는 뱃길을 찾고야 말겠다는 그 의지 때문에 목숨을 잃게 된단다.

허드슨은 수많은 뱃사람들이 이미 북서 항로를 찾아 나섰지만 아무도 성공하지 못했다는 사실을 모르지 않았어. 그러나 그는 전혀 색다른 생각을 가지고 있었단다. 유럽에서 서쪽으로 북아메리카로 가서 그 대륙을 가로지르는 통로를 찾으려 할 게 아니라, 지구의 북쪽 꼭대기로 곧장 올라간 다음에 아시아를 향해 내려가면 될 것이라고 생각했던 거야. 여름철에 북극 지방은 밤에도 해가 떠 있고, 그래서 얼음이 다 녹을 것이기 때문에 무난히 항해할 수 있을 거라고 생각했지.

허드슨은 '호프웰'이라는 이름의 작은 나무배를 타고 북쪽으로 출발했어. 6주 동안 선원들은 얼음처럼 차갑고 거친 바다와 싸웠어. 자욱한 얼음 안개에 가려서 한 치 앞도 보이지 않았어. 갑판과 돛이 얼어붙고, 선원들은 얼어붙은 밧줄을 두 손이

귀신이 된 영국 탐험가 허드슨　67

터지고 갈라지도록 당겨 대었지. 그러나 바다를 가득 메운 거대한 얼음 덩이들 때문에 허드슨은 맨 처음에 계획했던 뱃길로 계속 나아갈 수 없었어. 마침내 그는 뱃머리를 돌려서 유럽으로 돌아가지 않을 수 없었단다.

허드슨은 또 새로운 길을 찾아서 다시 한 번 가 보기로 결심했단다. 그는 북동쪽을 향해 출발해서 러시아의 북쪽 해안을 따라가다가 거대한 중국 땅덩어리를 감고 돌면 인도에 당도할 수 있지 않을까라는 데 생각이 닿았어.

그런데 그 길을 이미 가 보았던 탐험가가 있었어. 세바스찬 캐벗이라는 이름의 영국 사람이야. 그의 배들은 얼음 덩이에 떠밀려서 어느 해변에서 발이 묶인 채로 얼어붙어 버렸단다. 그리고 그 얼어붙은 시체들은 1년쯤 지난 후에야 근처의 어부들이 발견했다는구나. "손에는 펜을 쥐고 종이가 놓인 탁자 앞에 앉은 채 얼어붙은 사람들도 있고, 식탁에 앉아서 한 손에는 접시를 들고 다른 손에 쥔 숟가락을 입에 문 채 얼어붙어 버린 사람들도 있었다."라고 목격자들이 증언했어. 그러나 허드슨은 자기는 절대로 그렇게 되지 않을 거라고 확신했던가 봐. 그는 새로운 선원들을 고용하고, 북쪽의 바다에서 얼음이 녹기 시작하는 봄철에 출발했어.

그리고 석 달 동안 항해를 했는데, 어느 지점에서 길고 가느다란 땅이 그의 배 앞을 가로막았어. 허드슨은 그 땅을 통과할 수 있는 길을 찾으려고 해안을 따라가 보았어. 그런데 날씨가 점점 추워지기 시작했어. 바다에 얼음이 얼기 시작하는 거야. 선원들은 제발 돌아가자고 애원했어. 허드슨은 할 수 없이 뱃머리를 돌렸어. 그러나 그는 영국으로 돌아가려는 게 아니었단다. 그의 배는 북아메리카를 향해 대서양 쪽으로 가고 있었어!

뒤늦게야 사실을 알아차린 선원들과 일등 항해사 로버트 주엣Robert Juet이 반란을 일으킬 기미를 드러냈어. 허드슨은 이제는 정말로 어쩔 수 없이 항해를 단념하고 영국으로 돌아갈 수밖에 없었단다. 허드슨의 시도는 실패로 돌아가고 말았던 것이야!

그런데도 허드슨은 단념하지 않았어. 그는 이번에는 대서양을 가로질러 북아메리카로 가서 '퓨리어스 오버폴Furious Overfall' (분노의 격류)이라고 불리는 좁은 수로(물길)로 들어가 보기로 했어. 영국인 선원들 중에는 퓨리어스 오버폴이 북서 항로로 통하는 길목인지도 모른다고 생각하는 사람들이 더러 있었던가 봐. 그러나 아직 그곳을 통과한 배는 단 한 척도 없었어. 곳곳에 숨어 있는 암초들과, 배를 집어삼킬 듯한 거센 소용돌이들과, 떠다니는 거대한 얼음 덩이들 때문에 그곳은 어떤 배도 감히 들어갈 엄두를 내지 못하는 곳이라는 소문만이 무성할 뿐이었단다.

그러나 허드슨은 기가 꺾이지 않았어. 그는 '디스커버리Discovery' (발견)라는 이름의 배를 샀어. 그리고 선원들을 고용하고, 그의 어린 아들 존을 선실 심부름꾼으로 삼았단다. 그는 또 두 번째 항해 때에 반란을 일으킨 주엣을 다시 일등 항해사로 고용했어.

그게 실수였어.

디스커버리 호가 대서양을 건너가서 퓨리어스 오버폴로 들어갔어. 그런데 얼마 가지 않아서부터 갑자기 물이 무섭게 빠른 속도로 바다 쪽으로 흐르기 시작했어.

귀신이 된 영국 탐험가 허드슨   69

선체를 갈가리 찢어 버릴 것처럼 날카로운 바위들이 수면 곳곳에 모습을 드러냈어. 거센 물살에 그들의 작은 배가 방향을 잃은 채 낙엽처럼 까불렸어. 거대한 얼음 덩이들이 배를 향해서 돌진해 오자 선원들은 이대로 가다가는 잠시 후에 배가 박살이 나고 말리라는 두려움에 휩싸였어.

선원들이 제발 돌아가자고 졸랐지만 허드슨은 들은 척도 하지 않았어. 그리고 6주 동안이나 그들은 잠시도 쉬지 않고, 들끓는 물속에서 바위에 부딪치지 않으려고 안간힘을 쓰며 항해를 했어. 드디어 그 좁던 물길이 조금씩 넓어지기 시작했지. 디스커버리 호가 마침내 넓고 잔잔하고 얼음 덩이들이 떠다니지 않는 곳으로 들어선 것이야. 선원들은 이제야말로 태평양에 도착한 게 틀림없다고 생각했어! 그리고 하나같이 희망에 부푼 채 새로운 항해를 시작했어.

그런데 갑자기 그들의 앞을 가로막는 땅이 나타났어. 몇 주일 동안 허드슨은 그 땅의 연안을 따라 항해하면서 내륙으로 들어가는 길목을 찾아보았어. 날씨가 갈수록 추워졌어. 선원들이 또다시 투덜거리며 불평을 하기 시작했지. 그 가운데에는 주엣에게 자기들의 불안한 심정을 숨기지 않는 자들이 있었어. 그러자 주엣이 말했어. "소총을 장전(총알을 재어 넣음)하고 칼을 몸에 지니고 다녀. 아무래도 이 항해가 끝나기 전에 무기를 사용하지 않을 수 없을 것 같아." 주엣이 또다시 반란을 일으킨 것이야!

날씨가 더욱 추워지자 그들은 배를 해안에 대지 않을 수가 없었어. 그리고 곧 배가 물과 함께 얼어붙어 버렸어. 눈이 내리기 시작했어. 선원들은 주린 배들을 움켜쥔 채 해변에 내려가서 땅속에서 잠을 자는 개구리를 잡아먹어야 했단다!

이윽고 훈훈한 봄바람이 얼음을 녹이기 시작하자 선원들은 이제는 집으로 돌아가겠거니 생각했어. 그러나 허드슨은 선원들을 다그쳐서 또다시 서쪽으로 항해를 하게 했단다.

초여름의 어느 날 아침에 그의 선실에서 잠을 깬 허드슨은 그날의 날씨부터 알아보려고 선실 문을 열고 나섰어. 문을 여는 바로 그 순간에 선원 세 명이 문 뒤에 숨어 있다가 불쑥 나타나서 허드슨의 손과 발을 묶어 버렸어. 그들은 허드슨과 그의 아들 존, 그리고 병자인 선원 여섯 명을 작은 구명보트에 태워서 바다에 버렸어. 먹을 것도 마실 것도 실어 주지 않았어. 그리고 그들이 그길로 죽든지 살든지 아랑곳하지 않고 자기들만 집으로 돌아가려고 떠났단다.

그러나 선장이 없어진 디스커버리 호는 한 번 왔던 그 길을 제대로 더듬어 나가지 못했어. 올 때보다도 시간이 훨씬 더 걸렸고, 어느 때부터 식량이 바닥나기 시작했어. 그들은 너무도 배가 고파서 새의 뼈다귀까지 씹어 먹어야 했고, 양초를 녹인 것에다가 소금과 술을 섞어서 마시기도 했어. 주엣은 굶어 죽었어. 그해 가을에 디스커버리 호가 영국으로 돌아갔을 때에는 고작 다섯 명만이 살아 있었다는구나.

허드슨의 소식은 그 후 다시는 들리지 않았단다. 그러나 사람들은 그의 이름을 기려서 '퓨리어스 오버폴'을 '허드슨 해협Hudson Strait'으로 바꾸어 불렀단다. 허드슨이 발견했던, 사방이 육지로 에워싸인 그 바다는 '허드슨 만Hudson Bay'이

라는 이름이 붙었어. 만(灣)이란 바다의 일부가 육지로 들어가 있는 부분을 말해. 허드슨 만이 태평양과 닿아 있지 않다는 사실은, 물론 그 이후의 탐험가들에 의해서 밝혀졌단다. 허드슨은 사방이 육지에 에워싸인 드넓은 내해(육지와 육지 사이에 낀 좁은 바다)의 연안을 따라 항해했을 뿐이었던 것이야. 그런데 말이야, 인도로 가는 길을 찾으려는 허드슨의 귀신이 지금도 그 해안을 떠돌아다니고 있다는 소문이 사라지지 않는다는구나, 글쎄.

일본, 한국, 중국

제5장 일본의 장군들

중국을 넘본 도요토미 히데요시

영국과 프랑스의 탐험가들이 해내지 못했던 일을 네가 해냈다고 가정해 볼까? 그들이 꿈에 그리던 북서 항로를 네가 발견했다고 쳐 보자는 말이야. 그러면 너를 태운 배는 북아메리카 대륙의 산맥과 초원과 우거진 소나무 숲들을 지나서, 드디어 대륙의 저쪽 끝 태평양으로 들어서게 되는 거야. 너를 태운 배는 산들바람을 타고 북아메리카의 서부 해안으로부터 점점 멀어져 가겠지. 그리고 몇 주일 동안 항해를 하다가 이윽고 육지를 보게 돼. 길게 띠처럼 이어져 있는 여러 개의 섬들이 아득한 수평선에 나타나기 시작하고, 너의 등 뒤에서 떠오르는 아침 해의 햇살 속에서 허공에 치솟은 화산의 분화구 봉우리들과 새하얀 모래 해변들이 황금빛으로 빛날 거야. 넌 일본에 도착한 거야. 일본(日本)이라는 말은 '해가 떠오르는 땅'이라는 뜻이란다.

유럽의 탐험가들이 북서 항로를 찾아 나서던 무렵에 일본 사람들은 자기들끼리 전쟁을 하기에 바빴단다. 아무 힘도 없는 일본의 황제는 궁궐에서 놀고먹고만 있었어. '다이묘[大名]'라 불리는 세력 있는 무사들이 일본을 여러 조각으로 갈라서 차지한 채 제각기 권세를 넓히려고 늘 서로 싸우는 판이었어. '사무라이'라 불리는 일본의 무사들은 끼리끼리 무리를 지어 전국을 떠돌아다니다가 돈과 땅을 조금이라도 더 많이 주겠다는 다이묘 밑에 들어가서 싸움질을 했어.

그러다가 어느 때에 도요토미 히데요시[豐臣秀吉]라는 이름의 지도자가 등장했어. 그는 일본의 그 지겨운 내란을 끝장냈던 인물이란다.

히데요시는 왕자도 아니고 부유한 다이묘도 아니었어. 그는 아무 데나 발길이 닿는 대로 떠돌아다니면서 허드레 물건이나 팔던 도부꾼(물건을 이곳저곳 가지고 다니며 파는 장사꾼을 낮추어 부르는 말)이었어. 돈도 없고, 변변한 가문도 없고, 생김새는 남이 보기에 딱할 지경이었다고 해. 그의 아내마저도 남편을 '털 빠진 생쥐'라고 불렀다는 거야, 오죽했으면!

그러나 히데요시는 일개 도부꾼으로 한평생을 살다가 말 사람이 아니었던가 봐. 그는 오다 노부나가[織田信長]라는 장군의 군대에 들어갔어. 노부나가는 여러 조각으로 갈라져서 늘 싸움만 하는 일본을 통일해서 자기 혼자 다스리겠다는 포부를 가진 인물이었단다. 그는 강력한 사무라이들을 그의 군대에 끌어 모았어. 반항하는 자가 있으면 기어이 쳐들어가서 반드시 죽여 없앴다는구나. 히데요시는 그러한 노부나가에게 충성을 바치며 전공(전투에서 세운 공로)을 쌓아 갔어.

남달리 용맹하고 충성심이 강한 이 젊은이를 노부나가가 주목하지 않을 리가 없었겠지? 오래지 않아서 노부나가는 그의 '신발을 관리하는' 특별히 중요한 임무를 히데요시에게 맡겼어. 히데요시는 그에게 맡겨진 모든 임무를 척척 해내고, 승진에 승진을 거듭했단다. 그리고 드디어 노부나가가 제일 아끼는 장수가 되었고, 싸움터에서 남달리 탁월한 전술을 발휘함으로써 널리 이름이 알려졌어.

어느 때인가 히데요시는 노부나가의 적이 숨어 있는 성을 공격하는 임무를 맡은 적이 있었대. 아무리 보아도 빈틈이라고는 없는 성이었어. 그런데 히데요시는 그 성이 계곡의 한가운데에 있고, 계곡 저편에 강이 흐르고 있다는 데 주목했어. 그는 그 강을 막으라고 부하들에게 명령했어. 둑을 높게 쌓자 강물이 둑 위로 찰찰 흘러넘치다가 이내 둑이 무너지면서 물이 계곡으로 쏟아져 들어갔어. 성은 물에 푹 잠겨 버렸지. 난데없이 생긴 호수 한가운데에서 꼼짝 못하게 된 성주는 항복하지 않고는 배길 도리가 없었단다.

노부나가는 일본의 절반 이상으로까지 그의 영토를 넓혔어. 그런데 그의 운은 거기까지뿐이었단다. 전혀 뜻밖의 사태가 일어나서 그가 살해당하고 말았던 것이야. 그러자 네 명의 사무라이들이 노부나가의 손자이며 계승자인 젖먹이 아기를 보호하겠다고 선언하고 나섰어. 그러나 사실은 젖먹이인 권력 계승자를 손안에 넣어서 자기들이 권좌(권력, 특히 통치권을 가진 자리)를 차지하겠다는 속셈이었어.

그때 히데요시는 수도로부터 멀리 떨어진 곳에 나가 있었어. 노부나가가 죽었다는 소식을 듣자마자 그는 2만 명의 군대를 이끌고 수도를 향해 진군했어. 제각기 다른 속셈을 가진 네 명의 사무라이들이 그를 맞아 싸우러 나갔지만, 히데요시의 군대는 아주 손쉽게 그들을 짓밟아 버렸어. 네 명 중에서도 가장 강한 사무라이를 히데요시가 몸소 맞붙어서 머리를 잘라 버렸다는구나. 히데요시는 노부나가의 장

중국을 넘본 도요토미 히데요시

례를 치르고, 그 무덤 앞에 적의 머리를 바쳤다고 해.

히데요시는 노부나가보다도 훨씬 더 강력해졌어. 그러나 그의 지배 방식은 사뭇 달랐단다.

노부나가의 부하들은 이렇게 말했대.

"뻐꾸기가 울지 않으면, 죽여 버린다. 이것이 우리 장군님의 철칙(변경하거나 어길 수 없는 규칙)이지."

그러나 히데요시의 부하들은 이렇게 말했다는구나.

"뻐꾸기가 울지 않으면, 울게 만든다. 이것이 우리 장군님의 철칙이라고."

노부나가는 적을 사정없이 죽였어. 그러나 히데요시는 적이 그에게 충성을 바치지 않을 수 없도록 만들었어. 그는 무장 반란이 일어나게 해서는 안 된다고 판단했어. 그래서 그는 그에게 충성을 바치기 싫은 자는 누구든지 칼을 버려야 한다고 명령했어. 그는 일본 전 지역에 군대를 보내서 그에게 반항할 여지가 있다고 의심되는 모든 사람들의 무기를 빼앗아 버렸다는구나.

일본의 지배권을 확실하게 틀어쥔 히데요시는 영토를 더욱 넓힐 계획을 세웠어. 그는 일본을 세계 제일의 제국으로 만들고 싶었던가 봐. 그러자면 일본의 여러 섬들만을 가지고는 어림도 없는 일 아니겠어? 그래서 그는 군대를 모아 놓고 이렇게 말했단다. "바다 건너를 쳐다보아라. 바다 저 너머에 보이는 저 땅이 장차 우리의 것이 될 것이다!" 일본에서 바다 건너에 있는 땅이란 중국을 말하는 거야. 그 당시에도 중국은 인구가 6천 5백만 명이나 되는 거대한 나라였어! 작은 섬나라 일본이

도요토미 히데요시
히데요시는 노부나가라는 장군의 군대에 들어가 뛰어난 장군이 되고, 노부나가가 죽은 뒤에는 일본의 권력을 차지하게 돼. 그는 바다 건너 중국까지 넘보았을 정도로 포부가 컸어. 우리에게 그는 중국으로 가는 길을 내 달라며 임진왜란을 일으킨 인물로 기억되고 있단다.

그 거대하고 막강한 중국과 싸워서 이길 수 있을까?

히데요시는 자신만만했던가 봐. 그는 배에 군대를 태워서 바다 건너로 보낼 작정이었어. 한국(조선)의 남해안에 상륙한 다음에 한국 땅을 거쳐 육로로 진군한다는 계획이었지. 군대를 대기시켜 놓은 후, 그는 한국에 전갈을 보냈어.

"중국에 쳐들어갈 테니 길을 내어 다오!"

히데요시는 자기가 온 세상에서 제일 강력한 사나이라고 생각하고 있었던지라, 한국 사람들이 싹싹하게 자기 말을 들어줄 것이라고 믿었대. 그러나 한국은 들은 척도 하지 않았어. 히데요시의 요구를 싹 무시해 버렸단 말이야. 그러자 히데요시는 먼저 한국부터 제압해야겠다고 생각을 바꾸었어.

한국 남해안에 상륙한 일본군은 수천, 수만의 한국 백성들을 죽이면서 북쪽으로 쳐 올라갔어. 그러나 한국을 도우러 온 중국군에게 막혀서 주춤했어. 중국과 한국의 연합군을 맞아 싸우게 된 히데요시의 군대는 처음의 기세가 팍 꺾였고, 게다가 한국 해군이 일본 해군보다 훨씬 막강하다는 사실을 뒤늦게야 깨달았어. 히데요시가 보낸 보급선(보급품을 실어 나르는 배)들은 뭍에 닿기도 전에 한국 해군의 저 유명한 거북선들한테 걸려서 박살이 났어. 배에 지붕이 있고 거기에 철갑을 두른 모습이 마치 거북처럼 생긴 배들이었어. 그 배들은 대포를 쏘고 뾰족한 쇠못이 숭숭 박힌 선체로 배를 들이받아서 일본 배들을 가라앉혔어.

전세가 불리하다는 것을 깨달은 히데요시는 한 가지 조건을 내걸고 평화 회담을 제의했어. 중국 황제의 딸을 일본의 황제와 혼인시키라는 것이었어. 중국의 공주가 일본 황제와 혼인해서 아들을 낳으면, 그가 나중에 중국의 황제 자리를 주장할 수 있으리라는 계산이었겠지. 그러나 중국 사람들이 그 교활한 속셈을 알아차리지 못할 리가 없었어. 그들은 히데요시에게 이렇게 말했어. "너희의 황제라는 자는 우리가 허락했기 때문에 그 자리에 앉아 있는 거야. 그자가 일본을 다스리려면 먼저 우리 중국의 허락을 받아야 한단 말이야!"

히데요시는 격분했어. 그는 다시 군대를 모아서 또 한국을 쳐들어갔어. 그러나 군대가 한국 땅에 상륙할 때쯤에 히데요시가 병에 걸렸어. 전쟁을 지휘할 기력이 없을 정도로 심한, 곧 죽을병이었던가 봐. 군대가 퇴각하고, 히데요시는 곧 숨을 거두었어. 그는 일본을 장악하는 데는 성공했지만, 중국을 정복하겠다는 포부는 한바탕 헛된 꿈으로 끝나고 말았던 거야.

막부를 연 도쿠가와 이에야스

히데요시가 죽자, 도쿠가와 이에야스[德川家康]라는 사람이 무대에 등장했단다.

히데요시가 그랬던 것처럼, 이에야스도 노부나가 휘하의 장수였어. 노부나가가 죽고 히데요시가 권력을 잡았을 때 이에야스는 상황에 최대한 자신을 맞추는 처신을 했어. 그는 히데요시에게 충성을 바치겠노라 맹세했어. 히데요시는 이에야스가 마음에 쏙 들었는지, 자기의 어린 아들 히데요리의 신변을 지키는 다섯 명의 보호자들 중 한 명으로 그를 임명했단다.

그러나 이에야스는 자기에게 때가 오기를 기다리고 있었던 거야. 그는 여러 해 동

안 간토 평야라고 불리는 일본의 동쪽 지방에서 히데요시를 도와주며 그에 대한 히데요시의 신임을 더욱 두텁게 쌓아 갔어. 이에야스는 날이 갈수록 늘어나는 재산으로 자신의 군대를 키워 나갔단다.

드디어 히데요시가 죽었어. 이에야스가 고대하던 때가 온 것이었지.

히데요시는 고작 다섯 살배기 아들 히데요리에게 권력을 물려주었단다. 히데요시는 죽기 전에 이에야스를 포함한 히데요리의 다섯 명의 보호자들을 그의 아들을 위한 섭정으로 지명했단다. 그러나 그 다섯 사람들은 히데요리를 도울 생각 같은 것은 맨 처음부터 없었어. 저마다 일본의 지배자가 되려는 포부를 키워 왔던 그들 사이에서 당연히 싸움이 벌어지기 시작했지.

이에야스는 그 싸움에서 반드시 이기고야 말겠다는 의지를 불태웠어.

다섯 명의 보호자들과 그들을 따르는 다이묘들이 두 편으로 갈라졌어. 다섯 살짜리 히데요리에게 충성을 맹세한 서군(西軍), 그리고 이에야스를 따르는 동군(東軍)이었어. 그러나 이에야스는 서군의 다이묘들에게 몰래 전갈을 보냈어. 겉으로는 히데요리를 돕는 척하고 있다가 나중에 전투가 벌어졌을 때 이에야스를 위해서 싸워 준다면 돈과 땅을 주겠다고 약속했던 거야. 그게 제대로 들어맞았어! 히데요

도쿠가와 이에야스

시가 죽은 지 고작 2년 후에 이에야스는 서군과 대판 전투를 벌였어. 이 전투가 바로 '세키가하라[關ヶ原] 전투'라 불리는, 일본 역사상 아주 유명한 전투야. 이에야스가 이끄는 동군이 전진했어. 서군의 지휘관들은 철석같이 믿었던 다이묘들의 태도가 돌연 달라지는 것을 알아차렸어. 이에야스의 군대를 맞아 싸울 기색을 보이지 않는 거야. 심지어는 자기 휘하의 사무라이들을 공격하는 자들도 있었다는 거야! 그러니 이에야스가 이기는 건 당연한 이치가 아니겠어?

그로부터 3년 후에 이에야스는 '쇼군[將軍](장군)'이란 칭호를 얻게 돼. 일본의 군사 지배자라는 뜻이야. 남다른 인내심이 마침내 보람을 안겨 준 것이었지! 그때부터 그의 부하들 사이에서는 이런 말이 돌기 시작했단다.

"뻐꾸기가 울지 않으면, 울 때까지 기다린다. 이것이 우리 장군님의 철칙이야!"

이에야스는 수도를 에도[江戶] 시로 옮겼어. 거기에는 이미 오래전부터 막강한 성이 있었어. 그는 혹시 반란이 일어난다 하더라도 자신을 지키기 위해서 그 성을 더욱 튼튼하게 고쳤어. 에도는 지금 우리가 도쿄[東京]라고 부르는 바로 그 도시, 현재 일본의 수도란다.

이제 이에야스는 최고 권력과 그의 수도를 가지게 되었어. 그러나 그에게는 훨씬 더 큰 목표가 있었어. 그의 자손들이 대대로 일본의 쇼군이라는 자리를 물려받게 하는 것이었어. 그는 아들과 손자와 손자의 손자가 전쟁을 치르지 않고도 쇼군이라는 칭호를 이어 가게 하고 싶었던 것이야. 그러나 '도쿠가와 막부(幕府. 장군 자체라는 뜻에서 힘으로 이룬 정권 자체를 뜻하는 말로 사용됨)'를 완성시킨다는 그의 꿈이 이

루어지기까지는 아직 한 가지 문제가 남아 있었단다. 히데요시의 아들이자 계승자인 히데요리가 아직 살아 있었던 거야.

세키가하라 전투에서 이에야스가 승리를 거둔 후, 히데요리와 그에게 충성을 바치는 다이묘들은 오사카[大阪]의 어느 성으로 도망쳤어. 히데요리는 15년 동안이나 그 성에서 지냈단다. 다섯 살짜리 어린아이가 어느새 청년이 되었어. 벌써 결혼해서 아들까지 낳았지! 그는 자기 아버지가 철석같이 믿었던 한 사내에 대한 두려움에 벌벌 떨면서 오사카에서 한 발짝도 나오지 않았어.

이에야스는 히데요리를 최후로 공격할 준비가 아직 되지 않았다고 판단했던가 봐. 대신에 그는 가문의 권세를 더욱 키워 나갔어. 쇼군이라는 칭호를 아들에게 물려주고, 다이묘들의 충성심이 변하지 않게 할 온갖 방도를 아들과 함께 궁리했어. 그들은 모든 다이묘들은 각자의 영지 내에서 자신이 거주하는 성 한 채만을 빼고 다른 모든 성을 부수어 없애야 한다고 명령했어. 혹시라도 다이묘들이 몰래 군대를 키울지 모른다는 걱정 때문이었겠지. 이에야스와 그의 아들은 또 다이묘들에게 도쿠가와 가문에 대한 충성을 강제로 맹세하게 했어. 그리고 다이묘들은 반드시 집안 식구들을 수도인 에도로 보내서 살게 해야 한다고 명령했어. 다이묘들이 혹시 반란을 꾀하려고 하다가도 쇼군의 도시에서 살고 있는 처자식들을 문득 떠올리고는 화들짝 놀라서 단념할 것이라는 계산이었던 거야.

이에야스는 사무라이들도 잊지 않았어. 일본에는 내전 동안에 다이묘들의 휘하에서 싸웠던 사무라이들이 우글우글했거든. 아마 몇 십만 명은 되었을 거라고 해.

그들도 또한 도쿠가와 가문의 지배에 위협이 될 수 있었던 거야!

그래서 이에야스와 그의 아들은 사무라이들에게 세금 징수원, 책 관리인, 경찰관 등의 새로운 직업을 만들어 주었어. 또 무술만 연마하지 말고 문학과 미술과 음악의 조예(어느 분야에 대한 깊은 지식이나 이해)를 닦고 시를 쓰는 데도 공을 들이라고 명령했어. 그는 또 사무라이들에게 늘 칼 싸움만 하지 말고 씨름도 좀 해 보라고 권장했어. 그래서 일본의 사무라이들 중에서 시와 음악과 씨름으로 이름을 날린 사람들이 나타나게 되었던 거야. 지금도 일본에서는 '스모[相撲]'라고 하는 씨름 대회가 항상 열리는데, 그게 바로 이에야스가 권장했던 그 씨름이란다.

그러나 이에야스에게는 아직도 손톱 밑에 박힌 가시 같은 게 하나 남아 있었어. 히데요리가 버젓하게 살아 있었단 말이야.

세키가하라 전투로부터 14년이 지난 해에, 이에야스는 드디어 군대를 오사카로 보내서 히데요리의 성을 포위했어. 두 군대의 사무라이들이 몇 달 동안 밤낮없이 싸웠어. 성이 포위된 지가 거의 1년이 다 되어 가자 히데요리는 희망을 잃기 시작하고, 패배를 받아들일 준비를 하기 시작했어. 그러나 항복할 수는 없고, 따라서 자결(스스로 자기

스모하는 사람

목숨을 끊음)만이 그 방법이었지. 일본의 무사들은 적의 포로가 된다는 것은 인간이 당할 수 있는 최고의 수치라고 여겼단다.

드디어 이에야스의 군대가 성벽을 깨트렸어. 성벽을 넘어오는 적의 병사들을 본 히데요리는 아무 미련 없이 스스로 목숨을 끊었어. 아마 그는 이에야스가 자기 가족들은 살려 줄 것이라고 기대했는지도 모르지. 그러나 이에야스는 자비롭지 않았어. 성에 들어간 그는 히데요리의 아들을 죽이라고 명령했어. 히데요리의 가문은 그렇게 문을 닫았고, 일본의 지배권은 이에야스의 가문인 도쿠가와 막부가 온전히 장악하게 되었단다.

신대륙의 영국과 네덜란드의 식민지

제6장 신대륙의 새로운 식민지들

바다 건너 북아메리카에 정착한 청교도들

도쿠가와 이에야스가 일본에서 막부를 세우던 동안에, 허드슨은 캐나다 땅에서 북서 항로를 찾아 헤매었고, 지금의 미국 버지니아 주 제임스타운의 식민지 개척자들은 생존을 위한 혹독한 몸부림을 치고 있었어. 그리고 영국에서는 희한한 일이 일어났단다. 윌리엄 브래드퍼드William Bradford라는 이름의 젊은이가 고국을 영영 떠나겠다는, 참으로 하기 힘든 결심을 굳혀 가고 있었던 거야.

브래드퍼드는 '청교도'였어. 영국 국교회가 가톨릭 교회로부터 빌어 온 모든 것들을, 가령 양초와 향과 제단과 성직자들과 기도서 같은 것들을 '말끔하게 씻어 내기를' 바라는 프로테스탄트 신자였던 거야. 그러나 다른 청교도들과는 달리 브래드퍼드와 그의 친구들은 영국 국교회가 그러한 것들을 언젠가는 반드시 말끔히 씻어 낼 것이라는 희망을 버렸던가 봐. 그래서 그들은 영국 국교회로부터 '떨어져 나와서' 그들만의 방식으로 예배를 올렸어. 그래서 영국 사람들은 그들을 '분리파separatists'라고 불렀단다.

제임스 국왕은 분리파 신자들에게 세금을 무겁게 물리고, 그들이 교회 건물을 사용하는 것을 금지했어. 그래서 브래드퍼드와 그의 친구들은 헛간이나 마구간에서 예배를 보아야 했단다! 브래드퍼드는 국왕의 병사들이 어느 때건 기회만 생기면 그들을 체포해서 감옥에 보낼 것이라는 것도 잘 알고 있었어. 그래서 그와 분리파 신자들은 영국을 떠나기로 결심했어. 어디든 자기들만의 방식으로 자유롭게 신을 섬길 수 있는 곳으로 가려는 것이었지.

어디로 가야 하나? 네덜란드! 네덜란드 사람들은 프로테스탄트 신자들을 차별하지 않았고, 영국에서 그리 먼 곳도 아니었거든.

브래드퍼드와 다른 분리파 신자들은 집안의 재산과 가족을 작은 나무배에 싣고 북해를 건너 네덜란드로 갔어. 그들은 레이덴Leiden이라는 작은 도시에 정착했어. 이제 분리파 신자들은 어느 누구의 간섭도 받지 않고 자유롭게 교회에 모일 수 있게 되었어. 지나치게 많은 세금을 내라는 요구를 받지도 않았고, 병사들에게 체포당할 염려도 없었어. 브래드퍼드는 거기에서 도로시라는 이름의 영국 처녀와 결혼했어. 그녀도 물론 분리파 신자였어. 그들은 아들을 낳아서 이름을 존이라고 지었어.

어린 존과 다른 분리파 신자의 자식들은 네덜란드 어를 배우며 자랐어. 네덜란드 아이들하고 사귀고, (진흙탕을 피하기 위해서) 나무로 만든 신발을 신는 법을 배우고, 얼어붙은 운하(육지를 파서 만든 수로)에서 스케이트를 탔어. 그들은 영어를 잊어 가기 시작했고, 또 분리파의 신앙마저도 잊어 갔어. 브래드퍼드는 나중에 이렇게 썼단다. "자식들이 부모 곁을 떠났다. 군대에 들어가거나 바다로 나가 버렸다.

훨씬 더 나쁜 길로 빠져 든 자식들도 더러 있었으며…… 자식들이 부모들의 삶과는 전혀 딴판으로 나가는 것이었다."

그래서 브래드퍼드와 분리파 신자들은 자식들을 충실한 영국인 분리파 신자로서 키울 수 있는 곳으로 떠나고 싶었단다. 그러나 영국으로 다시 돌아갈 수는 없었어. 어디로 가야 하나?

"북아메리카가 어떨까?" 그들은 누가 먼저인지도 모르게 그렇게 말하고 있었어. "제임스타운에 정착한 사람들은 무엇이든지 자기가 하고 싶은 대로 하며 산다더군. 우리도 북아메리카로 가서 우리의 정착지를 만들면 되지 않겠어? 모든 사람이 신의 뜻에 따라서 사는 행복한 터전을 만들어 보잔 말이야!"

북아메리카로 가는 길이 멀고도 험난하다는 걸 모르지 않았지만, 쉰 명의 분리파 신자들이 다 같이 떠나기로 결정했단다. 몇 명의 지도자들이 영국으로 돌아가서 부유한 상인들을 찾아다녔어. "배와 음식을 살 돈을 빌려 주십시오. 나중에 새로운 땅에 정착하면 그곳에서 캔 금과 보석으로 그 빚을 꼭 갚겠습니다!"

몇몇 상인들이 그들에게 돈을 빌려 주었어. 그들은 한 가지 조건을 달았다는구나. 그 조건이란 게 무엇이냐고? 네덜란드에 있는 쉰 명만이 떠날 게 아니라, 자기들이 추천하는 예순 명의 사람까지도 데리고 가 달라는 것이었어. 남자와 여자와 어린아이들을 합쳐서 고작 쉰 명만으로는 새로운 터전을 만들기에 힘이 부치지 않겠느냐는 것이었지.

쉰 명의 분리파 신자들은 상인들에게서 빌린 돈으로 새로운 배를 샀어. '메이플라

워Mayflower'라는 이름의 그 배 위에서 그들은 예순 명의 다른 이주자들을 처음 만났단다. 그들은 그 사람들을 '이방인들Strangers'이라 부르고, 그들 자신을 '성자들Saints'이라 불렀어. 그러나 브래드퍼드는 또 다른 명칭

메이플라워 호

을 생각해 냈단다. 그는 메이플라워 호에 탄 모든 사람들을 '필그림Pilgrims'(순례자들)이라고 불렀어. 누구나 자유롭게 신을 경배할 수 있는 행복한 터전을 이루기 위해 거룩한 길을 떠나는 기독교도들이라는 뜻이야. 지금 우리는 브래드퍼드가 붙인 그 명칭으로써 그 사람들을 지칭하는 경우가 거의 대부분이란다. 북아메리카로 떠났던 이방인들과 성자들을 통틀어서 필그림이라고 부른다는 말이야.

메이플라워 호가 드디어 영국을 출발했어. 브래드퍼드와 도로시 부부는 어린 아들 존을 네덜란드에 남겨 두었단다. 신대륙에 가서 개척할 정착지보다는 아무래도 거기가 어린 아들에게 더 안전할 것이라고 판단했던 것이었지.

망망대해에서 추위에 떨면서 오랜 항해를 힘겹게 한 끝에 마침내 수평선 너머에 육지가 나타났어. 필그림이 새로운 터전을 일굴 그들의 땅에 도착한 것이야. 배에서 내리기 전에 필그림은 메이플라워 호의 갑판에 모여 앉아서 이제부터 그들이

일굴 새로운 터전에서 그들 모두가 지키게 될 법의 초안을 협의했단다. 이방인들도 성자들도 똑같은 법을 지키며 사는 것이 그들 모두의 뜻이고 바람이었던가 봐. '메이플라워 서약Mayflower Compact' 이라 불리는 이 협의에서 그들은 전원이 합의한 법안만이 법으로 선포될 수 있고, 한 번 선포된 법에 대해서는 '양보와 엄수(반드시 그대로 지킴)의 정신을 다해서' 누구나가 복종해야 한다고 결정했어. 메이플라워 호의 거의 모든 남자들이 이 서약서에 서명했어. 그리고 성자들과 이방인들은 평등한 투표를 통해서 존 카버라는 사람을 그들의 총독(식민지에서 모든 통치권을 가진 사람)으로 선출했어.

그리고 나서 남자들은 여자와 아이를 메이플라워 호에서 기다리게 하고, 주위를 탐사하러 나갔어. 그들은 새로운 정착지를 세우기에 딱 알맞다 싶은 곳을 발견했어. 옥수수가 무성히 자란 밭들이 있고, 맑은 물이 흐르는 개울이 가까이에 있었어. 그들은 허물어져 가는 집들도 보았어. 기다란 나뭇가지들을 활처럼 휘어서 양쪽을 땅에 박아서 엮은 것에다가 갈대 잎으로 짠 두꺼운 거적을 덮은 집들이 드문드문 서 있는데, 아마도 벌써 몇 년 전에 버려진 인디언의 마을이겠다 싶었어.

그들은 메이플라워 호로 돌아왔어. 그 기쁜 소식을 알리려고 저만치에서부터 소리를 지르며 뛰었지. 그런데 배에서 우르르 뛰어 내려온 여자들이 모두 엉엉 울고 있는 거야. 깜짝 놀란 남자들은 잠시 후, 브래드퍼드의 아내 도로시가 뱃전에서 떨어져서 그만 익사했다는 놀라운 소식을 들어야 했다는구나.

브래드퍼드는 언제까지 슬퍼하고만 있을 처지가 못 되었단다. 겨울이 닥쳐오고

있었고, 필그림은 가족들을 위해서 저마다 집을 지어야 했어. 작업은 고단하고도 더뎠을 거야. 영국에서 가지고 온 바짝 마른 과자와 콩과 소금물에 절인 고기 등의 음식이 떨어져 가고 있었어. 열병과 괴혈병과 굶주림으로 사람들이 죽어 나가기 시작했어. 브래드퍼드는 나중에 그때의 일을 기록한 글에서 "하루에 두세 사람이 죽은 날도 있었다."라고 썼어.

그런데 다행히 근처에 살던 원주민들이 그들의 처지를 몹시 딱하게 여겼어. 왐파노아그 족Wampanoag의 추장 매사소이트Massasoit가 그들에게 서로 사이좋게 지내자는 뜻을 전해 왔어. 그의 부하들 중에서 스콴토Squanto라는 사람이 영어를 할 줄 알았던가 봐. 스콴토의 통역을 통해서 매사소이트와 영국인들은 서로를 해

필그림 이주민과 매사소이트

치지 않겠다고 다짐하는 내용의 조약을 맺었단다. 스콴토는 또 필그림에게 옥수수 씨를 심는 방법을 가르쳐 주었어. 브래드퍼드의 기록을 읽어 볼까? "그가 우리에게 밭에 옥수수 씨를 심는 방법을 가르쳐 주고, 싹이 돋은 다음에는 어떻게 돌보아야 하는지를 가르쳐 주었다. 그는 또 밭에 씨를 심을 때에는 먼저 썩은 물고기를 거름으로 넣어야 한다는 것도 가르쳐 주었다. 오랜 세월 동안의 경작으로 땅이 기름지지 못하고 메마르기 때문에 그렇게 하지 않으면 나중에 거두어들일 게 아무것도 없게 된다는 것이었다."

덕분에 필그림은 굶주림만은 면할 수 있었어. 그러나 그들이 '플리머스 플랜테이션Plymouth Plantation' (플리머스 농장)이라 이름 붙인 그 정착지는 아직은 사람이 살기에는 모든 것이 위태롭기 짝이 없는 곳이었단다. 몹시 무더운 어느 날, 필그림의 총독 존 카버가 옥수수 밭에서 일을 하고 있었는데, 갑자기 머리가 지끈거리기 시작했어. 그는 집에 돌아와서 자리에 누웠지. 그러나 곧 의식을 잃었단다. 그리고 며칠 만에 존 카버는 숨을 거두었어.

필그림은 브래드퍼드를 새 지도자로 선출했어. 브래드퍼드는 정착지를 사람이 살 만한 곳으로 만들려고 힘껏 노력했단다. 곡식을 심을 계획을 세우고, 근처를 지나가는 영국 어선들을 찾아가서 생선을 사들이고, 주위의 원주민들과 우정 어린 교제를 했어. 브래드퍼드가 새 지도자로 선출된 그해 가을부터 형편이 좋아지기 시작했단다. 스콴토가 가르쳐 준 대로 기른 곡식들이 잘 자라서 풍년이 들었어. 곡식을 다 거두어들인 날, 필그림은 마당에 불을 피우고, 옥수수와 야생 칠면조 고기

바다 건너 북 아메리카에 정착한 청교도들

와 물고기와 사슴 고기를 구워서 차려 놓고, 매사소이트와 아흔 명의 왐파노아그 인디언들을 초대했단다. 이것이 최초의 추수 감사절 행사였어. 필그림은 낯선 땅에서 무사히 살아남도록 가호(보살피고 돌봄)해 주신 신에게 감사하는 마음을 바쳤던 것이야!

그리고 오래지 않아서 더 많은 필그림이 신대륙으로 오게 돼. 저마다 자기들만의 방식으로 신을 경배할 수 있는 자유를 찾아서 고국을 떠나왔던 거야. 플리머스 플랜테이션의 북쪽에 2천 명 이상의 필그림이 모여 사는 또 하나의 정착지가 생겼어. 그들은 그곳을 '매사추세츠 만 식민지Massachusetts Bay Colony'라고 불렀어. 플리머스 플랜테이션과 매사추세츠 만 식민지는 지금 미국 동북부 매사추세츠 주에 속해 있단다.

신대륙의 네덜란드 사람들

그 후에도 더 많은 영국인들이 신대륙으로 이주해 왔어. 플리머스 플랜테이션과 매사추세츠 만 식민지 주위에는 수많은 영국 식민지들이 속속 생겨났고, 이윽고 그 일대는 '뉴잉글랜드New England(새로운 영국)'라고 불리게 되었단다. 그 무렵에 캐나다 땅에서는 프랑스 식민지 개척자들이 '뉴프랑스'를 이루어서 살고 있었어. 그리고 저 아래 남아메리카에서는 스페인 사람들이 '뉴스페인'을 이루어 살고 있었지.

네덜란드 사람들이 가만히 보고만 있었을까?

침묵자라고도 불렸던 오렌지 공 빌렘이 네덜란드를 스페인의 지배에서 해방시킨 후, 네덜란드 사람들은 속도가 빠른 화물선으로 전 세계의 바다를 누비고 다녔어. 부유한 상인들은 끼리끼리 힘을 합치고 돈을 모아서 아시아의 곳곳에 '무역 전진 기지'라는 작은 정착지들을 만들었단다. 그들은 아시아로 가는 배의 선장들과 계약을 맺어서 사 가지고 온 비단과 향료와 차와 커피를 유럽의 장사꾼들에게 팔고, 이익금을 나누어 가졌어.

그 후 네덜란드 정부는 상인들의 집단들을 하나로 묶어서 '네덜란드 동인도 회사 Dutch East India Company'라는 이름의 거대한 기업을 만들었어. 이 회사의 활약으로 네덜란드는 엄청나게 부유한 나라가 되었단다. 최대의 도시인 암스테르담 Amsterdam은 유럽에서 가장 분주한 항구로 변했어! 전국의 학교와 대학은 학구열(학문에 대한 열의)에 불타는 학생들로 가득 찼어. 상인들은 거대한 저택을 짓고, 손으로 직접 만든 아름다운 가구들을 들여놓고, 렘브란트나 베르메르 같은 유명한 화가들의 그림을 사다가 걸었어. 그 모든 게 다 네덜란드가 세계 최고의 해상 무역국으로 발전한 덕분이었지.

그 무렵에 영국 탐험가 허드슨은 신비의 북서 항로를 찾아 헤매고 있었어. 선원들의 반란으로 바다에 버려진 뒤 행방불명되었고, 귀신이 되어 떠돌고 있다고 앞에서 이야기했지? 허드슨은 네덜란드의 상인들한테서 탐험 비용을 지원받았어. 그는 실패했지만, 대신에 나라 밖의 사람들에게 비버와 곰 등의 진귀한 모피를 언제든지 팔 준비가 되어 있는 인디언들의 이야기를 그들에게 전해 주었단다. 허드슨

신대륙의 네덜란드 사람들

이 탐사했던, 이제는 허드슨 강이라 불리는 그 강에 네덜란드 상선들이 나타나기 시작했어. 그들은 쇠로 만든 주전자와 냄비와 칼과 화살촉 같은 것들을 인디언들에게 주고 비버와 밍크와 곰의 모피를 받았어. 수많은 네덜란드 상인들이 허드슨 강의 연안을 들락거리자, 어느 때부터인가 그 일대는 '뉴네덜란드New Netherland(새로운 네덜란드)'라는 이름으로 불리게 되었단다.

네덜란드 정부는 또 하나의 거대한 기업을 만들었어. '네덜란드 서인도 회사Dutch West India Company'가 그것인데, 이 회사는 암소와 양, 옥수수와 밀 종자, 쟁기와 탈곡기(곡식의 낟알을 떨어내는 기계) 같은 것을 가득 실은 배에 서른 가족을 태워서 허드슨 강으로 보내고, 강 연안에 정착해서 살도록 했어. 얼마 후에는 또 다른 이주자들이 뒤를 따랐단다.

영국의 필그림이 플리머스 플랜테이션에 도착한 지 4년 후에 네덜란드 서인도 회사는 '맨해튼Manhattan'이라는 섬에 '뉴암스테르담New Amsterdam'이라는 도시를 짓기로 결정했어. 뉴암스테르담은 뉴네덜란드의 주요 항구이며 수도가 될 예정이었어.

그러나 그 섬에는 레나페 족Lenape이라는 이름의 원주민 부족이 먼저 자리를 잡고 있었어. 그래서 네덜란드 사람들은 레나페 족에게 선물을 줄 테니 맨해튼 섬을 내어 달라고 제의했어. 레나페 족은 선물을 덥석 받았어. 나중에 전해진 이야기에 의할 것 같으면, 그 선물이라는 게 유리로 만든 구슬과 항아리와 솥, 칼과 도끼, 옷감 두루마리 몇 개가 전부였는데, 돈으로 치면 24달러어치였대!

물론 맨해튼 섬의 값이 그 정도일 리가 없었어. 레나페 족 사람들의 머릿속에는 그 땅을 판다는 생각 같은 것은 아예 있지도 않았어. 그들은 땅이라는 것은, 공기가 그러한 것처럼, 원래 임자가 없는 것이라고 생각하는 사람들이었던 거야. 그들은 언젠가 그 섬에 들어와서 어느 곳에 자리를 잡고, 나무의 등걸과 가지와 껍질로 집을 짓고, 땅을 갈아서 옥수수와 호박을 기르고, 숲에서는 사슴과 곰을 사냥하고, 냇가에서는 조개를 줍고 가재를 잡으며 살아왔을 뿐이었지. 그러다가 몇 년이 지나서 숲에는 사슴이 드물어지고 냇가에서는 가재가 눈에 잘 띄지 않게 되면 짐을 꾸려서 다른 곳으로 가서 다시 자리를 잡는 거야.

레나페 족 사람들은 맨해튼 섬에 들어온 네덜란드 사람들도 그저 거기서 몇 년을 살다가 다른 곳으로 갈 거라고만 생각했던 거야. 그러나 뉴암스테르담의 식민지 개척자들의 머릿속에는 잠시만 살다가 떠난다는 생각 같은 것은 맨 처음부터 있지도 않았어. 그들은 섬의 한쪽 끝에 거대한 요새를 짓고, 거기서부터 섬의 저쪽 끝까지를 가로지르는 넓은 도로를 냈단다. 그들은 그 도로를 '브로드웨이Broadway'라고 불렀어. '넓은 길'이라는 뜻인데, 현재 뉴욕 시 맨해튼의 브로드웨이가 바로 그것이란다.

뉴암스테르담은 급속히 성장해 갔어. 인도와 아프리카에서 설탕, 럼(당밀이나 사탕수수를 발효시켜 만든 술), 소금, 향료를 실어 온 배가 들어오면 원주민들이 모피를 가지고 나가서 교환을 하고, 제임스타운과 뉴잉글랜드 사람들은 돈을 가지고 와서 샀지. 전 세계 곳곳으로부터 상선들이 뉴암스테르담으로 왔어. 집들이 늘어 가고,

나그네들이 묵는 여관들이 생기고, 저녁에 와글와글 떠들면서 술을 마시는 '퍼블릭 하우스public house' 혹은 '펍pub'이라고 하는 선술집들이 생겼어. 사람들이 너무도 많이 몰리자, 마침내 뉴암스테르담에 들어선 건물들의 4분의 1이 펍이 되었다는구나.

상업이 활발해지자 도시가 몹시 지저분해지기 시작했어. 건물의 널빤지가 떨어져 나가도 아무도 다시 붙이려 하지 않았어. 브로드웨이의 흙 바닥에는 온통 구덩이가 파였어. 주민들은 음식 쓰레기를 그냥 문을 열고 거리로 내던졌고, 그것을 먹으려고 돼지와 소가 떼를 지어 거리를 돌아다녔어. 선술집에서는 취한 상인들이 온갖 추태(지저분하고 창피스러운 짓)를 부리고, 좁은 길에서도 마차를 전속력으로 내달렸어. 뉴암스테르담에 딱 한 개 있는 교회는 아무도 돌보지 않은 채 허물어져 가고, 마을 한가운데의 요새도 무너져 내리고 있었어. 네덜란드 서인도 회사는 계속 뉴암스테르담에 새로운 총독을 파견했지만, 어느 누구도 이미 망가져 버린 그곳을 어찌해 볼 수가 없었단다.

네덜란드 서인도 회사는 이번이 마지막이라는 생각으로 또 한 사람의 총독을 파견했어. 햇살이 화사하고 찬 바람이 부는 5월의 어느 날 아침에, 키가 크고 얼굴은 매우 근엄한 퇴역 군인 피터 스투이베산트Peter Stuyvesant라는 사람을 태운 배가 도착했어. 그가 배에서 육지로 사다리를 내려올 때, 부두에 모인 사람들의 귀에 이상한 소리가 들렸어. 저벅, 쿵, 저벅, 쿵, 저벅, 쿵. 스투이베산트는 3년 전에 오른쪽 다리를 잃어버렸어. 그래서 그 자리에 나무로 만든 가짜 다리를 은 못으로

스투이베산트

박고 은 띠를 둘러서 붙였던 거야.

마을을 둘러본 스투이베산트는 입이 딱 벌어졌겠지. 그는 이렇게 썼단다. "뉴암스테르담은 아주 심하게 망가져 있었다. 담장이란 담장은 모두가 인간과 가축에게 짓밟혀서 허물어져 가고 있었다." 그는 즉시 새로운 법률들을 선포하기 시작했어. 술을 마시고 싶은 사람들은 술값 외에도 다른 돈을 내야 했어. 그 돈을 모아서 건물을 수리하는 데 썼어. 돼지와 염소 같은 가축은 반드시 울타리를 치고 그 안에서 키워야 했어. 선술집은 저녁에 일찍 문을 닫아야 했고, 일요일에도 반드시 문을 닫아야 했어. 그 조치 때문에 어떤 사람이 심하게 투덜거리자 스투이베산트는 이렇게 말했어. "당신의 머리를 잘라서 네덜란드로 보낼 거야. 불평을 하고 싶거든 거기 가서나 하란 말이야!"

주민들은 새로운 법률들을 좋아하지 않았어. 그들은 새 총독을 그의 나무다리에 빗대어서 '올드 실버네일(old silver nail 늙은 은 못)'이라거나 '옹고집 피터'라는 등의 매우 공손하지 않은 별명으로 불렀단다. 그러나 스투이베산트는 아랑곳도 하지 않았어. 그는 불평하는 사람들에 대해서 마음을 쓸 겨를이 없었어. 그의 식민지 주위에는 온통 영국 식민지들이 있었고, 영국인들이 네덜란드의 영역까지도

신대륙의 네덜란드 사람들　101

차지하려고 늘 기웃거렸어. 스투이베산트는 뉴잉글랜드의 여러 식민지들의 지도자들과 만나서 영국 영토와 네덜란드 영토 사이의 경계선을 긋는 데 합의를 했어. 그러나 스투이베산트는 영국인들이 장차 뉴암스테르담을 침범하려고 하는 게 틀림없다고 확신했어. 그래서 그는 네덜란드 서인도 회사에 편지를 보내서 군대와 무기를 보내 달라고 간청했어. 그러나 현지의 사정을 제대로 모르는 회사는 그의 요청을 들어주지 않았단다.

스투이베산트는 뉴암스테르담 주위에 예전보다 훨씬 더 높은 담을 새로 쌓고, 보초를 세워서 밤낮없이 지키게 했어. 그러나 영국인들이 마침내 뉴암스테르담을 차지하려고 몰려왔을 때는 그 담도 아무 소용이 없었단다.

그 무렵 영국에서는 제임스 국왕이 죽고, 새로운 왕이 왕위에 올랐어. 그 사람이 찰스 2세Charles II야. 찰스 2세는 뉴네덜란드의 영토는 이제 그의 소유가 되었다고 선언하고, 그의 동생인 요크 공Duke of York에게 선물로 주었단다. 요크 공은 즉시 전함들을 북아메리카로 보냈어. 전함들이 맨해튼 섬의 항구로 들어가서 그곳을 포위했어. 뉴암스테르담은 고립(외따로 떨어져 있음)되었어. 아무도 나올 수 없고 들어갈 수도 없었어. 군대도 없고 무기도 없고 식량마저 떨어져 가자 뉴암스테르담 사람들은 공포에 질렸을 거야. 그들은 그만 항복해 버리자고 스투이베산트를 졸랐어. 스투이베산트는 울며 겨자 먹는 심정으로 항복하지 않을 수 없었단다. 영국인들이 승리의 환호성을 지르며 뉴암스테르담으로 들어갔어. 그들은 요크 공의 이름을 따서 그곳을 뉴욕New York이라고 불렀단다. 새로운 영국인 총독은 네덜란드 사람들의 토지와 집을 보호할 것이며, 그들의 언어를 계속 사용해도 좋지만, 이제부터는 그들도 영국의 시민이 되어야 한다고 선언했어. 요크 공은 "영국 시민이 되고 싶지 않은 자는 네덜란드로 돌아가라."라고 사람들에게 널리 알렸어. 스투이베산트는 네덜란드로 돌아가고 싶지 않았어. 그는 뉴암스테르담에 너무도 정이 든 나머지 거기를 새로운 고향이라고 생각하고 있었던 거야. 그는 식구들을 데리고 맨해튼 섬에 있는 그의 농장으로 갔어. 그는 뉴암스테르담을 제대로 통치해 보려고 17년 동안이나 갖은 노력을 다했지만, 이제 신대륙의 네덜란드 제국은 완전히 사라져 버렸어. 그리고 뉴잉글랜드로부터 제임스타운에 이르기까지, 북아메리카는 온통 영국인들의 차지가 되어 버린 것이야.

그러나 뉴암스테르담의 흔적은 아직도 곳곳에 남아 있단다. 뉴욕 시에는 월스트리트Wall Street라는 이름의 거리가 있어. 스투이베산트가 뉴암스테르담을 지키기 위해서 쌓았던 담장을 따라 달리던 바로 그 거리인데, 너도 아마 흔히 들어 보았을 거야. 또 지금 우리가 알고 있는 브로드웨이Broadway는 전 세계 곳곳에서 온 상인들이 술을 마시던 선술집들이 있던 바로 그곳이란다. 맨해튼 섬에는 스투이베산트의 무덤도 있단다. 그는 그의 농장 안에 있던 작은 예배당 안에 묻혔어. 그 예배당은 세인트 마크 교회St. Mark's Church라는 이름으로 지금도 뉴욕 시 맨해튼 섬에 남아 있고, 그 앞을 지나는 도로는 스투이베산트 스트리트Stuyvesant Street라고 불린단다.

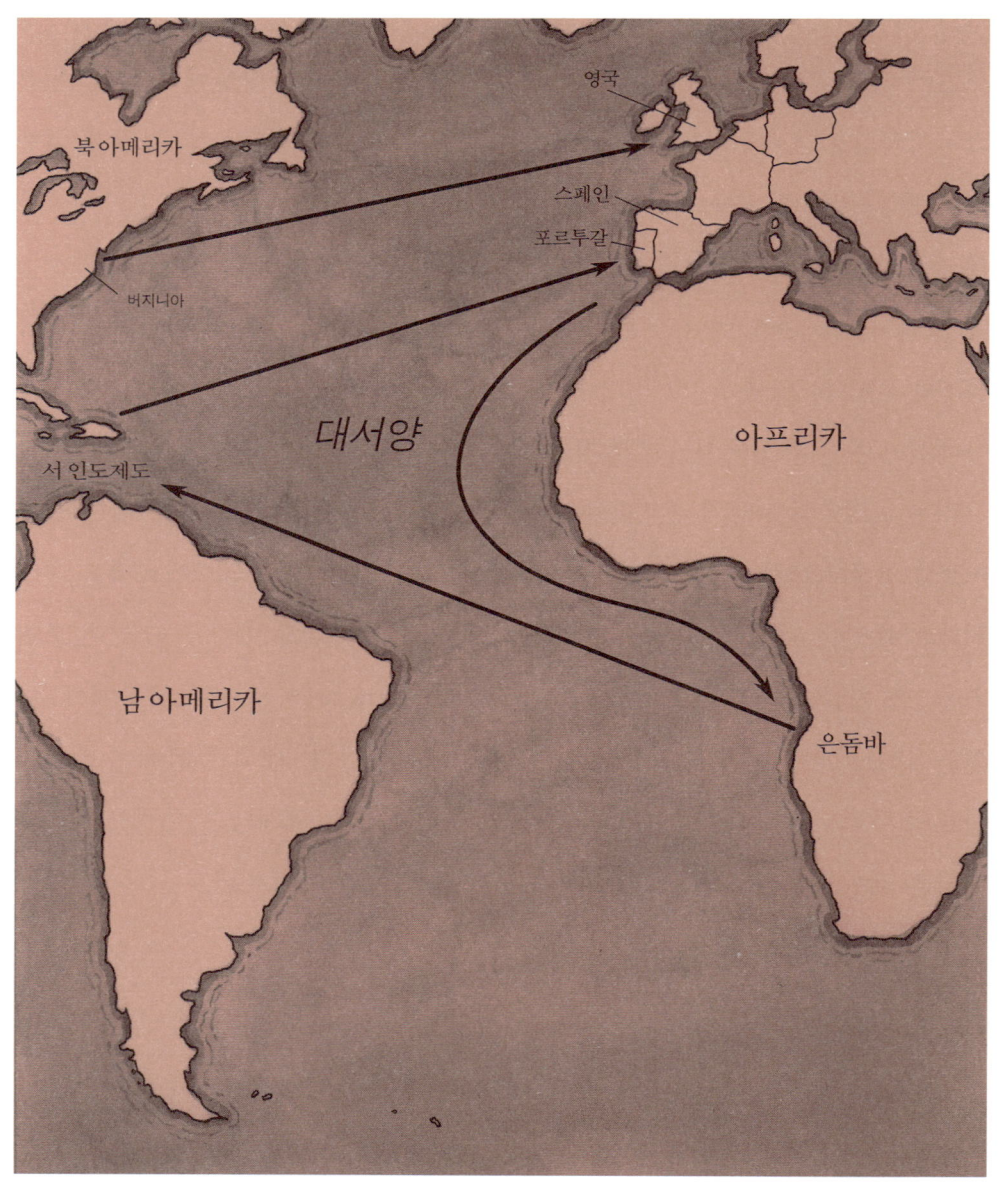

유럽 상선들의 '삼각 무역' 경로

제7장 노예 제도의 확산

담배 산업 때문에 끌려온 노예들

영국 사람들이 뉴암스테르담을 탐냈던 까닭은 그곳의 인디언들이 생산한 모피를 싼값에 사서 큰돈을 벌 수 있기 때문이었단다. 아메리카의 다른 영국인 정착지들은 아직까지는 가난을 벗어나지 못하고 있었거든. 제임스 국왕은 제임스타운의 식민지 개척자들이 금을 발견해 주기를 기대했지만, 제임스타운이 자리 잡은 버지니아 지방은 땅이 기름진 곳이어서 보석도 귀금속도 전혀 나지를 않았단다.

그러나 버지니아 땅은 영국 사람들에게 금과 맞먹을 만한 것을 안겨 주었어. 그들에게 그것은 '초록색 금'이었어. 그리고 남아메리카의 금이 그랬던 것처럼, 이 초록색 금 덕분에 부자가 된 사람들이 있었는가 하면 비참한 불행에 빠진 사람들도 있었단다.

버지니아의 초록색 금 이야기는 존 롤프라는 젊은 영국인이 제임스타운 식민지에 도착하면서부터 시작되었어. (존 롤프가 포카혼타스와 결혼했다고 앞에서 이야기했지?) 제임스타운이 생긴 지 벌써 2년이 지났지만 정착민들은 아직 굶주림을 벗어나지 못하고 있었단다. 날마다 주린 배를 끌어안고 낮에는 날이 저물도록 들에서 일을 하고, 저녁에는 간신히 허기나 면한 채로 모닥불 앞에 모여 앉아서 한숨만 쉬는 나날이 계속되었어. 롤프는 식민지 개척이 실패로 돌아갈 것이라고 확신하며 이제는 어쩔 수 없이 영국으로 돌아가는 방법밖에는 남은 게 없다고 생각했어. 버지니아의 뜨거운 햇볕 속에서 죽어라고 고생해 봤자 뒷날을 기약할 수 없었던 것이지.

그런데 롤프는 담배의 씨앗을 조금 가지고 있었던가 봐. 그 당시 영국인들이 대개 그랬던 것처럼 그도 담배 피우는 걸 매우 즐겼어.

롤프는 그의 식민지 주위에 사는 원주민들이 매우 독특한 종류의 담배를 경작한다는 사실을 알고 있었어. 원주민들은 씨를 밭에 심고, 정성껏 가꾸고, 적당하게 자랐을 때 손으로 뽑아서 엮어, 높다란 시렁에 널어서 연기에 말리고, 잘 마른 잎을 말아서 담배를 피웠어. 식민지 개척자들도 버지니아 원주민들의 담배를 경작해 보았지만, 원주민들이 만든 것과는 전혀 맛이 달랐던가 봐. 입 안이 헐어 버릴 것 같이 독하기만 할 뿐 맛은 맹탕이었던 거야.

그러나 롤프는 영국인들이 가장 좋아하는 스페인 담배의 씨를 가지고 있었단다. 롤프

버지니아 인디언과 담배 잎을 담은 통이 등장하는 당시의 담배 광고

는 땅이 매우 기름진 곳을 골라서 씨를 심었어. 원주민들의 비결을 꼭 그대로 배워서 담배를 기르고, 잎을 따고 엮어서 시렁에 널어 말렸어. 그리고 잘 마른 잎을 말아서 맛을 보았지. 그는 너무도 기뻤어. 버지니아 땅에서 기른 스페인 담배도 맛이 기가 막히게 좋았던 것이야.

롤프는 그가 만든 담배를 다른 사람들에게 주어서 맛을 보게 했어. 그들도 모두들 맛이 기가 막히게 좋다고 입을 모으는 것이었어. 그래서 그들은 이듬해에는 담배밭을 더 늘리고, 수확의 일부를 런던으로 보냈어.

런던 사람들은 거의가 애연가(담배를 즐겨 피우는 사람)였어! 특히 제법 멋이나 부리는 젊은이들 중에는 담배를 피우지 않는 사람이 거의 없었대. 입에서도 코에서도 담배 연기를 펑펑 내뿜어 대는 그들을 사람들은 '리킹 갤런트reeking gallants'라고 불렀어. '연기를 내뿜는 멋쟁이'라는 뜻이야. 이들이 술집이나 무도회장이나 극장에 갈 때에는 오로지 담배를 피우는 데 필요한 도구만을 든 하인이 뒤를 따라 다녔다는구나, 글쎄. 영국을 여행한 어느 독일 나그네는 이렇게 썼어. "가는 곳마다 영국 사람들은 늘 연기를 뿜어내고 있었다. 입으로 빨아들인 연기를 코로 내뿜고, 이따금 가래침을 칵칵 뱉었다." 그러나 그때까지 영국 사람들은 스페인에서 담배를 사 가지고 와야 했어. 그런데 스페인과 영국은 늘 전쟁을 치르고 있었거든. 그래서 영국이 버지니아의 담배를 소비한다면, 더 이상 적국(적대 관계에 있는 나라)이 돈을 벌게 해 주지 않아도 되는 것이었어.

런던의 애연가들은 제임스타운 사람들이 보낸 담배를 몽땅 샀어. 그리고 참으로

신선하고 감미로운 그 맛에 너나없이 탄성을 질렀어. 상인들이 담배를 더 많이 사려고 안달을 했어. 제임스타운 사람들은 비록 금을 캐지는 못했지만, 어쩌면 금보다도 더 크게 돈이 될 수 있는 것을 손안에 넣은 게 틀림없다는 생각을 하게 되었단다. 롤프가 처음 담배를 경작한 그해로부터 6년 동안 제임스타운 사람들은 밭이라고 부를 수 있는 곳에는 온통 담배를 심었고, 심지어는 마을의 길바닥에도 담배를 심었다는구나. 그 다음 해부터는 영국이 스페인에서 수입하는 담배보다 버지니아에서 수입하는 담배가 더 많아졌대.

그러나 영국 사람들의 흡연 습관을 싫어했던 사람들도 있었어. 특히 제임스 국왕은 〈담배를 반대함〉이라는 수필에서 이렇게 썼어. "흡연은 눈으로 보기에 혐오스럽고, 코로 맡기에 역겹고, 뇌에는 해롭고, 폐에는 대단히 위험하며…… 시커멓고 따가운 그 연기는 바닥 모를 저 무시무시한 지옥의 불 구덩이의 연기를 방불케 한다." 그러나 영국 사람들은 계속 담배를 피워 댔어. 이 무렵에 버지니아에서는 해마다 20만 킬로그램 이상의 담배를 영국으로 실어 보냈단다.

그러나 담배를 경작한다는 것은 엄청나게 힘이 드는 일이었어. 씨를 하나하나 손으로 심어야 하고, 김도 손으로 매야 하고, 손으로 곁순을 쳐야 하고, 자벌레를 비롯한 온갖 성가신 벌레들을 한 마리씩 집게로 잡아내야 했대. 아무리 열심히 일하더라도 한 사람이 감당할 수 있는 면적이 고작 8천 제곱미터에서 1만 2천 제곱미터에 지나지 않았다는구나. 이윽고 담배가 자랄 만큼 자란 다음에는 일시에 잎을 따고 엮어서 6주 동안 시렁에 널어서 연기에 말리고, 그 다음에는 억센 밑동은 잘라 내고 연한 부분만을 나무통에 꼭꼭 쟁여 넣어야 해.

처음에 담배 경작자들은 '계약직 머슴들indentured servants'을 고용했어. 그들은 살던 나라에서 신대륙까지 오는 데 드는 경비와 먹을 것과 살 곳을 제공받는 대신에 일정 기간 동안 담배 밭에서 일을 하기로 계약을 맺은 가난한 영국인 남녀들이었어. 그리고 6년이나 7년쯤 후에 새 옷 한 벌과 자립 생활을 시작하는 데 필요한 최소한의 돈을 주어서 내보내는 거야. 오랫동안 머슴살이를 했던 사람들이 이윽고 식민지의 정식 주민이 되었어. 계약직 머슴살이로서 신대륙에서의 새로운 삶을 시작했던 사람들 중에는 나중에 부유하고 세력이 있는 시민이 된 경우가 매우 많았단다.

그러나 담배 경작지가 갈수록 늘어나자 농부들은 계약직 머슴들만으로는 일손이 부족하게 되었어.

그 무렵에 네덜란드의 상선 한 척이 체서피크 만에 닻을 내리고, 아프리카에서 실어 온 노예들을 제임스타운 사람들에게 보여 주었단다. 식민지 개척자들은 그때 스무 명의 노예를 사서 담배 밭에서 일을 시켰어.

그 스무 명의 아프리카 사람들이 북아메리카 최초의 노예들이었어. 그러나 노예제도는 전혀 새로운 것이 아니었단다. 그때로부터 대략 1백 년 전부터 유럽의 상인들은 중앙아메리카와 남아메리카의 농장들을 돌아다니면서 흑인 노예를 팔아 왔던 것이야. 그들은 칼, 쇠로 만든 주전자나 냄비, 옷감, 럼 같은 것들을 배에 잔뜩 싣고 아프리카의 서부 해안으로 갔어. 거기서 배의 닻을 내리고 아프리카 부족

의 추장들과 거래를 했어. 아프리카의 추장들은 이웃 부족들과의 전쟁에서 잡아 온 포로들로 유럽 사람들과 물물 교환을 했단다. 유럽의 상선들은 거기서 바로 대서양을 가로질러 '서인도 제도'로 간 다음 중앙아메리카의 여러 섬들에서 그들을 노예로 팔고 대신 설탕과 당밀과 목화를 사 가지고 유럽으로 돌아가는 거야. 이러한 장사를 '삼각 무역Triangular Trade'이라고 해. 상선들이 다니는 길이 바다에서 삼각형을 그리기 때문이란다.

그런데 이제는 중앙아메리카와 남아메리카의 포르투갈 식민지와 스페인 식민지들뿐만이 아니라 북아메리카에도 노예들이 팔려 온 것이야. 처음에 버지니아 사람들은 한 해에 고작 1백 명 정도의 노예를 샀어. 그러나 담배 밭이 점점 더 넓어져 갔어. 게다가 버지니아의 남쪽에 자리 잡은 다른 식민지들에서는 담배뿐만이 아니라 벼와 목화까지 재배하기 시작했어. 벼와 목화를 심고 물을 주고 추수를 하려면 엄청난 노동력이 필요했어. 그래서 점점 더 많은 노예들이 북아메리카로 팔려 왔어. 한 해에 몇 천 명씩이던 것이 몇 만 명으로 늘어나기까지는 그리 오래 걸리지 않았다는구나.

제임스타운에 처음 노예들이 팔려 온 그해로부터 1백 년 후가 되자, 버지니아 주민의 절반을 노예가 차지했어. 버지니아의 담배 농장들은 모두 번영을 누렸는데, 순전히 노예 노동력 덕분이었단다. 그러나 강제로 팔려 온 노예들은 영영 자유를 얻지 못했고, 다시는 고향에 돌아가지도 못했어.

포르투갈과 맞서 싸운 앙골라의 여왕 은징가

네덜란드 상선에 실려서 제임스타운에 팔려 왔던 최초의 노예들은 아프리카 서부 해안 출신들이었단다. 그러나 서아프리카를 통해서 처음으로 노예 무역을 시작했던 나라는 네덜란드가 아니었어. 스페인 반도의 해안 지대에 자리 잡은 작은 해상 국가 포르투갈이 처음으로 아프리카 사람들을 유럽의 다른 여러 나라 사람들에게 노예로 팔아서 막대한 돈을 벌었단다. 포르투갈의 노예 무역상들은 거대한 아프리카 대륙을, 잡아다가 팔 노예가 무궁무진한, 그래서 아무리 퍼내도 바닥이 드러나지 않을 부의 원천이라고 생각했대.

그런데 그런 생각을 가진 포르투갈 사람들과 맞서 싸우는 데 일생을 걸었던 한 여자가 있었단다.

은징가Nzinga는 서아프리카 해안 지대의 은돔바Ndomba 왕국의 공주로 태어났어. 그녀는 어렸을 때부터 포르투갈 상인들이 자기 나라의 해안에 배를 대고는 옷과 보석과 럼을 내놓고, 대신에 포로들을 배에 싣고 돌아가는 것을 보며 자랐어. 은징가는 실려 간 그 포로들이 그 후에 어떻게 되었는지는 알 수 없었지만, 그들의 얼굴이 다시는 보이지 않았더라는 것만은 잘 알고 있었단다.

은돔바 왕국의 통치자인 은징가의 아버지는 포르투갈 상선들을 매우 경계했어. 생전 처음 보는 신기한 물건들을 가지고 온 그들은 예의범절을 다해서 은돔바의 왕을 대했어. 그러나 은징가의 아버지는 포르투갈 사람들이 그를 공격해서 그의

영토의 일부를 차지하려는 속셈을 가지고 있다는 소문도 듣고 있었단다.

그 소문은 사실이었어. 여러 해 동안 포르투갈 사람들은 은돔바 왕국, 그 북쪽의 콩고 왕국, 북서쪽의 마탐바 왕국 등, 여러 왕국들의 왕들과 친교를 맺으려고 애썼어. 포르투갈의 국왕은 콩고 왕에게 보낸 편지에서 콩고 왕을 '가장 강력하고 영명(재주와 지혜가 뛰어남)하신 국왕'이라고 불렀다는구나. 또 그는 농사 전문가들을 보내서 아프리카 사람들을 돕기도 했단다. 이와 같은 호의의 대가로 포르투갈 사람들은 아프리카로부터 노예를 실어 낼 수 있는 데까지 실어 내려고 했던 것이야.

은징가가 어른으로 자라는 동안에 노예 무역의 성격이 차츰 바뀌었어. 북아메리카와 남아메리카의 식민지 개척자들은 아프리카 사람들이 자진해서 내놓은 숫자보다 훨씬 더 많은 노예를 필요로 하게 되었어. 노예의 수요가 크게 늘어났다는 말이지. 게다가 영국, 네덜란드, 프랑스 등, 유럽의 다른 나라들도 서 아프리카로 노예 무역선을 보내기 시작했어. 포르투갈 사람들은 아프리카의 일부를 아예 그들의 영토로 만들려고 했어. 영국이나 네덜란드 사람들이 넘보지 못할 노예 공급원을 확보하고 싶었던 것이었지.

그래서 포르투갈의 국왕은 은돔바 왕국을 공격해서 점령하겠다고 결심했어. 그는 군대를 보내서 은징가의 나라를 공격했어. 포르투갈 사람들은 은돔바를 점령한 다음에는 1백 가구 정도의 자기 나라의 국민들을 그곳으로 이주시켜서 '세바스티아오 왕국Kingdom of Sebastiao'이라는 이름의 왕국을 세운다는 계획까지 세웠어.

그러나 은돔바 왕국은 포르투갈 사람들이 생각했던 것만큼 쉽게 정복당해 주지 않았단다. 은징가의 아버지가 백성들을 이끌고 침략자들을 맞아 끈질기게 싸웠어. 은징가가 어른이 되었을 무렵에 은돔바 왕국과 포르투갈의 전쟁은 거의 30년 동안이나 이어지고 있었단다. 은징가도 가만히 보고만 있지 않았어. 그녀는 잘 훈련된 여전사 부대를 이끌고 포르투갈 군대를 물고 늘어졌어. 은징가는 누구보다 용감하고 잔혹하기 짝이 없는 싸움꾼으로 이름을 날렸단다. 은징가가 매우 아끼고 사랑했던 두 여동생도 언니의 곁을 따라다니며 싸웠어.

은징가가 서른네 살이 되었을 때, 오빠인 음반디Mbandi가 아버지의 뒤를 이어서 왕이 되었어. 그런데 은징가는 오빠가 나약하고 겁이 많은 남자이고, 부족을 이끄는 과업보다는 좋은 음식을 배불리 먹는 데에나 마음을 두고 모든 일에 푸념만 하는 사람이라고 생각했던가 봐. 음반디는 여동생을 무서워했대! 음반디는 여동생이 자기보다 훨씬 더 강하다는 걸 잘 알고 있었고, 자기보다 훨씬 더 훌륭한 왕이 될 소질을 가졌다고 생각했어. 그래서 왕좌에 앉은 후에 그는 여동생을 그의 왕국 밖으로 쫓아냈어.

그러나 음반디는 몇 년 동안 전쟁을 치르다 보니까 자기 힘으로는 도저히 포르투갈 군대를 물리칠 수 없다는 것을 깨닫지 않을 수 없었어. 그래서 그는 화의(화해하는 의논)를 맺기로 결심했어. 끝이 날 것 같지 않은 전쟁에 시달리기는 마찬가지였던 포르투갈 사람들은 흔쾌히 음반디의 제의를 받아들였어. 포르투갈 진영에서 회담을 하기로 약속이 되었는데, 음반디는 너무 무서워서 회담 장소에 갈 엄두가 나지 않았어. 그래서 그는 여동생 은징가한테 전갈을 보냈단다. "네가 내 대신에

포르투갈 사람들한테 가서 회담을 해 다오. 제발 그들이 곱게 돌아가도록 설득해 다오. 그러면 네가 집에 돌아오는 걸 허락할게."

은징가는 두 번 생각해 보지도 않고 승낙했어. 그녀는 은돔바 사람들이 힘으로는 포르투갈 군대를 이길 수 없다는 사실을 잘 알고 있었어. 그래서 힘으로 이길 수 없다면, 지혜로써 물리치겠다고 다짐을 했어! 은징가는 왕가의 예복을 차려입고, 신중하게 뽑은 시종들을 거느리고 포르투갈 군대의 본부가 있는 곳으로 갔어. 포르투갈 사람들은 은징가에게 편안하고 화려한 거처를 내주고 선교사들을 보내서 대화를 하게 했어. 은징가는 선교사들의 이야기를 귀담아들었어. 그리고 자기가 기독교도가 된다면 포르투갈 사람들이 훨씬 더 정중하게 대해 줄 게 틀림없다는 걸 알아차렸어. 그래서 은징가는 그 자리에서 선교사들로부터 세례를 받고, '안나 데 수우사'라는 기독교 이름을 받았단다. 그녀는 또 두 여동생 키푼지와 무쿰부도 세례를 받게 했어. 포르투갈 사람들은 그들에게 '레이디 그레이스'와 '레이디 바바라'라는 세례명을 지어 주었단다.

이윽고 약속된 회담이 열리는 날이 되었어. 은징가가 회담장에 들어가자 포르투갈 대표가 먼저 와서 기다리고 있었어. 그런데 은징가가 주위를 둘러보니까 의자가 한 개밖에 보이지 않는 거야. 자기가 앉을 의자가 준비되어 있지 않은 거야. 포르투갈 대표가 보석을 박아서 화려하게 장식된 의자에 앉더니, 은징가의 앞에 방석을 툭 던져 주는 것이었어.

은징가가 등 뒤에 서 있던 시녀를 돌아보면서 눈썹을 치켜세웠어. 그러자 시녀가 대뜸 은징가의 앞으로 와서 두 손과 두 무릎으로 바닥을 짚고 엎드렸어. 은징가는 로브를 벗어서 뒤로 휙 던져 버리고, 시녀의 등에 걸터앉았어. 그리고 그것이 자기의 옥좌라는 듯이 태연하게 앉아서는 포르투갈 대표를 똑바로 쳐다보았대.

회담이 끝났어. 포르투갈 사람들은 긴 전쟁 동안에 잡아간 포로들을 풀어 준다면 은돔바 왕국을 독립된 나라로 인정하겠다고 약속했어. 은징가가 벌떡 일어서서 밖으로 나가려고 걸음을 옮겨 놓았지. 그러나 두 손과 두 무릎을 바닥에 짚은 시녀는 일어서지 않았어. 그러자 포르투갈 대표가 벌떡 일어서서 손가락으로 시녀를 가리키며 말했다는구나. "어, 어, 여보세요, 공주님…… 당신 의자는요?"

은징가가 사나운 눈빛으로 그를 쏘아보았어. 그리고 이렇게 말했어.

"나는 같은 자리에 두 번 앉지 않아요."

시녀의 등에 앉아
포르투갈 대표와
이야기하는 은징가

그리고 은징가는 뒤도 돌아보지 않고 밖으로 나가서 은돔바로 돌아갔어.

그러나 은징가가 맺었던 평화 조약은 그리 오래 지켜지지 않았단다. 또다시 노예의 수요가 부족하게 되자 포르투갈 사람들은 다시 은돔바를 쳐들어가고 사람들을 납치해서 노예선으로 실어 내었어. 은징가는 오빠한테 그들과 싸우자고 간청했지만, 그는 듣지 않았단다. 아마도 그는 창을 든 그의 전사들이 소총을 든 포르투갈 군인들을 이길 수 없다고 지레 겁을 먹었을 거야.

은징가는 오빠의 비겁한 태도에 격분했어. 그런데 뜻밖에도 갑자기 음반디가 죽어 버렸어. 사람들은 은징가가 오빠를 독살한 게 틀림없다고 수군거렸지만, 확실한 것은 아무도 모른단다.

하여간에 은징가는 이제는 자기가 여왕이 되었다고 선언하고, 포르투갈 사람들을 상대로 그녀의 평생에 걸친 전쟁을 시작했어. 포르투갈 사람들이 수도를 포위하고, 여왕을 궁에서 쫓아냈어. 은징가는 이웃 나라 마탐바를 쳐들어가서 그 나라의 왕좌에 앉았어. 그리고 서아프리카의 여러 나라에서 사람들을 잡아가서 해안으로 끌고 가는 포르투갈 군인들을 끈질기게 공격했단다.

은징가의 끈질긴 공격에 시달리다가 지친 포르투갈 사람들은 마침내 단념했어. 그들은 은징가에게 다시 은돔바 왕국으로 돌아가서 나라를 다스리는 것을 간섭하지 않을 테니까, 대신에 자기들이 노예들을 잡아 해안으로 가는 길에 그녀의 영토를 지나가는 걸 허락해 달라고 말했어. 칠십 대의 노인이 된 은징가는 그 제의를 받아들였단다. 그녀는 오랫동안 떠나 있었던 왕국으로 돌아와서 성대한 의식을 치르고 다시 왕좌에 앉았어. 은징가는 여든한 살의 나이로 세상을 떠났는데, 가슴에 활과 화살을 안은 채로 무덤에 묻혔다는구나. 늘 외적과 싸울 태세를 갖춘 모습을 하고서 이 세상을 떠난 것이었지.

은징가가 죽은 후 포르투갈 사람들은 콩고, 마탐바는 물론 은돔바까지도 정복했어. 은징가의 백성들은 그녀를 '은골라Ngola'라고 불렀다는구나. '전쟁 군주'라는 뜻이래. 그래서 포르투갈 사람들은 새로운 식민지를 앙골라Angola라고 불렀어. 그들은 그녀의 나라의 새로운 이름으로 그게 가장 적당하다고 생각했어. 앙골라는 그 후 300년이 지난 1975년까지 포르투갈의 지배를 받았단다.

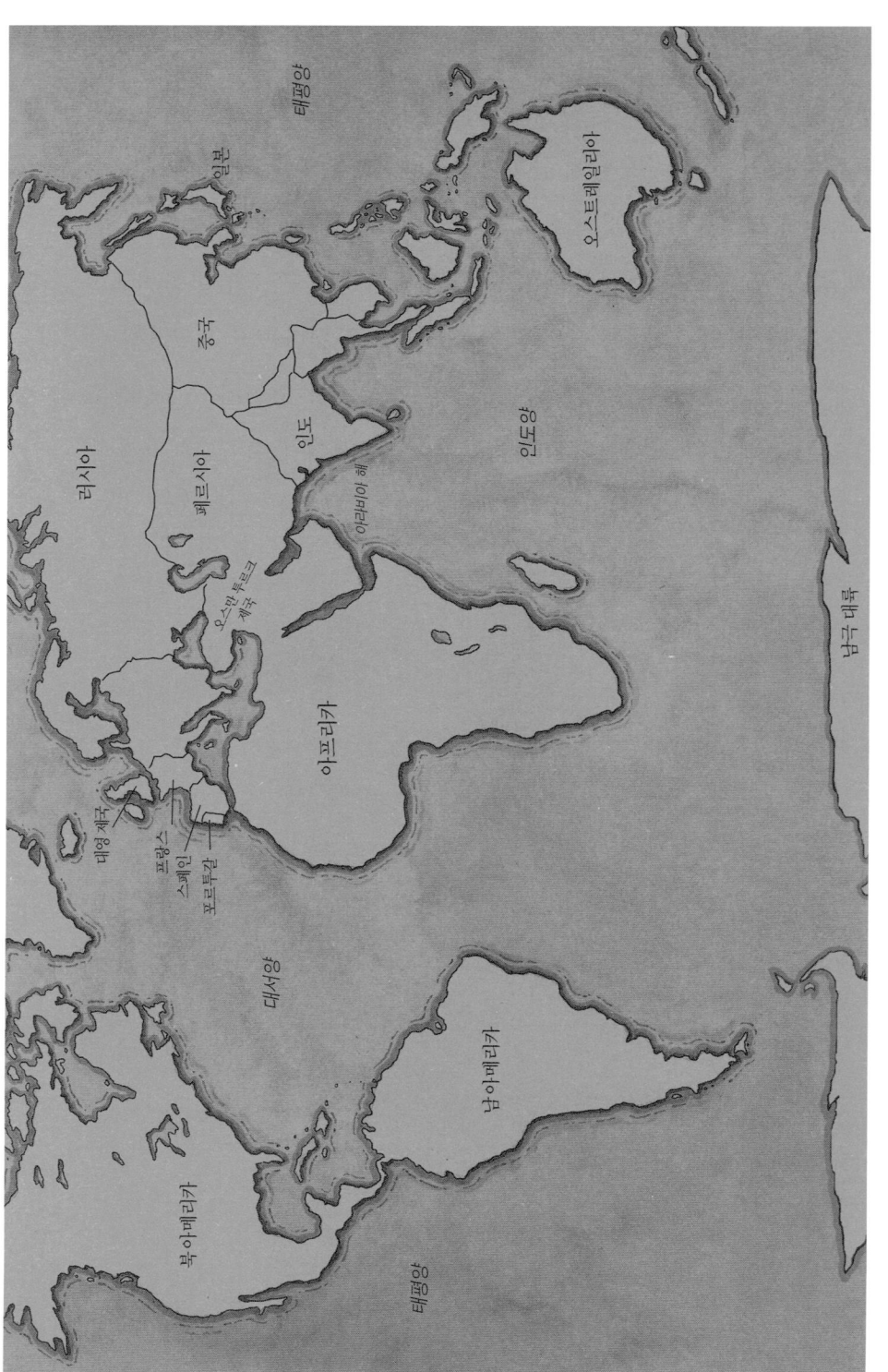

오스만 투르크 제국

제8장 투르크 족이 장악한 중동 지방

중동 지방의 흥망성쇠

지금 네가 커다란 그림 맞추기 세계 지도의 그림 조각들을 맞추고 있다고 상상해 봐. 그 지도에서는 나라마다 색깔이 제각기 달라. 너는 맨 먼저 짙은 자주색으로 중국 땅을 맞추고, 다음에는 중국 땅에서 바다를 건넌 곳에 하얀 색의 섬들을 맞추었어. 지도의 오른쪽 끝인 그 나라가 일본이야. 너는 이어서 인도 땅을 맞추고, 지중해 쪽으로 올라가서 유럽 대륙을 맞추기로 했어. 유럽 대륙은 여러 가지 밝은 색깔들로 이루어지게 돼. 영국은 주홍색, 프랑스는 분홍색, 스페인은 황금색, 네덜란드는 연두색이야.

그 다음에는 대서양을 맞추고, 아메리카 대륙으로 건너가는 거야. 너는 아메리카 대륙을 구성할 그림 조각들이 초록색일 거라고 생각했겠지? 그러나 그게 아니야. 북아메리카와 남아메리카는 유럽 대륙을 구성한 그 모든 색깔들이 마치 무지개처럼 서로 잇닿아 있단다. 북아메리카에는 프랑스의 분홍색, 영국의 주홍색, 네덜란드의 연두색이 섞이고, 남아메리카의 서부 해안 지대는 온통 스페인 땅처럼 황금색이고, 동부 일대는 포르투갈처럼 회청색이야. 너는 거기서 또 바다를 건너 아프리카로 가. 그런데 아프리카는 옥색인 줄 알았는데, 이게 어떻게 된 것일까? 포르투갈의 회청색, 네덜란드의 연두색, 영국의 주홍색이 거기에 다 있는 게 아니겠어? 그러니까 말이야, 유럽 땅을 구성한 색깔들이 다른 세 대륙들까지도 뒤덮은 것이야.

그럼 이번에는 유럽과 중국 사이의 땅을 맞추어 볼까? 그 부분은 어떤 색으로 맞추어질 것인지 궁금해 하면서 그림 조각들을 뒤지는데, 무언가가 이상하다는 걸 알아차리게 될 거야. 은색, 올리브 색, 적갈색, 구리 색, 녹황색, 노란색, 에메랄드색, 남색, 자주색, 청백색 등, 열 가지도 넘는 색깔들로 채색된 그림 조각들이 층층이 겹쳐져 있는 걸 보고 넌 몹시 어리둥절해질 거야. 맨 위의 층은 연갈색으로 칠해졌어.

그건 유럽의 색깔이 아니야. 그것은 중동 지방을 구성하는 색깔들이야. 그 조각들을 다 제자리에 맞추어 놓으면 여러 제국들이 일어섰다가 망하기를 수없이 거듭했던 땅이 나타나게 돼. 티그리스 강과 중국의 왼쪽 변경 사이가 바로 그곳이란다. '중동'이란 말은 유럽 사람이 동양을 구분할 때 유럽에 가까운 쪽을 근동, 먼 쪽을 중동이라고 부른 데서 비롯되었어.

맨 아래 층은 은색이야. 그것은 아득한 옛날에 그곳을 지배했던 아시리아 제국을 나타내는 것이야. 아시리아 제국은 바빌론 사람들(올리브 색)에게 망하고, 바빌론 사람들은 페르시아 사람들에게 정복당했어. 페르시아 사람들(적갈색)은 그 땅을 그들의 이름을 따라서 페르시아라고 불렀어. 그러나 그들의 제국도 오래가지 못했어. 그들은 알렉산드로스(알렉산더) 대왕에게 정복당했단다.

알렉산드로스 대왕이 죽자 그의 제국(구리 색)은 세 쪽으로 갈라졌어. 그의 휘하의 장수였던 셀레우코스가 페르시아를 차지하고 세운 나라가 셀레우코스 왕국(녹황색)인데, 그의 후손들은 페르시아 전 지역을 오래 장악하지 못했어. 페르시아의 일부인 파르티아Parthia 지역이 셀레우코스 왕국에서 떨어져 나가서 같은 이름의 왕국이 되었던 것이야.

파르티아 왕국(노란색)의 세력이 점점 커지자 셀레우코스 왕국은 갈수록 약해졌지. 그들은 서쪽에서부터 영토를 먹어 들어오는 로마 군대를 막아 내기에도 힘이 부쳤어. 오래지 않아서 파르티아 왕국이 중동 일대에서 가장 강력한 제국이 되었단다.

그런데 파르티아 왕국의 왕들은 귀족들과 사이가 몹시 나빠지기 시작했고, 결국에는 어느 한 귀족이 왕을 왕좌에서 끌어내리고 자기가 그 자리에 앉아서 사산 왕조Sassanian Dynasty를 만들었어. 이 왕국(에메랄드 색)은 페르시아의 한가운데 지역을 오랫동안 차지하고 있었단다.

그러나 남색의 물결이 중동 일대에 서서히 번져 가고 있었어. 저 아래 아라비아 반도에서 마호메트라는 이름의 예언자가 나타나서 추종자들을 끌어 모으고 있었어. '이슬람 교도(모슬렘)'들이 바로 그들이야. 그들은 마호메트의 말씀을 세계 전 지역에 퍼뜨리고, 이슬람 제국을 세웠어. 사산 왕조는 이슬람 침략자들의 공격에 허물어지고, 페르시아는 이슬람 국가가 되었단다.

한편 투르크 족이라는 이름의 아시아의 유목 민족이 이슬람 교도가 차지하고 있던 페르시아로 흘러 들어와서 정착했어. 그들은 대단히 사나운 싸움꾼들이었단다. 그들 중의 많은 수가 이슬람 제국의 군대에 들어갔어. 시간이 지나자 투르크 족 군인들은 아랍 인 장군들 못지않을 만큼까지 강력해졌어. 마침내는 '가즈나 Ghaznavid'라 불리는 한 무리의 투르크 인들이 이슬람의 지배를 거부하고 페르시아 땅을 점령했단다(남색 위에 자주색이 번져 있는 그림 조각을 상상해 봐. 그것이 가즈나 사람들을 나타내는 것이야).

그러나 그들도 그 땅을 오래 지키지 못했어. 오래지 않아서 몽골 인들이 동쪽에서부터 쳐들어와서 페르시아의 도시들을 파괴하고 논밭을 짓밟았어. 페르시아의 지배권은 이제 '칸'이라 불리는 몽골 군주들에게 넘어갔단다.

이윽고 이스마일Ismail이라는 인물이 등장했어. 그는 몽골 인Mongol들이 그들에게 씌운 굴레를 벗어 버리겠노라고 결심했단다. 그는 '사파비Safavid' 족이라 불리는 그의 동족을 모아 군대를 만들고 몽골의 칸과 싸웠는데, 이스마일이 이겼어! 그가 나라를 세우고 '샤shah'라고 불리는 통치자가 되었어. 사파비 족이 세운 이 왕국이 그림 조각의 맨 위층(연갈색)이야. 그러니까 열 개도 넘는 제국들이 번갈아 가며 중동의 이 지역을 지배했던 것이란다!

사파비 족이 세운 왕국의 가장 위대한 샤였던 아바스 1세Abbas I는 이스마일의 증손자였어. 그런데 아바스는 샤가 되지 못하고 죽을 뻔했던 적이 있었단다. 그가 아직 한참 어렸을 적에, 그의 삼촌이 페르시아의 왕좌를 차지하고는 다른 모든 왕

아바스 1세

위 계승자들을 처형하라는 명령을 내렸어. 그런데 그 무자비한 명령이 실행에 옮겨지기 전에, 아바스의 삼촌은 자신이 권좌에 오른 것을 축하하려고 어마어마하게 성대한 잔치 판을 벌였는데, 그 자리에서 술을 너무 많이 마시고는 그만 죽어 버렸어.

아바스가 왕위에 올랐어. 그는 오랫동안의 전쟁으로 거의 거덜이 난 왕국의 기운을 되돌리는 데 온 힘을 다했어. 그는 먼저 투르크 인들이 세운 또 하나의 나라인 오스만 투르크 왕국Osman Turk Empire과 화평을 이루려고 했어. 페르시아의 서쪽에서 살던, 싸우기를 즐기는 오스만 투르크 족 사람들이 툭하면 싸움을 걸어 왔어. 아바스는 페르시아의 군대의 힘으로는 오스만 투르크 사람들을 물리칠 수 없다는 걸 잘 알았단다. 그래서 그는 오스만 투르크 사람들에게 현재 그들이 차지하고 있는 페르시아의 땅을 곱게 내줄 테니, 더 이상 싸우지 말고 사이좋게 지내자고 제의했어.

오스만 투르크 사람들은 아바스가 전쟁을 두려워하는 게 틀림없다고 생각했겠지. 그러나 아바스는 한 가지 계획을 가지고 있었단다. 그는 로버트 셜리 경이라는 영국 군인을 초빙(예를 갖추어 남을 모셔 들임)해서 거의 오합지졸이 되어 있던 페르시아

중동 지방의 흥망성쇠 **123**

군대를 훈련시켰어. 셜리는 아바스의 병사들에게 소총을 비롯한 유럽의 최신식 무기를 사용하는 법을 가르쳤어. 그는 군대를 보병 부대, 소총 부대, 대포 부대 등 세 개의 부대로 나누었어. 그리고 전군이 일정한 대형을 갖추어서 전투를 치르는 훈련을 시켰단다. 페르시아 군대는 여러 해 동안 단단히 훈련을 한 뒤에 오스만 투르크 군대와 대결을 벌여서 그들을 철저하게 쳐부수었어. 아바스는 그의 영토를 모두 되찾았을 뿐만 아니라 오스만 투르크 인들의 영토 일부까지도 점령했단다.

아바스는 또 다른 계획을 가지고 있었어. 페르시아를 위대한 무역국으로 만들겠다는 것이었지. 페르시아에서 가장 조건이 좋은 항구는 페르시아 만의 어느 작은 섬에 있었는데, 이제까지는 포르투갈 인들이 차지하고 있었어. 아바스는 그 섬에서 포르투갈 인들을 몰아내고 무역 전진 기지를 세웠어. 그 다음에는 중국의 장인(손으로 물건 만드는 사람)들을 초빙해서 비단을 만들고 양탄자를 짜는 산업을 다시 일으켰단다. 그리고 곳곳에 새로운 도로와 다리를 만들어서 나라 안 방방곡곡으로 상품이 유통되게 했어. 그는 또 반다르 아바스Bandar Abbas라는 이름의 새로운 항구를 건설했는데, 이 항구는 오래지 않아서 동양 전체에서 가장 분주한 항구가 되었단다! 이 페르시아 제국은 지금 우리가 '이란Iran'이라고 부르는 바로 그 나라야. 반다르 아바스는 지금도 이란의 주요 항구로 남아 있단다.

그러나 페르시아의 기반을 튼튼히 하기 위해서 온 힘을 다 기울여 노력했던 아바스는 늘 어떤 두려움에 떨고 있었단다. 그는 귀족들이 그를 몰아내려는 모의를 꾸미고 있을 것이라고 생각했어. 그는 자기의 형제들까지도 두려워했어. 심지어는 그의 아들이 모반을 꾀하려 한다고 의심하고는 죽여 버렸어! 샤 아바스는 페르시아를 부강한 나라로 만들어 놓았지만, 그 자신은 슬픔과 죄책감에 마음이 짓눌린 채로 쉰여덟 살의 나이로 세상을 떠났단다.

오스만 투르크 제국을 다시 일으킨 무라드

페르시아가 점점 부강해지자 페르시아의 서쪽에 살던 오스만 투르크 사람들은 점점 약해졌어. 그러나 페르시아가 그랬던 것처럼, 오스만 투르크 제국에서도 위대하고 잔혹한 통치자가 등장해서 나라를 구했단다. 그 사람은 무라드 4세Murad IV라는 이름의 술탄sultan이었어.

무라드가 오스만 투르크 제국의 어느 왕가에서 태어났을 때, 샤 아바스는 이미 오랫동안 그 위세를 세상에 떨쳐 왔던 노인이었어.

무라드는 장차 자기가 통치하게 될 제국의 역사를 배우면서 성장했어. 무라드 때까지의 그 역사를 한번 살펴볼까? 이슬람 제국이 페르시아 전 지역을 장악하고 있던 시절에, 셀주크Seljuk라 불리는 투르크 족의 한 부족이 중앙 아시아로부터 중동 지방으로 흘러 들어왔어. 가즈나 투르크 사람들이 이슬람 통치자들에게 대항해서 페르시아 땅을 차지했던 것처럼, 셀주크 사람들도 반란을 일으켜서 이슬람 제국 영토의 일부를 차지했지.

두려움을 모르는 사나운 싸움꾼들이었던 셀주크 투르크 사람들은 곧 그들 왕국의 영토를 넓혔어. 그들은 페르시아의 일부를 차지하고, 비잔틴 제국의 영토를 빼앗

무라드 4세

무라드가 술탄이 되었을 때 오스만 투르크 제국은 쇠퇴해 있었어. 무라드는 무척 잔인한 술탄이었단다. 하지만 그는 나라를 부강하게 만들었어. 오스만 투르크 제국은 옛 영토를 되찾고, 바그다드를 되찾았지.

고, 시리아와 팔레스타인을 정복했어.

그러나 투르크 족은 어디까지나 유목민이었어. 그들은 남의 영토를 정복할 힘은 있었지만, 세금을 거두고 도로를 넓히고 법률을 반포하는 등의 일은 제대로 해내지 못했단다. 당연히 그들의 제국은 무너지기 시작했어. 그 과정에서 오스만Osman이라는 이름의 투르크 족 지도자가 추종자들을 모아 가지고, 망해 가는 제국을 구할 수 있는 데까지 구해 보겠다고 나섰어. 오스만과 그의 추종자들은 지중해의 북서쪽 모퉁이의 바로 위에서 터전을 잡고 있었어. 지금 우리가 터키Turkey라고 부르는 나라가 바로 그곳이야. 이내 오스만 투르크 제국이라는 새로운 투르크 족 제국이 수립되었어. 그리하여 이제는 투르크 족이 통치하는 두 개의 제국—페르시아와 오스만 투르크—이 중동을 둘로 나누게 되었단다.

오스만의 지도 하에 오스만 투르크 제국은 셀주크 투르크 제국보다 훨씬 더 영토를 크게 넓혔어. 그들은 동쪽으로 티그리스와 유프라테스 강을 건너고 페르시아 제국의 국경 지대까지 진출했어. 그들은 바그다드Baghdad 시를 포함한 아라비아 반도의 거의 전 지역을 정복했고, 비잔틴 제국의 수도 콘스탄티노플을 점령해서 이스탄불이라는 새로운 이름을 붙였으며, 이슬람 제국이 그랬던 것처럼 이집트와 북아프리카까지도 진출했어. 그들은 또 온 세계가 깜짝 놀랄 만한 일을 했어. 아시아와 유럽을 가르는 보스포루스 해협을 건넜던 것이야. 오스만 투르크 사람들이 유럽까지도 쳐들어갔단 말이야!

유럽의 왕들은 초조해지기 시작했어. 오스만 투르크 제국이 도대체 어디까지 영

토를 넓히려는 것일까? 그들이 뻔히 쳐다보는 바로 앞에서, 오스만 투르크 군대는 그리스를 정복하고, 북쪽으로 러시아를 쳐부수며 올라가고, 서쪽으로 계속 진군했어. 오스만 투르크 사람들의 술탄은 이제 그 자신을 '두 대륙과 두 대양의 최고 군주'라고 일컬었어. 아시아와 유럽의 두 대륙에 걸친 방대한 제국을 그가 통치하기 때문이었어. 그러나 고대 로마 제국이 그랬던 것처럼, 오스만 투르크 제국도 영토가 너무 커져 버렸어. 술탄들은 잔치를 벌이고 궁전을 화려하게 꾸미고 비단을 사들이는 데 돈을 물 쓰듯이 쓰기 시작했어. 그런데 말이야, 남아메리카에서 스페인으로 실어 온 엄청난 양의 금이 유럽 전 지역에 유통되는 바람에 아무도 오스만 투르크 제국의 은화를 거들떠보지 않게 되어 버렸어. 오스만 투르크의 어느 작가는 이렇게 썼단다. "우리의 은화는 이제 이슬방울만큼도 가치가 없는 게 되어 버렸다." 부패한 관리들이 음식과 돈을 마구 훔치고 뜯어냈어. 당시에 오스만 투르크 제국을 여행했던 어느 영국인 나그네는 이렇게 썼단다. "그 제국은 마치 일생토록 수많은 악행을 저지른 끝에 쭈그러질 대로 쭈그러진 늙은이의 몸뚱이 같은 몰골이었다." 오스만 투르크 사람들은 그들이 가장 자랑했던 도시 바그다드마저도 잃어버렸어. 그러한 때에 무라드가 오스만 투르크 제국의 왕위를 물려받았던 거야.

그러나 무라드가 무엇을 어떻게 해 볼 수 있으리라고는 아무도 기대하지 않았어. 그는 고작 열한 살의 평범하고 말이 없는 뚱보 소년일 뿐이었거든. 그의 어머니가 어린 아들의 통치를 돕겠다고 자청하고 나서서, 그 후 10년 동안이나 나라를 다스렸단다. 그녀가 무라드의 군대를 지휘하는 동안에 오스만 투르크 제국은 점점 위축되어 갔어. 그래서 수많은 병사들이 포로로 잡혀서 노예로 팔려 갔단다. 그 수가 얼마나 많았던지, 심지어 러시아의 노예 시장에서는 고작 발효시킨 곡식 음료 한 잔 값으로 오스만 투르크 병사 한 명을 살 수 있었다는구나.

무라드는 때를 기다렸어. 그는 체력을 단련했어. 화살로 두꺼운 쇠 판을 뚫고, 창을 던져서 까마득히 먼 사원의 지붕에 앉은 까마귀를 맞히고, 젊은 남자 두 명을 한 손에 한 명씩 집어 들고 이쪽저쪽으로 멀리 던져 버릴 만큼 강해졌어. 무라드가 기다리던 그때가 마침내 왔어. 그가 스물세 살이었을 때, 군대가 반란을 일으켰어. 군대가 술탄의 궁궐로 쳐들어와서 이제부터는 자기들이 제국을 다스리겠다고 선언하고, 왕에게 이렇게 말했어. "당신의 그랜드 비지어Grand

그랜드 비지어의 모습

오스만 투르크 제국을 다시 일으킨 무라드 129

Vizier를 우리한테 넘기시오. 당신은 이제부터 그랜드 비지어가 아니라 우리의 말에 따르시오." 이슬람 국가, 특히 오스만 투르크 제국의 수상을 그랜드 비지어라고 한단다.

무라드는 수상을 그들에게 넘겨줄 생각이 전혀 없었어. 그건 비단 수상이 그의 절친한 친구이기 때문만은 아니었단다. 그런데 수상이 자진해서 앞으로 나서서 무라드를 보고 말했대. "폐하의 왕좌를 안전하게 지킬 수만 있다면 저 같은 미천한 목숨은 수천 개도 아깝지 않습니다. 저는 이 자리에서 순교자로 죽겠습니다. 저자들은 저를 피 흘리게 한 죄의 값을 반드시 목숨으로써 치르게 될 것입니다." 그리고 그는 칼을 뽑아 들고 반란군의 우두머리들 중 한 명을 향해 돌진했어. 반란군의 병사들이 우르르 달려들어서 그를 마구 찌르고 목을 베었어.

무라드는 그 병사들이 다음에는 자기를 공격하리라는 걸 알아차렸어. 그래서 그는 그들의 요구를 들어주는 척을 했단다. 반란군은 무라드를 죽이지 않고 그의 거처로 돌려보냈어. 아직 어린 술탄이 이제부터는 자기들의 요구를 고분고분 들을 것이라고 생각했겠지.

그러나 무라드는 평소에 길러 두었던 첩자들을 몰래 내보내서 반란을 꾀한 자가 누구인지를 알아냈어. 주모자가 이내 밝혀졌어. 레제브 파샤라는 이름의 대신이었는데, 무라드가 이미 새로운 수상으로 임명한 자였어. 무라드는 레제브가 그에게 사사건건 이래라저래라 간섭하면서 제국을 자기가 통치하려고 한다는 것을 그제야 알아차렸지.

어느 날 아침에 레제브가 무슨 회의를 마치고 나올 때, 궁정 하인 한 명이 다가와서 허리를 꺾고 절을 하고 나서 말했어. "지금 대전(임금이 거처하는 궁전)으로 가십시오. 폐하께서 만나고 싶어 하십니다."

레제브는 하인을 따라갔어. 하인이 그를 어느 문 앞에서 멈추게 하고는 문을 열었어. 레제브가 안으로 들어서는 순간에 그는 술탄의 비밀 암살 단원들에게 에워싸였다는 걸 알아차렸어. 무라드가 그들에게 명령을 내리는 목소리가 들렸어. "반역자의 목을 쳐라!" 그 말이 떨어지자마자 레제브의 목이 떨어졌어.

무라드는 레제브의 시신을 토막 내서 궁궐의 여러 대문에, 반란군의 우두머리들이 잘 볼 수 있는 곳에 걸게 했어. 겁에 질린 우두머리들은 사방으로 뿔뿔이 도망쳤어. 무라드는 첩자들을 시내로 보내서 반란에 가담한 자들을 뒤져서 찾아내어, 그 자리에서 죽여 버리라고 명령했어. 그는 반란의 무리들이 흔히 밤에 술집에 모여서 술을 마시면서 반란 모의를 한다는 걸 잘 알고 있었어. 그래서 전국의 술집들의 문을 닫아 버렸단다. 그 후부터 술을 마시다가 들킨 사람은 그 자리에서 죽음을 당했어. 곧 온 나라 안에, 무라드는 나약한 어린아이가 아니다, 반란을 꾀한 자를 절대 용서하지 않는다는 소문이 퍼졌어.

무라드의 권력이 날로 커져 가고, 그의 잔인함도 끝을 모르게 되었어. 궁정의 악사가 무심결에 페르시아 음악을 연주하자, 무라드는 당장 그의 목을 쳤어. 또 무라드는 궁정 의사가 그의 병을 빨리 치료하지 못하자 그에게 독약을 먹였어. 무라드가 나타나기만 하면 모두가 그 자리에 얼어붙어 버렸어. 혹시라도 그에게 예의

가 없는 행동이나 말을 하게 될까 봐서 벌벌 떨었던 것이야.

그런데 쇠퇴의 길을 걷던 오스만 투르크 제국이 무라드의 그 잔인함 덕분에 다시 회복되는 이상한 결과가 빚어졌단다. 무라드는 군대와 신하들이 그를 너무도 무서워한 나머지 너나없이 고분고분해지자, 오스만 투르크 제국의 옛 영토를 되찾는 일에 나섰어. 그는 한때 페르시아의 차지였던 영토를 되찾고, 바그다드를 되찾았어. 그는 오스만 투르크 제국이 가장 번성했던 때의 국경선을 다시 한 번 되찾았단다.

그리고 오래지 않아서 무라드는 병이 들었어. 그는 2주일 동안 병상에 누워서 지냈으나 병세가 갈수록 나빠졌어. 무라드는 쇠퇴해 가던 제국을 되살려 놓은 후, 여든두 살의 나이로 세상을 떠났단다.

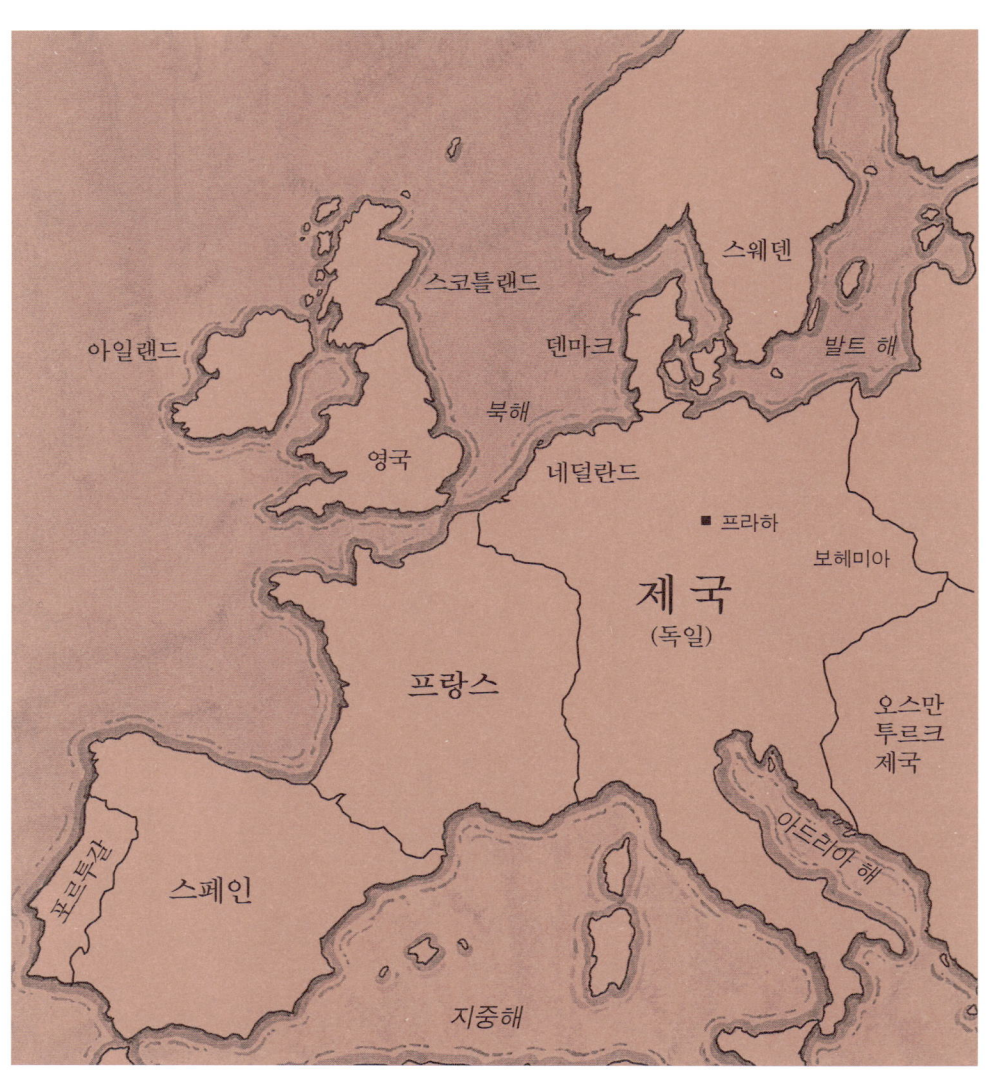

'30년 전쟁'을 치른 나라들

제9장 유럽의 30년 전쟁

종교 문제로 서로 싸운 유럽

술탄 무라드가 중동 일대에서 잇달아 전쟁을 치르며 오스만 투르크 제국의 영토를 넓히던 동안에, 유럽 사람들은 자기들끼리 전쟁을 하고 있었어. 유럽의 그 전쟁은 언젠가 몹시 기분이 언짢은 한 무리의 독일 사람들이 두 명의 독일 대신을 높은 건물의 창밖으로 집어던져 버린 사건에서부터 시작되었단다. 그 사건이 일어난 날로부터 30년 후에, 유럽의 모든 나라의 병사들이 수많은 전쟁터에서 피를 흘리고 쓰러져 죽었어.

역사적으로 '30년 전쟁Thirty Years' War' (1618년~1648년)이라고 부르는 전쟁이 바로 그것인데, 이 전쟁의 원인을 제공했던 사람은 다름 아닌 신성 로마 황제 카를 5세였어. 카를 5세에 관해서는 제1장에서 이야기했으니까, 아직 기억하고 있겠지? 카를 황제는 그의 제국을 동생인 페르디난트와 아들 펠리페 2세에게 갈라서 물려주었어. 펠리페 2세는 스페인과 (나중에 오렌지 공 빌렘의 노력으로 스페인으로부터 독립되었던) 네덜란드를 물려받았어. 페르디난트는 독일에 있는 카를의 소국들을 물려받고, 나중에는 형의 뒤를 이어서 신성 로마 황제가 되었지.

페르디난트가 죽은 뒤 그의 소국들을 아들인 막시밀리안이 물려받았고, 막시밀리안은 또 그의 아들 마티아스에게 물려주었어. 그런데 마티아스가 자식을 보지 못하고 죽자, 독일의 그 소국들은 그의 사촌인 페르디난트 2세Ferdinand Ⅱ에게 돌아가게 되었단다.

이것이 분란의 시작이었던 거야.

그 시절에 독일은 여러 개의 작은 나라들이 모여서 이루어진 나라였고, 독일의 국왕에게 충성을 바치겠다고 맹세한 강력한 군주들이 각각의 나라들을 다스렸어. 각 군주들은 그가 다스리는 작은 나라가 가톨릭의 나라가 될 것인지 프로테스탄트의 나라가 될 것인지를 스스로 결정할 권한을 가지고 있었단다. 당시에 그 소국의 군주들은 대개가 프로테스탄트 신자였어. 그런데 페르디난트 2세는 그의 종증조부(증조부의 형)인 카를 5세처럼 열렬한 가톨릭 신자였던 게 문제였어. 프로테스탄트 신앙을 증오했던 그는 즉위하자마자 백성들이 프로테스탄트 예배를 드리는 것을 금지하는 법률들을 잇달아 발표했던 거야.

보헤미아Bohemia라 불리는 지역에 자리 잡은 여러 소국의 프로테스탄트 군주들이 격분했어. 물론 그들의 백성들도 마찬가지였지. 그들은 보헤미아 지방의 중심도시인 프라하Praha에 모여서 가톨릭 신앙을 강요하는 페르디난트의 법률에 맞서 대항할 준비를 갖추었단다.

그런데 그때 페르디난트 2세는 독일 땅에 있지 않았어. 그는 두 명의 대신에게 나랏일을 맡겨 놓고 여행을 떠났던 거야.

두 대신은 분노한 프로테스탄트 군중에게 어떻게 대응하는 게 옳은지를 알 수가 없었어. 처음에는 말로써 설득하려 했어. 그게 뜻대로 되지 않자, 그들은 속으로는 겁을 잔뜩 먹은 채 군중에게 스스로 해산하라고 명령했어. 그러자 군중이 고함을 질렀어. "흥, 웃기지 마!" 지도자들 중 한 사람이 앞에 나서서 이렇게 말했어. "저 두 놈을 죽여 버리고 우리끼리 새로운 프로테스탄트 나라를 만듭시다."

그 말을 듣자마자 두 대신은 허겁지겁 도망쳤어. 그들은 프라하의 궁성으로 들어가서 성문들을 꼭꼭 닫았어. 분노한 군중이 성문들을 부수고 쏟아져 들어가서 궁궐의 복도와 방을 샅샅이 뒤졌지. 두 대신은 이내 발각되었단다. 그들은 궁성의 마당으로부터 높이가 5미터쯤 되는 어느 방에 숨어 있었어. 밖에서 문을 깨고 들어오려고 하자 두 대신은 거대한 나무 탁자로 문을 막고 버텼지만, 그게 통할 리가 없었겠지? 문을 부수고 들어온 폭도(폭동을 일으키는 무리)들이 탁자를 뒤엎어 버리고 두 대신을 번쩍 집어 들어서 창밖으로 던져 버렸단다.

그런데 뜻밖에도 두 대신은 다치지 않았어. 땅에 떨어진 그들이 멀쩡하게 벌떡 일어나서 달아났어. 가톨릭 신자들은 나중에 이렇게 말했단다.

"성모 마리아께서 돌보신 거야."

그러나 프로테스탄트 신자들은 이렇게 말했대.

"흥, 그게 아니야. 그자들은 용케도 거름 무더기 위에 떨어졌던 거라고."

30년 전쟁의 시발점이 된 이 사건은 나중에 '프라하의 창밖 투척 사건Defenestration of Praha'이라고 불리게 된단다. 'fenestra'는 '창문'을 뜻하는 라틴 어이고,

종교 문제로 서로 싸운 유럽

프라하의 창밖 투척 사건

'Defenestration'은 '창문 밖으로'라는 뜻이야.

반란을 일으킨 프로테스탄트 신자들은 이제 자기들은 페르디난트의 지배에서 벗어났다고 선언했어. 그들은 페르디난트가 고분고분 물러설 거라고 생각했던가 봐. 독일 사람들은 거의 대다수가 페르디난트를 국왕으로 대접하고 인정하지 않았어. 그는 땅딸보이고, 머리카락은 빨갛고, 눈동자는 파랗고, 성격이 쾌활하고, 근시안(가까운 곳은 잘 보이나 먼 곳은 잘 보이지 않는 눈)이 몹시 심한 사내였다는구나. 그러한 그가 종종걸음을 치면서 궁정 안을 쏘다니는 모습은 국왕이라기보다는 꼭 하인 같았다는 거야! 그는 가난한 사람들을 보면 주머니 돈을 털어 주고, 날마다 교회에 나가고, 틈만 나면 사냥을 즐겼대.

그러나 페르디난트는 겉모습과는 달리 절대로 만만한 사람이 아니었어. 그는 독일이 언제까지나 가톨릭 나라여야 한다는 생각을 굽히지 않았어. 그는 또 남이 모르는 야망을 품고 있었단다. 독일의 국왕이라는 지위에 만족하지 못하고, 더 나아가서 신성 로마 황제가 되고 싶었던 거야. 그런데 유럽에서는 한두 세기 이전부터 한 가지 새로운 전통이 이어져 오고 있었어. 어떤 나라의 국왕이 신성 로마 황제가 되기 위해서는, 독일의 여러 소국들의 군주들 중 일곱 명이 '디에트diet'라는 이름의 특별 회의를 열어서 그를 선출해 주어야 한다는 것이었어. 이 일곱 명의 군주를 '선제후elector'라고 부른단다. 그런데 그 군주들 중에서 세 명이 프로테스탄트로서 반란에 가담했던 자들이었던 거야.

신성 로마 황제라는 칭호를 얻기 위해서 페르디난트는 먼저 그의 프로테스탄트 소국들과 그 군주들에 대한 지배력을 되찾아야만 했던 것이지.

그는 동맹국인 오스트리아와 스페인에게 도움을 청했단다. 사납고 경험 많은 병사들로 구성된 두 나라의 군대가 보헤미아로 진군해서 프로테스탄트 반란군과 맞붙어 거의 순식간에 무찔러 버렸단다. 페르디난트는 보헤미아로 돌아가서 반란군의 지도자들을 체포해서 프라하의 가장 큰 다리의 난간에 줄줄이 목을 매달았어. 그리고 잠시 동안 프로테스탄트 반란군의 손안에 들어갔던 영토를 모두 되찾아서 그에게 충성을 바치는 가톨릭 신자들에게 넘겨주었지. 그런 다음에 그는 선제후들을 강제로 불러 모아서 그를 신성 로마 황제로 선출하게 했단다.

그러나 그의 그러한 행동은 반란을 완전히 진압하기보다는 오히려 훨씬 더 큰 혼란을 불러일으켰어. 독일 북부 지방의 프로테스탄트 군주들은 반란에 가담하지는 않았지만, 프로테스탄트의 나라가 가톨릭의 나라가 되는 걸 달갑게 생각하지 않았던 거야. 그들은 이렇게 생각했겠지. 우리도 곧 그 꼴을 당하게 되는 게 아닐까? 영국과 네덜란드와 덴마크의 프로테스탄트 국왕들도 마음이 몹시 언짢았단다. 억지로 신성 로마 황제의 지위에 오른 독일의 국왕이 오스트리아나 스페인과 힘을 합쳐서 프로테스탄트 신자들을 쓸어버리는 거 아냐? 만약 그 세 나라가 똘똘 뭉쳐서 영국이나 덴마크로 쳐들어온다면 어찌 될까?

그래서 덴마크의 국왕 크리스티안 4세Christian IV는 3만 명의 대군을 이끌고 독일로 진군했어. 날이 갈수록 막강해지는 페르디난트의 위세를 꺾어 놓겠다고 단단히 작정했던 거야. 크리스티안 4세는 매우 유능한 장군이고, 널리 보고 들어서 아는 것이 대단히 많은 인물이었대(그는 영국의 제임스 1세와 라틴 어로 쓴 편지를 주고받았다는구나). 또 그는 언제나 힘이 펄펄 넘치는 사람이었대. 당시에 유럽 전 지역에 널리 퍼졌던 소문으로는, 그는 술을 마시다가 지치면 운동을 하고, 한참 운동을 하고 나서 또 술을 마셨다는 거야.

그는 겉으로는 프로테스탄트 신앙을 지킨다는 목적을 내세웠지만, 속마음으로는 독일 영토의 일부를 빼앗아서 자기 것으로 만들고 싶은 생각이 없지 않았을 거야. 크리스티안 4세의 군대는 독일로 진군하는 도중에 병력이 크게 늘었단다. 제임스 1세가 보낸 영국군이 합세했고, 또 프로테스탄트 신자인 덴마크의 국왕이 몸소 군대를 이끌고 쳐들어온다는 소식을 듣고 달려 나온 독일의 프로테스탄트 신자들의 군대가 합세했던 거야. 그 거대한 군대가 국경을 넘어서 수도로 진격해 오자, 페르디난트는 알브레히트 폰 발렌슈타인Albrecht von Wallenstein이라는 사람을 그의 군대의 새 사령관으로 임명했어. 발렌슈타인은 전쟁을 사랑하는 사람이었단다. 그는 키가 엄청나게 크고, 온몸의 뼈마디가 다 불거져 보일 정도로 깡말랐으며, 새빨간 줄이 딱 하나 박힌 새카만 옷을 입은 모습이 너무도 무시무시했다고 해. 당시의 유명한 천문학자 요하네스 케플러는 발렌슈타인에 대해서 이렇게 썼단다. "그는 무자비한 인간이다. 오로지 자기밖에 모르고, 자기의 욕망에만 집착

알브레히트 폰 발렌슈타인

하는 인간이다. …… 탐욕스럽고, 남을 그럴듯하게 속이고…… 거의 말이 없고, 툭하면 난폭한 성미를 드러내는 인간이다." 심지어 페르디난트도 발렌슈타인을 두려워했대.

발렌슈타인은 페르디난트의 군대를 이끌고 나가서 크리스티안 4세의 군대와 대판 맞붙었어. 덴마크와 영국과 독일 프로테스탄트 군대가 박살이 났어. 병사들이 뿔뿔이 흩어졌어. 크리스티안 4세도 걸음아 날 살려라, 도망치지 않을 수 없었어. 페르디난트의 군대는 그길로 곧장 진격해서 덴마크를 점령해 버렸단다.

스웨덴의 프로테스탄트 국왕 구스타프 2세Gustav II는 벌벌 떨면서 사태를 지켜보고 있었어. 스웨덴은 덴마크 바로 위에 있는 나라인데, 신성 로마 황제의 군대가 국경 바로 너머에 진을 치고 있었으니 그럴 만도 하지 않았겠어? 당장이라도 그 군대가 쳐들어와서 그를 왕좌에서 끌어내리고 그의 백성들을 가톨릭 신자로 바꾸어 버릴 판국이었단 말이지.

그는 대신들과 귀족들을 불러 모았어. 그들은 발렌슈타인이 쳐들어오기 전에 먼저 공격하는 게 제일 좋은 꾀라는 데 모두들 입을 모았단다. 그래서 스웨덴 군대는 즉시 전쟁을 치를 채비를 했어.

구스타프는 크리스티안 4세보다 훨씬 더 준비가 잘되어 있었단다. 그는 병사들을

종교 문제로 서로 싸운 유럽   141

착실하게 훈련시켜 놓았고, 충성심이 변하지 않도록 봉급을 넉넉히 주었고, 모피 외투와 장갑과 물이 새지 않는 가죽 구두 등, 최고급의 따뜻한 군복을 입혔어. 그런데 말이야, 그 시대의 전투는 양측의 모든 병사들이 하나의 긴 행렬을 이루어서 서로 마주 보고 돌진해서 결판을 내는 게 무슨 관습처럼 되어 있었어. 그런데 구스타프는 그의 군대를 여러 개의 작은 부대로 나누었단다. 병사들이 민첩하게 움직여서 여러 방향에서 적군을 공격할 수 있도록 했던 것이야. 그리고 또 구스타프는 유럽에서 최초로 모든 병사들에게 똑같은 군복을 입힌 사령관이었어. 그래서 스웨덴 병사들은 싸움터에서 뿔뿔이 흩어지게 되더라도 밝은 파랑 색과 노랑 색이 섞인 외투를 보고 서로를 구별할 수 있었단다.

구스타프는 노랑 머리에 체구가 크고 어깨가 딱 벌어졌으며 힘이 장사였대. 그가 직접 군대를 이끌고 싸움터로 나갔어. 스웨덴 군대의 공격을 받은 페르디난트의 군대는 덴마크를 버리고 독일로 달아났어. 수천 명의 독일 병사들이 죽음을 당했단다. 구스타프는 여세를 몰아서 독일 국경을 넘어 진군했어. 독일 땅에 들어선 구스타프는 페르디난트에게 대항하는 그 나라의 프로테스탄트 군주들이 군대를 이끌고 와서 합세할 것이라고 확신했대. 그리고 정말로 그렇게 되었단다. 스웨덴 군대와 독일 프로테스탄트 군대가 합세해서 독일의 심장부이자 페르디난트의 수도인 빈Wien을 향해 폭풍처럼 밀고 들어갔어. 이 연합군을 역사적으로 '프로테스탄트 연합군Protestant Union'이라고 한단다. 승리가 거의 확실해진 것 같았어.

그러나 페르디난트는 아직은 포기할 마음의 준비가 되어 있지 않았어.

그는 자객을 보내서 발렌슈타인을 죽여 버리고, 다른 장군을 임명해서 대오(군대를 편성한 행렬)가 흐트러진 군대를 수습하게 했어. 부대의 대열을 가다듬은 독일 군대가 프로테스탄트 연합군과 다시 한 번 맞붙었는데, 그 전투에서 구스타프가 전사하고 말았어. 총사령관을 잃은 스웨덴 군은 급격하게 무너지기 시작하고, 스웨덴 병사들이 뿔뿔이 흩어졌어. 그리고 독일 프로테스탄트 군대의 지휘자들이 슬금슬금 페르디난트에게 접근하기 시작했어. 그들은 페르디난트와 평화 조약을 맺고 싶었던 거야. 16년 동안이나 지루하게 끌어 왔던 전쟁을 제발 끝내고 싶었던 거야. 페르디난트는 천천히 화의를 맺어 나갔어. 1년 후 독일의 소군주들과 페르디난트는 모든 프로테스탄트 소군주들이 그의 나라가 어떤 종교를 따를 것인지를 스스로 결정할 수 있다는 내용의 조약을 체결했단다. 17년 동안이나 지루하게 싸웠던 결과가 결국은 아무것도 없었던 것이었지. 수만 명의 독일 사람들이 부상이나 질병으로 죽었어. 살아남은 사람들은 살 집이 없었단다. 보헤미아의 마을들은 마을의 4분의 3이 파괴되었단다. 페르디난트는 황폐한 땅을 다스리고 있던 것이야.

그러나 그 전쟁은 아직 완전히 끝난 게 아니었단다.

프랑스의 수상 리슐리외Richelieu라는 사람은 대단히 야망이 큰 사람이었단다. 그는 페르디난트가 오랜 전쟁으로 인해서 그 권세가 매우 약해졌다는 것을 알아차렸어. 그는 신성 로마 황제라는 칭호를 빼앗아 프랑스 왕에게 바치고 싶었어. 새로운 조약이 체결된 지 불과 몇 주 후에 프랑스는 페르디난트에게 선전 포고(전쟁을 하겠다고 선언하는 일)를 했단다.

또다시 전쟁이 시작되었어. 스페인과 스웨덴과 네덜란드가 다시 전쟁에 끼어들었어. 끊이지 않은 전투에서 또다시 수많은 독일 사람들이 죽었어. 어떤 곳에서는 인구의 절반이 죽었어. 패잔병(전쟁에 지고 살아남은 군사)들이 떼를 지어 몰려다니면서 굶주린 사람들에게서 음식을 빼앗고 강도질을 했단다. 사람들은 어떻게든 목숨을 부지하려고 풀을 뜯어먹기까지 했단다.

리슐리외

페르디난트는 늙은 몸인 데다가 오랜 전쟁에 지쳐 병이 들어서 곧 죽고 말았어. 그러나 독일 사람들은 계속 싸웠단다. 프랑스의 수상 리슐리외도 곧 죽었어. 신성로마 황제와 프랑스의 수상이 죽고 나자 유럽의 다른 나라들은 다시 조심스럽게 화의를 할 방법을 찾기 시작했어.

화의가 맺어지기까지는 4년이나 걸렸단다. 전쟁에 가담한 여러 나라의 지도자들은 자기들이 도대체 무엇 때문에 싸우는지조차도 제대로 알지 못하고 있었어. 마침내 프라하에서 독일 왕국의 두 대신들이 창밖으로 던져진 그 사건이 일어난 지 30년이 되는 해에 유럽의 나라들은 평화 조약을 체결했단다.

이것을 베스트팔렌 조약Peace of Westfalen이라고 한단. 이 조약으로 독일은 그들 영토의 일부를 스웨덴과 프랑스에게 떼어 주어야 했어. 독일의 다른 소국들은 자주적으로 나라를 다스리는 것을 허락받았어. 그리하여 독일 왕국은 갈가리 찢어져서 있으나마나 한 나라가 되었단다. 베스트팔렌 조약이 체결된 후에도 프랑스와 스페인은 11년 동안이나 더 전쟁을 치렀어.

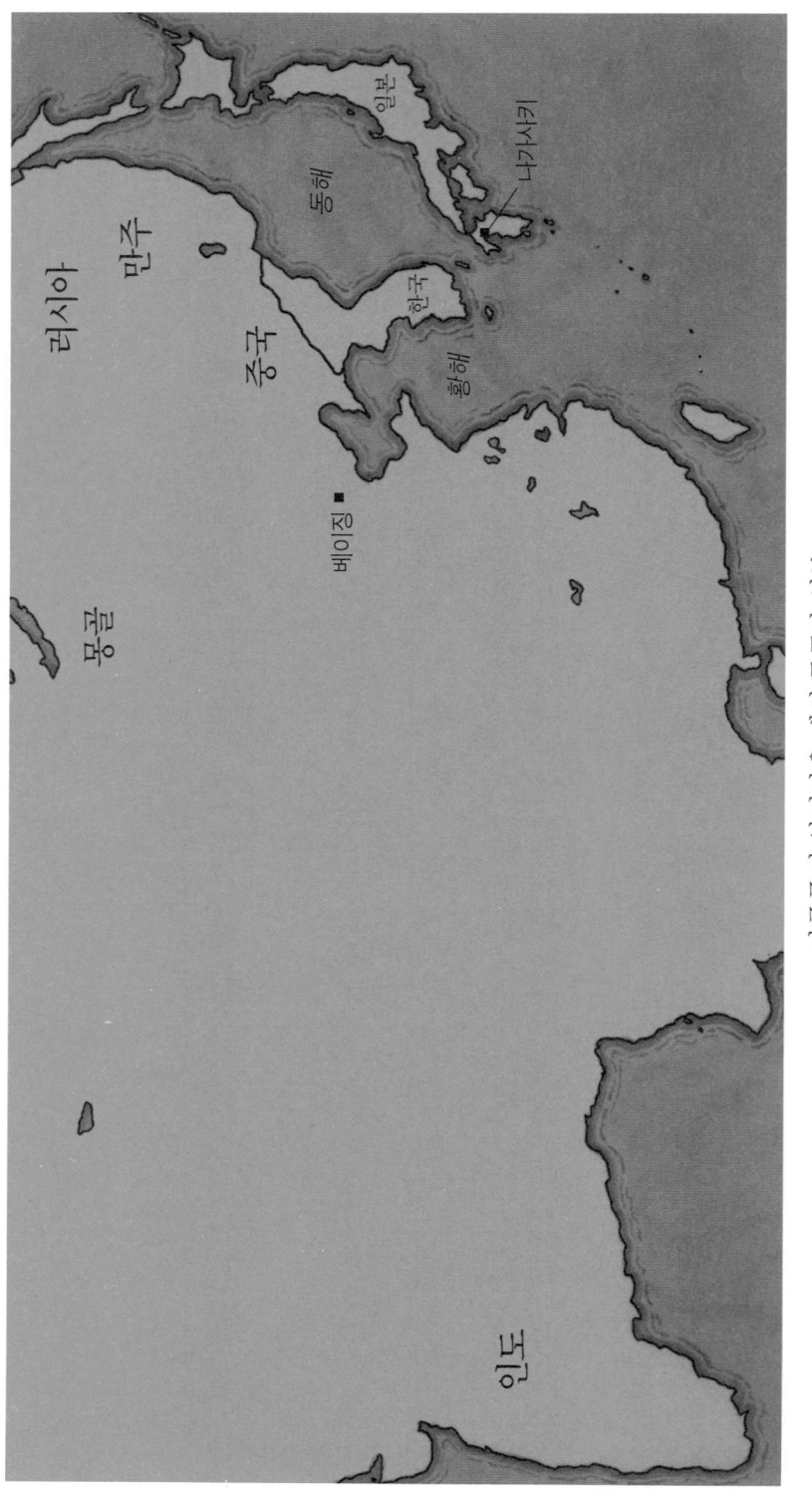

만주족이 일어났을 때의 중국과 일본

제10장 일본의 쇄국과 중국의 청나라

문을 닫고 선(禪) 불교를 발전시킨 일본

가톨릭 신자와 프로테스탄트 신자 사이의 30년 전쟁으로 유럽 전 지역의 마을들이 파괴되고 있던 동안에, 아득히 먼 일본의 '쇼군'들이 그 광경을 눈여겨보고 있었단다.

대다수의 일본 사람들과 마찬가지로 '쇼군'들도 불교도였어. 그런데 30년 전쟁이 시작되기 얼마 전에 '예수회Jesuits'라 불리는 가톨릭 교파의 선교사들이 일본에 들어왔단다. 일본 사람들은 더러는 그들의 말에 귀를 기울였고, 더러는 의심하고 경계했어. 프란시스 사비에르Francis Xavier라는 예수회 선교사는 그의 동료들에게 보낸 편지에서, 일본의 어느 유명한 다이묘가 '그의 백성들이 기독교(가톨릭, 프로테스탄트를 모두 포함)라는 종교를 받아들이도록 허락하면 그의 지배력은 무너지고 말 것이며, 일본 사람들은 더 이상 그들의 조상신들을 섬기지 않게 될 것'이라는 이유에서 그를 만나 주지도 않고 내쫓아 버렸다고 전했단다.

그러나 일본의 다른 다이묘들은 기독교를 받아들였어. 날이 갈수록 더 많은 선교사들이 일본에 도착하고, 더 많은 일본 사람들이 기독교도가 되었단다. 그런데,

일본의 권력을 장악하고 도쿠가와 막부를 일으킨 쇼군 이에야스는 이 외국 종교에 대해서 조금 마음이 불안했던가 봐. 그는 외국인들이 들어와서 그들의 신앙을 퍼뜨리는 것을 경계하지 않을 수 없었겠지.

이에야스에게는 윌리엄 아담스William Adams라는 이름의 서양인 측근자(곁에서 모시는 사람)가 있었단다. 이에야스가 아담스에게 물었어.

"자네는 예수회 선교사들을 어떻게 보는가?"

이에야스는 물론 무엇이 무엇인지를 몰랐을 테지만, 실은 그는 자기가 원하는 바대로 대답을 들려줄 딱 적임자한테 그 질문을 한 셈이 되었단다. 왜냐고? 아담스는 충실한 프로테스탄트 신자였거든!

그는 상선의 선원으로서 일본에 온 네덜란드 사람이었단다. 이에야스가 그를 붙들어 앉혔어. 일본에 무역을 하러 온 유럽 인들한테 속지 않고 제대로 거래를 하기 위해서 그의 도움이 필요했던 거야. 아담스는 가톨릭 신앙을 몹시 증오하는 사람이었어. 당연히 이에야스에게 가톨릭 선교사들을 조심하는 게 좋을 거라고 충고했겠지? 언젠가 스페인 배가 일본에 들어왔는데, 그 선원들이 일본의 여러 항구들의 위치와 규모를 표시하는 지도를 그렸대. 그러자 아담스는 이에야스에게 그자들이 일본을 공격하려고 사전 작업을 하는 것이라고 고해 바쳤단다. 그는 이렇게 말했어.

"처음에는 상선들이 몰려옵니다. 그 다음에는 선교사들이 옵니다. 예수회라는 가톨릭 교파의 신도들 말이지요. 그 다음에는 반드시 군대가 오게 되어 있습니다.

그게 바로 지금까지 스페인 놈들이 남의 나라를 정복해 온 방식이랍니다."
이에야스가 아담스의 말을 믿지 않을 수 있었을까? 그는 만약 스페인의 가톨릭 군대가 공격해 오는 날에는, 그동안 가톨릭 신자가 된 일본 사람들이 그들과 맞서 싸우려 하지 않을지도 모른다는 두려움이 불쑥 들었을 거라고. 그래서 그는 한편으로는 자신의 권력을 키워 가고, 다른 한편으로는 일본 사람들이 기독교라는 종교를 좋아하지 않게 만들려고 애썼단다. 권력을 잡기 위한 전투에서 첫 승리를 거둔 지 12년 후에 이에야스는 이제부터는 일본 사람은 어느 누구도 기독교도가 되어서는 안 된다고 선언했어. 그리고 2년 후에는 모든 외국인 선교사들을 나라 밖으로 추방한다는 법령을 선포했어.

이에야스가 죽고, 그의 아들 히데타다[德川秀忠]가 도쿠가와 막부의 쇼군이 되었어. 그는 기독교를 금지하는 법령들을 훨씬 더 많이 선포했단다. 그때가 바로 유럽에서 30년 전쟁이 일어났을 무렵이었어. 유럽 전 지역에서 가톨릭 신자인 신성 로마 황제가 가톨릭 신앙의 이름으로 주위의 다른 나라들을 잇달아 정복하고 있었단 말이야! 히데타다는 자기의 나라에서는 절대로 그런 사태가 일어나게 해서는 안 된다고 작정했어. 그래서 그는 일본의 기독교도들을 잡아다가 처형하라는 명령을 내렸단다. 그리고 일본을 떠나지 않겠다고 우기는 가톨릭 신부들을 모조리 감옥에 처넣었어.

어느 때부터는 히데타다의 아들 도쿠가와 이에미쓰[德川家光]가 아버지하고 같이 나랏일을 돌보기 시작했어. 그러자 예전보다 훨씬 더 혹독하게 기독교를 금지하

도쿠가와 이에미쓰
이에미쓰는 2대 쇼군인 히데타다의 아들로 3대 쇼군이 된단다. 그는 강력한 지도력을 가지고 있었지만 가혹한 법률들을 선포해서 백성들에게 원망의 소리를 들었단다. 그는 일본의 모든 항구에 외국의 배들이 들어오지 못하게 했고, 기독교도들을 처형했어.

는 법률들이 선포되었어. 이에미쓰는 일본 사람들이 외국으로 나가는 것조차도 원하지 않았단다. 외국으로 나간 사람들이 기독교를 배워 가지고 일본으로 돌아올 것이고, 그러면 유럽에서처럼 극심한 혼란이 빚어질 것이라고 염려했던 것이야. 그래서 그는 일본 사람은 어느 누구도 바다 바로 건너에 있는 한국 이외의 다른 외국에는 갈 수 없다는 포고령을 내렸어. 그는 또 외국 상인들이 주로 배를 대는 남부의 항구 도시 나가사키[長崎]의 기독교도들을 수없이 처형했단다.

그러나 기독교는 계속 번져 나갔어. 나가사키 시에서는 불교도보다 기독교도가 훨씬 더 많을 지경이었다는구나.

그래서 쇼군 이에미쓰는 아주 극단적인 조치를 내렸어. 일본의 대문을 아예 닫아 걸어 버렸던 것이야.

이에미쓰는 일본의 모든 항구에는 배가 들어와서도 안 되고 나가서도 안 된다고 선언했어. 그는 넓은 바다로 나갈 만큼 큰 배를 만드는 자, 외국에 나갔다가 돌아오려는 자, 몰래 외국으로 나가려다가 발각된 자들은 누구나 죽음을 각오해야 한다고 선포했단다. 그 모두가 외국의 사상들이 일본에 들어오는 걸 막으려고 어쩔 수 없이 쓰는 꾀와 방법이었지.

이에미쓰의 이 가혹한 법률들이 반란을 불러일으켰어! 수천 명이 처형당했던 나가사키 시 근처의 기독교도들이 들고일어나서 쇼군의 명령에 순종하지 않고 대항하는 전투를 시작했어. 이 사건을 '시마바라[島原] 봉기'라고 하는데, 그들은 곧 비참한 운명을 맞이해야 했어. 쇼군의 군대에 쫓긴 기독교도들은 근처의 어느 성에

들어갔어. 곧 양식과 물과 무기가 바닥이 났어. 그들은 오래 버티지도 못하고 항복했는데, 전원이 처형을 당하고 말았단다.

이에미쓰는 그 후에도 계속 법률을 선포했어. 새로운 금지 조항들이 포함되었어. 네덜란드의 프로테스탄트 상인 이외에는 누구도 일본에 와서 장사를 할 수 없고, 네덜란드의 상선조차도 1년에 딱 한 척만 받아 줄 것이며, 그나마도 그들을 위해서 나가사키 항구 앞 바다에 특별히 만들어 놓은 작은 인공 섬에 배를 대어 놓고 장사를 해야 한다는 것이었어. 절대로 일본 본토에는 외국인들이 발을 들여놓을 수 없다는 것이었지.

그로부터 한 세기 동안 일본은 서양의 모든 사상들과 가톨릭 선교사들로부터 완전히 차단되었어. 기독교는 자취를 감추고 불교가 다시 성행했지. '선(禪) 불교 Zen Buddhism' 라 불리는 일본 고유의 불교가 특히 위력을 떨쳤단다. 선 불교도들은 깨달음이란 것은 자신의 마음에서 나오는 것일 뿐, 남의 가르침을 배우거나 외국 땅을 여행한다고 해서 얻어지는 게 아니라고 믿었어. 그래서 그들은 성지를 순례하지도 않고, 남의 설교를 듣지도 않았어. 오로지 명상만 했어. 고요히 앉아서 자신의 마음속 아득한 어느 곳에서 깨달음이 저절로 눈을 뜨는 순간을 기다리는 것이었지.

그들은 또 진리란 것은 가장 작은 것, 가장 단순한 것에서 발견된다고 믿었어. 일본 사람들이 작고 아름다운 예술품을 만드는 데 전문가가 된 내력이 바로 거기에 있어. 그들은 모래와 자갈로 축소한 자연의 풍경을 만들고, '분재' 라고, 나무가 제

분재

삶의 이치대로 자라는 걸 억압해서 난쟁이가 되게 만들어 놓은 것을 하염없이 들여다보았어. 또 지극히 간결하면서도 아름답기 그지없는 정원을 가꾸어 놓고 거기에 앉아서 명상을 했단다.

또 그 다음 한 세기 동안에도 일본의 선 불교는 계속 번성했단다. 일본은 바깥으로 나가거나 바깥에서 들어오는 모든 문들을 꼭꼭 닫아건 채, 자신들의 안으로만 발전을 꿈꾸었던 거야.

만주족이 세운 청나라

그 무렵, 세계에서 가장 거대한 나라 중국도 외국의 사상들과 외국 침략자들 때문에 몸살을 앓고 있었어. 그런데 중국을 침략한 '외국인'들은 서양에서 온 사람들이 아니었단다. 그들은 바로 중국의 땅덩어리 안에서 일어난 사람들이었어.

중국은 그때까지 여러 세기 동안 명명나라의 황제들이 지배해 왔어. 명나라는 중국 남부에서 일어났는데, 그 지방 사람들은 대개가 '한족(漢族)'이란다. 명나라의 황제들도 한족이고 그들이 다스리는 백성들도 한족이었어. 그들은 같은 언어를 사용하고, 같은 음식을 먹고, 같은 문자로 글을 쓰고, 같은 옷을 입었단다.

그런데 중국의 북부 지방에서 터전을 잡고 살아오던 사람들이 언젠가부터 명나라를 아주 미워하게 되었단다. 그 지방을 '만주(滿洲)'라고 하고 그 사람들을 '만주족(滿洲族)'이라고 해. 그런데 명나라의 군대가 걸핏하면 쳐들어와서 음식을 훔치고 농부들을 논밭에서 쫓아내자, 만주족의 지도자는 몹시 화가 났어. 그 지도자는, 성은 아이신줴러[愛新覺羅]이고 이름은 누르하치[奴兒哈赤]였어. 누르하치는 너무도 화가 나서 명나라와 기어이 한바탕 싸움을 치르고야 말겠다는 맹세를 했단다. 그에게는 명나라에 대해 원한을 살 만한 이유가 그 밖에도 여러 가지가 있었어. 그래서 그는 '명나라에 대한 7가지 원한'을 부르짖고, 오랫동안 착실하게 훈련시켜 놓은 강력한 군대를 이끌고 마침내 명나라의 국경을 넘어 쳐들어갔어.

명나라는 만주족의 공격을 그런대로 잘 받아쳤어. 그런데 또 다른 위협이 안에서 일어났단다. 벌써 오래전부터 명나라는 갈수록 가난해지고 백성들은 굶기를 밥 먹듯이 해 오고 있었어. 황제들이 일본의 히데요시와 싸우느라 돈을 있는 대로 긁어다가 썼기 때문이었어. 그런데 나라의 돈이 바닥난 것만이 문제가 아니었단다. 인구가 펑펑 늘어 간다는 게 더 큰 문제였어. 인구가 1억 6천만 명에 이르렀고, 그 많은 입들이 다 먹고살 만한 곡물을 생산하기에는 농토가 부족했어. 날씨마저 갈수록 추워지고, 때도 아닌데 서리가 내리고, 귤나무며 갓 싹이 돋은 작물들이 얼어 죽었어. 곡식이 너무 귀해서, 돈이 있어도 살 수가 없는 지경이 되었단다. 병사들은 급료를 언제 받아 보았는지 기억이 가물가물하고, 배를 주린 지도 너무도 오래 되었어. 당연히 병사들이 떨어져 나가기 시작했지. 뿔뿔이 흩어진 병사들이 굶주린 농민들과 무리를 지어서 중국 전 지역을 떠돌아다니며 도적질을 하고 마을들을 짓밟았단다.

한편, 만주족의 군대는 중국 북쪽의 고을들을 공격하기 시작했어. 한족 사람들은 하나같이 두려움에 떨고 분통이 터졌어. "온 천지가 난리 판이고, 내 집에 앉아서도 편하지 못한데, 황제라는 자는 우리를 위해서 아무것도 하지 않고 구경만 하는구나!"

명나라의 관리들 중에 이자성李自成이라는 사람이 있었어. 관리라고 해 봤자 고작 역졸이라고, 시골의 역참(나라에서 쓰는 말을 갈아타는 곳)에서 잔심부름이나 하던 사람이었어. 그가 그 일을 때려치우고 도적이 되었다가, 명나라를 무너뜨리고 새 나라를 세우겠다면서 들고일어났단다. 그는 굶주리고 불만에 찬 떠돌이 농민들을 모아서 대군을 만들고, 베이징[北京]으로 쳐들어갈 계획을 세웠어. 베이징이 명나라의 수도였거든. 그리고 싸울 때마다 이기며 드디어 베이징에 당도했는데, 수도의 성벽을 지키는 병사들이 한 명도 보이지 않는 거야. 그래서 그는 단단히 경계를 하면서 다가가서 성문을 밀어 보았는데, 문이 힘없이 열렸어! 반란군을 맞아 싸울 명나라 군대는 어디에도 보이지 않았어! 어찌 된 것일까? 알고 보니까, 굶주리다 못해서 곯아 빠진 병사들 사이에 역병(고치기 어려운 전염병)이 돌아서 거의 절반은 죽고, 목숨이 붙은 자들은 모두 멀리 달아나 버렸던 것이었단다.

이자성은 그길로 궁궐로 막 뛰어들었어. 그가 오는 걸 보자, 명나라의 황제는 산에 들어가 목을 매달아 자결했단다. 그가 명나라의 마지막 황제가 된 것이었지.

그러나 이자성은 중국의 새 황제가 되어 보지 못했단다.

아직 살아 있는 명나라의 자손들이 이미 망해 버린 왕조를 되찾겠다고 중국의 남

쪽 지방에서 나라를 세우고 군대를 일으켰어. 그 군대의 장수들 중에 오삼계吳三桂라는 자가 있었어. 그가 아직도 중국의 북쪽 일대를 휘젓고 다니는 만주족에게 편지를 보냈단다. 그는 이렇게 썼대. "우리는 한때 서로 적이었소이다. 그러나 지금은 서로 힘을 합쳐서 저 역적(임금에게 반역한 사람)의 군대를 쳐서 없애는 게 어떻겠소?"

그게 실수였어.

그의 제의는 만주족의 군대가 싸우지도 않고 수도로 들어오도록 초대한 것이나 마찬가지였던 것이야. 만주족은 이게 웬 떡이냐, 몹시 반가워 했어. 그리고 폭풍 같은 기세로 남쪽으로 쳐 내려가자, 그동안 베이징에 앉아서 황제 행세를 하고 있었던 이자성은 제대로 싸워 보지도 않고 멀리 달아나 버렸단다. (앞에서 말한 그 오삼계라는 장군이 같은 민족인 한족을 배반하고 투항한 덕분에 만주족 군대는 너무도 싱겁게 베이징에 들어왔어. 그 과정을 자세하게 설명하려면 이야기가 좀 복잡해지니까, 생략하기로 해.) 그러나 만주족은 명나라가 다시 일어서는 걸 돕겠다고 했던 약속을 싹 무시해 버리고, 새로운 왕조를 세웠어. 만주족의 왕조가 들어선 것이지.

거의가 한족인 중국의 백성들은 이제 만주족의 지배를 받게 되었어. 그런데 만주족 사람들은 자기들이 한족보다 훨씬 우월하다고 생각했대. 그들은 스스로를 '청淸'이라고 불렀어. '맑다'는 뜻이야. 그들은 한족 사람들과 이웃해서 살려고 하지 않았어. 아이들도 한족 아이들과 어울려 놀지 않았고, 한족 처녀와 결혼하려는 총각들이 더러 있었지만 부모들이 허락하지 않았단다.

자기들이 한족을 지배한다는 증거로써 만주족이 한족에게 요구한 것이 있었어. 머리를 만주족 스타일로 바꾸라는 것이었어. 그런데 말이야, 한족 사람들은 '신체발부 수지부모 身體髮膚 受之父母'(살과 뼈와 털과 피부는 부모로부터 받은 것이다.)라 읊으며, 머리털을 조상들이 물려준 귀한 선물이라고 믿는 사람들이었단다. 그럼, 만주족의 헤어스타일은? 만주족 남자들은 누구나 앞머리를 싹 밀어 버리고, 나머지는 한 가닥으로 땋아서 뒤로 늘어뜨렸어. 이것을 '변발'이라고 하는데, 너도 중국 영화 같은 데서 본 적이 있을 거야, 아마.

한족 사람들은 앞머리를 싹 밀어 버린다는 것은 미개하고 야만스러운, 조상을 욕되게 하는 짓이라고 생각했어. 그래서 만주족이 자기들처럼 변발을 하라고 요구하자, 기어이 들고일어났단다. 그들은 이렇게 외쳤어.

"목이 잘릴지언정 머리는 못 깎는다, 이 오랑캐(야만스런 종족) 놈들아!"

변발

그러나 만주족 사람들은 사정을 봐주지 않았어. 그들은 반란을 무자비하게 진압하고, 주모자들을 처형하고, 억지로 머리를 깎게 했어. 만주족의 황제들은 한족을 노예처럼 취급했단다. 그들은 만주족의 촌민까지도 높은 자리에 앉히고, 명나라에서 높은 관리를 지냈던 한족 사람들이 그들의 시중을 들게 했어.

그러나 네 번째 황제 강희제康熙帝가 그 모든 것을 다 바꾸었단다.

강희제는 고작 일곱 살 때 황제의 자리를 물려받았어. 그래서 이전 황제의 대신이었던 사람들이 섭정으로서 나라를 다스렸어. 이전 황제들이 그랬던 것처럼, 섭정 대신들도 한족을 노예나 하인으로 취급했어. 그런데 강희제는 아직 어린 나이인데도, 만주족은 우선 숫자에서부터 한족한테 크게 뒤진다는 데 생각이 닿았대. 훨씬 더 숫자가 많은 그들을 멸시하고 업신여기면서는 거대한 제국을 제대로 통치할 수 없다는 걸 깨달았던 거야. 강희제는 같은 만주족에 대한 믿음과 의리에는 변함이 없었지만, 그는 언젠가부터 중국을 사랑하고 있었단다.

불과 열세 살의 나이에 강희제는 권력을 장악했어. 그는 섭정 대신들을 모두 집으로 돌려보내고, 한족 사람들의 지지를 얻어 내기 위한 노력을 기울이기 시작했어. 그는 만주족이건 한족이건 중국의 백성이면 누구나 조정의 관리가 될 수 있고, 능력에 따라 높은 지위에 오를 수 있다고 선언했어. 그는 한족 사람들에게 이렇게 말했어.

"우리는 당신들을 정복한 게 아니었소. 우리는 당신들을 해방시킨 것이었소. 지금은 당신들의 곡식을 도적질할 명나라 병사들도 없고, 당신들에게 가혹한 세금을 물릴 명나라 황제도 없지 않소!"

강희제는 세금을 크게 낮추었어. 한족 사람들은 그제야 자기들이 노예가 된 게 아니라 수탈(빼앗음)과 압제(말과 행동을 억압당함)로부터 해방되었다는 것을 실감하게 되었단다. 한족 농민들은 세금을 이렇게 적게 내는 세상은 생전 처음 만나 보았다고들 입을 모으며 좋아했다는구나.

강희제의 전략이 딱 들어맞았던 것이야. 백성들의 살림이 날로 좋아지고, 만주족 지배자들에 대한 증오심이 줄어들기 시작했어. 강희제가 황제의 자리에 있던 동안에 중국은 더욱 강하고 큰 나라가 되었단다. 그의 군대가 주변의 여러 나라를 정복해서 만주 제국의 영토를 넓혔던 거야. 강희제는 직접 다스린 50년 동안 자기 민족 백성(만주족)보다 다른 민족 백성(한족)이 훨씬 더 많은 나라의 황제로 군림하였어. 그리고 자신의 나라를 세계의 역사상 가장 부강하고 가장 방대한 나라들 중의 하나로 역사에 기록되게 했단다. 그리고 그 자신도 세계 역사상 가장 영명한 황제들 중의 한 사람으로서 기억되고 있어.

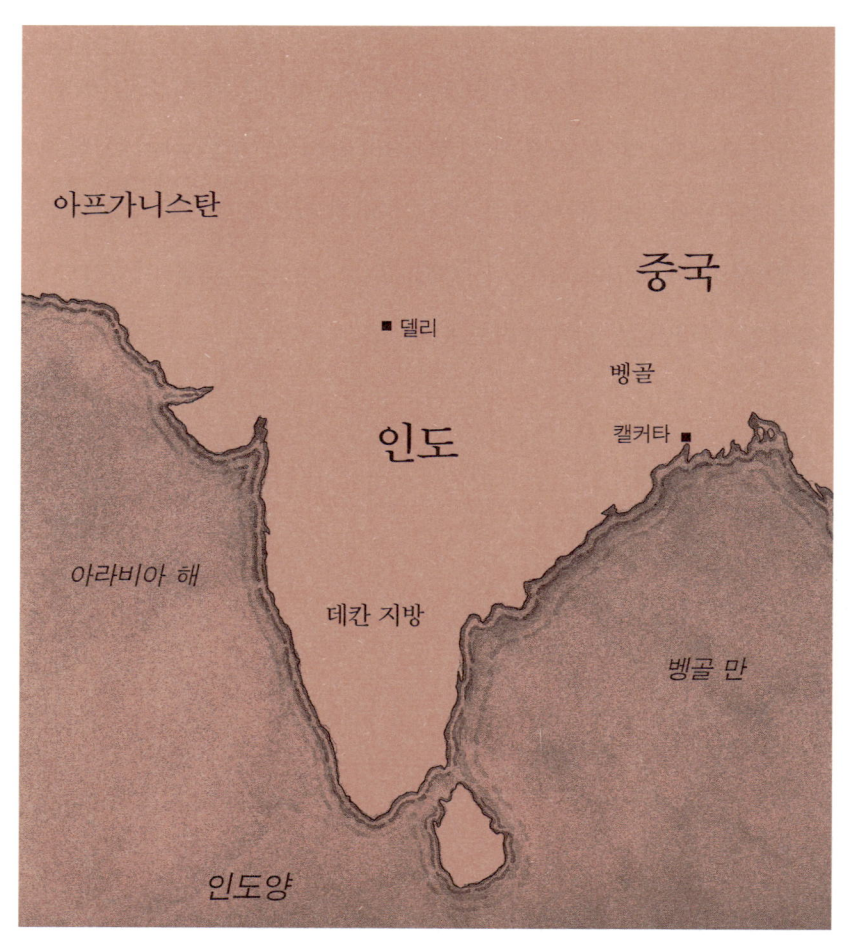

자한기르, 샤 자한, 아우랑제브 황제 때의 인도

제11장 인도 무굴 제국의 황제들

세계의 지배자, 세계의 왕, 세계의 정복자

중국을 통치하는 만주족의 황제들은 자기들이 지구에서 가장 중요한 나라를 정복했다고 믿었어. 30년 전쟁을 치르던 유럽 각 나라의 왕들은 자기들의 왕국이 모든 문명 세계의 중심이라고 믿었단다. 그런데 인도의 왕들도 마찬가지였어. 그들은 인도가 이 세상의 중심이라고 믿었어. 이 책에서 우리가 지금까지 이야기해 온 시대에는 세 명의 황제들이 인도를 통치했단다. 그 중 첫 번째 황제는 자신을 '세계의 지배자World Seizer'라고 불렀어. '세계의 지배자'의 아들이 아버지의 뒤를 이어서 황제가 되자, 그는 자신을 '세계의 왕King of the World'이라고 불렀고, '세계의 왕'의 아들이 또 아버지의 뒤를 이어 황제가 되어서 '세계의 정복자Conqueror of the World'라는 훨씬 더 오만한 명칭을 그 자신에게 붙였단다.

그들은 몽골 족의 위대한 전사 칭기즈칸의 후손이었어. 오래전에 칭기즈칸의 후손 중 바부르Babur라는 이름의 왕자가 남쪽으로 인도까지 내려왔단다. (이 이야기는 2권에서 했는데 다시 들어 봐.) 와서 보니까 인도에는 귀족들이 다스리는 수많은 작은 왕국들이 있었어. 바부르는 그 수많은 왕국들을 차례로 정복해서 하나의 인도 제국을 만들었단다. 그 후 오랜 세월 동안 인도는 바부르의 아들들과 손자들과 증손자들과 고손자들의 지배를 받았어. 이 가문을 우리는 '무굴 왕조 Mughul dynasty'라고 부른단다. 그 왕들이 몽골 족의 후손이기 때문이야.

'세계의 지배자'의 인도 이름은 '자한기르Jahangir'였어. 그는 저 위대한 조상 칭기즈칸만큼이나 잔혹한 사람이었어. 그는 자기 아버지와 가장 절친했던 사람이 모반을 일으키려 한다는 의심이 들자 사실을 알아보지도 않고 죽여 버린 적이 있었어. 또 화요일마다 궁정에서 조회를 열어서 지난 한 주일 동안에 법률을 어겼던 사람을 가려내서는 코끼리들한테 밟혀 죽게 하거나 목을 매달았대. 그리고 죽은 사람들의 목을 잘라서 수도의 큰길 옆을 따라가면서 한 줄로 쌓은 탑에다 내걸었단다. 그가 선포한 법률을 어긴 자는 누구나 반드시 그렇게 될 것이라는 경고였겠지.

자한기르가 비록 잔혹하기는 했지만, 그는 또한 매우 똑똑하고 생각이 깊은 왕이었어. 그는 영국인 상인들을 되도록 많이 끌어들여서 비단과 향료를 사 가지고 가게 하면 인도가 훨씬 더 부자 나라가 될 것이라고 생각했어. 그래서 그는 영국의 제임스 1세와 무역 협정을 맺어서, 영국 상인들이 인도의 모든 항구에 안전하게 출입할 수 있도록 했단다. 자한기르는 또 인도의 황제들 중에서 처음으로 영국으로부터 '대사'(나라 사이의 우호를 위해서 파견하는 정부 관리)를 초빙하기도 했어.

영국 대사는 자한기르의 궁정이 너무도 화려해서 깜짝 놀랐던가 봐. 그는 제임스 1세에게 보낸 편지에서 인도의 궁정을 장식한 금과 은과 온갖 보석들과 기이한 그림들에 관해서 자세히 설명했어. 그는 황제가 가장 아끼는 아들 '쿠람Khurram'

자한기르
'세계의 지배자' 자한기르는 매우 잔인한 사람이었어. 하지만 한편으로는 아내 누르 자한을 매우 아끼고, 문학과 미술을 사랑했단다. 그는 여러 종교에 관대하였고, 영국과 무역 협정을 맺기도 했어.

의 어마어마하게 성대한 생일잔치를 보고는 너무도 놀라서 입을 다물지 못했다는 구나. 금과 보석으로 장식된 옷을 입은 쿠람이 금으로 만든 거대한 천칭 저울의 한쪽 접시에 앉자, 대신들이 금과 보석과 향료와 강냉이와 버터를 가득 담은 자루를 들고 나가서 다른 쪽 접시에 쌓기 시작했대. 왕자가 앉은 접시가 천천히 위로 올라가서 다른 쪽 접시와 수평이 될 때까지! 그리고 그 생일 선물들을 모두 가난한 사람들에게 나누어 주더라는 거야!

자한기르가 죽고 쿠람이 황제가 되었어. 그에게 새로운 명칭이 주어졌어. 쿠람은 이제 '샤 자한Shah Jahan'이라고 불리게 되었어. '세계의 왕'이라는 뜻이란다. 이슬람 국가의 군주를 '샤'라고 한다는 것은 앞에서도 이야기했으니까, 아직 잊지 않았겠지? '자한'은 '세계'라는 뜻이라는 것도 벌써 알아차렸을 거야, 그렇지? 샤 자한은 황제가 되자마자 자기도 아버지만큼이나 강력한 황제라는 것을 누구나 인정하지 않을 수 없도록 만들려고 했어. 그는 황제의 자리를 놓고 경쟁했던 모든 자들을 죽여 버렸어. 당연히 그의 형제들이 모두 죽음을 당했어. 그리고 변방의 몇몇 고을들이 그의 지배에 대항해서 반란을 일으키려 한다는 소식이 전해졌을 때는 자신이 직접 달려가서 반란자들과 싸웠어.

그런데 이 '세계의 왕'은 혼자 제국을 통치했던 게 아니었단다. 그에게는 그의 자식을 열넷이나 낳은, '뭄타즈 마할Mumtaz Mahal'이라는 이름의 아내가 있었어. 그 아내가 늘 남편을 따라다니면서 나랏일을 조언하고, 전투 작전 같은 것까지 같이 의논했단다. 황제는 그의 권위의 상징인 국새(임금의 도장)를 왕비에게 맡겨 두

뭄타즈 마할

었고, 그래서 법령을 만들 때마다 왕비한테 가서 승인을 받고 그 문서에 도장을 받았대.

그런데 샤 자한이 황제가 된 지 불과 3년 만에 그에게 비극이 일어났어! 그가 왕비와 함께 군대를 이끌고 싸움터로 나갔는데, 왕비가 그만 병이 들어서 죽어 버렸던 것이야. 샤 자한이 얼마나 비통해했는지 그의 머리가 대번에 새하얗게 세어 버렸대. 또 얼마나 울었는지 눈이 짓무르고 시력이 몹시 나빠져서, 그 이후 평생 안경을 썼다는구나. 그는 2년 동안이나 죽은 아내를 애도하며 지냈대. 그 2년 동안에는 음악도 듣지 않고, 좋은 옷도 입지 않고, 기름진 음식도 먹지 않았다고 해.

그렇게 2년이 지난 후 샤 자한은 뭄타즈 마할을 위해서 '마우솔레움mausoleum' (대능원大陵園)을 짓겠다고 결심했단다. 마우솔레움이란 웅장하고 화려한 무덤 건축을 말하는 것이란다. 그것은 그가 아내를 얼마나 사랑했는지를 온 세상 사람들에게 보여 주려는 결심이었어. 샤 자한은 그 무덤을 짓기 위해서 가장 고운 반투명 대리석과 가장 붉은 사암을 채굴했어. 벽을 장식하기 위해서 초록색 옥과 다이

세계의 지배자, 세계의 왕, 세계의 정복자 165

샤 자한
'세계의 왕' 샤 자한의 초상화는 늘 옆모습이란다. 그는 늘 옆모습 그림만을 고집했대. 사랑하는 아내 뭄타즈 마할이 죽자, 아내를 위해서 타지마할이라는 대능원을 만들었단다. 타지마할은 인도에서 가장 아름다운 건축물이란다.

아몬드와 하늘색 터키석 등, 온갖 진귀한 보석들을 모았어. 그는 아내의 무덤이 맑은 강물을 굽어볼 수 있도록 야무나 강Yamuna River의 가장 아름다운 강둑을 그 장소로 선택했어. 2만 명의 장인들이 20년이 넘도록 공사를 했단다. 그들은 빨간 사암으로 기초를 놓고, 그 위에 거대한 대리석 돔(공을 절반으로 자른 것처럼 생긴 둥근 모양의 지붕) 건물을 짓고, 또 그 주위에도 여러 개의 작은 돔들을 지었어. 무덤 앞의 거대한 정원에는 튤립과 수선화를 심었어. 무덤의 양쪽 옆에는 빨간색 모스크(이슬람 사원)를 지어서 인도의 이슬람 교도들이 예배를 올리게 했어. 모든 건물들에는 덩굴과 열매와 잎의 문양을 섬세하게 새겼고, 또 이슬람의 성전 코란의 구절들을 아라비아 문자로 너무도 아름답게 새겼단다. 꽃과 덩굴 문양은 모두가 보석으로 장식되었는데, 단 한 송이의 꽃이 50개의 보석으로 장식된 것도 있어!

샤 자한은 인도에서 가장 아름다운 건축물을 지었던 것이야. '타지마할Taj Mahal'이라고 불리는 이 대능원은 지금 세계의 여덟 번째 불가사의로 알려져 있어. (2권 중세편의 402쪽, 403쪽에 타지마할의 그림이 실려 있으니까 한번 보렴.)

샤 자한은 대능원 공사를 감독하느라 나랏일을 거의 네 아들에게 맡겨 두고 있었어. 그의 아들들은 모두 샤 자한의 군대의 장군으로서, 제국을 넷으로 나누어서 통치했단다. 그 중 아우랑제브Aurangzib는 특히 영리하고 용맹한 장군이자 통치자로서, 아버지의 제국을 위해서 수많은 전쟁을 지휘했단다.

그러나 아우랑제브가 수많은 도시들을 정복하여 아버지의 군대에 승리를 안겨 주었지만, 샤 자한은 그에게 상을 주지 않았단다. 그는 아우랑제브를 툭하면 꾸짖

고, 오히려 지위를 깎아내렸대! 샤 자한이 제일 아끼는 아들은 다라Dara였어. 다라는 늘 궁정에서 아버지를 따라다니고, 아버지의 사랑과 신임을 독차지했단다. 샤 자한이 다라에게 왕위를 물려주겠노라고 선언하자, 아우랑제브가 반란을 일으켰어. 그는 군대를 이끌고 수도로 쳐들어가서 다라의 군대를 남김없이 무찔렀어. 다라는 멀리 달아났고, 샤 자한마저도 아들에게 항복하지 않을 수 없었단다.

아우랑제브는 아버지를 그의 성채에 가두었어. 그리고 물과 음식과 하인들과 의사들을 들여보내 주었지만, 샤 자한이 성채 밖으로 나오는 것만은 허락하지 않았단다. 샤 자한이 아들에게 편지를 써서 자기의 처지를 불평하자, 아우랑제브는 펜과 종이마저 빼앗아 버렸대. 아우랑제브가 인도의 황제가 되었어. 그는 스스로를 '세계의 정복자'라고 불렀단다. 샤 자한은 그의 성채에 갇힌 채 하염없이 시름에 잠겨 살다가 세상을 떠났어. 그는 타지마할에서 뭄타즈 마할의 바로 곁에 묻혔어. 세계의 정복자 아우랑제브는 그 지위를 놓고 아무도 무어라 할 수 없는 인도의 황제가 되었단다.

인도를 망하게 한 아우랑제브의 세 가지 결정

무굴 제국의 황제이며 '세계의 정복자'인 아우랑제브가 이제 인도의 통치자가 되었어. 그는 아버지인 세계의 왕과 할아버지인 세계의 지배자에 못지않은 강력한 통치자가 되겠다고 결심했어. 그리고 정말로 그렇게 되었단다. 그는 거의 50년 동안 황제의 자리를 지키며 인도를 어느 때보다도 더 강력한 나라로 만들었어.

그러나 아우랑제브가 죽자, 인도는 내리막길로 들어서기 시작했단다. 아우랑제브 자신이 내렸던 세 가지의 결정이 외적들이 들어와서 인도의 독립을 빼앗아 가게 하는 길을 터 주었던 것이었어.

아우랑제브의 세 가지 결정 중에서 첫 번째는 종교에 관한 것이었단다. 무굴 제국의 다른 황제들과 마찬가지로 아우랑제브도 마호메트의 가르침을 따르는 이슬람 교도였어. 그러나 인도 백성들은 대다수가 힌두 교를 믿었어. 오랜 세월 동안 무굴 황제들은 힌두 교도인 백성들이 자기들만의 방식으로 신을 경배하는 것을 허락했단다. 무굴 제국의 가장 위대한 통치자들 중 하나로 꼽히는 악바르 황제(아우랑제브의 증조 할아버지)는 심지어 힌두 교도인 대신을 국무 장관에 임명하기도 했어. 그러나 아우랑제브는 달랐어. 그는 인도가 이슬람 국가가 되기를 원했고, 따라서 이슬람 교 신앙을 전국에 퍼뜨리는 게 황제로서 자신의 의무라고 믿었어.

아우랑제브는 이슬람 교 신학자들을 궁정에 불러서 그들과 함께 코란을 읽고 그 가르침에 대해서 토론을 한 뒤, '샤리아Shari'ah'라고 하는 이슬람 교 신앙의 법을 인도의 법으로 삼아야겠다고 결정했단다. 그래서 그는 조정의 관리로 힌두 교도들을 쓰지 않고, 오직 이슬람 교도들만을 썼단다. 힌두 교도들에게 강제로 무거운 세금을 물리고, 그들이 새로운 사원을 지으면 당장 병사들을 보내서 부수어 버렸어. 이슬람 교도들은 술을 마셔서는 안 된다는 코란의 가르침에 따라서 전국에 금주령을 내렸으며, 또 코란은 그 어떤 형태의 예술 행위나 잔치를 금지한다고 믿고 궁정에서 절대로 음악이 울리지 못하게 하고 모든 잔치를 법으로 금지했어.

이슬람 교도들은 아우랑제브의 법을 환영했어. 그러나 힌두 교도들은 아우랑제브를 증오했지. 그러니까 아우랑제브가 선포한 법령들은 실은 인도의 이슬람 교도들과 힌두 교도들 간에 싸움을 붙인 셈이 되었던 것이야. 그리고 아우랑제브의 두 번째 결정이 내려졌을 때에는 이슬람 교도와 힌두 교도들 사이의 적대감은 더 이상 걷잡을 수가 없는 지경이 되었단다.

아우랑제브의 두 번째 결정은 인도 대륙의 남부 지방을 정복하겠다는 것이었어. 아버지와 할아버지가 다스리는 동안에 인도 군대는, 인도를 아시아 대륙의 몸통으로부터 갈라놓는 북쪽의 고산 지대에 이르는 땅을 모두 정복했단다. 그런데 인도 대륙은 반도(3면이 바다인 큰 육지)이기 때문에 아우랑제브는 동쪽으로나 서쪽으로는 영토를 넓힐 수가 없었어. 그러나 제국의 영토를 더 넓히겠다고 결심한 그의 군대가 갈 곳이 한 군데 남아 있었지. 바로 남쪽이었어.

'데칸Deccan'이라 불리는 인도 대륙의 남부 지방은 온통 우툴두툴한 구릉과 거친 벌판과 우거진 덤불이 펼쳐진 땅이었어. 데칸 지방의 여러 왕국들은 아직 아우랑제브의 지배권에서 벗어나 있었단다. 그 지도자들은 대개 이슬람 교도들이었지만, 그들은 무굴 황제의 지배를 받는 것을 원하지 않았어. 그래서 데칸 지방의 여러 왕국들은 자기들끼리 똘똘 뭉치는 한편, 인도 대륙의 남서부에 사는 힌두 교 부족들과도 힘을 합쳤단다. '마라타Marathas'라고 불리는 이 힌두 교 부족들은 아우랑제브가 그가 지배하는 힌두 교도들을 천하게 여기고 학대하는 데 아주 화가 나 있었어. 그래서 그들은 기꺼이 데칸 지방 사람들과 힘을 합쳐서 아우랑제브와 싸우겠다고 나섰단다!

여러 해에 걸친 전쟁 끝에 아우랑제브는 데칸 지방의 여러 왕국들을 정복했어. 그러나 데칸 사람들은 아우랑제브의 통치에 복종하지 않았단다. 곳곳에서 백성들이 들고일어났어. 또 마라타 사람들도 게릴라 부대라고, 작은 무리를 이루어서 기습 공격을 가하고 도망쳐 버리는 방식으로 무굴 제국의 관리들과 군대를 괴롭혔단다. 아우랑제브는 25년 동안이나 데칸 지방에 나가 있었어. 정복당한 도시들이 다시는 반항하지 못하도록 억누르는 한편, 지칠 줄 모르고 달려드는 힌두 교도 게릴라 부대와 싸우느라고 잠시도 자리를 비울 수 없었던 거야. 그는 제국의 일은 까맣게 잊고 있었어. 그 25년 동안에 그는 단 한 번도 수도인 델리로 돌아가 보지 않았단다.

아우랑제브는 이슬람 교도들만 대접하고 힌두 교도들을 천하게 여기는 결정을 내림으로써 그의 제국의 일부를 적으로 만들었어. 그는 또 인도 대륙의 남부 지방을 정복하는 데 몰두한 나머지 다른 나랏일을 소홀히 했어. 그리고, 그는 인도를 영영 망쳐 버리게 될 결정을 또 한 가지 내린단다. 그가 데칸 지방의 작은 왕국들과 싸우는 동안에 영국인들이 인도로 와서 그들만의 도시를 만드는 것을 허락했는데, 이것이 바로 그의 세 번째 결정이었단다.

아우랑제브의 할아버지인 '세계의 지배자' 자한기르가 영국과 무역 협정을 맺었다는 것은 아직 기억하고 있겠지? 영국 상인들이 인도의 곳곳에 무역항을 만드는 것을 허락하는 조약이었어.

그런데 영국인들은 인도의 동쪽 해안, 벵골Bengal이라는 지역에 새로운 무역항을 만들려고 했어. 그들은 아우랑제브에게 상선들이 정박할 항구를 건설할 뿐만 아니라 거기에 무슨 공장을 짓는 것까지도 허락해 달라고 요청했어. 아우랑제브가 허락했어. 남부 지방을 정복하고 다스리는 데 여념이 없었던지라 이것저것 제대로 따져 보지를 못했을 것이고, 그저 영국인들이 인도에 와서 도시를 만들면 인도가 더 부자가 될 것이라고만 생각했겠지.

영국인들이 곧바로 공사를 시작하고, 나중에 캘커타Calcutta라는 이름으로 세상에 알려지게 되는 도시가 이내 완성되었단다. 그리고 영국인들이 그 도시에 공장을 세웠어. 런던으로 실어 갈 비단을 만드는 공장이었지. 점점 더 많은 영국인 남녀들이 캘커타로 몰려왔어. 오래지 않아서 그곳은 인도의 도시라기보다는 영국 식민지에 더 가까운 모습으로 변해 가기 시작했어. 영국 배들을 보호한다는 핑계로 영국 군대가 캘커타에 주둔하고, 화약을 만드는 공장들이 잇달아 생겨났단다.

아우랑제브는 미처 몰랐겠지만, 캘커타는 머지않아서 영국이 인도를 잡아먹기 위한 거점(활동의 근거지로 삼게 되는 곳)이 되게 되어 있었던 거야. 그러니까 영국인들이 캘커타를 만든 것은 인도를 지배하기 위한 사전 작업이었다는 말이지.

인도가 영국한테 잡아먹힌 것은 아우랑제브가 죽은 뒤의 일이었어. 그러나 죽음을 바라보던 무렵에 아우랑제브는 인도를 거대하고 부유한 이슬람 제국으로 만들고자 했던 그의 모든 노력이 오히려 인도를 훨씬 더 허약한 나라로 만든 결과가 되었다는 것을 깨달았단다.

죽기 직전까지도 아우랑제브는 데칸 지방에 머물면서 끊임없이 터지는 반란을 진압하고 있었어. 그는 데칸 지방에서의 오랜 전쟁으로 군대의 5분의 1을 잃었어. 살아남은 병사들 사이에서는 역병이 돌았어. 마라타 게릴라들은 아직도 끈질기게 그를 괴롭혔어. 그러나 그는 이제 아흔 살 나이의, 지칠 대로 지치고 병들 대로 병든 노인이 되어 있었어. 수도에서는 아우랑제브가 없는 동안에 나랏일을 맡았던 대신들이 나라의 돈을 제멋대로 쓰고, 백성들의 삶에는 관심도 없고, 범죄가 들끓어도 그저 보고만 있었어. 늙고, 지치고, 병들어서 죽어 가는 아우랑제브는 그의 아들에게 보낸 편지에 이렇게 썼단다.
"나는 내가 누구인지도 모르겠구나. 이제까지 내가 도대체 무엇을 해 왔는지도 모르겠어. 나는 죄를 지었는데, 어떤 벌이 나를 기다리고 있을지 알 수 없구나."
인도를 위대한 나라로 만들고자 했던 아우랑제브의 염원과 노력은 물거품이 되고 말았단다. 그는 인도가 기어이 망하고야 말 것임을 예감한 채 눈을 감았어.

17세기의 영국

제12장 영국의 청교도 혁명, 흑사병, 화재

목 잘린 국왕 찰스 1세

인도에서 영국 사람들이 무역항을 만들고 있을 때, 영국은 극심한 혼란 속에 빠져 있었어. 영국의 국왕이자 스코틀랜드의 국왕인 제임스 1세가 죽고, 그의 아들 찰스Charles I가 왕위를 물려받았어. 그런데 찰스는 즉위하자마자 영국인들을 화나게 만들기 시작했단다.

프랑스 공주 앙리에타 마리아하고 결혼한 게 찰스의 첫 번째 실수였어. 앙리에타는 아름답고 상냥한 처녀였지만, 충실한 가톨릭 신자였어. 그녀는 영국에 가톨릭 신앙을 전파하는 데 최선을 다하겠다고 교황과 약속을 했단다. 대다수의 영국인들, 특히 청교도들은 가톨릭 신앙을 증오하고 두려워했어. 찰스는 대관식을 치를 준비를 하면서, 런던 거리를 행진해서 식장으로 가는 전통적인 의식을 과연 자신이 지킬 수 있을 것인지를 염려하지 않을 수 없었단다. 청교도들이 몰려나와서 온갖 험악한 욕설을 퍼부을지도 모른다는 생각이 들었던 것이지.

그래서 찰스는 거룻배(돛을 달지 않은 작은 배)를 타고 템스 강Thames River을 내려가서 대관식이 거행될 교회로 가겠다고 작정했어. 이윽고 대관식 날이 되었는데, 처

음부터 모든 것이 아주 엉망이었어. 왕과 왕비가 궁정에서 출발해야 할 시각이 되었는데도 앙리에타가 자기 방에서 나오지 않는 거야. 그녀는 프로테스탄트의 예배에는 절대로 참석할 수 없다고 우겼어. 찰스의 대신들이 들어가서 강제로 데리고 나오려고 하자, 앙리에타는 발버둥을 치며 버티고 두 주먹으로 유리창을 모조리 때려 부수며 앙탈을 부렸다는구나, 글쎄.

찰스는 혼자 식장으로 가야 했어. 그가 템스 강의 부두에 도착했는데, 이번에는 왕실 전용 거룻배가 저절로 떠내려가다가 암초를 들이받고는 부서져 버리는 거야. 그래서 찰스는 작은 나룻배를 타고 가야 했단다. 교회에 도착한 그는 문턱에 발이 걸려서 얼굴을 땅바닥에 찧을 뻔했어. 대관식 반지를 끼려고 하는 순간에는 반지에 장식된 큼직한 보석이 쑥 빠져서 떼굴떼굴 굴러가다가 사라져 버렸단다. 이윽고 대관식이 막바지에 이르렀어. 대주교가 사람들에게 "신이여, 찰스 국왕을 보우하소서."라고 외치라고 말했는데, 대부분의 사람들이 그 말을 듣지 못해서 아무도 입을 열지 않았어. 침묵 속에서 대관식이 끝나는 순간에는 작은 지진이 영국 땅을 흔들었다는구나!

그러나 그 침울한 대관식은 고난으로 얼룩지게 될 찰스 앞날의 전주곡에 지나지 않았단다. 아버지인 제임스 국왕이 그랬던 것처럼, 찰스는 신이 그를 왕좌에 앉혔으며, 따라서 백성들은 아무것도 묻지 말고 복종해야 한다고 믿었단다. 그러나 의회는 그렇게 믿지 않았어. 국민을 대표하는 의원들이 법을 만들어야 하고, 국민은 물론이고 국왕도 그 법에 따라야 한다고 믿었어. 대관식이 끝난 후에 소집된 첫

회의에서부터 의회는 찰스와 맞섰어. 찰스가 요구한 돈을 줄 수 없다고 결정했던 것이야.

찰스는 격분했어. 그는 의회를 해산해 버리고, 그 후 11년 동안이나 자기 마음대로 나라를 다스렸어. 전쟁도 자기 마음대로 일으키고, 법도 자기 마음대로 만들었어. 심지어 그는 영국과 스코틀랜드의 기독교도들은 똑같은 방식으로 신을 섬겨야 한다고 말했단다. 또 청교도 신앙을 박해하는 법률을 수없이 많이 선포했어. 그 바람에 수백 명의 청교도들이 북아메리카의 식민지로 떠나 버렸어. 그는 스코틀랜드의 교회들도 영국의 기도 책을 사용하고 예배 의식을 따라야 한다고 강요했어. 스코틀랜드 사람들은 이를 곱게 받아들이지 않았단다. 그래서 스코틀랜드의 어느 교회에서는 목사가 총알을 넣은 권총을 두 손에 들고 교회 사람들을 겨눈 채로 영국의 기도 책을 읽어야 했다는구나!

스코틀랜드 사람들과 영국의 청교도들이 그를 증오하게 만들었다는 것만이 찰스의 문제가 아니었어. 그는 벌써부터 돈이 다 떨어져 가고 있었단다. 그래서 그는 11년 만에 다시 의회를 소집해서 돈을 달라고 요구했어. 그러나 의회가 냉큼 허락하지 않았지. 이에 격분한 찰스는 또 의회를 해산하려고 했어. 그러나 의원들은 이번에는 흩어지지 않았어. 그들은 회기(회의가 열리는 시기)를 그 후 8년 동안이나 끌고 갔어. 그래서 이 의회는 '장기 의회Long Parliament'라고 불리게 된단다.

장기 의회는 찰스 국왕의 권력을 제한하는 법률들을 만들려고 했어. 그러나 시간이 지나면서 어느 때부턴가 의원들이 자기들끼리 싸우기 시작했단다. 청교도인 의

원들과 청교도가 아닌 의원들이, 현재 영국 국교회가 정말로 그리도 깨끗한지를 놓고 말다툼을 벌였던 것이야. 그러자 곧 의회는 국왕의 문제가 아니라 신을 섬기는 문제를 가지고 토론하는 곳으로 변해 버렸단다.

찰스는 청교도 의원들이 다른 의원들을 물고 늘어지는 것이라고 보았어. 그래서 그는 5백 명의 병사들을 모아 가지고 의회로 쳐들어갔단다. 그에게 가장 적대적인 다섯 명의 청교도 의원들을 체포해 버리려고 작정했던 것이야. 그런데 그들은 누군가에게 미리 정보를 듣고 달아나 버렸어. 군대를 이끌고 의회에 쳐들어간 찰스는 다섯 개의 자리가 비어 있는 걸 보았단다. 당황한 그는 "흥, 그새 새들이 날아가 버렸군!"이라고 한마디를 내뱉고는 돌아갔대.

그게 또 실수였어.

찰스가 자신의 앞길을 닦으려고 영국 군대로 영국 국민을 해치려 했다는 소식이 알려지자, 이제까지보다 훨씬 더 많은 사람들이 그에게 등을 돌렸어. 찰스는 사방에서 반란이 일어나려 한다는 것을 알아차렸단다. 그는 런던을 빠져나가서 그에게 충성을 바치는 귀족들이 있는 북쪽 지방으로 도망쳤어. 그리고 런던은 청교도 의원들이 장악했단다.

내란이 시작된 것이야!

찰스의 지지자들을 '기사당Cavaliers'이라 하고, 의회를 지지하는 사람들을 '라운드헤즈Roundheads'라고 해. '기사'는 설명할 것도 없을 테고, '라운드헤즈'는 '둥근 머리'라는 뜻인데, 청교도들이 머리를 짧고 동그랗게 깎았기 때문에 붙은 별명이란다.

그러나 여기서 우리는, 국왕을 지지했다는 뜻에서 기사당을 왕당파王黨派라고 부르고, 의회를 지지했던 라운드헤즈를 의회파議會派라고 부르기로 하자고.

왕당파와 의회파는 6년 동안 싸웠어. 정규군(나라의 정부에 속한 정식 군대)은 거의 전부가 찰스 쪽에 붙었단다. 의회파도 군대를 만들었어. 최신식 무기를 사용하고 전혀 새롭게 훈련시킨 군대였어. '신형군(新型軍)New Model Army'(처음에는 철기대라고 불림)이라 불린 이 군대를 지휘한 사람은 올리버 크롬웰Oliver Cromwell이라는 열혈 청교도였단다.

내전이 시작된 지 4년이 지났을 때, 크롬웰이 이끄는 신형군은 마스턴 무어Marston Moore라는 곳에서 찰스의 군대와 대판 붙었어. 2만 명의 스코틀랜드 사람들이 의회파에 합세했어. 그 전투에서 이기면 그들만의 기도 책을 사용하는 것을 보장하겠다는 의회파의 약속을 믿고 나선 것이었어.

찰스의 군대가 졌어. 크롬웰은 나중에 그의 동생에게 보낸 편지에 이렇게 썼단다. "참다운 영국과 참다운 하나님의 교회에 신의 거룩한 은총이 내린 것이야. 모든 영광을 신에게 바치자꾸나."

그 패배로 찰스의 권세는 끝났어. 그는 몇 달 동안이나 숨어 다녔지만, 더는 견디지 못하고 항복했어. 의회파는 국왕을 감옥에 처넣었단다. 내전이 그들의 승리로 끝난 것이야!

그러나 크롬웰은 여전히 불안했어.

감옥에서 찰스가 계속 바깥으로 지지자들에게 편지를 보내서, 어떻게든지 다시 일어나서 그를 다시 왕위에 앉혀 달라고 조르고 있었기 때문이야. 장기 의회는 찰스를 어떻게 처리하는 게 옳은지를 몰라서 전전긍긍하고 있었어. 그러나 청교도가 아닌 의원들은 찰스와 협상을 해서 그와 함께 국정을 운영하는 게 가장 좋은 방법이라고 생각했던가 봐.

크롬웰은 찰스와 그의 독재를 영영 끝장내고 싶었어. 그래서 그는 다른 청교도들과 함께 신형군을 이끌고 의회로 쳐들어가서 찰스를 동정하는 의원들을 끌어냈단다! 이제 의회에 남은 의원들은 고작 예순 명뿐이었어! 반대자들이 '깨끗하게 씻겨지고' 소수만이 남은 이 의회를 '잔부(殘部) 의회Rump Parliament'라고 해. 대부분을 들어내고 남은 의회라는 뜻이란다.

잔부 의회는 영국이 평화로운 나라가 되려면 찰스가 죽어서 없어지지 않으면 안 된다고 판단했어. 그래서 찰스를 국가 반란죄로 기소했어. 재판 날짜가 잡혔어. 찰스를 지지하는 자들이 법정에 들어오지 못하도록 병사들이 삼엄하게 지켰고, 또 '화약 음모'를 아직 잊지 않고 있었기에 지하실을 샅샅이 수색했어. 주심 판사는 혹시라도 누가 쏜 총에 맞을까 봐서 쇠로 안을 댄 모자를 썼다는구나.

법정에서 찰스는 그 어떤 질문에도 대답하기를 거부했어. 그러나 수많은 목격자들이 그에게 불리한 증언을 했단다. 이윽고 판사가 판결을 내렸어. "피고 찰스 스튜어트는…… 국민의 복지와 권익을 위해서 국사(나랏일)를 돌보라는 '제한된' 권한을 위임받았으나…… 반역적이고 악의적으로 의회와 의회가 대표하는 국민을 상대로 전쟁을 일으켰으며…… 이 나라의 수많은 죄 없는 국민들이 피를 흘리게 했다."

법정은 찰스에게 유죄를 선고했어. 그리고 사흘 후에 영국의 국왕은 감옥에서 끌려 나와, 런던 시의 한가운데에 급히 만들어 놓은 단두대로 끌려갔어. 북소리가 낮고 음산하게 울리는 가운데 찰스는 검은 휘장이 드리워진 단두대를 향해 천천히 걸음을 옮겼어.

단두대에 올라선 찰스는 외투를 벗어서 곁에 있는 신하에게 건네준 뒤 회자수(사형을 집행하는 사람)를 보고 이렇게 말했어. "내가 신호를 보낼 때까지 기다려 주게."

"예, 폐하." 회자수가 대답했어.

찰스는 목을 도끼 모탕(나무를 패거나 자를 때, 밑에 받치는 나무토막)에 걸쳤어. 그리고 이렇게 말했다는구나. "이제야 나는 썩은 왕관을 버리고 썩지 않을 왕관을 쓰게 되는구나."

찰스가 한 손을 들어서 회자수에게 신호를 보냈어. 회자수가 도끼를 내리쳤어. 구름같이 모인 사람들은 더러는 울고 더러는 박수를 쳤대.

회자수가 찰스의 머리를 치켜들고 외쳤어. "이것이 반역자의 머리다!"

그리고 1천여 년 만에 처음으로 영국은 국왕이 통치하지 않는 나라가 되었단다. 이것을 청교도 혁명Puritan Revolution이라고 한단다.

크롬웰이 '수호'하는 나라

국왕이 죽었기 때문에 이제 영국은 군주국(국왕이 통치하는 나라)이 아니었어. 잔부 의회는 이제부터 영국은 공화국이 되었다고 선언했어. 국민이 뽑은 대표자들에 의해서 다스려지는 나라를 공화국이라고 해. 그러니까 이제부터 의회는 영국 국민들의 말에 순종해야 하고, 국민들이 원하는 법을 만들어야 하는 것이야.

그러나 영국 공화국은 그 출발부터가 순조롭지 못했어.

대다수의 영국 사람들은 의회가 무엇보다 먼저 사법(법률에 따른 재판) 제도를 '개혁(改革)reform' 해 주기를 원했단다. 제도를 과거보다 더 좋은 쪽으로 바꾸는 것을 개혁이라고 해. 당시 영국에서는 재판을 하려면 돈이 엄청나게 들었던가 봐. 법이 너무도 복잡해서 대다수의 시민들은 도대체 무엇이 무엇인지를 이해할 수가 없었고, 그래서 비싼 돈을 주고 변호사를 사야 했던 것이야. 그러다 보니까 부자들만이 사법 제도의 혜택을 누릴 수 있었다고 하는구나.

그런데 말이야, 의회의 의원들이 대개 변호사들이었어. 그러니 사법 제도가 바뀌는 걸 달가워 할 리가 있었겠어? 너무 복잡하고 어려워서 시민들이 이해할 수 없는 상태인 채로 두는 게 그들에게는 훨씬 좋았겠지. 그리고 잔부 의회는 스스로 해산하고, 국민이 새로 뽑은 의원들로 새로운 의회를 구성하도록 약속되어 있었는데도, 그들은 그렇게 하지 않았어. 찰스 1세가 처형된 지 4년이 지날 때까지도 잔부 의회는 법을 바꿀 것인지 그대로 둘 것인지를 두고 입씨름을 하고 있었단다.

그나마도 이야기를 빨리빨리 진행하지 않고, 세월 가는 줄도 모르고 시간을 끌었다는 거야.

크롬웰은 그러한 의회에 그만 신물이 났던가 봐. 어느 날 어느 장군이 그에게 말했어. 국민이 뽑은 의원들로 의회를 구성하는 것은 단념하고 자기들이 지명한 자들로 의회를 만들어 버리자고. 크롬웰은 그 말에 넘어갔단다. 그는 그의 청교도 친구들을 불러 모아서 의논을 했어. 그리고 그들은, 영국 정부는 '성자들의 회합'이 되어야 한다고 결정했단다. 여기서 성자들이란 '청교도의 주장에 찬성하여 뜻을 같이하는 남자들'을 말하는 것이야.

그래서 크롬웰은 그의 신형군을 이끌고 잔부 의회로 쳐들어가서 의회를 해산한다고 선언했어. 그는 의원들을 보고 이렇게 외쳤어. "당신들은 하는 일도 없이 이 자리에 너무 오래 앉아 있었어! 신의 이름으로 명령한다, 당장 꺼져라!" 그리고 병사들이 칼을 들이대고 잔부 의회 의원들을 몰아냈어.

찰스가 그랬던 것처럼 크롬웰도 영국의 군대로 영국의 국민을 협박했던 것이지. 그러나 크롬웰은 그가 무력을 사용한 데 대해서는 신도 기뻐하실 거라고 믿었대. 그는 나중에 이렇게 말했다는구나. "신의 뜻이 나에게 내려 있음을 너무도 강하게 느끼므로, 나는 결코 인정에 얽매이지 않을 것이다."

의회를 무력으로 해산한 크롬웰과 휘하 장군들은 '신을 두려워하고, 충성심과 정직성을 확인받은' 139명을 선발해서 새로운 의회를 구성했단다. 선발된 의원들 중에서 청교도 교회의 목사인 프레이즈 갓 베어본스 Praise-God Barebones라는

사람이 있었던가 봐. 이 의회는 그의 이름을 따서 '베어본스 의회Barebones Parliament'라고 후세에 알려졌단다. 또 '지명 의회Nominated Assembly'라고도 하는데, 의원들이 크롬웰에 의해서 선발되거나 '지명'되었기 때문이야.

크롬웰은 아직 영국을 '공화국'이라 부르고 있었어. 그러나 영국은 국민이 아니라 크롬웰 자신이 선발한 사람들에 의해서 통치되고 있었어. 크롬웰에게 충성하는 자들로 구성된 지명 의회는 6개월 후에 새로운 법을 한 개 통과시켰어. 그 법은 "의회는 이제 그 권한을 모두 크롬웰에게 넘겨라. 그가 국민의 이익을 위해서 행동해 주리라 믿는다."라고 말하는 내용이었단다.

크롬웰이 영국의 새 국왕이 된 것이나 마찬가지였어.

그러나 그는 한 번도 '왕'이라고 불린 적은 없었어. 대신에 그에게는 '호국경(護國卿)Lord Protector'이라는 칭호가 주어졌어. '영국의 수호자'라는 뜻이야. 그는 2년마다 한 번씩 의회를 소집해서 나랏일에 관한 의원들의 의견을 듣겠다고 약속했단다.

그러나 크롬웰은 거의 국왕이나 다름이 없었단다. 그는 가족을 데리고 궁정에 들어가서 살았어. 그에게 호국경의 칭호를 수여하기 위한 행사는 국왕의 대관식과 무섭도록 똑같았고, 측근자들은 그를 '폐하'라고 불렀대. 그리고 크롬웰은 의회가, 그가 시키는 대로 고분고분 따르지 않을 때에는 의원들을 심하게 꾸짖고, 호국경인 자신은 신의 말씀을 전하는 사람이므로 그에게 반항하는 자는 곧 신에게 반항하는 것이라고 우격다짐으로 을렀다는구나. 그는 이렇게 말했대. "나는 지극히 솔직한 마음으로, 신 앞에서 맹세하는 것과 똑같은 마음으로, 이 정부와 약속했다. …… 정직한 한 인간으로서 나의 소임을 성실히 이행하겠노라고……." 그래도 의회가 말을 듣지 않자 크롬웰은 또 이렇게 말했단다. "나는 그대들이 이 자리에 계속 앉아 있는 것은 국가의 이익에 보탬이 되지 않는다고 생각한다. …… 그러므로 나는 이제 이 의회를 해산한다고 그대들에게 선언하노라."

크롬웰은 의회를 해산할 권력을 쥐고 있었고, 또 영국을 자기 마음대로 '지배할' 권력을 가지고 있었던 것이야. 그러나 그의 막강한 권력은 국민의 인기까지 얻어 주지는 못했어. 그는 병사들을 시켜서 예전에 국왕의 대관식에서 사용되던 물건들(왕관, 왕홀, 반지, 팔찌 등)을 모두 부수어 버렸단다. 왕실의 상징물들을 없애 버린 것이야. 그러나 대다수의 영국 사람들은 비록 찰스 국왕을 미워하기는 했지만, 왕실의 그 보물들이 파괴되는 것은 몹시 애석하게 생각했어. 크롬웰은 또 너무 '가톨릭적인' 분위기를 풍기는 교회 건물들을 모조리 허물어 버리라고 명령했어. 그래서 신형군이 가는 곳마다 스테인드 글라스가 박살나고, 아름다운 목공예물과 성상들이 쪼개지고, 납으로 만든 장식물들이 녹아서 총알로 바뀌었단다. 그리고 크롬웰은 그가 열렬히 믿는 청교도 신앙의 신념을 나라의 법으로 삼았어. 카드 놀이를 하는 것은 신앙심이 없는 거라고 생각하여 그것을 법으로 금지하고, 연극을 공연하고 관람하는 것도 신을 두려워하지 않는 것이라고 생각하고 영국의 모든 극장들의 문을 강제로 닫아 버렸어. 그는, 신은 오직 찬송가만을 인간에게 허용했다고 믿었고, 그래서 영국 사람들은 노래라고는 오로지 찬송가만을 불러야 했단다.

크롬웰을 풍자한 그림

크롬웰이 얼마만큼이나 국민의 인기를 잃었는지, 그가 호국경이 된 지 3년 후에는 제발 누구든지 그를 암살해 주면 좋겠다고 호소하는 내용의 익명(본이름을 숨김)의 책이 출간되기도 했단다! 그러나 아무도 그를 암살할 필요가 없었어. 왜냐고? 그가 살아날 가망이 없는 병에 걸려 있었기 때문이야. 싸움터에서 수없이 당했던 부상이 완쾌되지 않은 데다가 또 말라리아까지 앓고 있었대. 그가 영국의 수호자가 된 지 4년째 되는 해에는 애지중지 하던 딸이 죽었는데, 그 슬픔 때문에 크롬웰은 더욱 병이 깊어졌다는구나.

곧 크롬웰이 숨을 거두었어. 시신에 향유(향기가 나는 기름)를 바르고 정장을 입혀서 안치해 놓고 마치 국왕의 장례식처럼 굉장한 의식을 치렀단다. 백성들이 그의 모습을 마지막으로 한 번 더 보게 하려는 것이었어. 그런데 향유 처리가 영 시원치 않았던가 봐. 크롬웰의 시신은 차마 눈 뜨고 못 볼 만큼 역겨웠다는구나. 그래서 황급히 웨스트민스터 사원에 가져다 묻어 버리고, 대신에 밀랍(꿀 찌꺼기를 끓여 만든 물질)으로 모형을 만들어 가져다 놓고 의식을 치렀어. 그리고 나중에는 텅 빈 관을 옮기는 거창한 행렬을 벌였대. 그 광경을 구경했다는 어떤 작가는 이렇게 썼어. "세상에 그렇게 우스운 장례 행렬은 생전 처음 보았다. 사람이 우는 소리는 들리지 않고 개들이 짖는 소리만 요란했다."

크롬웰의 아들 리처드가 호국경의 칭호를 물려받았단다. 그러나 영국 사람들은 한 개인이 국가를 수호한다는 데에는 이제 신물이 날 지경이었어. 군주제와 조금도 다를 게 없고, 성가신 법률들은 훨씬 더 많았기 때문이야. 그리고, 군대에 몸을 담은 귀족들 사이에서는 이제는 다른 누군가가 영국을 통치해야 할 때가 되지 않았느냐는 이야기가 공공연히 나돌기 시작했어.

영국이 바야흐로 더 큰 내전을 바로 앞두고 있다는 걸 알아차린 어떤 장군이 있었어. 그가 런던으로 자기 부대를 이끌고 가서 오래전에 해산되었던 장기 의회 의원들을 다시 불러 모았단다. 의원들은 찰스 1세의 아들에게 편지를 보내기로 결정했어. 그는 크롬웰과 그의 신형군에 쫓겨서 프랑스에 가서 살고 있었단다. 의원들은 그에게 "어서 돌아와서 국왕이 되어 주시오!"라고 간청했어. 그러나 나중에 찰스 2세Charles II가 될 그가 고국으로 돌아오기를 기다리는 동안에도 의회는 국왕의 권력을 제한하기 위한 법률들을 제정하고 있었단다. 그때부터 영국의 국왕들은 자신의 모든 행동에 대해서 의회로부터 추궁(끝까지 캐어 따짐)을 받을 때에는 반드시 대답을 해야만 했단다.

드디어 찰스의 아들이 프랑스로부터 돌아왔어. 지루한 전쟁과 청교도의 법률에 지친 영국 사람들은 환호성을 지르며 그를 맞이했단다. 그가 왕위에 올라 찰스 2세가 되었단다. 한 개인에게 국가의 수호를 맡겼던 시절은 끝이 나고, 다시 왕정

(왕이 다스리는 정치 체계)이 들어선 것이었어!

런던을 휩쓴 흑사병과 화재

찰스 2세가 국왕이 되자 극장들이 다시 문을 열었어. 귀족들이 음악회와 극장과 무도회에 북적거렸어. 공화국은 그저 실험으로만 끝나 버렸고, 대다수의 영국 사람들은 안도의 한숨을 내쉬었대. 크롬웰이 백성을 다스렸던, 끝없는 전쟁과 소란의 시절이 마침내 끝났으니까! 찰스 2세가 다스린 때를 '왕정 복고Restoration'라고 해. 전통적인 군주제로 되돌아갔다는 뜻이지. 그리고 영국인들의 전통적인 생활 방식도 회복되었어.

왕정 복고 시대의 첫 몇 년 동안은 기쁘고 즐거운 시절이었으나, 엄청난 재앙이 곧 닥쳐오리라는 것을 예감한 사람은 아무도 없었단다.

영국 최대의 도시인 런던은 날이 갈수록 커졌어. 왕정 복고 무렵에 런던의 인구는 거의 50만 명에 이르고 있었단다. 목조 가옥들이 이마와 어깨를 맞대고 다닥다닥 붙어 긴 줄을 이루었고, 좁은 거리 쪽으로 튀어나온 집들은 이쪽 집의 창에서 손을 내밀면 건너편 집에 닿을 만큼 붙어 있었어. 런던은 비좁을 뿐만 아니라 엄청나게 더러웠어. 배수로와 하수구들은 몹시 낡아서 돌 부스러기와 쓰레기로 자주 막혔어. 구정물과 쓰레기가 길바닥에 널려 있고, 온 식구가 단칸방에서 사는 가난한 가정이 수두룩했어.

찰스 2세가 승리의 귀환을 한 지 불과 4년 후에 불길한 소문들이 떠돌기 시작했어. 런던의 변두리에서 흑사병이라는 괴질(원인을 알 수 없는 이상야릇한 병)로 사람들이 죽어 간다는 것이었어.

페스트라고도 불리는 흑사병은 런던 사람들에게 낯선 질병이 아니었어. 이전에도 수많은 사람들이 그 병으로 죽은 적이 있었거든. 런던의 비좁고 더러운 거리들은 질병이 번지기에 아주 완벽한 조건을 갖춘 곳이었어! 그래서 사람들은 숨을 죽인 채 흑사병에 관한 새로운 소식이 전해져 오기만을 기다렸어. 흑사병이 저절로 사라져 주기를 빌었겠지. "흑사병은 변두리 지역에서, 가장 누추한 뒷골목과 가장 가난한 자들이 사는 곳에서만 번지고 있을 뿐이다."라고 런던의 대법관은 기록했어. 그러나 곧 무서운 소식들이 런던의 선술집들을 통해서 퍼지기 시작했어. 온 식구들이 다 죽은 집이 수두룩하고, 시내 쪽으로 몹시 빠르게 번져 오고 있다는 것이었어. 크리스마스 무렵까지 매주 수천 명의 시민들이 죽었고, 그 후에도 여러 달이 지나도록 흑사병의 기세가 꺾일 줄을 몰랐단다. 급기야 이듬해 6월에는 인구가 많은 도시까지 번졌어. 사람들이 시골로 줄을 지어 피난을 갔지만, 촌민들은 그들이 병을 가지고 들어올까 봐서 받아 주지 않았단다. 한편 집 안에 꼭꼭 틀어박혀서 흑사병이 물러갈 때까지 기다리겠다고 작정한 사람들도 더러 있었대. 어떤 런던 시민이 이렇게 썼단다. "상점들이 문을 꼭꼭 닫았다. …… 나다니는 사람은 눈을 씻고 보아도 없고, 길바닥에는 군데군데 풀이 돋기 시작했다. 가는 곳마다 숨 막히는 정적만이 감돌았다." 하도 많은 사람들이 일시에 죽어 나가서 런던에는 시체를 묻을 만한 땅이 부족해졌다는구나. 교회의 묘지란 묘지는 빈 곳이 없었고, 남자들

런던을 휩쓴 흑사병과 화재

이 '흑사병 수레'라 불리는 커다란 수레를 끌고 다니면서 "시체 내오세요!"라고 외치고, 그렇게 실은 시체를 거대한 구덩이에 가져다 버리는 게 새로운 직업이 되기도 했다는구나, 글쎄.

《로빈슨 크루소》를 쓴 영국 작가 다니엘 디포Daniel Defoe라는 사람은 그때는 어린아이였어. 그는 나중에 다른 사람들의 기록이나 전해 들은 말을 인용해서 흑사병에 관한 글을 썼어. "런던은 온통 눈물 바다였다고 말하는 게 가장 옳았을 게다. …… 흑사병은 백약이 무효였다. 의사들조차도…… 약을 입에 넣고 채 삼키기도 전에 죽어 넘어졌다. …… 거리에는 행인이라고는 없고, 드문드문 시체들만이 흩어져 있었다. …… 죽음의 손길이 닿지 않은 곳이 없었다."

17세기 사람들은 흑사병이 쥐한테 붙어 사는 벼룩이 옮긴다는 사실을 몰랐어. 단지 짐승들 때문에 그 병이 더욱 지독해진다고만 생각했대. 그러나 그들은 엉뚱한 짐승들을 지목했어. 런던 시장은 시내의 모든 개와 고양이를 죽이라고 명령했단다. 그러니까, 쥐는 더욱 활개를 치고, 벼룩은 더욱 득시글거리고, 질병이 더욱 거세어졌겠지. 그 무렵에 꼬박꼬박 일기를 썼다는 새뮤얼 페피스라는 귀족은 "낮에도 밤에도 그저 고요하기만 하고, 이따금 낮은 종소리만이 들릴 뿐이었다."라고 썼어.

이윽고 흑사병이 물러가기 시작했어. 지옥과도 같은 1년 동안에 20만 명 이상이 죽었단다. 런던 시민 다섯 명 중 두 명이 죽은 셈이었어. 크리스마스가 가까워질 무렵에는 상점들이 다시 문을 열고, 거리마다 사람들이 나다녔어. 런던은 천천히 정상으로 되돌아갔단다.

그런데 그로부터 아홉 달이 채 못 되어서 또 한 번 비극이 일어났어.

9월의 어느 날 밤에, 왕실에서 빵을 주문받아 파는 어느 제빵업자가 작업장에서 불을 피우고 있었어. 그는 조개탄 한 알이 튀어서 바닥에 쌓여 있던 불쏘시개(불을 피우기 위해 먼저 쓰는 잎나무) 더미에 떨어지는 걸 미처 보지 못했어. 불쏘시개를 태운 화염이 벽을 타고 올라가고, 작업장을 다 태우고, 바로 곁에 있는 그의 집에 번져 붙었어.

런던 대화재

런던 시장은 그때 곤히 잠이 들어 있었는데, 하인들이 황급히 깨워서 지금 어디에 불이 났다고 알렸단다. 잠이 덜 깬 시장은 투덜거리면서 마차를 타고 달려갔어. 마차에서 내려서 불이 난 곳으로 다가가 보니까, 아직은 두 채만이 타고 있을 뿐이었어. 그 시장이란 사람이 퍽 괴짜였던가 보지? 그는 이렇게 말했단다. "오줌을 갈겨. 여자 하나면 끄겠는걸 뭐." 그리고 그는 다시 마차를 타고 돌아갔어.

그런데 시장이 탄 마차가 모퉁이를 채 돌기도 전에, 불길이 이웃집에 옮겨 붙고, 또 그 이웃집에 옮겨 붙고, 또 그 이웃집에 옮겨 붙고……. 늦여름 날씨가 벌써 오래전부터 몹시 건조했었는데 때마침 세찬 바람이 불었던 거야. 그러니 다닥다닥 붙은 런던의 목조 가옥들은 그야말로 땔감이나 마찬가지가 아니었겠어?

근처 주민들 중에서 유난히 약삭빠른 자들은 귀중품만 챙겨 가지고 가장 가까운 교회당으로 피신했어. 물론, 돌로 지은 교회당만 찾아갔겠지. 그러나 대부분의 사람은 물을 뜰 만한 것이면 무엇이든지 집어 들고 뛰어나가서 템스 강에서부터 화재 현장까지 여러 가닥 줄을 지어 물을 퍼 날랐단다. 그러나 이제 불길은 걷잡을 수가 없는 지경이 되어 있었어! 제빵업자의 집에서 그리 멀지 않은 곳에 나무배를 만드는 사람의 집이 있었단다. 그 집 지하실에는 배 바닥의 틈을 메우는 데 쓰는 타르가 가득가득한 나무통이 쌓여 있었어. 불길이 지하실까지 번져 오자 나무통들이 폭발했어. 지붕이 날아가고, 불기둥이 솟구치고, 불붙은 기왓장과 나무토막들이 날아가서 온 동네로 퍼졌어. 아까 소개했던 새뮤얼 페피스라는 귀족의 일기를 또 읽어 볼까? "벌어진 입이 다물어지지 않는, 엄청난 불이었다. …… 오랜 가

몸 끝에는 불에 타지 않는 게 없다는 걸 증명하는 것 같았다, 돌까지도……. 돌로 지은 교회당이며 집들이며 모든 것이 화염에 휩싸였고…… 화염이 지르는, 등골이 오싹해지도록 무시무시한 소리…… 건물이 무너지는 천둥 같은 소리…….”

불길이 온 도시로 퍼졌어. 선착장(배가 닿고 떠나는 곳)을 태우고, 쌓인 목재 더미를 태우고, 무수한 집들을 태우고, 선술집들과 상점들과 교회들을 태웠어. 수많은 사람들이 런던의 한가운데에 자리 잡은 세인트 폴 대성당으로 피신했어. 그러나 돌로 지은 거대한 교회당인데도 화염이 벽을 타고 올라 목재를 태우고, 지붕의 함석(아연을 입힌 철판)을 녹였어. 함석 녹은 물이 마치 용암처럼 줄줄 흘러내렸다는구나. 벽의 석재도 열기를 견디다 못 해서 펑펑 터졌단다!

불은 닷새 동안이나 꺼지지 않았어. 이윽고, 병사들이 곧 불길이 닿을 집들에 폭약을 설치해서 폭파하고, 그 부서진 조각들을 말끔히 치웠어. 불길이 더 이상 이어지지 못하게 하려는 것이었지. 바람도 잦아지기 시작했어. 화염도 잦아지고, 천천히 꺼져 갔단다.

런던 시의 5분의 4가 불타 버렸단다. 집 1만 3천 채, 교회당이 거의 1백 개가 불타 없어졌고, 법원, 감옥, 우체국, 인쇄소 등, 공공건물들은 거의 전부가 사라져 버렸단다. 존 이블린이라는 런던 시민은 일기에 이렇게 썼어. "어제는 런던이 여기에 있었으나, 오늘은 더 이상 보이지 않았다."

태양 왕 루이 14세 때의 프랑스

제13장 프랑스의 절대 군주

태양 왕 루이 14세

프랑스 궁궐의 하얀 벽들이 오후의 밝은 햇살에 발갛게 물드는구나. 국왕 루이 13세는 대신들과 회의에 열중하고 있고, 왕비는 규방(부녀자가 거처하는 방)에서 누구에게인가 편지를 쓰고 있어. 하인들이 분주히 복도를 오가고, 위층 아기 방에서는 한 하녀가 왕위 계승자인 어린 왕자의 옷에 묻은 얼룩을(왕자가 풀밭에서 놀다 생긴 얼룩이야.) 닦아 내고, 또 한 하녀는 왕자가 아침밥을 먹은 은 쟁반을 반짝반짝 빛이 나도록 정성껏 닦고 있어. 주방에서는 왕자의 보모가 플랑드르 수프(계란 노른자를 풀고 포도주와 소금을 넣고 저어서 끓인 것)를 끓이는 요리사 옆에 붙어 서서 이래라저래라 간섭을 하고 있구나. 왕자가 감기 기운이 있는 것 같아서, 오늘 저녁에는 약이 되는 음식을 먹이려고 그러는 것이란다.

그 어린 왕자는 지금 궁궐 밖에서 저 혼자 논밭 사이를 돌아다니고 있어. 이제 고작 네 살인데, 용케 아무도 몰래 궁궐을 빠져나온 것이야. 왕자는 땅바닥에서 나뭇가지를 집어 들고 풀이 무성한 길의 가장자리를 쿡쿡 쑤시면서 가는구나. 바로 앞에 맑은 물이 졸졸 흐르는 샘이 있고, 제법 넓은 연못이 있어. 왕자가 연못 위로 허리를 굽히고 막대기로 물을 휘젓네? 그러다가 몸을 앞으로 더 수그렸는데, 그만 발이 미끄러졌어. 왕자가 연못에 풍덩 빠졌어. 물이 왕자의 키보다 더 깊었단다. 때마침 근처에 있던 웬 농부가 연못에 무엇이 빠지는 소리에 놀라 고개를 돌렸다가 물에 빠져서 허우적거리는 왕자를 보고 달려와서 꺼내 주지 않았더라면 정말 큰일이 났을 거야.

어린 왕자가 연못에 빠진 그 일이 있은 후 오래지 않아서 그의 아버지가 죽었단다. 네 살하고 여덟 달의 나이에 왕자는 프랑스의 국왕 루이 14세Louis XIV가 되었어. 그는 프랑스의 모든 백성들의 군주이고, 풀 한 포기, 흙 한 덩이도 다 그의 것이었단다.

프랑스의 왕은 그가 다스리는 나라가 그의 것이라고 주장했다는 것은 너도 잘 알 거야. 그래서 백성들은 국왕을 '눈에 보이는 신' 이라고 불렀어. 지상에 내려온 신의 사자(심부름을 하는 사람)라는 뜻이었지. 그래서 영국의 찰스 2세가 왕좌를 지키려고 힘겨운 싸움을 벌이던 동안에, 루이 14세는 단 한 마디 반대의 목소리도 듣지 않고 나라를 다스렸어. 그의 아버지와 아버지의 대신이었던 리슐리외 수상은 프랑스를 유럽에서 가장 강력한 나라들 중의 하나로 만들어 놓았단다. 루이 14세는 그 강력한 나라에서도 가장 강력한 인물이었어.

그가 아직 어렸을 때에는 마자랭Mazarin 수상이라는 사람이 그를 보좌하고 대신해서 나라를 다스렸어. 리슐리외에게 나라를 잔혹하고 엄격하게 다스리는 법을 착실히 배워 익힌 마자랭은 프랑스 국민은 누구나 국왕의 말에 이의를 달지 말고

루이 14세

태양 왕이라고 불린 루이 14세는 왕이 신이라고 생각했어. 그는 강력한 권력을 가지고 있었어. 남녀 귀족들은 국왕이 요구하는 것이면 무엇이든지 물불을 가리지 않았거든. 루이 14세가 다스리던 시기에 프랑스는 영토를 넓히고, 베르사유 궁전을 짓는 등 번성을 누렸단다.

복종해야 한다고 요구했어. 그는 틈날 때마다 루이 14세에게 국왕은 거의 신과 똑같은 대접을 받는 게 당연하다고 부추겼단다.

마자랭이 죽자 루이 14세는 이제부터는 대신들의 회의 같은 것은 없애고 자기 혼자 나라를 다스리겠다고 선언했어. 자기가 '수상'이 되겠다는 것이었지. 대신들이 깜짝 놀랐단다. 거의 1백 년 동안 대신들 없이 혼자 마음대로 나라를 다스렸던 국왕은 없었기 때문이었어. 그리고 어느 누구도 그저 춤이나 잘 추고 사교나 잘하는, 곱상하게 생긴 젊은 국왕이 능력 있는 통치자가 될 것이라고는 믿지 않았단다.

그러나 루이 14세 그 자신은 자기가 원하는 것이 무엇인지를 정확하게 알고 있었어. 그는 나중에 회고록(지난 일을 돌이켜 생각하여 적은 기록)에서 이렇게 썼어. "나는 마음속에서 이 세상의 그 무엇보다도 명예를 제일로 여긴다. 심지어 목숨보다 더 귀한 게 명예라고 나는 생각한다." 그 후 50년 동안 루이 14세는 프랑스의 절대 군주로 군림하게 돼. 날마다 하루 종일 나랏일에 열중하고, 그가 다스리는 영토의 구석구석까지도 철저하게 장악하려는 노력을 한시도 게을리 하지 않았어. 그는 태양을 그의 권력의 상징으로 삼았어. 그래서 대신들은 그를 '태양 왕Sun King'이라고 불렀단다. 그가 목욕을 하면 가장 지위가 높은 귀족이 그의 몸을 닦아 주었고, 다른 귀족들은 국왕이 셔츠나 바지를 입는 걸 시중드는 특권을 가지려고 서로 경쟁을 했어. 루이 14세는 그것이 국왕과 신하들 사이의 가장 적절한 관계라고 생각했다는구나. 그는 아들에게 보낸 편지에서 이렇게 썼단다. "신하들이 너에게 법을 들이대게 하는 것은 우리와 같은 고귀한 인간들이 절대로 저질러서는 안 될 가장 멍청한 짓이란다. …… 그자들이 권력을 갖겠다고 덤빌 때 네가 그것을 더 많이 허락하면 할수록 그자들은 그만큼 더 많이 원하게 된단다. 네가 호의를 보여 주는 만큼 그자들은 마음속으로는 너를 무시하게 되는 것이야. 그런데 권력을 가장 원하는 자는 거의가 가장 멍청한 자라는 것을 반드시 알아 두어야 해."

태양 왕은 그의 위대함에 어울리는 궁궐을 갖고 싶었어. 그래서 그는 베르사유 Versailles의 어느 곳, 작은 사냥꾼 오두막이 있는 곳에다가 거대한 집을 지었어. 거의 50년이나 걸린 공사가 끝나자, 작은 사냥꾼 오두막이 있던 그곳에는 길이가 400미터나 되는 거대한 궁궐이 들어섰어. 그리고 여러 개의 운하를 파서 강의 물을 끌어 와 주위의 습지를 채웠단다. 베르사유 궁전에는 아름다운 방들이 수없이 많은데, 그 중에서도 세상에 가장 널리 알려진 방은 '거울의 방'이라고 하는 것이야. 그 방에는 열일곱 개의 거대한 유리창이 열일곱 개의 거대한 거울과 서로 마주 보고 있단다. 또 '아폴론의 방'에는 은으로 만든 튼튼한 옥좌가 놓여 있어. 정원에는 아폴론, 제우스, 포세이돈 등 그리스 신들의 석상들이 수백 개나 서 있는데, 그 신들의 얼굴은 하나같이 루이 14세의 얼굴로 묘사되었어. 밤마다 수천, 수만 개의 촛불을 밝혀 놓고 무도회나 연주회가 열리고, 궁궐 안을 거쳐 가는 대운하에 배를 띄워 놓고 놀았단다.

루이 14세는 권력을 더욱 늘리기 위해서 귀족들을 모두 베르사유에 와서 살게 했어. 그는 귀족들에게 억지로 궁정 예절을 몸에 익히게 했단다. 귀족들은 국왕의 환심을 사려고 서로 경쟁하듯 애를 쓸 뿐, 반란 같은 것은 아예 꿈도 꾸지 않았어.

남녀 귀족들은 국왕이 요구하는 것이면 무엇이든지 물불을 가리지 않았대. 국왕이 특별히 마음에 드는 자에게 주려고 준비해 놓은 옷을 하사받거나, 알현실(왕을 뵙는 곳)에서 조금이라도 더 국왕에게 가까운 자리에 서거나, 만찬장에서 더 화려한 의자에 앉는 등의 특별한 배려를 받으려고 서로 앞을 다투었던 거야.

오랫동안 베르사유에서 살았던 생 시몽이라는 사람이 쓴 글을 보면, 루이 14세는 귀족들이 그에게 더욱 충성을 바치게 만들려고 돈을 물 쓰듯이 펑펑 쓰도록 장려했다는구나. "국왕은 화려함과 사치와 낭비를 사랑했다. 귀족들이 매사에 서로 비

베르사유 궁전

숫한 취향을 가지도록 장려했으며…… 잔치나 노름판에서 돈을 펑펑 쓰는 것이 왕의 환심을 사는 가장 확실한 방법이었고, 그렇게 하면 국왕으로부터 직접 한마디 말씀을 듣는 영광이 덤으로 주어졌다. 돈이 많이 드는 생활 습관이 유행이 되게 하고, 또 어떤 지위에 있는 자들에게는 반드시 그렇게 생활하게 만들었다. 그는 귀족들이 수입보다 지출을 더 많이 하게 만들었고, 그러한 생활을 유지하기 위한 수단으로서 국왕의 하사금(왕이 아랫사람에게 주는 돈)에 의존하지 않을 수 없도록 만들었다."

태양 왕은 그가 다스리는 시대의 대부분을 프랑스의 영토를 넓히기 위한 전쟁에 바쳤어. 루이 14세가 다스리는 동안에 프랑스는 유럽에서 가장 크고 가장 강한 나라가 되었단다.

그러나 인생의 노년에 이르러서는 그의 군대가 점점 위축되기 시작했어. 야심에 찬 프랑스의 국왕을 견제하기 위해서 유럽의 다른 나라들이 힘을 합쳤어. 프랑스는 그동안 빼앗았던 영토의 일부를 다시 잃어버렸어. 그런 데다가 뜻밖에도, 루이 14세의 아들(왕위 계승자)이 천연두에 걸려서 갑자기 죽어 버렸어.

루이는 그리 많이 슬퍼하지 않았어. 그는 게으름과 자기 도취(무엇에 홀린 듯이 열중함)가 심하다는 이유로 그 아들을 그리 좋아하지 않았다는구나. 왕자의 고모 되는 여자가 이렇게 썼대. "우리 조카는 왕이 된다는 것을 이 세상에서 제일 두려워했다. 그는 정말 끔찍하도록 게을렀다. 하루 종일 침대에서 일어나지 않는 날도 있었다."

왕자가 죽자 루이의 손자가 새로운 왕위 계승자가 되었어. 그런데 또 오래지 않아서 손자의 아내가 어느 날부터 이가 아프다고 호소하기 시작했어. 루이 14세는 명랑하고 정이 많은 그 어린 손부(손자며느리)를 친딸처럼 사랑했어.

그러나 치통이 아니었단다. 홍역이었대.

불과 일주일 만에 루이의 손부가 죽었어. 그리고 며칠 후에는 손자마저도 죽어 버렸다는구나, 글쎄. 그뿐만이 아니었어. 루이의 막내 손자마저도 말을 타다가 떨어져서 죽어 버린 사건이 또 터졌어.

한꺼번에 너무 많은 재앙을 당했기 때문인지 루이 14세도 병이 들기 시작했어. 어느 날 그가 사냥을 나갔다가 몹시 지친 얼굴을 하고 돌아와서는 왼쪽 다리가 아프다고 말했어. 의사들은 아무 이상도 없다고 말했어. 그러나 그들은 무릎 밑에서 자라고 있는 종기를 미처 보지 못했던 것이야. 그리고 며칠 후에 루이 14세는 괴저병*이라는 희귀한 병으로 앓아 누웠단다. 마침내 그가 죽고, 단 하나 남은 다섯 살배기 증손자가 프랑스의 국왕(루이 15세Louis XV)이 되었어.

태양 왕은 그 자신을 땅에 내려온 신으로 만들었어. 그러나 한편으로는 그는 한 가지 커다란 실수를 저질렀단다. 수없는 전쟁을 치르고 또 궁궐을 화려하게 꾸미려고 백성들에게 지나치게 많은 세금을 물렸다는 게 바로 그 실수였어. 촌민들과

---

*괴저병 – '비브리오 벌니퍼커스'라는 균이 일으키는 질병으로, 이 병에 걸리면 살점이 썩어 떨어져 나간다고 함.

장인들이 베르사유 궁전을 짓느라 수십 년 동안 힘든 육체노동을 해야 했어. 습한 기후 속에서 힘든 노동에 지쳐서 쓰러져 죽은 인부들의 시체를 날마다 실어 내야 했고, 수천, 수만의 백성들이 루이 14세가 일으킨 끊임없는 전쟁에서 죽음을 당했어. 그리하여 프랑스 땅 전 지역에서 분노가 들끓어 오르고 있었단다. 그 분노는 프랑스의 왕관을 영영 부수어 버리고야 말 분노였어.

프리드리히 1세 때의 프로이센

제14장 **프로이센의 발흥**

최초의 독일 왕국 프로이센을 세운 프리드리히

너의 친가와 외가의 모든 크고 작은 사람들이 한자리에 모였다고 상상해 봐. 고모들과 이모들과 친가 쪽과 외가 쪽 삼촌, 작은아버지들과 사촌들과 육촌들과 팔촌들이 처음으로 한자리에 모인 것이야. 어린 너로서는 생전 처음 보는 친척들과 인척(혈연관계가 없으나 혼인으로 맺어진 친척)들이 있어. 그들은 너를 보고 네가 어느 집 누구의 자식인지를 알고 싶어 해. 그래서 너와 육촌이 되는 어떤 사람이 너에게 이렇게 물어. "넌 누구지?" 그러면 너는 우선 너의 성부터 말하게 될 거야. "저는 최씨예요." 너는 네가 김씨도 아니고 이씨도 아니고 박씨도 아니라는 것부터 먼저 밝히는 것이지. 너와 너의 아버지와 형제와 자매들은 모두 최씨야. 그 사실은 네가 누구인지를 결정하는 아주 중요한 사실들 중의 한 가지란다.

그런데 말이야, 너의 가정이 그 성으로써 자기들의 정체를 밝히지 않는 경우를 상상해 볼까? 다시 말해서, 네 집안의 성이 없는 경우란 말이지. 그래서 너의 집에서 네가 주로 시간을 보내는 방의 이름으로써 자기를 밝히는 것이야. 어느 육촌이 너에게 "넌 누구니?" 물을 때, 너는 이렇게 대답하는 거야. "전 위층 북쪽 침실이에요."라든가, "전 아래층 컴퓨터 방이에요."라든가 하는 식으로 말이야. 네가 네 가정의 한 식구라는 사실에는 변함이 없겠지만, 네가 위층 북쪽 침실이거나 아래층 컴퓨터 방이라는 것이 너에게는 더 중요한 사실이 될 것이라는 말이지.

이것이 바로 30년 전쟁 이후에 독일 사람들이 스스로에 대해서 생각했던 방식이란다. 네가 영국에 산다면 넌 영국인이야. 스페인에 산다면 스페인 사람이지. 그러나 네가 독일의 수많은 작은 나라들 중의 어느 곳에 산다면, 너는 너 자신을 '독일인'이라고 생각하지 않았을 것이야. 넌 그냥 네가 사는 그 작은 나라의 백성일 뿐인 거야. 그런데 당시 독일에는 제각기 한 군주가 다스리는 작은 나라들이 300여 개나 있었단다.

그 군주들 중에서 한 사람이 그의 작은 나라를 하나의 왕국으로, '독일 왕국'으로 만들겠다고 결심했단다. 그는 프리드리히 1세Friedrich I라는 사람이었어.

프리드리히는 현재 독일의 동부에 자리 잡은 브란덴부르크Brandenburg라는 이름의 작은 나라를 통치하고 있었어. 프리드리히는 또, 작은 왕국 하나를 아버지로부터 물려받았는데, 브란덴부르크보다 더 동쪽에 있는 프로이센Preussen 왕국이었어. 브란덴부르크는 신성 로마 제국의 영토의 일부였고, 그래서 브란덴부르크에 앉아 있으면서도 프리드리히는 신성 로마 황제에게 복종해야 했단다. 그러나 프로이센은 신성 로마 제국의 영토가 아니었어. 그래서 프리드리히는 프로이센에서는 어느 누구에게도 복종할 필요가 없었어.

그래서 프리드리히는 신성 로마 황제에게 자기 자신을 '프로이센의 국왕'이라고 부르도록 허락해 달라고 요청했어. 신성 로마 황제는 루이 14세와의 전쟁에서 프리드리히의 도움을 받은 적이 있었기 때문에 늘 고맙게 여기던 참이었고, 또 프로이센은 어차피 그의 제국의 영토가 아니기 때문에 이를 허락했어. 그러나 신성 로마 황제는 프리드리히가 그 자신을 '프로이센의 국왕'이라고만 부르도록 허락했을 뿐이었어. 그는 프리드리히가 브란덴부르크에서도 왕 행세를 하는 것은 원하지 않았단다.

1월의 어느 날, 프리드리히는 프로이센의 쾨니히스베르크라는 곳으로 가서 스스로 대관식을 치렀어. 그가 주홍색 로브를 입고 옥좌에 앉았어. 그는 자기 손으로 자기 머리에 왕관을 얹고, 자기 손으로 자기의 다른 손에 왕홀을 쥐어 주고는, "이제 나는 프로이센의 국왕이다."라고 선언했어. 그리고 그는 아내의 방으로 가서 아내에게 여왕의 왕관을 씌워 주었고, 그 후 성대한 잔치를 벌였단다. 이제 그는 프로이센의 국왕이 되었어.

프리드리히는 브란덴부르크의 왕이 되어도 좋다는 허락은 받지 못했어. 그러나 브란덴부르크 최대의 도시인 베를린으로 돌아올 때 그는 마치 왕처럼 행차를 했다는구나. 축포가 터지고, 온 사방에서 종이 울렸어. 밤에는 촛불과 횃불과 등불이 도시의 모든 창을 밝혀서 도시 전체가 마치 별처럼 빛났단다.

루이 14세가 그랬던 것처럼, 프리드리히도 모든 백성들이 아무것도 묻지를 않고 그저 복종만 하는 절대 군주가 되고 싶었어. 그러나 그는 신성 로마 황제가 그것을 승인하지 않으리라는 것을 잘 알았단다. 게다가 그에게는 강한 군대도 없고 돈

도 많지 않아서 전쟁을 일으킬 수도 없고, 세금을 거두어들이기도 힘들고, 반대자들을 쉽게 처형해 버릴 수도 없었단다.

그래서 프리드리히는 겉으로만 절대 군주의 행세를 했어. 그는 그가 다스리는 두 왕국을 합쳐서 '프로이센'이라고 부르게 하고, 브란덴부르크 사람들까지 포함한 모든 백성들이, 그를 그들의 국왕이라고 부르게 했어. 그는 잔치를 벌이고 화려한 의식을 치르는 데 돈을 아끼지 않았어. 그의 궁정은 당시 유럽의 어느 궁정 못지않게 화려했다는구나. 나중에 그의 아들은 이렇게 썼단다. "아버지는 진짜로 왕이 되기 훨씬 이전부터 왕의 풍모(풍채와 용모)를 가지신 분이었다." 그리고 프리드리히의 그러한 행동은 그의 왕국의(신성 로마 제국의 영토 밖은 물론 그 영토 안에서도) 백성들이 스스로를 프로이센이라는 단일 왕국의 백성이라고 생각하기 시작하도록 만들어 주었단다.

또 한 가지 상상을 해 볼까? 부모님이 "나는 위층 북쪽 침실이다.", "나는 아래층 컴퓨터 방이다."라는 식으로 식구들이 자기의 이름을 부르는 데 신물이 나서, "이제부터 우리 식구는 모두 최씨 성을 가진 사람이다."라고 선언했어. 그런데 부모님은 식구들이 스스로를 최씨라고 부르라고 그저 명령만 한 게 아니라, 최씨 성을 가졌다는 사실이 얼마나 자랑스러운 것인지를 보여 주려고 성대한 잔치를 벌여. 그리고 날마다 식구들의 방을 찾아다니면서 "우리는 최씨다! 최씨라는 성을 가진 우리는 정말로 행복한 사람들이다!"라고 노래를 불러. 그렇게 한 몇 달이 지나면 너는 너 자신을 아래층 컴퓨터 방이 아니라 최씨 집안의 자식이라고 생각하게 되지 않겠어?

프리드리히의 새로운 왕국 프로이센의 상태가 이것과 비슷했단다. 프리드리히는 그의 백성들이 누구나 스스로를 프로이센이라는 이름의 독일 왕국의 백성이라고 생각하도록 만들었어. 이제 프로이센은 최초의 '라이히Reich'(왕국), 혹은 최초의 독일 왕국이 된 것이야.

그때까지 대다수의 다른 나라의 백성들은 하나의 땅덩어리(잉글랜드 섬의 경우처럼), 혹은 한 사람의 군주(프랑스의 루이 14세나 스페인의 펠리페 2세의 경우처럼)에게 충성을 바치며 살아왔어. 그러나 프리드리히의 왕국은 두 개의 땅덩어리로 이루어져 있었어. 그는 군주로서의 그의 권력이 보잘것없고 약하다는 사실을 잘 알고 있었단다. 그래서 그는 프로이센 왕국의 백성들이 전혀 새로운 어떤 것에 대해서 충성을 바치며 살아가기를 원했어. 그것은 '주state'라고 하는 개념이었어. 그래서 프로이센 사람들은 독일인 국왕이 통치하는 독일 왕국이라고 하는 '개념idea'에 충성을 바치며 사는 법을 배우기 시작했어.

프리드리히는 프로이센이라는 이름의 독일 왕국의 개념을 세우는 데 온 힘을 기울였어. 그는 위대한 프로이센 대학을 세우고, 프로이센 예술 아카데미와 프로이센 과학 아카데미를 세웠어. 그는 과학 아카데미에 독일어를 연구하게 해서, 프로이센 사람들이 누구나 그 언어를 제대로 사용할 수 있게 가르치는 작업을 맡겼어.

프리드리히의 아들인 프리드리히 빌헬름 1세는 아버지가 시작한 사업들을 더욱 발전시켰어. 그는 프로이센과 브란덴부르크가 모두 프로이센 왕국의 영토라고 공

식적으로 선포하고, 군대를 튼튼하게 키웠어. 그리고 프리드리히 1세의 손자인 프리드리히 2세Friedrich II는 그의 할아버지가 일으킨 '이름뿐인 왕국'을 물려받아서 정말로 그 이름이 부끄럽지 않을 만큼 힘 있는 나라로 만들었어. 그는 전쟁을 일으켜서 프로이센의 영토를 넓혔어. 그리고 쾨니히스베르크가 아니라 브란덴부르크에다가 손수 궁전을 지었단다. 그는 프로이센 사람들에게 자신들의 국가에 대해서 긍지를 가져도 좋을 만한 이유를 갖게 해 주었어. 그리하여 프리드리히의 손자인 그는 '프리드리히 대왕'이라는 이름으로 알려지게 된단다. 그리고 그의 할아버지가 일으킨 프로이센 왕국이 독일이라는 현대적 국가로 발전할 날이 차츰차츰 다가오고 있었어.

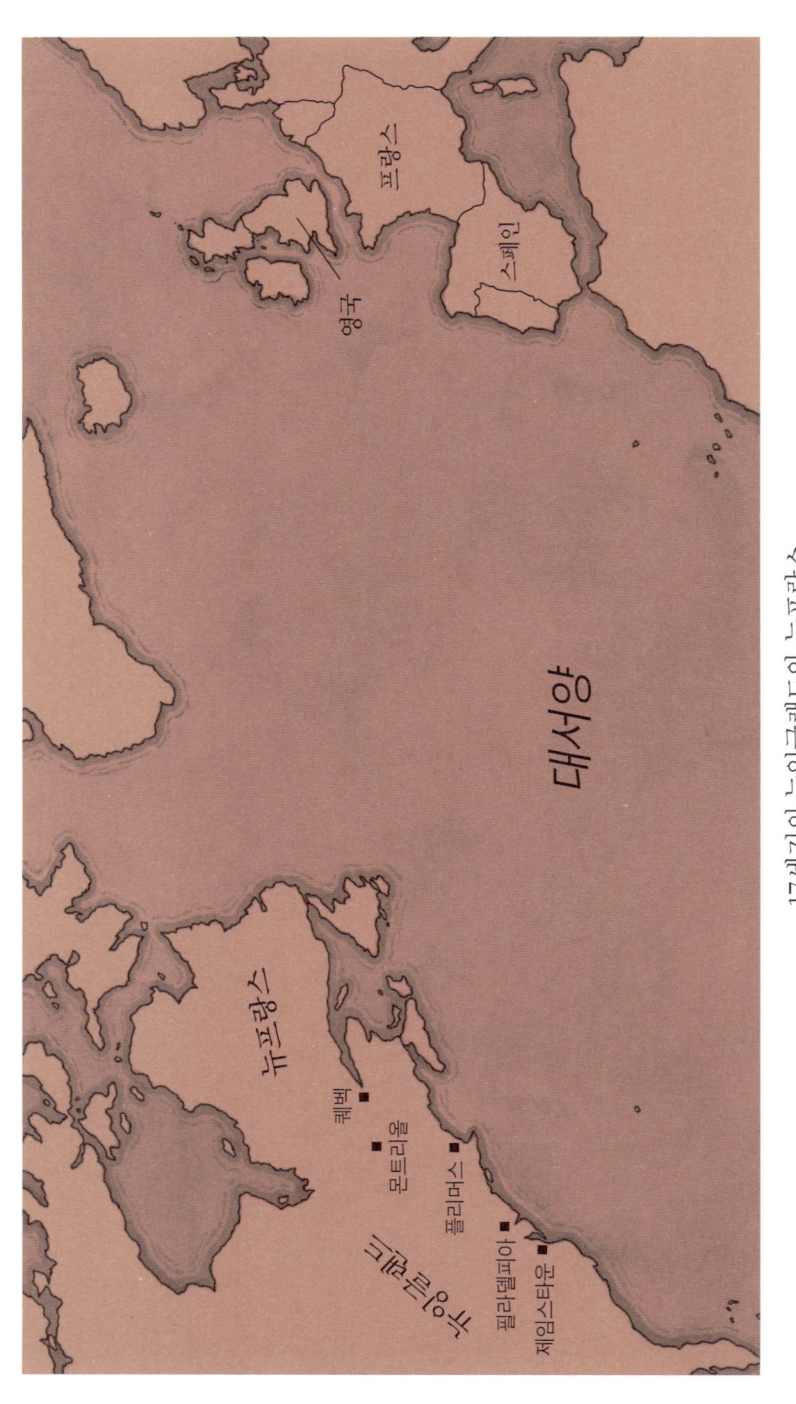

17세기의 뉴잉글랜드와 뉴프랑스

제15장 신대륙의 혼란

식민지 영국인들과 인디언의 전쟁

유럽의 국왕들이 제각기 영토를 넓히기 위한 방법을 꾸미고 전쟁을 치르던 동안에 북아메리카의 영국 식민지들은 그들 스스로의 힘으로 점점 커져 가고 있었어. 점점 많은 남녀들이 대서양을 건너 북아메리카에 도착했어. 매사추세츠 일대에 새로운 정착지들이 속속 들어서고, 지금 우리가 로드아일랜드와 코네티컷이라고 부르는 곳까지 진출했단다. 새로운 정착민들이 이제까지보다 더 많은 집을 짓고, 더 많은 토지를 개간하고, 더 많은 나무들을 베어 넘겼어.

그들에게는 이제까지보다 더 많은 땅이 필요했어. 그래서 계속 서쪽으로, 원주민들의 영토 깊숙한 곳까지 진출했지. 그러자 참다못한 왐파노아그 족이 드디어 그들과 맞서 싸우기로 결심했어.

처음에 왐파노아그 족과 영국인들이 친구 사이로 시작했었다는 이야기는 앞에서 했지? 영국인들이 처음 매사추세츠에 정착했을 때, 왐파노아그 족 사람들이 그들에게 물고기를 잡는 방법과 숲에 덫을 놓는 방법을 가르쳐 주고, 추운 겨울 날씨를 견디며 사는 비결을 가르쳐 주었어.

그러나 식민지가 점점 커져 가자, 식민지 개척자들에게는 원주민들의 도움이 필요 없게 되었어. 그들은 스스로 곡물을 경작하고, 손수 만든 상품들을 가지고 나가서 유럽에서 온 상인들의 소금과 무기와 종자 같은 것과 교환했어. 그리고 그들은 왐파노아그 족의 땅을 야금야금 먹어 들어갔단다.

왐파노아그 족의 왕 메타콤Metacom은 계속 그런 식으로 나간다면 그의 왕국이 곧 사라지게 되고 말 것이라고 생각했어. 그의 부족민들이 물고기를 잡으려고 평소에 점찍어 두었던 물가에 나가 보면 식민지 개척자들이 벌써 강의 양쪽 둑에 우글거리고 있었어. 사냥을 하러 숲에 들어가면 영국인들이 나무 뒤에 숨어서 사슴을 기다리고 있는 거야. 메타콤은 그의 친구에게 이렇게 말했다는구나. "두고 보게. 내가 두 눈을 멀쩡하게 뜨고 있는 한은 절대로 내 왕국을 그자들에게 뺏기는 날은 오지 않을 테니까."

1월의 몹시 추운 어느 날, 왐파노아그 족의 한 청년이 그의 작은 마을을 몰래 빠져 나가서 플리머스 만을 향해 황급히 달려갔어. 그는 메타콤의 왕국에서 태어나 자랐지만, 십대 시절에 영국 사람들이 기독교의 목사를 키우기 위해서 세운 작은 대학에 들어가서 공부를 했단다. 영국인들이 하버드라고 부른 그 작은 대학에서 왐파노아그 족 출신의 그 소년은 존 세사몬John Sassamon이라는 영국식 이름을 얻었단다.

세사몬은 메타콤을 누구보다 잘 아는 청년이었어. 세사몬은 영어를 읽고 쓸 줄 알기 때문에 메타콤은 자주 그를 시켜서 영국인 지도자들에게 편지를 보냈더랬어.

그런데 지금 세사몬은 편지를 가지고 가는 게 아니라, 그들에게 몰래 급히 전할 말이 있어서 달려가고 있는 것이었단다.

세사몬은 몇 시간 동안이나 걷고 뛰었어. 날씨가 너무도 춥고 음산해서 두 발이 얼어붙는 것 같았어. 이윽고 플리머스 요새의 높다란 나무 벽이 저만치에 나타났지. 세사몬은 급히 대문으로 들어갔어. "총독님을 만나러 왔습니다. 급히 전할 말이 있어요."

플리머스의 총독은 조시아 윈슬로라는 사람이었는데, 그는 지금 여러 가지 서류를 처리하느라고 몹시 바빴어. 세사몬은 요새의 높고 튼튼한 벽을 몹시 불안한 눈길로 힐끔힐끔 쳐다보면서 기다렸어. 이윽고 총독의 방으로 안내된 그는 윈슬로가 거의 알아듣지도 못하도록 허둥거리면서 황급히 말했어. "메타콤 왕이 군대를 모으고 있어요! 당신들하고 싸우려고 다른 부족들을 끌어들이고 있어요. 영국인들을 모두 쫓아낼 작정인가 봐요. 저는 그 말을 전하려고 달려왔습니다. 그렇지만, 제발 저를 돌려보내지는 말아 주세요. 제가 여기 온 걸 아무도 모릅니다. 제가 당신한테 이 사실을 알렸다는 게 들통 나면 그들은 저를 당장 죽여 버릴 거예요!"

윈슬로는 한숨을 내쉬었어. 그곳의 영국인들이 누구나 그랬던 것처럼 그도 왐파노아그 족 사람들은 하나같이 어리석고 신뢰할 수 없는 인간들이라고 생각했어. 그는 어느 친구에게 이렇게 말했단다. "인디언을 믿어서는 안 되네. 그자들이 진실을 진실대로 말할 때에도 절대로 믿어서는 안 된다고." 그는 세사몬을 보고 말했어. "집에 돌아가 있게. 플리머스 플랜테이션은 안전한 곳이야."

세사몬은 제발 그곳에 머물게 해 달라고 애원했지만 윈슬로는 거절했어. 그래서 세사몬은 눈물을 펑펑 쏟으면서 요새를 떠났대.

그로부터 일주일 후에 세사몬이 사라졌어. 그의 시체가 발견되었는데, 연못 속에서 얼음과 한 덩어리가 되어 있었고, 목이 부러져 있었대.

윈슬로와 플리머스 플랜테이션의 다른 지도자들은 몹시 놀랐어. 세사몬이 공포에 질렸던 게 영 까닭이 없지 않았더라는 걸 그제야 알아차렸던 것이었지. 그의 병사 두 명이 와서, 왐파노아그 족 전사 세 명이 세사몬을 죽여서 연못에 던져 버리는 걸 보았다고 보고했어. 그러자 영국인들은 매사추세츠를 진짜로 다스리는 자가 누구인지를 메타콤에게 보여 주겠다고 결심했어. 영국인 병사들이 그 세 명의 전사들을 체포해서 플리머스로 끌고 왔어. 그들은 재판을 받고 살인죄로 처형당했어.

메타콤이 격분했어! 어떻게 감히 영국인들이 그의 마을을 침범해서 전사들을 잡아갈 수 있다는 말인가? 사흘 후에 메타콤과 그의 부하들이 플리머스의 작은 마을을 공격해서 집들을 불태우고 주민들을 쫓아냈어.

전쟁이 시작된 것이야.

영국인들과 왐파노아그 족 사이의 전쟁은 여러 달이나 끌었어. 식민지 개척자들에게는 소총이 있었고, 원주민들은 매복(몰래 숨어 있음)과 기습 공격에 익숙했어. 메타콤은 영국인들을 물리치기 위한 그 전쟁에 이웃의 다른 부족들을 끌어들였어. 원주민 전사들이 영국인 정착지들을 불태우고, 주민들을 죽이고, 포로로 잡아가서 나중에 돈과 무기와 교환했어. 그때 포로로 잡혀간 사람들 중에 메리 로렌슨이라는 여자가 있었는데, 그녀는 당시의 다급한 상황을 이렇게 기록했단다. "그 날은 내 인생에서 가장 무서웠던 날이었다. …… 사방에서 인디언들이 총을 쏘아대었고, 총알이 우박처럼 쏟아졌다. …… 죽기를 각오하고 맞서 싸우는 사람, 쓰러져서 피를 흘리며 버둥거리는 사람…… 천장과 지붕이 활활 불탔다. 나는 자식들을 끌어안고 밖으로 뛰어나갔다. 문을 박차고 나서는 순간에 또 총알이 빗발쳤다. 마치 누군가가 두 손에 자갈을 한 움큼씩 쥐고 던지는 것 같았다." 로렌슨은 자식들을 끌어안은 채로 포로가 되었고, 몇 주일 후에 남편이 돈을 가지고 가서 구출했대.

전쟁이 시작된 지 여덟 달이 지났을 때, 플리머스의 1,300명의 영국인들이 뭉쳐서 메타콤의 군대에 대한 최대의 반격에 나섰어. 메타콤과 그의 전사들은 내러갯싯이라는 다른 부족과 합세해서 시시때때로 땅의 모양이 바뀌는 넓은 습지의 한가운데에 진을 치고 있었어. 영국인들이 거기로 진격해서 메타콤의 야영지를 공격했어. '대습지 전투Great Swamp Fight'라는 이름으로 알려지게 되는 그 전투에서 원주민 전사들은 거의 전원이 죽었단다! 뉴욕 식민지가 있는 서쪽으로 피신한 메타콤은 모호크 족을 찾아가서 전사와 무기를 원조해 달라고 부탁했어. 모호크 족이 거절하자, 메타콤은 남은 전사들을 추슬러서 끝까지 싸우겠다고 결심했단다. 그러나 이미 쇠약해진 그의 군대는 그리 오래 버티지 못했어. 대습지 전투로부터 8개월 후에 영국인들이 메타콤의 야영지를 포위했어. 메타콤은 용케도 피신했지만, 그의 아내와 아홉 살짜리 아들은 포로가 되어서 남아메리카에 노예로 팔려 갔

식민지 영국인들과 인디언의 전쟁　217

다는구나.

메타콤은 열흘쯤 영국인들을 피해 다니다가 어느 습지의 한가운데에서 포위되는 바람에 꼼짝 못하게 되어 버렸어. 동족을 배신하고 영국인들한테로 넘어간 어느 원주민 전사가 메타콤을 쏘았어. 영국인들은 그의 머리를 잘라 가지고 플리머스로 돌아왔어. 그리고 메타콤의 머리를 도시 한가운데의 장대에 걸었는데, 그 후 몇 년이 지날 때까지도 아무도 치우지를 않았다는구나.

영국인들은 메타콤을 '킹 필립King Philip'이라고 불렀어. 그래서 그 전쟁은 '킹 필립의 전쟁King Philip's War'이라는 이름으로 알려지게 되었어. 영국인들의 마을 열두 곳이 불타 없어졌어. 남자들이 열여섯 명 중 한 명꼴로 죽었고, 들판이 다시 황무지가 되어 버렸단다. 그래서 그 후 몇 번의 겨울 동안에 수많은 주민들이 굶어서 죽었지.

킹 필립이라고 불린 메타콤

그런데 원주민 쪽의 피해는 그 정도가 아니었어. 3천 명 이상이 죽었고, 마을이란 마을은 모조리 불타 없어졌고, 간신히 살아남은 부족 사람들은 뿔뿔이 흩어지고, 대개는 북쪽으로 달아났다는구나. 이제 영국인들은 킹 필립의 전쟁으로 인해서 텅 비어 버린 드넓은 땅을 마음껏 차지하면서 북아메리카의 내륙 쪽으로 진출할 수 있게 되었던 것이야.

이로쿼이 족을 물리친 프랑스 여인

매사추세츠의 북쪽에서는 프랑스 식민지들이 원주민 부족들과 전쟁을 치르고 있었단다.

뉴프랑스의 주민들은 근처에 사는 원주민들과 사이좋게 지내려고 최선을 다해 노력했어. 여러 해 동안 사무엘 드 샹플랭은 그들과 가장 가까이에 사는 원주민 부족인 휴런 족Hurons과 친구로 지내려고 늘 신중하게 행동을 했다는구나. 그들에게 자주 선물을 하고, 그들의 마을에 가서 먹고 자기도 하고, 그들이 그들의 적들과 싸울 때는 얼른 달려가서 지원을 했다는 거야.

그런데 휴런 족은 그 우정 때문에 오히려 큰 피해를 입었어. 프랑스 사람들이 선물을 가지고 오는 것까지는 좋았는데, 생전에 듣지도 보지도 못했던 천연두라는 병까지 가지고 왔기 때문이었지. 천연두는 열이 나고 두통이 나며 온몸에 발진(종기)이 생겨서 자칫하면 얼굴이 얽게 되는 전염병이야. 천연두라는 병이 이 세상에 있는 줄도 모르고 살던 휴런 족 사람들은 너무도 쉽게 감염되었지만, 병균을 물리칠 면역력은 가지고 있지 않았어. 병이 빠르게 번졌어. 얼굴에 발진이 돋아난 사람들이 하루가 다르게 늘어났어. 그들은 숨을 쉬기가 힘들고 음식을 삼키기가 힘들어졌어. 마침내 휴런 족의 절반이 천연두 때문에 죽었다는구나! 맙소사!

근처에는 또 다른 원주민 부족이 살고 있었어. 대단히 거칠고 싸움을 즐기는 이로 쿼이 족Iroquois이었어. 그들은 휴런 족이 생전 듣지도 보지도 못했던 질병 때문에 크게 기울어 가는 것을 지켜보고 있었단다. 그래서 이로쿼이의 전사들은 휴런 족의 땅으로 쳐들어가서 야영지를 불태우고 통나무집들을 불태우고, 사람들을 닥치는 대로 죽였어. 완전히 풍비박산(사방으로 날아 흩어짐) 난 휴런 족 사람들은 뿔뿔이 흩어져 버리고, 승리를 거둔 이로쿼이 족이 그 땅을 차지해 버렸어.

이로쿼이 족은 다음에는 뉴프랑스를 공격했어. 프랑스 사람들이 휴런 족하고 친하게 지내고 전쟁을 지원했기 때문이었어. 이로쿼이의 전사들이 작은 무리를 지어 퀘벡의 농장들을 습격해서 마을을 불태우고 주민들을 죽였어. 또 다른 무리들은 뉴프랑스의 가장 큰 정착지인 몬트리올Montreal을 포위했어. 주민들이 맞서 싸웠어. 그러나 거칠고 강인한 이로쿼이 전사들은 숲에서 전투를 하는 데는 도가 튼 사람들이었단다. 바람처럼 빠르게 나타났다가 사라진 그들의 뒤에는 어김없이 죽음과 폐허가 남았어. 그들의 공격이 끊이지 않자, 위험스럽기 짝이 없는 뉴프랑스를 떠나서 프랑스로 돌아가는 사람들이 갈수록 늘어났어. 그래서 식민지가 거의 없어져 버릴 지경까지 이르렀단다.

그 지경이 되었을 때 뉴프랑스를 구하러 나선 사람이 있었어. 바로 프랑스의 국왕 루이 14세였단다.

태양 왕 루이 14세는 그의 제국의 영토를 넓히기 위한 전쟁을 오래전부터 치르고 있었어. 그러니 당연히 신대륙의 식민지들을 잃어버리는 걸 멀거니 보고만 있을

리가 없었겠지. 그는 프랑스 군대를 보내서 이로쿼이 족과 싸우게 했어. 그는 병사들에게 뉴프랑스를 지키기만 하면 그곳의 땅을 주겠다고 약속했단다.

대서양을 건너와서 뉴프랑스에 도착한 프랑스 군대가 배에서 내려서 진군했어. 그들은 소총과 대포를 가지고 있었어. 이미 유럽 땅에서 숱한 유혈극(피를 흘리는 싸움판)을 치렀던 그들은 북아메리카의 야만인들쯤이야 식은 죽 먹기로 쳐부술 수 있다고 자신만만해 했어.

그러나 그건 잘못된 추측이었어! 유럽에서의 전투 경험은 우거진 숲과 빽빽한 덤불이 있는 뉴프랑스에서는 전혀 도움이 되지 않았던 거야. 소총과 대포로 무장을 하고서도 그들은 이로쿼이 족의 땅을 정복할 수 없었단다.

그들은 뉴프랑스의 정착지들만을 간신히 지켜 낼 수 있었어. 지루한 대치(서로 마주 대하여 버팀) 상태가 지속되다가 이윽고 그들은 이로쿼이 족과 휴전 협정을 맺었단다. 이로쿼이 족은 그들의 땅으로 돌아가고, 프랑스 병사들은 새로운 땅에 정착해서 새로운 삶을 살기 시작했어.

그런데 프랑스 병사들에게 새로운 문제가 생겼어. 땅을 주겠다는 국왕의 약속을 믿고 뉴프랑스로 건너온 병사들의 수가 600명이었어. 물론 모두가 남자였어. 그 병사들이 가정을 이루고 자식을 낳아서 기르고 싶었지만, 그곳에는 여자의 수가 너무도 적었던 거야. 남자 여섯 명에 여자 한 명꼴이었대.

루이 14세가 이번에도 문제를 해결해 주었단다. 그는 신대륙의 뉴프랑스에 가서 살겠다고 지원하는 젊은 여자들에게 큰돈을 주겠다고 약속했어. 수많은 여자들이

그 돈을 받아 가지고 대서양을 건너갔단다. 결혼을 하지 못해서 끙끙 앓던 병사들이 환호작약(기뻐서 소리치며 날뜀)하며 여자들을 환영했겠지! 그때 신대륙으로 건너간 젊은 프랑스 여자들을 '국왕의 딸들filles du roi'이라고 부른단다.

이제는 뉴프랑스도 사람이 살기에 그런대로 안전한 곳이 되자 식민지가 다시 한 번 성장하기 시작했어. 농부들이 논밭을 개간하고, 모피 장수들이 작은 배를 타고 강을 오르내리면서 모피 장사를 했어. 프랑스를 떠나서 캐나다를 거쳐 온 배들이 뉴프랑스의 여러 항구에 도착해서 프랑스의 상품들과 신문들과 더 많은 이주민들을 내려놓았어. 퀘벡과 몬트리올의 도시들은 날이 갈수록 커지고 부유해졌어. 거리들은 자갈로 포장되고, 도시들의 한가운데에는 돌로 지은 멋진 집들이 속속 들어섰어. 은세공인과 가발 제조업자와 맞춤복 업자들의 영업이 성시(사람이 많이 모여 흥청거림)를 이루었어. 루이 14세의 궁정의 대신들처럼 뉴프랑스의 신사들과 숙녀들도 비단과 레이스와 분을 뿌린 가발과 보석 장신구로 몸을 치장했던 거야.

그런데 이로쿼이 족은 아직 단념하지 않고 있었어. 그들이 또다시 뉴프랑스의 부유한 도시와 농장을 공격해 왔어.

10월의 어느 날 아침에 프랑소와 자레라는 사람의 농장은 따사로운 가을 햇살 속에서 평화롭기가 그지없었어. 자레는 군대의 장교 출신으로서 넓은 농장을 퇴직금으로 받은 사람이었어. 수많은 농부들이 그 농장에서 살면서 일했단다.

그날 아침에 자레는 아내와 함께 그들의 집이 있는 '포트'(성채)를 떠나서 근처의 어느 도시로 일을 보러 나갔어. 당시 열네 살인 딸 마리 마들렌Marie-Madeleine

은 혼자서 들판을 산책하고 있었어. 처녀는 성채가 아득히 멀리 보이는 곳까지 나갔어. 나무에서는 새들이 지저귀고, 서늘한 가을바람이 처녀의 볼을 어루만졌을 거야.

갑자기 마리 마들렌의 귀에 희미한 총소리가 들렸어. 그리고 이내 겁에 질린 비명이 들렸는데, 근처에서 일하던 농부들이 지르는 소리였어. "피해요! 이로쿼이 사람들이 쳐들어왔어요!" 처녀가 고개를 돌려 보니까, 한 쉰 명쯤 되는 이로쿼이 전사들이 자기 쪽으로 달려오고 있었어. 처녀는 성채를 향해서 있는 힘을 다해서 뛰었지.

나중에 마리 마들렌은 그날의 일을 자세히 기록했단다. 그녀가 쓴 글을 대충 요약해 보면 다음과 같아.

나를 쫓던 이로쿼이 족 전사들은 거리가 너무 멀어서 나를 붙잡을 수 없다고 판단한 것 같았다. 그래서 그들은 총을 쏘기 시작했다. 총알이 빗발처럼 나를 스치고 지나갔다! 소리를 지르면 경비병들에게 들릴 만큼 성채에 가까워졌을 때 나는 소리를 질렀다. "무기를 갖고 나오세요! 제발 저를 구해 주세요!" 그러나 성벽에는 아무도 나타나지 않았다.

내가 대문에 막 당도했을 때, 가장 빨리 나를 쫓아온 전사가 내 목에 두른 스카프를 움켜잡았다. 나는 황급히 매듭을 풀어 버리고, 재빨리 안으로 들어가서 대문을 닫았다. 그리고 주위를 둘러보았다. 성채의 벽에 몇 군데 틈이

나 있는 게 보였다. 나는 성채 안에 있는 사람들을 향해서 소리를 질렀다. "통나무를 가지고 와서 벽의 틈을 막으세요! 급해요!" 그리고 나는 근처에 있는 통나무를 옮겨 와서 벽의 틈을 막았다. 그걸 보고 다른 사람들도 벽의 틈을 막기 시작했다. 그래서 나는 경비병들을 찾으러 갔다. 한 경비병은 꼭꼭 숨어 있었고, 또 한 경비병은 탄약과 화약을 보관한 창고 안에서 불붙인 도화선을 손에 쥐고 있었다. 내가 소리쳤다. "뭐 하시는 거예요?" 경비병이 대답했다. "이제는 가망이 없어. 이로쿼이 사람들한테 잡혀가는 것보다는 여기를 터트려서 다 같이 죽어 버리는 게 나아." 내가 꽥 소리를 질렀다. "한심한 인간 같으니라고! 그거 이리 내놓지 못해요?"

그가 도화선을 내게 건네주었다. 나는 아무도 앞장을 설 사람이 없다는 걸 알아차렸다. 그래서 나는 머리에 두른 꽃 수건을 벗어 버리고, 때마침 곁에 놓여 있던 모자를 집어 쓰고, 소총을 집어 들었다. 그리고 나는 열두 살과 열 살인 두 남동생을 찾았다. "자, 서둘러. 우린 이제부터 목숨을 걸고 싸우는 거야!"

우리는 성벽에 올라가서 대포에 포탄을 넣고 쏘았다. 이로쿼이 전사들이 놀라서 조금 뒤로 물러났다. 안에서는 여자들이 엉엉 울고 있었다. 나는 그들에게, 울려거든 방 안에 들어가서나 울라고 소리쳤다. 밖에서 적들이 안에서 사람들이 우는 소리를 들으면 우리가 겁을 먹고 있는 줄로 알 것이기 때문이었다. 어느새 해가 지고 있었다. 눈이 내리고 살얼음이 얼기 시작했다.

이로쿼이 족
이로쿼이 족은 한때는 꽤 넓은 지역을 지배했던 아메리카 인디언이야. 이로쿼이 전사들은 숲에서 전투를 하는 데는 자신이 있었단다. 이로쿼이 족은 뉴프랑스의 부유한 도시들을 공격했으며, 윌리엄 왕 전쟁 때는 영국군과 함께 뉴프랑스를 공격하기도 했어.

밤이 깊어지면 적들이 다시 공격해 올 거라는 걸 난 알고 있었다. 그래서 우리는 밤이 새도록 성벽 위에서 보초를 섰다. 나는 한 모퉁이를 맡았고, 다른 두 모퉁이는 두 남동생이 맡았다. 나머지 한 모퉁이는 여든 살이나 되는 어느 노인 한 분이 지키셨다! 그리고, 여드레 동안 우리는 적으로부터 우리의 성채를 지켰다.

드디어 근처의 정착지로부터 프랑스 군대가 와서 이로쿼이 족을 멀리 쫓아 버렸어. 남다른 용기를 발휘했던 마리 마들렌은 지금도 프랑스 계 캐나다 사람들 사이에서 여장부로 숭상받고 있고, 퀘벡 시에는 그녀의 동상이 서 있단다.

퀘이커 교도 윌리엄 펜이 이룩한 필라델피아

뉴프랑스와 뉴잉글랜드의 식민지들이 생존을 위한 싸움을 벌이고 있을 때, 윌리엄 펜William Penn이라는 사람은 또 다른 식민지를 만들기 위해서 갖은 애를 쓰고 있었단다. 펜은 그의 새로운 식민지가 늘 평화와 인정과 사랑이 깃든, 전쟁 같은 것은 있지도 않은 곳으로 만들고자 했단다. 그 새로운 식민지의 이름은 펜실베이니아Pennsylvania였어.

그런데 펜실베이니아의 역사는 온갖 고난으로 가득 차 있어!

펜실베이니아의 이야기는 펜이 고작 열여섯 살이었을 때부터 시작돼. 그는 영국 옥스퍼드 대학에서 공부를 하고 있었단다. 그 무렵에 영국인들은, 크롬웰에게 쫓겨 프랑스로 도망가서 살고 있던 왕위 계승자를 다시 영국으로 데리고 와야겠다고 결정했었단다.(그 왕위 계승자가 영국으로 돌아와서 찰스 2세가 된다는 이야기를 바로 얼마 전에 했으니까, 아직 기억하겠지?) 펜의 아버지는 영국 해군의 장교였어. 그는 찰스 2세가 영국으로 다시 돌아올 때 탔던 배의 선장이었어. 찰스 2세는 그 고마움을 잊지 않고 펜의 아버지를 해군 제독에 임명하고 기사의 작위를 주었어. 찰스 2세가 런던에서 왕위에 오른 다음에 해군 제독 펜은 국왕에게 1만 6천 파운드라는 큰돈을 빌려 주었대. 일개 농부나 상인이 평생을 벌어서 단 한 푼도 쓰지 않고 모은다 해도 모으기 힘든 엄청난 돈이었다는구나.

해군 제독 펜은 아들 펜이 새로운 조정에서 한자리하거나, 어느 나라의 대사로 나가거나 군대의 장교가 되어 주기를 바랐지. 그러나 펜은 옥스퍼드 대학에서 '진리의 형제들의 모임'이라는 종교 모임에 나가고 있었단다. 그 '형제들'은 '퀘이커 Quaker'라는 별명으로 불렸어. 이것은 '부르르 떠는 사람들'이라는 뜻인데, 그들이 제각기 신의 존재를 느끼는 순간에 온몸이 부르르 떨리더라고 서로들 작은 소리로 속삭였다는 데서 스스로 붙인 별명이라고 하는구나. 퀘이커 교도들은 영국 국교회의 예배에 참석하는 것을 거부했어. 그들은 소박한 장소에 자기들끼리 모여 조용히 앉아서 기도를 올리고, 신의 말씀이 마음속에 곧장 전해질 순간을 기다렸대. 그들은, 인간은 남녀를 가리지 않고 누구나 평등해야 한다고 믿었어. 그래서 그들은 '당신you'이라는 말을 일부러 쓰지 않았대. 그 당시에는 윗사람들하고 이야기할 때는 상대방을 '당신'이라고 부르고, 나이가 서로 비슷한 사람들끼리는

'그대thee'라고 부르는 게 관습이었어. 퀘이커 교도들은 누구에게나 '그대'라는 칭호를 사용했어. 심지어 그들은 국왕 앞에서도 모자를 벗지 않았대! 그런데 이런 행동은 몹시 발칙한 정도를 넘어서 반란이나 마찬가지라고 여겨졌던가 봐. 그래서 퀘이커 교도들은 흔히 체포되고, 감옥에 갇혔다는 거야.

해군 제독 펜은 아들 펜이 퀘이커 교도라는 사실이 너무도 못마땅했겠지. 그래서 그는 아들에게 당장 대학을 집어치우고 집으로 돌아오라고 엄명을 내렸고, 집에 돌아온 아들을 프랑스로 보내 버렸단다. 프랑스에서 펜은 루이 14세를 만나고, 그 후 눈부시고 아름다운 궁정에 자주 출입하면서 그 나라 특유의 복식과 예절을 배웠어. 이윽고 다시 영국에 돌아온 그는 장차 귀족으로서 한평생을 살아가겠다는 생각이 완전히 굳어진 모습인 것 같았어. 그는 파티와 무도회에 자주 나가고, 군인이 되겠다고 결심했는지 어느 때는 화가를 불러다가 군복 정장을 차려입고 앉아서 초상화를 그리게도 했다는구나.

그러나 펜은 멋이나 부리는 청년인 척을 하고 있었지만, 속으로는 아직도 퀘이커의 사상을 늘 생각하고 있었단다. 그리고 오래지 않아서 그는 다시 퀘이커 모임에 나가기 시작했어. 스물두 살이던 해의 어느 날, 펜은 퀘이커 모임에서 기도를 올리던 중 온 가슴이 기쁨으로 미어터지는 것을 느꼈어. 그는 나중에 이렇게 썼단다. "주님께서 내게 오셨다. 주님의 영원한 말씀의 그 음성을, 그 증거를, 나는 확실히 느꼈다." 이제 펜은 절대로 군인이 될 수 없게 되어 버렸어. 왜냐고? 퀘이커 교도는 인간이 서로 싸우는 것은 옳지 않다고 믿는 사람들이기 때문이야. 그는 또 어느 나라의 대사로 나갈 수도 없게 되었어. 그건 또 무슨 이유냐고? 퀘이커 교도는 어느 나라의 궁정에서도 환영받을 수 없는 사람들이기 때문이야. 아들이 다시 퀘이커 교도가 되었다는 사실을 안 그의 아버지는 너무도 격분한 나머지 다시는 집에 돌아오지 말라고 호통을 치고 내쫓았다는구나. 펜은 친구들과 같이 살 생각으로 런던으로 갔어. 런던에서 그는 퀘이커의 신앙을 옹호(편들어 지킴)하는 글을 써서 출판하고, 많은 사람들 앞에서 설교를 하고, 감옥에 갇혔어. 이윽고 감옥에서 풀려 난 그에게 아버지가 죽을병에 걸려서 누워 지내신다는 소식이 전해졌어. 열흘 후에 해군 제독 펜이 눈을 감았어.

윌리엄 펜

펜은 그 후 3년 동안 퀘이커 사상에 관해서 깊은 사색을 하고 글을 썼어. 그동안에도 영국 전 지역에서 퀘이커 교도가 그 신앙 때문에 감옥에 갇히는 사태가 끊이지 않았단다. 펜은 저 멀리 북아메리카에서 식민지를 이루고 살면서 자기들만의 방식으로 신을 경배하는 청교도가 있다는 사실을 잘 알고 있었어. 그는 이렇게 생각했어. "우리 퀘이커 교도들도 거기 가서 식민지를 만들지 못할 이유가 없겠지?" 그래서 그는 찰스 2세 앞으로 편지를 보냈어. 예전에 그의 아버지가 빌려 주었던 1만 6천 파운드의 돈 이야기를 꺼냈던 것이지. 그는 국왕에게 그 돈을 돌려받고 싶은데, 현금으로가 아니라 북아메리카의 땅으로 받았으면 좋겠다고 말했단다. 찰스 2세가 허락했어. 그리고 한 가지 조건을 달았단다. 북아메리카에 가서 새로운 식민지를 세우거든 그 이름을 펜의 아버지의 이름을 기념해서 '펜실베이니아'라고 불러야 한다는 것이었어. 국왕은 펜에게 북아메리카 델라웨어 강 서쪽 연안 일대의 땅을 주었단다. 거의 잉글랜드 섬만큼이나 넓은 땅이었어!

펜은 그 땅을 퀘이커의 사상에 한 치도 어긋남이 없도록 이용할 계획을 세웠어. 그는 이주민들이 모두 형제로서 살고, 누구나 평등하게 살기를 원했어. 수도를 세운 다음에는 그 이름을 그리스 어로 '필라델피아Philadelphia'로 정하기로 했는데, 이것은 '형제 애(愛)의 도시'라는 뜻이야. 그는 무엇보다도 모든 주민들이 그들 스스로를 다스리는 전혀 새로운 삶의 터전을 만들고자 했어. 그래서 그는 〈정부의 틀Frame of Government〉이라는 제목의 지침서를 썼단다. 장차 그들이 식민지를 운영해 나갈 방식을 자세히 설명한 글이었어. 펜은 세 그룹의 지도자들을 선발한다는 구상을 했어. 평의회(council), 총의회(assembly), 총독(governor)이 그 세 그룹인데, 평의회는 여러 가지 법률의 안을 세우고, 총의회는 그 법률을 선포할 것인지 말 것인지를 투표로써 결정하고, 총독은 그렇게 선포된 법률이 곧이곧대로 지켜지는지를 감시하는 임무를 맡는다는 것이었어. 그렇게 하면 어느 한 그룹이 권력을 독차지하는 경우가 절대 발생하지 않겠지? 펜의 〈정부의 틀〉은 나중에 미국 헌법의 모델이 된단다.

펜은 원주민들에 대한 배려도 잊지 않았어. 그는 그들에게 전언(전하는 말)을 보내서, 그들의 땅을 식민지 개척자들이 이용하게 될 때에는 반드시 값을 치르겠다고 약속했대. 새로운 식민지의 운영 방식을 자세히 설명한 그 지침서에서 펜은 이렇게 썼다는구나. "어느 누구도, 그 어떤 수단과 방법으로써도, 말로써도 행동으로써도, 단 한 명의 인디언에게라도 모욕을 주거나 도리에 어긋난 짓을 해서는 안 된다. …… 우리 식민지 개척자들이 그곳에서 누리게 될 모든 것을 인디언들도 자유로이 누릴 수 있게 되어야만 한다."

펜은 1백여 명의 이주민들과 함께 펜실베이니아에 도착했어. 그 다음 해에는 한 번에 한 척씩 23척의 배가 새로운 이주민들을 실어 왔는데, 그 수가 모두 합해서 2

월리엄 펜은 필라델피아를 '형제 애의 도시'로 만들었어.

퀘이커 교도 윌리엄 펜이 이룩한 필라델피아 231

천 명이나 되었어!

그런데 펜실베이니아의 바로 동쪽에 터를 잡은 식민지 메릴랜드Maryland의 총독이 나날이 성장해 가는 그 새로운 식민지를 경계의 눈빛으로 지켜보고 있었어. 그는 당연히 메릴랜드의 땅이어야 할 곳까지 펜실베이니아의 개척자들이 먹어 들어온다고 생각했어. 펜이 그곳에 도착한 지 정확히 2년 후에 메릴랜드 총독은 자기가 직접 영국으로 돌아가서 국왕에게 펜실베이니아 땅의 일부를 자기가 가지게 해 달라고 청원을 하겠다고 선언하더니 정말로 곧 영국으로 떠났어.

펜은 아직은 영국으로 돌아갈 생각도 없고 돌아갈 처지도 아니었어. 그러나 어쩔 수가 없었단다. 메릴랜드 총독의 뒤를 따라 영국으로 돌아가서 펜실베이니아의 권리를 지키지 않을 수가 없었던 거야. 그래서 그는 대서양을 건너는 먼 항해에 나섰어.

그런데 그는 15년 동안이나 돌아오지 못하게 될 줄은 미처 몰랐단다!

영국에 도착해 보니까, 국왕은 몸져누운 지 오래여서 그를 만나 줄 수가 없었어. 그리고 오래지 않아서 찰스 2세가 죽었는데, 그에게는 아들이 없었어. 그래서 그의 동생이 왕위에 올라서 제임스 2세James II가 되었어.

그런데 제임스 2세는 가톨릭 신자였어. 영국 사람들은 겁에 질렸어. 영국이 다시 가톨릭 나라가 된다는 뜻인가? 또 오래지 않아서는 더욱 놀랄 일이 일어났단다. 제임스 2세가 그의 아내에게서 아들을 낳았던 것이야. 이제 영국은 오갈 데 없이 가톨릭 신자를 줄줄이 국왕으로 모신 나라가 될 것 같았어.

프로테스탄트 신자들이 들고일어났어. 그들은 제임스 국왕의 딸이며, 지금은 네덜란드에서 살고 있는 메리Mary에게 전갈을 보냈어. 메리는 오렌지 공 윌리엄 3세William III of Orange라는 네덜란드 귀족에게 시집을 갔던 것이야. 그들 부부는 프로테스탄트 신자였어.

"영국으로 돌아와서 왕위에 앉아 주세요!"

그 말을 듣고 부부는 옳다구나, 됐구나, 했어. 그들은 또 의회의 허락을 받지 않고서는 어떤 법률도 선포하지 않겠다고 맹세하는 내용의 서류에 도장을 찍었어. 그들은 1만 4천 명의 프로테스탄트 병사들과 함께 배를 타고 영국으로 건너왔어. 그들을 실은 배가 도착하자마자 제임스의 왕실 군대는 국왕을 버리고 새로운 프로테스탄트 지도자들을 맞이하러 나왔단다. 제임스는, 전에 그의 형이 그랬던 것처럼, 프랑스로 달아나지 않을 수 없었어.

영국의 프로테스탄트 신자들은 기쁨에 넘쳤어. 그들은 이제 절대로 독재자로 돌변하는 일은 없을 거라고 약속한 국왕(윌리엄 3세)과 왕비를 가지게 되었거든. 한 방울의 피도 흘리지 않고 마음에 들지 않는 국왕을 내치고 새로운 국왕을 앉혔다는 뜻에서 영국 사람들은 이 사건을 '명예 혁명Glorious Revolution'이라고 부른단다.

그러나 그 혁명은 펜에게는 전혀 명예롭지 못한 사건이 되고 말았어. 그는 아무리 보아도 새로운 국왕에게 제대로 충성을 바칠 것 같지 않다는 의심을 받고 세 차례나 체포되었단다. 그는 감옥에서 풀려 났을 때마다 필라델피아로 돌아가려고 배편을 알아보았지만, 세 번 다 뜻을 이루지 못했대. 그래서 그는 숨어서 지내야 했

고, 숨어서 지내면서 어느덧 15년이나 세월이 지나 버렸던 것이야.

이윽고 제임스 2세가 다시 돌아올지도 모른다는 온 나라의 불안이 가라앉기 시작하자, 펜은 숨어 있던 곳에서 나왔어. 그리고 이번에는 어렵지 않게 북아메리카로 가는 배의 표를 구했다는구나. 필라델피아 항구에 도착해서 배에서 내려올 때, 그는 자기의 눈을 의심하지 않을 수가 없었단다. 15년이라는 세월이 과연 여간 긴 세월이 아니었는지, 필라델피아는 그새 북아메리카에서 두 번째로 큰 도시로 변해 있었던 것이야. 상점들이 빽빽하게 들어차 있고, 벽돌로 지은 집들이 높이 치솟았고, 도로는 넓디넓고, 수천, 수만의 인구가 살고 있었어. 펜의 거룩한 실험이 성공을 거두었던 것이지.

필라델피아 시의 시청 건물 꼭대기에는 지금도 펜의 동상이 서 있어. 높이가 약 11미터나 된대! 오랫동안 필라델피아 사람들은 그 동상의 모자 테보다 더 높은 건물을 짓는 걸 허락하지 않았다고 해. 당연히 펜이 그가 계획하고 만들었던 그 도시를 가장 높은 곳에서 굽어볼 수 있도록 하겠다는 뜻이었겠지.

농업 혁명 시기의 유럽

제16장 서양 세계

뉴턴과 로크가 발견한 보편 법칙

펜은 누구나가 평등하게 사는 식민지를 건설하는 데 나섰어. 영국 국민들은 새로운 국왕과 왕비인 오렌지 공 윌리엄과 메리가 오직 국민이 원하는 법률만을 선포할 것을 요구했어. 그렇다면, 기사들이 있고 곳곳에 성이 있고, 국왕은 무엇이든지 자기 마음대로 할 수 있고, 영주들이 자기의 영지를 말을 타고 돌아다니면서 촌민들에게 복종을 요구할 수 있었던 그 시절은 어떻게 된 것일까?

우리가 지금 서양 세계라고 부르는, 영국과 유럽 대륙의 여러 나라에서 그러한 시절은 벌써 오래전부터 막을 내리고 있었단다.

국왕과 영주들의 전성시대가 그 밝았던 빛을 처음 잃기 시작한 것은, 오랫동안 이 세상에서 가장 똑똑한 사람들이었다고 여겨져 왔던 고대 그리스 사람들의 생각이 어딘가 틀린 데가 있다는 것을 철학자들과 과학자들이 알아차리면서부터였단다. 펜과 오렌지 공 윌리엄과 메리 국왕 부부의 시절로부터 대략 1백 년쯤 전에 이탈리아의 과학자 갈릴레오는 고대의 과학자 아리스토텔레스와 프톨레마이오스의 사상을 연구했어. 그들은 태양이 지구의 주위를 돈다고 썼어. 그러나 갈릴레오는 하늘에 대한 그 두 사람의 사상이 그가 눈으로 관찰한 바를 제대로 설명하지 못한다는 것을 깨달았어. 그에게는 새로운 이론이 필요했고, 그래서 자기가 직접 새로운 이론을 만들었어. 지구가 태양의 주위를 돈다고 하는 것이었어! 갈릴레오는 '과학적 방법scientific method'을 사용한 최초의 과학자들 중 한 사람이었단다. 옛 학자들의 사상을 곧이곧대로 받아들이는 게 아니라, 자기 눈으로 세상을 관찰하고 그 결과를 설명하는 이론을 만들어 내는 것을 과학적 방법이라고 해.

그로부터 한 1백 년쯤 지난 후에 영국의 어느 곳에서 몹시 허약한 한 아기가 태어났어. 그의 부모는 아기가 살아날 거라고는 기대하지 않았지만, 하여간에 이름을 지어 주었어. 성경에 나오는 아브라함과 사라의 아들 이름을 따서 아이작이라고 지었단다. 아이작은 죽지 않았어. 아니, 그는 여든네 살까지 살았어! 그 84년 동안 그는 갈릴레오의 사상들을 더욱 넓히는 데 몰두했단다.

아이작 뉴턴Isaac Newton은 성장하면서 이 세상의 운행에 대해서 갈수록 관심이 깊어졌단다. 그는 책을 닥치는 대로 읽고, 온갖 실험을 했어. 그는 납과 구리로 금을 만들어 보려고 갖은 애를 썼지만, 그것만은 성공하지 못했어.

뉴턴이 열여덟 살이 되었을 때 영국 사람들은 프랑스에 도망가서 살고 있던 왕위계승자를 모셔 와서 왕위에 앉혔어. 그가 찰스 2세라는 건 물론 아직 기억하고 있겠지? 그 후에 뉴턴은 케임브리지 대학에 들어가서 과학을 공부했단다. 대학에서 뉴턴은 플라톤과 아리스토텔레스의 책을 읽으라는 권유를 받았지만, 그는 갈릴레오와 코페르니쿠스 같은 현대 과학자들의 사상이 진리에 더 가까이 접근해 있다고 생각했어. 뉴턴의 과학 노트에는 라틴 어로 이렇게 쓰여 있었단다. "아미쿠스 플라토 아미쿠스 아리스토텔레스 마기스 아미카 베리타스Amicus Plato amicus Aristoteles magis amica veritas." "플라톤은 나의 친구, 아리스토텔레스도 나의 친구, 그러나 가장 친한 친구는 진리라네."라는 뜻이야.

흑사병이 온 세상에 번지자 케임브리지 대학도 문을 닫아야 했고, 뉴턴은 집으로 돌아왔어. 그는 계속 세상을 관찰했어. 세상에서 일어나는 모든 일들이 굳이 그런 식으로 일어나는 이유를 캐려는 것이었지. 그가 늘 공부하고 생각하고 글을 쓰며 지내는 동안에, 찰스 2세가 병이 들어서 죽고 제임스 2세가 국왕이 되었단다.

어느 날 뉴턴은 창가에 앉아서 사과 밭을 물끄러미 쳐다보고 있었어. 사과 한 알이 툭 떨어졌어. 그는 생각했단다. "사과는 왜 언제나 똑바로 아래로 떨어지는 걸까? 왜 비스듬히 떨어지지 않고, 왜 허공으로 날아가지 않는 것일까? 그래, 이 세상에는 사과를 언제나 똑바로 아래로 떨어지게 하는 어떤 힘이 있는 게 틀림없어!"

뉴턴은 끈질기게 관찰하고 실험하고 깊이 생각해서 마침내 사과가 똑바로 떨어지게 하는 그 힘이 무엇인지를 설명할 수 있게 되었어. 그는 그 힘을 중력(gravity)이라고 불렀어. 이것은 '무겁다'는 뜻의 라틴 어 'grave'에서 나온 말이야. 그러니까 중력은 '무거운 힘'인데, 지구처럼 거대한 물체는 작은 물체들을 끌어당기는 힘을 가지고 있다는 뜻이란다. 뉴턴은 그 힘이 우주 공간의 그 어느 곳에서나 얼마만큼 강한지를 수학을 이용해서 측정할 수 있다는 것을 깨달았어. 그래서 이제 뉴턴은 사과가 얼마나 빠르게 떨어질 것인지, 땅에 닿을 때까지의 시간은 얼마나

아이작 뉴턴
뉴턴은 대학에서 갈릴레오와 코페르니쿠스 같은 현대 과학자들의 사상을 공부했어. 그는 사과나무에서 사과가 떨어지는 것을 보고 중력의 법칙을 발견했지. 뉴턴이 쓴 《프린키피아》라는 책은 만유인력의 원리를 처음으로 세상에 널리 알렸단다.

걸리는지를 정확하게 알아맞힐 수 있게 된 것이었단다.

뉴턴이 발견한 새로운 법칙을 지금 우리는 '중력의 법칙laws of gravity'이라고 불러. 이 법칙은 우주 속에서 일어나는 모든 운동과 작용에는 그것을 지배하는 법칙이 있다는 것을 보여 주었단다. 이제 우주는 더 이상 거대하고, 신비스럽고, 마술 같은 수수께끼가 아닌 것이야. 우주 속에서 일어나는 운동들의 이치를 인간이 알 수 있게 되었고, 예측까지도 할 수 있게 되었어. 우주는 언제나 똑같은 방식으로 운동하는 기계와도 같다는 사실을 인간이 깨달은 것이란다. 제임스 2세가 아직 왕좌에 앉아 있고, 그의 가톨릭적 통치로 인해서 국민의 인기와 신망을 점차 잃어 가던 무렵에 뉴턴은 그의 사상들을 《프린키피아Principia》라는 제목의 책으로 펴냈는데, 이 제목은 '자연 철학의 수학적 원리'라는 뜻이란다.

우주의 모든 현상들을 지배하는 법칙들에 관한 뉴턴의 사상은 비단 다른 과학자들에게만 영향을 끼치는 데 그치지 않았단다. (인간의 사상에 관해서 깊이 사색하는) 철학자들, (돈과 돈이 작용하는 방식에 관해서 깊이 생각하는) 경제학자들, (국가가 다스려지는 방식들에 대해서 깊이 생각하는) 정치 철학자들과 같은 다른 사상가들도 만약에 사물들을 지배하는 보편적인 법칙이라는 것이 존재한다면, 인간을 지배하는 보편적인 법칙도 있지 말라는 법이 없을 것이라고 생각하기 시작했고, 그래서 과학적인 방법을 사용해서 인간을 관찰하고 인간들의 행동에 관한 이론을 만든다면 그 보편적인 법칙을 발견할 수 있을 것이라는 데까지도 생각이 닿았단다. 그렇게 된다면 인간의 삶 또한 더 이상 도대체 무엇이 무엇인지 모를

신비한 수수께끼만은 아니겠지? 왜 어떤 나라는 잘살고 어떤 나라는 못사는지, 왜 어떤 나라는 전쟁에서 이기고 어떤 나라는 지는지를 더 이상 궁금하게 여기지 않아도 될 거야, 보편 법칙이 그 모든 것의 이유를 설명해 줄 테니까!

존 로크John Locke라는 영국인이 있었어. 그는 그 보편 법칙을 발견하겠다고 다짐한 사람들 중의 한 명이었단다. 영국인들이 찰스 1세에 대항해서 들고일어났을 때, 로크는 열일곱 살이었어. 그의 아버지는 내란 때 국왕에게 반대하는 편에 가담해서 찰스 1세의 군대와 싸웠던 사람이래. 찰스 국왕이 처형당한 뒤 로크는 옥스퍼드 대학에 들어갔어. 역사학과 그리스 철학을 공부할 생각이었으나, 뉴턴이 그랬던 것처럼 로크도 이내 그 사상들이 낡아 빠진 것이라는 생각을 하게 되었단다. 그래서 그는 과학 실험을 하고, 현대의 철학자들의 사상을 연구하기로 마음을 바꾸었대!

프랑스로 도망갔던 왕위 계승자가 돌아와서 찰스 2세가 되었을 때, 로크는 스물여덟 살의 청년이었어. 국왕의 지지자들은 로크가 왕정보다는 공화정을 좋아한다는 사실을 알고 있었던가 봐. 로크는 자기가 언제라도 체포당할지 모르고, 심지어는 처형을 당하고 말지도 모른다는 두려움을 느끼지 않을 수 없었다는구나. 그래서 그는 영국을 떠나 프랑스와 네덜란드를 비롯한 유럽 여러 나라들을 돌아다니며 여러 과학자들과 철학자들의 사상을 접하고 익혔어. 그는 제임스 2세가 왕위에 앉아 있는 동안에는 영국으로 돌아가지 않았단다. 그리고 오렌지 공 윌리엄과 메리 부부가 영국으로 개선할 때, 로크는 메리의 측근자들 중의 한 사람으로서 귀국했다는구나.

이제 영국은 '입헌 군주제'의 나라가 되었어. 국왕과 왕비조차도 의회에서 통과된 법률에 따라야 하는 정치 체제를 입헌 군주제라고 해. 그래서 로크는 어떤 특정한 형태의 정부를 좋아한다는 이유에서 체포당하거나 처형당할지도 모른다는 두려움을 시원하게 떨쳐 버릴 수 있게 되었어. 그리고 그동안 깊이 생각해 두었던 사상들을 마음 편하게 앉아서 글로 쓸 수 있게 되었어. 로크는 《정치론Two Treatises of Government》이라는 제목의 책을 출판했단다.

그 책에서 로크는 인간이 행동을 하는 방식을 예측할 수 있는 보편 법칙들을 자기가 발견했다고 말하고 있단다. 로크는 이렇게 썼어.

"모든 남자와 여자는 평등하다. 모든 인간은 '생명, 건강, 자유, 그리고 소유'를 추구할 권리를 가지고 있다는 것이 '자연의 법칙'이다. 그 어떤 국왕도 신이 그에게 백성들을 제멋대로 처형하고 감옥에 가두고 재산을 빼앗아도 되는 신성한 권력을 주셨다고 주장할 수 없다."

그러나 로크는 도시나 국가를 이루고 모여서 사는 사람들에게는 법률을 만들고 집행할 '누군가'가 필요하다고도 말했단다. 사람들은 어차피 모여서 살게 마련이고, 따라서 그들은 서로 간에 어떤 계약을 맺게 된다는 것이었어. 이 계약은 그들 중의 몇몇에게 다른 모든 사람들을 통치할 권력을 부여하지만, 통치자로 뽑힌 사람들은 그 나머지 사람들이 그들에게 허락한 만큼만의 권력을 가질 수 있다는 게 그의 생각이었단다. 통치자들은 백성들의 '생명, 건강, 자유, 재산'을 마음대로 뺏

뉴턴과 로크가 발견한 보편 법칙 243

을 수는 없고, 만약 백성들의 '삶을 파괴하거나, 노예로 부리거나, 재산을 빼앗는다면' 백성들이 들고일어나서 그 계약은 이제부터 무효라고 선언하고, 통치자들을 들어내고 새로운 통치자들을 앉힐 수 있다는 것이었어. 로크는 또 이렇게 썼어. "정부를 이루어 놓고 사는 사람들은…… 누구나가 반드시 지켜야 할 법을 가져야 하며, 그 법은 그 사회의 모든 구성원들에게 공평하게 적용되어야 하고…… 어떤 한 사람의 변덕스럽고, 불안하고, 임의적인 의지에 의해서 좌지우지되어서는 안 된다." 다시 말하면 국왕이라 할지라도 법에 복종해야 하며, 법을 어길 때에는 당연히 쫓겨나야 한다는 것이었어.

로크는 또 통치자들이란 대개가 그의 권력을 함부로 휘두르고 싶은 유혹을 이기지 못할 가능성이 높다고 생각했단다. 그래서 그는 훌륭한 정부가 되려면 나라의 중대한 일을 맡은 사람들이 세 집단으로 나누어지는 게 가장 좋다고 썼어. 펜의 식민지처럼 말이야. 한 집단은 법률을 만들고, 또 한 집단은 그 법률을 집행하고, 나머지 한 집단은 외국과의 전쟁을 책임지게 한다는 것이었어. 그렇게 하면 국왕이라 할지라도 그에게만 유리하도록 법을 만들 수 없을 것이고, 자기가 더 부자가 되고 싶다거나 더 힘을 가진 인간이 되고 싶다는 이유에서 멋대로 전쟁을 일으킬 수도 없게 된다는 것이 로크의 생각이었단다.

당시에 영국과 유럽에서 살았던 수많은 사람들이 정부에 관한 이러한 사상을 받아들이기 시작했고, 뉴턴이나 로크 같은 학자들이 관찰과 성찰을 통해서 발견한, 인간 삶의 모든 면을 지배하는 보편 법칙들을 믿었단다. 지금도 우리는 이 '서양의 사상들'에 관해서 흔히 이야기를 하고, 그 사상들이 '계몽사상Enlightenment' 으로서 대중에게 널리 알려졌던 시기에 대해 이야기한단다. '계몽'이란 말은 '무지(아는 게 없음)에서 깨어나게 한다'는 뜻이야.

그런데 로크의 시대에 동양의 여러 나라들은 서양 사람들의 그러한 사상들을 찬성하지 않았어. 일본이 바깥을 향한 문을 모두 꼭꼭 걸어 잠갔던 적이 있었다고 앞에서 이야기했지? 그 이유들 중의 하나가 바로 계몽사상들이 들어오지 못하게 하려는 것이었단다. 인간을 무지에서 깨어나게 하는 그 사상들이 들어와서 퍼지면, 백성들이 쇼군의 권력에 대해서 의심을 품게 되지 않으리라는 보장이 없었던 것이었지.

과학이 이룩한 농업 혁명

아직은 몹시 추운 3월의 어느 날 아침 5시야. 영국 남부 지방 어느 농부의 오두막집 돌 계단에 서리가 내려 있구나. 굴뚝에서는 그날의 첫 연기가 막 피어오르고, 한 무리 양 떼가 돌담 앞에서 애처로운 눈빛들로 오두막집을 쳐다보고 있어. 아주 가끔씩 매매, 우는 녀석도 있고.

윌리엄 버클리는 벌써 한 시간 전에 일어났단다. 그는 요강을 비우고 들어오는 길에 땔감을 가지고 와서 지금 화덕에 불을 붙이고 있어. 반죽을 거의 다 만든 아내 조앤이 잠시 후에 그 불에다가 오늘 먹을 빵을 구울 거야. 세 아이들은 아직 자고 있는데, 막내 마틸다가 우는 소리를 듣고 조앤은 언뜻 손길을 멈추었다가는 다시

반죽을 주물러. 버클리는 벽에 걸린 밧줄 한 개를 벗겨서 어깨에 걸치고, 등에 불을 켜. 그는 이제부터 외양간에 가서 암소 한 마리를 도살하려고 해. 오늘 저녁에는 식구들이 쇠고기 요리를 배불리 먹게 되겠지. 그는 벌써 아침 요기를 했단다. 어제 먹다 남긴 귀리 빵을 싱거운 맥주에 적셔서 먹었어.

버클리의 집으로부터 아득히 먼 곳, 런던의 어느 화려한 영지 안에 있는 저택에서, 올해 일흔아홉 살의 뉴턴은 아직 잠이 들어 있어. 한 시간쯤 지나면 하녀가 차를 가지고 오고, 난로에 불을 지필 거야. 그가 침대에 앉아서 이불을 어깨에 두른 채 차를 마시고 있으면, 이번에는 다른 시종이 들어와서 옷을 챙겨 줄 거야. 옷을 입은 그는 식탁에 앉아서 구운 생선과 말린 사과와 희고 보드라운 빵으로 아침 식사를 하게 돼. 바깥에서 그의 마차가 기다리고 있는데, 이른 아침 공기가 너무 차가워서 앞 자리에 앉은 마부는 몸을 잔뜩 웅크린 채 오들오들 떨고 있어. 뉴턴이 아침 식사를 마치고 나오면 마부는 우드 스트리트라는 곳으로 마차를 몰아. 뉴턴은 그곳에 있는 아늑하고 편안한 요릿집에서 왕립 과학자 학회의 회의를 할 예정이야. 회의가 끝난 다음에는 김이 모락모락 나는 구운 쇠고기와 차가운 세이지(꿀풀과의 식물) 수프와 포도주와 사과 파이를 먹고, 불이 활활 타오르는 벽난로 앞에 놓인 의자에서 잠깐 낮잠을 잘 거야.

부유한 철학자나 과학자의 삶은 늘 움직이며 일을 해야 하는 농부의 삶과는 너무도 다른 것 같아! 그러나 보편 법칙을 발견하려는 데 힘써 왔던 뉴턴이나 로크 같은 사상가들은 (두 손을 움직여서 고된 노동은 하지 않고) 늘 사색과 글을 쓰며 살아갈 만큼 부유한 사람들이라는 건 사실이지만, 그들이 발견한 보편 법칙 덕분에 버클리와 조앤 같은 농부들의 삶도 크게 달라졌단다.

버클리는 지금 그의 할아버지, 할아버지의 아버지와는 전혀 다른 방식으로 농사를 짓고 있어. 그는 지금 새로운, 과학적인 방법으로 농사를 짓고 있는데, 그게 모두 학자들이 자연의 보편 법칙을 발견한 덕분인 거야.

자연의 세계를 설명할 수 있는 법칙을 발견할 수 있다고 하는 생각은 인간의 일상 생활의 매우 구체적인 면들을 바꾸어 놓기 시작했어. 우주와 인간이 보편적인 법칙들에 의해서 지배되고 있다면, 작물과 짐승들도 어떤 보편적인 법칙들에 의해서 지배되고 있는 게 아닐까? 농부들이 그 법칙들을 알게 되면 그 법칙들을 이용해서 작물을 더 풍성하게 거두어들이고 가축을 훨씬 더 건강하게 키울 수 있지 않을까?

버클리는 지금 외양간에 가서 암소 한 마리를 도살하려는 참이야. 오늘 저녁에는 식구들이 모두 쇠고기를 배불리 먹게 되겠지. 그러나 20년 전만 하더라도 가난한 농가에서는 겨울이나 이른 봄에는 쇠고기를 먹을 엄두조차 낼 수 없었단다. 그런데 지금은 사정이 달라졌어. 그는 20년 전의 농부들과는 달리 식물과 동물의 생장(나서 자라거나 큼)을 지배하는 보편적인 법칙들을 어느 정도 알고 있기 때문이란다.

여러 세기 동안의 경험을 통해서 농부들은 같은 밭에 해마다 밀을 심으면 갈수록 수확이 적어진다는 사실을 알게 되었어. 밀이란 식물은 토양 속의 광물질들을 빨아먹기만 할 뿐이고, 그래서 여러 해가 지나면 밀이 자라는 데 필요한 광물질이 다

과학이 이룩한 농업 혁명

사라지기 때문에 키가 크지 않고 시들시들해진다는 거야. 그래서 농부들은 첫해에는 밀을 심고, 다음 해에는 보리를 심고, 그 다음 한 해에는 밭을 놀리는 방법을 썼어. 한 해 동안 밭에 아무것도 심지 않고 놓아두면 토양 속에 광물질이 다시 되돌아오기 때문이란다.

그런데 식물의 생장을 지배하는 보편 법칙들을 탐구하기 시작한 영국과 네덜란드의 농부들은 식물마다 특별히 좋아하는 광물질이 서로 다르다는 사실을 알게 되었어. 대농장을 소유한 영국의 '신사 농부' 찰스 타운센드Charles Townshend라는 사람이 '윤작법Rotation'이라고 하는 새로운 비결을 발견한 것도 그 지식 덕분이었어. 순무와 토끼풀은 토양 속에서 다 소비된 광물질을 되돌려 주는 역할을 한다는 사실을 발견한 그는 첫해에는 밀을 심고, 다음 해에는 순무를 심고, 그 다음 해에는 보리나 귀리를 심고, 그 다음 해에는 토끼풀을 심어 보라고 농부들에게 권유했어. 이 4년 '윤작법'을 쓰면 밭을 놀릴 필요가 없어. 곡물을 풍성하게 거두는 것은 물론이고, 소도 살찌게 키울 수 있었어. 소는 순무와 토끼풀을 특히 좋아하기 때문이야. 이내 영국의 모든 농부들이 타운센드의 윤작법으로 농사를 짓게 되었고, 그래서 타운센드는 '터니프 타운센드'라는 별명을 얻었단다. 순무를 영어로 '터니프turnip'라고 하거든.

곡식이 풍부해지고 소에게 먹일 풀이 넉넉해지자 농부들은 소를 훨씬 더 많이 키울 수 있었고, 1년 내내 배불리 먹일 수 있게 되었어. 물론 한 해 중의 아무 때라도 식구들이 쇠고기를 먹을 수 있게 되었지.

버클리는 암소를 도살해서 잘 챙겨 놓은 다음에는 양 떼를 돌보러 가. 그의 양들은 하나같이 몸집이 크게 잘 자랐고, 통통하게 살이 찐 암양들은 털이 무성하게 자라 있어. 버클리는 지난 몇 년 동안 가장 튼튼한 양들만을 골라서 교배를 시켜 크고 건강한 새끼들을 낳게 했어. 그래서 그는 지금 마을에서 최고의 양 떼를 가지게 되었단다.

버클리의 할아버지는 가장 튼튼한 양들만을 골라서 교배를 시킬 수 없었어. 그 시절에는 농부들이 자기만의 밭과 자기만의 목장을 가질 수 없었단다. 드넓은 들판은 마을 전체의 소유였고, 그래서 마을 사람들이 모두 한군데에서 작물을 경작하고 가축을 길렀어. 마을의 모든 소들과 양들이 한데 뒤섞여서 풀을 뜯어 먹었다는 말이야.

그러나 윤작법을 비롯한 '과학적 농업'에 대한 관심이 높아지자 농부들은 저마다 자기만의 밭과 목장을 가지기를 원하게 되었어. 그래서 영국 정부는 '공유지 사유화 법령Acts of Enclosure'이라는 것을 선포했어. 마을 전체가 공동으로 사용하던 넓은 들판을 여러 개의 작은 단위로 나누고 울타리를 둘러쳐서 개인들이 소유하게 하는 법이었어('인클로저enclosure'란 말은 '울타리로 두른 땅'이라는 뜻이란다). 이제 농부들은 자기만의 밭에 곡물을 심고 자기만의 풀밭에서 소나 양을 기를 수 있게 된 것이야. 그래서 소도 양도 가장 튼튼한 녀석들만을 골라서 교배를 시킬 수 있게 되었어. 양을 치는 농부는 가장 크고 건강한 양들끼리 교배를 시키고, 소를 치는 농부는 가장 살찐 소들끼리 교배를 시켰어. 로버트 베이크웰이라는

농부는 서로 품종이 다른 소들끼리 교배를 시켜서 뉴레스터셔라는 이름의 전혀 새로운 품종의 소를 개발했단다. 그 소는 엄청나게 빨리 살이 찌기 때문에, 영국 사람들은 예전보다 훨씬 더 쇠고기를 넉넉하게 먹을 수 있게 되었단다.

그런데 자기만의 밭과 목장을 가지게 된 것을 모든 농부들이 다 환영했던 건 아니었던가 봐. 어느 마을에서 공동 목장을 잘게 나누어서 울타리를 칠 때는 정부의 관리들이 나와서 땅을 나누어 주게 되어 있었어. 땅을 받은 농부들은 관리들에게 돈을 주어야 했지. 그리고 이제는 자기만의 땅이 된 곳에 돌담이나 울타리를 치려면 또 돈이 들어야 했어. 버클리는 그 경비를 치르고도 남을 만큼 돈이 넉넉한 사람이었어. 그러나 그렇지가 못한 농부들이 당연히 있었어. 그래서 그들은 자기가 받은 땅을 돈 많은 다른 농부들에게 파는 수밖에 없었단다. 버클리도 남의 땅 한 뙈기를 샀어. 이제 그는 예전보다 땅이 두 배로 늘어난 것이야.

버클리는 양들에게 먹이를 먹인 다음에 쟁기 끄는 말에게 마구를 씌우러 가. 이제부터 그는 밭을 갈아서 밀 씨를 뿌리려는 것인데, 그 일은 아마 하루 종일 걸릴 것 같아. 그는 위에는 상자가 두 개 얹혔고 밑에는 두 개의 날카롭고 속이 빈 나무 칼날이 달린, 나무로 만든 장치를 말에게 걸어 매. 이 새로운 장치 덕분에 그는 나중에 밀을 넉넉하게 거두어들일 수 있게 되었단다. 그의 아버지만 해도 밭고랑을 걸어가면서 손으로 씨를 뿌려야 했어. 그렇게 뿌려진 씨들은 더러는 싹이 돋고, 더러는 새들이 쪼아 먹고, 더러는 썩어 버리거나 말라 죽어 버렸어. 게다가 밀은 가지런히 줄을 지어서 자라지 않게 되기 때문에, 버클리의 아버지는 거름을 주거나 잡초를 뽑을 때 너무도 성가시고 힘이 들었단다.

그런데 발명에 재능이 있는 제스로 툴Jethro Tull이라는 농부가 지금 버클리가 그의 말에게 걸어 맨 그 씨를 뿌리는 기계를 발명했어. 버클리가 앞에서 말을 끌면 두 개의 나무 날이 밭에 고랑을 만들고, 두 나무 상자에 넣어 둔 씨가 졸졸 흘러서 고랑에 고르게 뿌려지는 거야. 그리고 나중에 흙을 살짝 덮으면 씨는 뜨거운 햇볕에 마르지도 않고 새들이 쪼아 먹지도 못하게 되는 것이지. 게다가 그 밭은 작년에는 순무를 심었기 때문에 광물질이 풍부하게 쌓여 있으니까, 올해 버클리의 밀 농사는 벌써부터 풍년이 약속되어 있는 것이야. 기름지고 잘 가꾸어진 밭이 펑펑 쏟아 낼 밀을 버클리는 거지반 장에 내다 팔 것이고, 나머지만 가지고도 온 식구들이 배불리 먹을 수 있을 거야. 물론 양과 소들한테도 남겨 줄 게 있을 것이고.

영국 전 지역에서 버클리와 같은 농부들이 이 새롭고 과학적인 방법으로 농사를 지었어. 작물을 경작하고 가축을 기르는, 조상 대대로 내려온 옛 방식들은 차츰 사라져 갔어. '농업 혁명 Agricultural Revolution'이 일어나고 있었던 것이야!

제스로 툴의 씨 뿌리는 기계

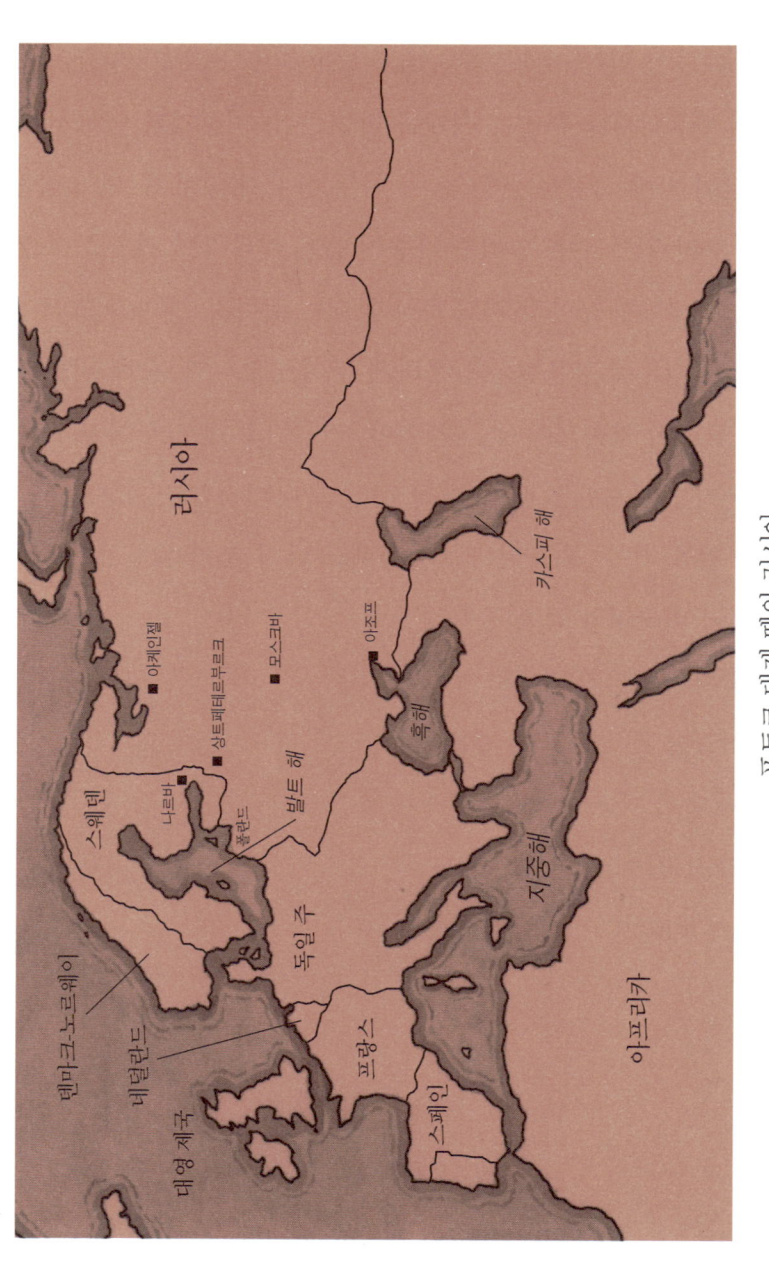

표트르 대제 때의 러시아

제17장 서양으로 눈 돌리는 러시아

유럽 문물을 들여온 표트르 대제

영국의 농부들과 유럽의 철학자들은 '서양'에서 살았고, 중국과 한국과 일본 사람들은 '동양'에 살았다면, 그 사이에는 누가 살았을까?

러시아 사람들이야!

유럽의 서양 여러 나라들과 아시아의 동양 여러 나라들 사이에 러시아라는 거대한 나라가 있었어. 중세에 러시아는 모든 면에서 서양보다는 동양에 더 가까웠단다. 남자들은 길고 헐렁한 동양식 로브를 입었고, 수염을 길렀어. 여자들은 남자들과 섞이지 않고 규방에서 살았으며, 외출할 때에는 베일을 썼어. 차르tsar라 불리는 러시아의 왕들은 중국의 황제나 일본의 쇼군처럼 절대 권력을 가지고 나라를 통치했단다.

그런데 열일곱 살의 나이에 권력을 장악한 청년이 서양으로 눈을 돌리기 시작했어. 흔히 '표트르 대제'라는 이름으로 더 잘 알려진 표트르 1세Pyotr I는 어린 나이에 러시아의 차르가 되었어. 표트르가 차르가 된 해는 펜이 펜실베이니아 식민지를 세웠던 바로 그 다음 해였어. 그때 그는 고작 열 살이었고, 그래서 큰누나인 소피아Sophia가 모스크바의 궁정에 들어가 권력을 장악하고 섭정으로서 러시아를 통치했어. 표트르는 시골로 보내졌어. 그는 시골에서 나무를 타거나 들판을 돌아다니고, 아이들과 전쟁놀이를 하면서 주로 시간을 보냈어. 그는 아이들을 연대(군대 편성의 한 단위)로 나누고, 각기 제복과 깃발과 북을 갖게 했어. 열한 살이 되었을 때는 진짜 대포를 가지고 전쟁놀이를 했다는구나.

한편, 소피아는 러시아 군대를 전쟁에 내몰고, 차르의 왕관을 쓴 자신의 초상화를 그리게 하는 등, 날이 갈수록 자기가 러시아의 진짜 차르인 것처럼 행세를 하고 있었어. 표트르가 열일곱 살이 되었을 때, 소피아는 왕실 근위대를 꼬드겨서, 시골에 가 있는 표트르와 그의 어머니를 공격해서 어떻게 좀 처리해 달라는 식으로 말했단다. 그러나 근위대는 딱 거절했어! 그들은 독재를 일삼는 소피아에게 벌써 신물이 나 있었던 거야. 왕실 근위대는 러시아의 정통 차르인 표트르에게 충성을 바치겠다고 맹세했어. 겁이 난 소피아는 어느 수녀원으로 도망가서 거기서 죽을 때까지 나오지 않았단다.

드디어 표트르가 진짜로 러시아의 차르가 되었어!

표트르는 말로만 들어 왔던 서양 세계를 늘 부러워했어. 그러나 러시아에 들어오는 유럽 사람들은 극히 드물었고, 러시아 땅에 정착한 소수의 유럽 사람들은 러시아 사람들로부터 멀찍이 떨어져서 외국인들을 위한 특별 거주지에서만 살았어. 표트르는 유럽 사람들과 이야기라도 해 보고 싶다는 생각에서 자주 그들의 거주지를 찾아갔단다. 한번은 어느 집의 헛간에서 낡아서 고물이 된 영국의 돛배를 보고는 아주 홀딱 반해 버렸대. 표트르는 자기도 그런 배를 갖고 싶었어. 해군을 만들어서 유럽으로 진출하고 싶었고, 러시아의 꿀과 밀랍과 가죽을 유럽에 가지고 가서 팔고, 온갖 화려한 서양의 상품들을 사 가지고 돌아올 선단(여러 척의 배로 이루어진 집단)도 만들고 싶었어.

그러나 표트르는 러시아 땅에는 배들이 드나들 만한 항구가 없기 때문에 배로는 서양으로 나갈 수 없다는 걸 잘 알고 있었어. 러시아의 북쪽 해안 지대는 너무도 추운 얼음판이어서 배들이 접근조차 할 수 없었어. 또 딱 하나뿐인 항구 도시 아케인젤Archangel도 한 해의 절반 동안 바다가 얼어붙는 곳이었어. 춥고 어두운 북극 지방의 겨울철에는 하늘에 해가 떠 있는 시간이 하루에 고작 다섯 시간이야. 얼마나 추운지, 사람이 침을 뱉으면 그 침이 땅에 떨어지기도 전에 얼어 버릴 지경이란다!

러시아는 따뜻한 항구가 필요했어. 표트르가 벌써부터 눈독을 들였던 곳이 있었어. 아조프Azov 항구였어. 아조프 해를 벗어나면 곧바로 흑해로 들어서게 되고, 흑해는 지중해로 통해 있어. 그 당시에 아조프 항구는 오스만 투르크의 영토였단다. 그러나 표트르는 러시아 군대가 아주 쉽게 오스만 투르크 군대를 무찌르고 아조프를 러시아의 영토로 만들어 버릴 수 있을 것이라고 자신했단다.

그래서 표트르는 아조프로 군대를 이끌고 가서 항구를 지키는 요새를 포위했어. 그는 항복을 권유하는 편지를 써서 화살에 묶어서 요새로 날려 보냈어. 그러나 오스만 투르크 사람들은 표트르의 권유를 비웃었어. 그 이유를 표트르는 곧 깨달았

유럽 문물을 들여온 표트르 대제

어. 오스만 투르크의 배들이 아무런 방해도 받지 않고 아조프 항구로 들어와서 요새를 지키는 병사들에게 식량과 무기를 공급할 수 있었던 거야. 한편, 성벽 앞에 진을 친 러시아 군대는 식량과 탄환이 벌써 떨어져 가기 시작했어. 게다가 날씨는 하루가 다르게 추워졌어. 혹독한 추위와 함께 겨울이 다가오고 있었던 것이야!

표트르는 식량과 무기를 실어 오는 오스만 투르크의 배들을 막지 않고서는 아조프를

표트르 대제

빼앗을 수 없다는 걸 깨달았어. 그래서 그는 군대에게 모든 것을 다 그만두고, 스물다섯 척의 전함과 수백 척의 거룻배를 만들라고 명령했어. 봄이 오기 전에! 병사들은 겨울 내내 죽을 고생을 다한 끝에 거대한 선단을 만들고, 항해술을 익혔어. 이윽고 봄이 되자, 겨울 한 철 만에 급히 만들어진 이 러시아 해군이 아조프 항구에 들어오려는 오스만 투르크의 갤리 선들을 막아 냈어. 한편 요새를 포위한 병사들은 성벽에 돌 더미를 쌓아 올리고, 그 돌 더미를 타고 요새 안으로 쏟아져 들어갔어. 오스만 투르크 병사들은 터번을 벗어서 흔들며 항복했어. 아조프가 함락된 것이야!

표트르는 항구를 가지게 되었어. 그러나 그는 아직은 편안하게 서양과 교역을 할

수 없었어. 아조프 해를 벗어나서 지중해로 들어가는 해협을 오스만 투르크 군대가 지키고 있었기 때문이었어. 표트르는 해협을 지키는 그 군대마저 쫓아 버려야겠다고 결심했어. 그렇게만 되면 서양으로 나가는 길이 환히 열릴 테니까.

그러나 표트르는 오스만 투르크 군대와 계속 싸우기 위해서는 자기의 힘만으로는 되지 않는다는 걸 모르지 않았단다. 그래서 그는 유럽을 방문하기로 결심했어. 서양의 여러 나라들이 해군과 무역 회사들을 어떻게 운영하는지 직접 보고 배우려는 것이었어. 오스만 투르크와의 전쟁에 군대를 보내 줄 나라가 혹시 있지나 않을까 하는 기대도 했어. 그는 서양을 방문한 최초의 러시아 황제가 되는 것이었지.

표트르는 귀족, 관리, 하인, 선원 등으로 이루어진 대규모 방문단을 이끌고 서양으로 출발했어. 그는 먼저 러시아의 바로 서쪽에 있는 폴란드를 방문하고, 독일을 거쳐서 네덜란드와 영국까지 갈 계획이었단다. 그의 여행은 1년 반이나 걸렸어! 서양 여러 나라들의 앞선 문물을 배우느라 시간 가는 줄을 몰랐던 것이지. 프로이센에서는 몇 주일에 걸쳐서 사격술을 배우고, 네덜란드에서는 암스테르담에 있는 동인도 회사의 선착장에서 넉 달 동안이나 직접 노동을 하고, 영국에서도 또 넉 달 동안 선착장에서 일을 했대. 런던 탑과 조폐국(돈 만드는 곳)을 둘러보고, 왕립 학회의 회의에 참가하고, 심지어는 퀘이커 교도들의 모임에 참석해서 펜을 만나기도 했다는구나. 표트르는 나중에 어느 신하한테 이렇게 말했대. "나라를 위해서 싸우지 않겠다는 자들이 대체 무슨 소용이람?"

러시아의 황제를 만나 본 서양 사람들은 그의 놀라운 호기심과 빠르게 회전하는

두뇌에 감탄했지만, 어쩐지 그를 야만스럽고 징그럽다고 생각했대. 무엇보다도, 그는 술을 엄청나게 마셔 댔다는구나. 브랜디, 보드카, 포도주, 맥주…… 그야말로 종류를 상관하지 않고 마셨대. 그리고 그의 옷은 깁고 꿰맨 자리가 수두룩했는데 몹시 지저분했대. 또 그는 친구고 신하고 간에 마음에 들지 않으면 아무 때나 주먹으로 치고 발로 찼어. 그는 또 순전히 재미로, 어느 신하에게 거북 한 마리를 통째로 먹이기도 했다는구나. 무도회에서 표트르를 만났다는 독일의 어느 귀족 여자는 이렇게 썼어. "그는 태도가 촌스러웠다. …… 러시아에서 그에게 식탁 예절을 가르쳐 주는 사람이 아무도 없었으리라는 걸 금방 알 수 있었다."

표트르는 새로운 사상과 문물을 잔뜩 배워 가지고 돌아왔어. 우선 그는 외모부터 서양 사람처럼 가꾸려고 수염을 깎아 버렸대. 그리고 '보야르boyar'라고 불리는 귀족들에게도 수염을 깎으라고 명령했어. 그는 러시아 사람들이 동양 사람들에게 더 가까운 모습이 된 것은 그 무성한 수염 때문이라고 생각했던가 봐.

수염을 깎는 표트르 대제

러시아의 귀족들은 그렇게 생각하지 않았어. 그들은 유럽 사람들처럼 외모를 가꾸고 싶지 않았고, 무성한 수염은 신과의 특별한 관계를 상징하는 것이라고 믿었단다. 그러나 표트르는 막무가내였대. 그는 가는 곳마다 가위를 들고 다니면서 아직 수염을 그대로 기르고 있는 귀족들을 보면 그 수염을 냉큼 깎아 버렸다는구나. 귀족들 중에는 수염이 없으면 천국에 들어가지 못할 거라고 생각한 나머지 그 수염을 특별히 만든 자루에 넣어서 잘 간수해 두는 사람도 있었단다. 나중에 죽어서 관 속에 눕혀질 때 그 자루를 넣어 달라는 것이었지.

표트르는 또 귀족들에게 서양식 옷을 입으라고 명령했어. 그리고 아직도 길고 헐렁한 동양식 옷을 입은 자를 보면 예의 그 가위로 길게 늘어진 옷자락과 소맷자락을 싹둑싹둑 잘라 버렸어. 그는 또 여자들이 이제는 그만 베일을 벗어던지고 남자들하고 자유롭게 어울리기를 원했고, 심지어는 여자들이 가정교사를 고용해서 남자들과 똑같은 교육을 받기를 원했다는구나.

표트르는 러시아 사람들의 외모와 행동이 서양 사람들처럼 되기를 원했지만, 그렇다고 그들이 정말로 서양 사람이 되는 것을 원하지는 않았어. 프랑스와 영국과 스페인 같은 나라의 철학자들은 인간은 누구나 평등하다고 가르치고, 통치자라고 해서 무엇이든지 자기 마음대로 할 수는 없다고 가르친다는 걸 잘 아는 표트르는, 러시아 사람들이 그 점에서만은 서양 사람들을 닮아서는 안 된다고 생각했던 것이란다.

서양으로 가는 항구를 차지한 표트르 대제

표트르의 유럽 여행은 성공이었어. 서양의 여러 나라들에 대해서 속속들이 알게 되었기 때문이야. 그러나 한편으로는 실패라고도 말할 수 있단다. 표트르가 오스

만 투르크 군대와의 전쟁을 지원해 달라고 부탁했지만, 어느 나라로부터도 약속을 받아 내지 못했기 때문이야. 표트르는 아조프 항구를 차지하고 있었지만, 그래도 지중해로는 나갈 수가 없었어. 그는 전함을 86척이나 가지고 있었어. 하지만 그 배들이 갈 곳이 없었단다.

표트르는 서양의 지원을 받지 못한 상태에서 오스만 투르크와 계속 싸워 봤자 이기지 못하리라는 걸 잘 알고 있었어. 그래서 그는 서양으로 진출할 만한 다른 길을 찾기 위해서 계속 지도를 들여다보았어. 그런데 그의 배들이 서양으로 가기 위한 다른 길은 딱 하나, 발트 해Baltic Sea로 나가는 것뿐이었단다.

문제는 발트 해의 연안을 스웨덴이 모두 장악하고 있다는 것이었어!

그래서 표트르는 스웨덴과의 전쟁을 선포했어. 스웨덴과 바로 붙어 있는 나라 덴마크-노르웨이가 표트르와 합세했어. 덴마크와 노르웨이와 스웨덴은 한때는 한 사람의 국왕의 지배를 받았으나, 어느 때에 스웨덴이 따로 떨어져 나가더니 날이 갈수록 강대해지고 탐욕스러워졌어. 덴마크-노르웨이 사람들은 러시아와 힘을 합치면 그 강력한 스웨덴을 주저앉힐 수 있을 거라고 생각했던 것이야.

표트르는 고작 몇 주일 만에 스웨덴을 무너뜨릴 수 있다고 자신했어. 무엇보다도, 이제 겨우 열아홉 살밖에 안 먹은 칼 12세Karl XII가 지휘하는 스웨덴 군대를 아주 얕보았던 것이지. 칼 12세는 요란한 파티를 즐기고 (조정의 관리들을 모조리 사냥터에 데리고 나가서 고작 나무로 만든 갈퀴만 쥐어 주고 곰을 쫓게 하는 등) 무모한 짓을 즐긴다는 소문이 퍼져 있었어. 그러한 허풍선이(허풍을 마구 치는 사람) 애송

칼 12세

칼 12세는 15세에 왕위에 올랐어. 표트르는 스웨덴과의 싸움에서 처음에는 크게 패했어. 하지만 스웨덴의 승리도, 러시아의 패배도 영원하지 않았어. 칼 12세가 표트르에게 패하게 되거든. 칼 12세가 죽은 후 러시아는 서양으로 나갈 수 있는 영토를 갖게 된단다.

이가 군대를 제대로 단속해서 외적을 능히 막아 낼 턱이 없다고 보았던 것이지.

그러나 표트르는 다시 한 번 착각을 했던 것이야. '북방 전쟁Northern War'이라고 불리는 스웨덴과 러시아의 전쟁은 21년 동안이나 계속되었단다.

처음부터 아주 엉망이었어. 표트르는 발트 해의 동쪽 해안에 자리 잡은 스웨덴 도시 나르바Narva를 먼저 공격하려고 전진했는데, 병사들이 성을 공격할 장비들과 대포를 너무 많이 끌고 가느라고 거기까지 가는 데만 몇 달이 걸렸어. 그 사이에 칼은 덴마크를 쳐들어가서 휩쓸어 버렸고, 덴마크 사람들은 얼마 버티어 보지도 못하고 항복해 버렸어. 표트르의 군대는 이윽고 나르바에 도착했지만, 힘들게 끌고 온 대포들이 영 말을 들어주지 않았어. 러시아 사람들이 만든 화약은 질이 너무 나빠서 포탄이 조금 날아가는 듯하다가는 힘없이 떨어져 쓸데없는 곳에서 터져 버리고, 또 어떤 경우에는 제풀에 터져서 대포를 날려 버리기도 했대.

그런 엉터리 대포를 가지고 병사들이 생고생을 하는 것을 뒤로하고, 표트르는 그 동안 비워 두었던 정부의 일이 궁금해서 얼른 모스크바에 다녀와야겠다고 생각했대. 그가 말을 타고 떠나자마자, 러시아 병사들은 칼 국왕이 이끄는 스웨덴 대군이 1킬로미터 앞까지 다가왔다는 사실을 알게 되었어. 러시아 병사들은 미친 듯이 허둥거리며 맞서 싸울 준비를 했지. 그러나 스웨덴 군대가 시야에 보였다 싶은 순간에 엄청난 눈보라가 휘몰아치기 시작했어. 하늘과 땅을 꽉 메워 버린 눈보라 때문에 앞이 전혀 보이지 않았지. 러시아 군대는 대오를 유지하기는커녕 영 엉뚱한 방향으로 전진했어. 기병대도 방향을 잃고 달리다가 나르바 강에 빠져 버리고, 익사한 자가 수두룩했대. 장군과 그 휘하 장교들은 한시라도 빨리 항복하려고 있는 힘을 다해서 스웨덴 군대를 향해 말을 달렸다는구나.

칼 12세는 기쁨을 주체할 수가 없었는지, 그 승리를 기념하기 위한 메달을 만들게 했대. 표트르 대제가 손수건으로 두 눈을 가린 채 걸음아 날 살려라, 하며 달아나는데, 그 손수건에서 눈물이 찔찔 흐르는 모습을 새긴 메달이었어.

러시아 군이 후퇴했지만, 칼은 추격하지 않았어. 겨울이 다가오고 있었고, 얼어붙은 러시아의 황무지에서 그의 병사들이 다 얼어 죽을지도 모를 판이기 때문이었단다. 스웨덴 군대는 겨울이 물러갈 때까지 기다리기로 했어. 한편, 표트르도 봄이 오기를 기다리면서 군대를 정비했어. 그는 대포를 새로 만들고, 배들을 수리하게 했어. 또 장정들을 더 모아서 군대를 늘리고 사격술과 총검술(총과 검으로 적과 싸우는 기술)을 단련하게 했어. 이윽고 봄이 되어 다시 전투가 시작되었는데, 이번에는 러시아 군대도 호락호락하지 않았어. 전투가 끊이지 않았어. 표트르는 뒤에 물러나 있지 않았단다. 그는 이 전선에서 저 전선으로 돌아다니면서 병사들의 사기를 북돋우고, 공격의 맨 앞에 서고, 전함들을 지휘하고, 심지어는 부서진 전함들을 수리하는 작업을 직접 거들기도 했단다.

표트르는 마침내 네바 강Neva River에 있는 스웨덴의 작은 요새를 점령했어. 거기는 곧장 발트 해로 통하는 곳이었단다. 그의 배들이 아직은 스웨덴의 해군에게 막혀서 발트 해로 나갈 수는 없었지만, 그는 기어이 발트 해를 장악하고야 말겠다고 자신만만했대. 그는 발트 해만 장악하면 그 작은 요새를 거점으로 해서 유럽으로

진출할 수 있다는 희망에 한껏 들떴을 테지. 네바 강의 연안은 그러니까 러시아가 서양을 내다보는 창이었던 셈이야.

그래서 표트르는 네바 강 연안에 전혀 새로운 도시를 세우겠다는 계획을 세우고, 그 도시를 그의 수호 성자인 베드로의 이름을 따서 상트페테르부르크Sankt Peter-burg라고 부르기로 했단다.

상트페테르부르크가 들어설 그곳은 온갖 물새들이 노는 갈대밭에 모기 떼가 득시글거리는 진흙탕이었어. 재목으로 쓸 나무도 없고, 기초를 놓을 돌도 없었어. 처음에 표트르는 방이 딱 세 개뿐인 작은 오두막집을 지어 놓고 그것을 그의 새로운 궁전이라고 불러야 했단다. 구부정한 나무들을 가지고 둘러친 벽을 벽돌로 쌓은 것처럼 보이게 하려고 칠을 했고, 난로도 없었다는구나.

그러나 표트르는 실망하지 않았어. 그는 유럽의 어느 도시에 못지않을 만큼 거대한 도시의 모습을 벌써부터 상상 속에서 살펴보고 있었단다. 스웨덴과의 전쟁이 느릿느릿 진행되자, 표트르는 당장 급하지 않은 병사들을 모두 공사장에 보냈어. 또 촌민들과 스웨덴 포로들도 공사장에 몰아넣었는데, 급료를 거의 주지 않았기 때문에 그 사람들은 굶어 죽지 않으려고 틈만 나면 남의 음식을 훔치거나 구걸을 했대. 그들은 아득히 먼 곳까지 나가서 나무와 돌을 눈에 보이는 족족 주워 와야 했단다. 그런데 손수레마저도 없는 형편이라서 기다란 외투 자락에다가 돌을 담아 가지고 와야 했어.

표트르가 새 도시를 짓는 데 몰두하고 있는 동안에, 칼 12세는 전략을 가다듬고 있었어. 표트르가 상트페테르부르크를 짓는 공사를 시작한 지 6년 후에 칼이 러시아로 쳐들어갔어.

러시아 군대는 후퇴했어. 스웨덴 군대는 러시아 땅 깊숙이 추격했어. 그러나 벌써 가을이 깊어져 있었고, 곧 다가올 겨울은 특히 추우리라는 징조가 속속 나타났어. 칼의 병사들이 러시아의 겨울에 대해서 수군거리기 시작했어. 얼마나 추운지 날아가던 새들이 갑자기 얼어붙어서 꼭 돌멩이처럼 우수수 땅에 떨어진다는 것이었어. 승리의 예감에 도취되어 몹시 흥분한 칼은 군대를 계속 진군시켰어. 러시아 군대는 계속 후퇴했는데, 추위를 피해 몸을 숨길 곳이라고는 사방을 둘러친 벽에 아주 작은 출입문이 딱 하나뿐인 작은 고을 말고는 아무것도 없는 곳으로 갔어. 그러니까 러시아 군대가 스웨덴 군대를 그곳으로 유인한 것이었어.

그리고 과연 기온이 곤두박질을 쳤어.

기억도 하기 싫을 만큼 끔찍한 추위가 러시아의 평원에 몰아쳤어. 스웨덴 병사들이 그 고을의 좁은 문으로 꾸역꾸역 기어 들어가는데, 군대 전체가 다 안으로 들어가는 데 사흘이나 걸렸어. 그 사흘 동안에만도 거의 3천 명이 얼어 죽었고, 코와 귀와 손가락과 발가락에 동상이 걸리지 않은 사람이 없었다는구나. 러시아 군대는 그 고을과 가까운 곳에서 안전하게 진을 치고 있었어. 두꺼운 모피 외투와 뜨뜻한 군화와 방한 텐트가 추위를 막아 주었지. 그렇게 펄펄한 군대가 이제는 너무도 허약해진 스웨덴 군대와 맞붙으니, 결과는 보지 않아도 알 수 있지 않겠어? 1만 명의 스웨덴 병사들이 죽거나 포로가 되었어.

칼 12세는 그래도 항복하지 않았어. 전쟁이 진전도 없이 더디게 계속되었어. 그로부터 4년 후에 칼은 아무 의미도 없는 전투 중에 그만 빗나간 탄알을 맞고 죽었단다. 칼 12세가 죽자 스웨덴 군대가 그제야 전투를 포기했어. 그들은 발트 해의 동쪽 해안 일대를 표트르에게 내주었어. 마침내 러시아가 서양으로 나갈 수 있는 창문이 활짝 열린 것이었지.

표트르는 러시아를 서양의 어느 나라에도 못지않을 만큼 부유한 나라로 만들기 위해서 성심을 바쳐서 노력했단다. 그는 운하를 파고, 공장을 짓고, 제염소(소금 만드는 곳)를 짓고, 제철소를 짓고, 광산을 개발했어. 또 유럽의 장인들을 불러와서 러시아 사람들에게 옷감과 칠기 같은 제품을 만드는 비결을 가르치게 했어. 그는 또 상트페테르부르크를 새로운 수도라고 선포하고, 공사에 심혈을 기울였어. 첫 공사가 시작된 지 12년 후에 서양에서 온 어느 대사는 그 도시를 보고 '초라한 촌락 몇 개가 맞붙어 있는 것'에 지나지 않는다고 비웃었대. 그런데 10년이 지난 후에 바로 그 대사는 상트페테르부르크를 보고 '웅장한 궁궐들이 즐비한, 세계의 새로운 놀라움'이라고 감탄사를 되풀이했다는구나.

그러나 표트르는 그 새로운 도시를 그리 오래 감상하지 못했어. 어느 대사가 상트페테르부르크를 보고 감탄했던 바로 그해에 그는 어느 공장을 살펴보려고 배를 타고 가고 있었어. 그런데 뒤를 따라오던 배 한 척이 모래톱에 걸려서 가라앉기 시작했어. 표트르는 차가운 얼음물 속에 뛰어들어서 선원들을 구출했단다. 그리고 그는 이내 몸이 불덩이처럼 뜨거워지고 병들어 누웠는데, 다시 일어나지 못했어. 그는 왕위를 물려받을 사람의 이름을 쓰다가, 미처 다 쓰기도 전에 눈을 감았단다.

표트르가 죽은 무렵에, 러시아 제국의 영토는 북쪽으로는 아케인젤, 동쪽으로는 우랄 산맥 너머까지, 남쪽으로는 카스피 해에 이르기까지, 그리고 서쪽으로는 폴란드와 스웨덴 접경 지역까지 이르러 있었단다.

모스크바와 상트페테르부르크는 서양에서 온 상인들과 외교관들이 북적거리는 대도시가 되었고, 러시아의 외교관들이 서양의 모든 나라의 궁정을 방문했어. 표트르가 러시아를 대국으로 만들어 놓은 것이었지. 그러나 그는 그것보다 더 큰 업적을 남겼단다. 러시아를 유럽의 일부로 만들었다고 하는 것이 바로 그것이야. 그가 나중에 '표트르 대제'라고 불리게 된 것은 지극히 당연한 일이었던 것이야!

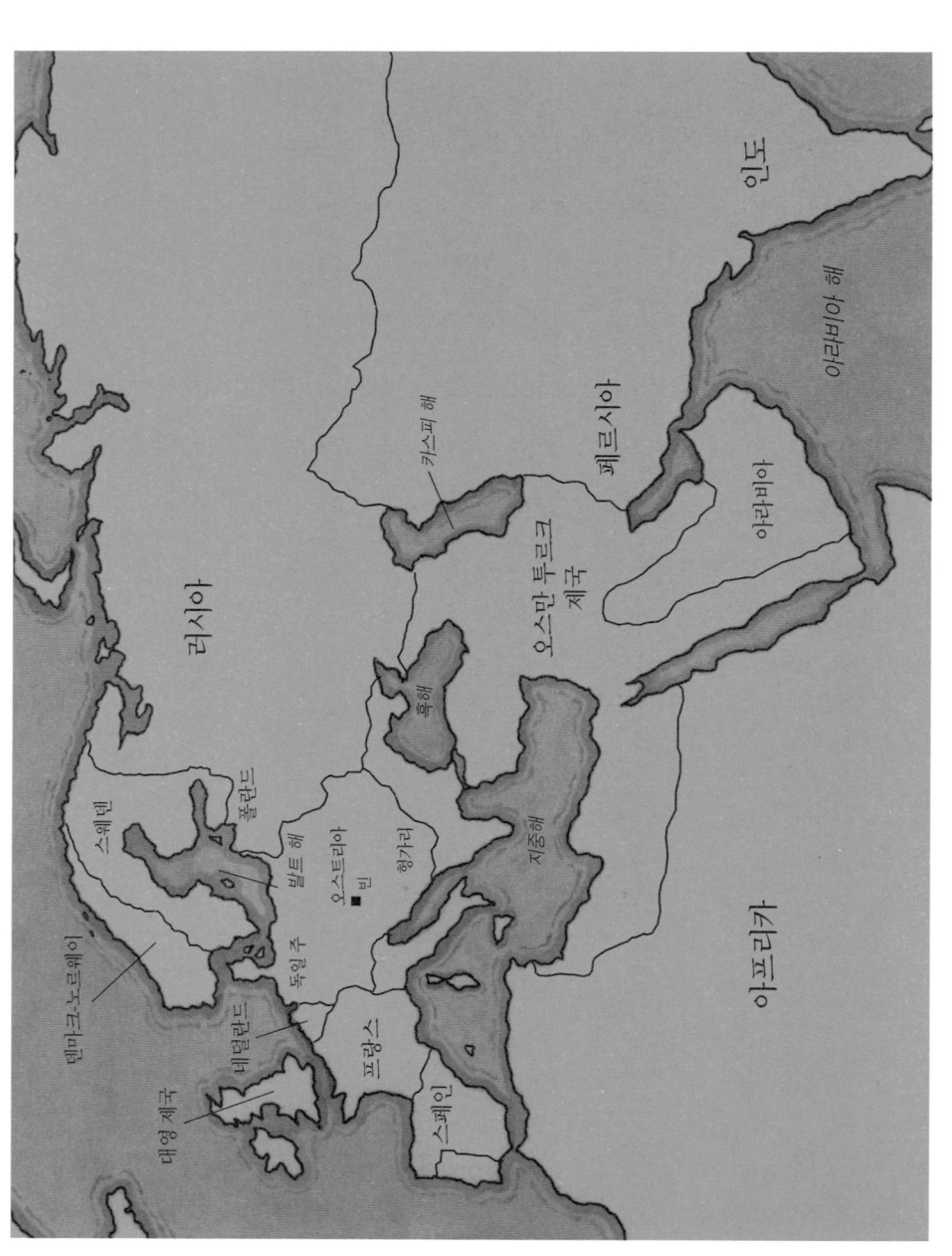

제18장 동양과 서양의 충돌

서양으로 눈 돌린 오스만 투르크

서양으로 눈길을 돌린 동양의 왕은 표트르 한 명만이 아니었어. 러시아의 남쪽에 자리 잡은 표트르의 강력한 적 오스만 투르크의 황제도 그의 제국을 좀 더 '서양적인' 모습으로 바꾸고 싶어 했어.

그러나 그 황제가 제위에 오르기 전에 오스만 투르크 사람들은 서양을 정복함으로써 서양처럼 되려고 했던 적이 있었단다.

표트르가 러시아의 차르가 되기 전에 오스만 투르크 제국의 영토는 지금의 이라크 땅으로부터 오스트리아 접경 지역에 이르기까지 뻗어 있었어. 오스트리아는 독일 왕국의 한 주(州)로서, 신성 로마 황제가 그곳에 살고 있었단다. 오스만 투르크 사람들은 이슬람 교도로서, 하나같이 자부심이 대단히 강했어. 술탄이라 불리는 그들의 황제는 누구로부터도 간섭을 받지 않고 제국을 다스렸고, 메카와 메디나와 예루살렘 등의 성도를 튼튼히 지켰단다. 예니체리yenicheri라 불리는 직속 근위대가 늘 술탄을 경호했는데, 그들은 술탄의 명령이라면 죽음도 두려워하지 않는 무시무시한 군대였어!

표트르가 러시아의 차르가 된 이듬해에 오스만 투르크 사람들은 서양의 일부를 그들 제국의 영토에 집어넣겠다고 작정을 하고 유럽을 향해 출발했어! 2만 5천 명의 대군이 독일 왕국 오스트리아 주의 수도인 빈을 향해 앞으로 나갔어. 신성 로마 황제는 바로 그 빈에 머물고 있었어! 만약 오스만 투르크 군대가 빈을 점령한다면 그들은 서양 세계의 심장을 차지하는 셈이 되는 것이었지.

빈 사람들이 공포에 질렸지! 귀족들은 모조리 귀중품을 싸 가지고 달아났어. 그들은 전투가 벌어질 것을 예상하고, 성벽 밖의 집들을 미리 모조리 허물어뜨렸어. 신성 로마 황제는 식구들을 데리고 몰래 도시를 빠져나갔단다. 빈 시민들은 성벽 위에 올라가서 제발 최악의 사태만은 일어나지 않기를 간절히 기도하면서 먼 곳을 쳐다볼 뿐이었단다. 이윽고 아득한 지평선에 오스만 투르크 군대의 무시무시한 행렬이 나타나기 시작했어. 거대한 군대의 군화 소리가 지축(지구 자전의 회전축)을 뒤흔들었어. 그 광경을 목격했던 어느 빈 시민은 "그들은 바다의 파도처럼 땅을 휩쓸며 다가왔다."라고 썼단다.

오스만 투르크 군대는 빈을 완전히 에워쌌어. 군대의 총사령관이며 비지어(수상)인 카라 무스타파는 휘황찬란한 비단과 아름다운 양탄자로 그의 막사를 장식하고, 주위에는 꽃밭을 가꾸기까지 했다는구나. 아마도 무스타파는 그곳을 금방 떠날 생각이 전혀 없었던가 봐!

오스만 투르크 병사들이 성벽 아래로 땅굴을 파서 들어오기 시작했어. 빈의 관리들은 시민들에게 발밑에서 땅을 파는 것 같은 소리가 들리나 않는지 늘 귀를 기울여 달라고 당부했어. 돌로 포장된 길을 가다가 이상한 소리를 들었다는 신고가 들어오면 병사들이 달려가서 돌을 들어내고 흙을 파고 들어가서, 거기까지 땅굴을 파고 들어온 오스만 투르크 병사들과 칠흑 같은 어둠 속에서 백병전(칼, 총 등을 휘두르며 뒤섞여서 싸우는 접근전)이라도 벌이지 않을 수 없는 판이었거든.

어느 날 새벽에 동이 트기 전에, 동업자인 어느 두 빵 장수들이 그날 팔 빵을 만들 준비를 하고 있었대. 한 사람은 반죽을 하고 한 사람은 화덕에 불을 지폈어. 아직 잠에서 깨어나지 않은 도시는 너무도 고요했지.

반죽을 하던 사람이 갑자기 손길을 뚝 멈추었어. 이상한 소리가 들리는 것이었지. 퍽, 쿵, 퍽, 쿵. 그는 퍼뜩 오스만 투르크 병사들이 빵 가게 밑까지 땅굴을 파고 들어온 게 틀림없다고 생각했어.

그가 고함을 질렀어. "적이다! 적군이 왔다!" 독일 병사들이 득달같이 달려왔어. 그리고 빵 가게 바닥의 돌을 들어내고 들어가서 고함을 지르고 총을 쏘았어. 땅굴을 파 들어오던 오스만 투르크 병사들은 황급히 달아났어. 그래서 빈은 또 하루 위기를 넘겼어. 그런데 그 사건에서 전설이 하나 생겼대. 두 빵 장수가 그날 자기들이 세운 공로를 기념해서 이제까지 사람들이 먹어 보지 못했던 새로운 종류의 빵을 만들었다는 거야. 오스만 투르크 군의 깃발에 그려진 초승달 모양처럼 생긴 롤빵인데, 우리가 지금 '크루아상croissant'이라고 부르는 빵이 바로 그것이야. 너도 틀림없이 들어 본 빵일 거야. 정말 재미있다, 그렇지?

그건 그렇고, 사정이 그렇다 보니 어느 누구도 빈이 그리 오래 버틸 것이라고는 생

각할 수 없었단다. 적군의 포위망은 아직도 물샐틈없었어. 빈에는 벌써부터 고기가 바닥이 나서 사람들은 당나귀나 도둑고양이 같은 것을 잡아먹었대(그 사람들의 주식은 빵과 고기였으니까). 병자들이 잇달아 나왔어. 그러나 어디에서도 지원군이 올 것 같지가 않았어. 오스만 투르크 병사들은 계속 두더지처럼 땅굴을 파고 들어오고, 시민들은 언제 어느 순간에 적군이 성벽을 무너뜨리고 쏟아져 들어올지 몰라서 마음을 졸이는 나날이 계속되었단다.

그러나 빈 시민들이 그냥 앉아서 죽을 팔자는 아니었던가 봐. 프랑스와 폴란드와 독일의 군대가 서서히 모이고 있었거든. 유럽의 군대가 마침내 빈에 도착하고, 그 다음 날 아침에 반격을 시작했어. 독일과 폴란드 군대는 곧장 오스만 투르크 군의 본영(총지휘관이 있는 곳)을 향해 돌격해서 짓밟았어. 무스타파는 허둥지둥 도망쳤어. 오스만 투르크 군대가 제아무리 막강하다 할지라도, 한곳에서 너무 오래 죽치고 있었기 때문에 느슨해질 수밖에 없었던 것이야. 유럽의 팔팔한 병사들은 움직임이 굼뜨고 대오는 흐트러진 오스만 투르크 군대를 아주 간단하게 무찔러 버렸단다. 자기 나라로 돌아간 무스타파는 어떻게 되었을까? 술탄은 그의 목을 잘라 벨벳(거죽에 곱고 부드러운 털이 돋게 짠 비단) 자루에 넣어 가지고 자기 앞에 가지고 오라고 명령했다는구나.

오스만 투르크는 빈 공격을 마지막으로 그 후 더 이상은 대군을 동원한 전쟁을 일으켜 보지 못했단다. 제국이 쪼그라들기 시작했어. 독일군에게 쫓겨서 동쪽으로, 그때 신생국이었던 헝가리의 바깥까지 밀려났어. 제국의 서쪽 일대가 사라져 버린 것이었지. 그리고 동양과 서양의 거리가 다시 한 번 멀어졌어.

그러나 그로부터 25년 후, 다시 한 번 그 거리를 좁혀 보려고 했던 술탄이 등장했어.

그 술탄의 이름은 아흐메트 3세Ahmet III였어. 러시아의 표트르 대제가 그랬던 것처럼, 그도 서양의 문화와 사상을 부러워해 왔던 사람이야. 그는 특히 네덜란드의 튤립을 너무도 좋아했어! 튤립은 중앙아시아가 원산지인 꽃이고, 중앙아시아는 오스만 투르크 사람들의 발원지(사상이나 현상이 생겨난 곳)야. 아니, 사실은 오스만 투르크 왕실의 상징이 바로 야생 튤립이야. 중앙아시

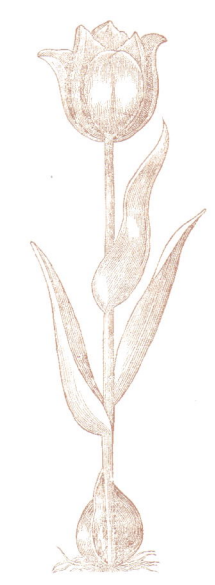

튤립

아의 벌판에서 만난 야생 튤립을 보고 홀딱 반한 네덜란드 탐험가들이 그 꽃을 가지고 돌아갔고, 원예가들이 그들만의 비법으로 키우고 가꾸어서 지금도 세계에서 가장 유명한 꽃들 중의 하나로 꼽히는 네덜란드 튤립을 만들었던 것이란다.

아흐메트는 그 네덜란드 튤립을 들여왔어. 그는 수만 개의 튤립 구근(알뿌리)을 수입해서 궁정에 심었단다. 4월이 되어 튤립이 피면, 아흐메트는 날마다 꽃밭에서 성대한 잔치를 벌였대. 서양에서 온 대사들을 모두 초청했는데, 프랑스 대사는 그 잔치의 광경을 이렇게 기록했단다.

"꽃밭에 활짝 핀 튤립 꽃봉오리 네 개 간격으로 촛대가 세워져 있었다. …… 오솔

술탄의 행렬
오스만 투르크 제국에서는 왕을 술탄이라고 했단다. 술탄제가 폐지된 것은 한참 뒤의 일이야. 술탄제가 없어지면서 오스만 투르크 제국도 사라지게 되지.

길에는 온갖 진귀한 새들이 가득한 새장들이 줄줄이 걸렸고, 격자 울타리는 내 생전에 처음 보는 예쁜 꽃들이…… 세상에, 저 많은 꽃이 다 어디서 났을까 싶을 정도로 수많은 꽃들로 장식되어 있었고, 말간 등피(등잔에 덧씌운 유리) 속에서 발간 불꽃이 팔랑거리는 유리 등은 도대체 몇 개나 되는지 셀 수도 없었다. 꽃밭들 사이사이는 물이 졸졸 흐르는 도랑인데, 등에 촛불을 얹은 커다란 거북들이 둥둥 떠다녔다."

튤립을 얼마나 사랑했는지, 아흐메트 3세를 '튤립 왕Tulip King'이라 부르고, 그가 황제의 자리에 앉아 있었던 시기를 '튤립 시대Tulip Period'라고 부른단다. 10년 동안이나 튤립 왕과 그의 수상 이브라힘 파샤는 오스만 투르크 제국의 궁정을 서양 어느 나라의 궁정 같은 정취가 나도록 꾸미려고 갖은 애를 다 썼대. 그는 새로운 궁전을 지어서 '사다바트Sa'adabat'라는 이름을 붙였는데, '행복의 전당'이라는 뜻이라는구나. 행복의 전당은 프랑스의 어느 궁전을 본뜬 것이었어. 파샤는 프랑스의 여러 도시에 대사를 보내서 유럽의 예술과 과학을 더 배우게 했어. 대사들이 유럽에서 가지고 온 것들 중에는 인쇄기도 있었다는구나! 그래서 오스만 투르크 사람들도 이제는 책을 출판할 수 있게 되었어. 그들은 여러 가지 사전과 과학책을 출판하고, 서양 여러 나라의 군사 전술들을 한데 모은 책을 펴내기도 했단다. 그러나 아흐메트의 궁정은 표트르의 궁정만큼 서양적인 정취를 가지지 못했어. 그 나라의 여자들은 이슬람 교 신앙이 강제로 요구하는 헐렁한 겉옷과 베일을 절대로 버리지 않았고, 남자들도 그들의 그 유명한 터번과 수염을 절대로 버리지 않앉어. 그들은 또 이슬람의 방식으로 신을 경배하는 데에서도 한 치도 물러서지 않았지. 그런데 말이야, 앞에서 이야기했던 아흐메트의 그 직속 근위대는 서양식으로 변해 버린 궁정이 너무도 못마땅했던가 봐! 러시아의 표트르 대제가 죽은 지 5년 후에 그들은 아흐메트 3세와 파샤와 너무도 사치스러운 궁정을 더 이상은 못 봐주겠다고 생각하고는 모반을 일으켜서 궁정을 불태워 버리고, 술탄을 감옥에 처넣고, 아흐메트의 조카를 대신 왕좌에 앉혔어. 그가 마흐무드 1세Mahmud I라는 황제란다.

마흐무드 1세가 황제가 되자 오스만 투르크 사람들은 이제는 더 이상 나라가 서양식으로 변해 갈 것을 염려하지 않게 되었지만, 살림은 전보다 나아진 게 전혀 없었어. 그리고 불과 몇 년의 세월 만에, 그리스와 세르비아와 불가리아와 몬테네그로 등, 지금 우리가 '발칸Balkan 반도의 나라들'이라고 부르는 영토들이 하나씩 차례로 떨어져 나갔단다. 지금 우리가 '터키'라고 부르는 나라는, 한때 동양의 거대한 제국이었던 오스만 투르크가 그 모든 영화를 다 잃고 마지막으로 남은 일부분이란다.

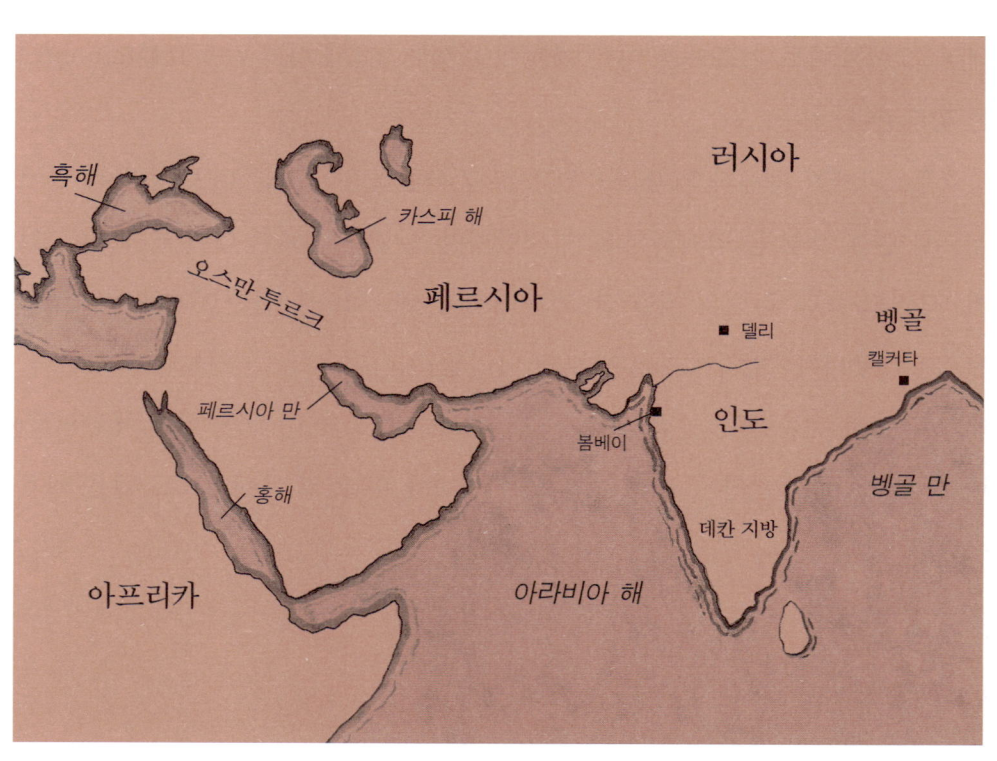

인도 제국의 쇠퇴

제19장 인도의 영국인들

무너지는 인도 제국

영토가 줄어든 제국은 비단 오스만 투르크 제국만이 아니었어. 오스만 투르크 제국의 동남쪽에 자리 잡은 인도 제국도 그 영토가 쪼그라들고 있었단 말이지.

앞에서 인도 무굴 제국의 위대한 세 황제들에 대해서 이야기했었던 것, 기억 나지? 세계의 지배자 자한기르, 세계의 왕 샤 자한, 세계의 정복자 아우랑제브 등이 그들인데, 이 세 황제들은 인도를 거대하고도 부유한 제국으로 만들었어. 그런데 세 번째 황제 아우랑제브는 세 가지의 잘못된 결정을 내렸었어. 그는 이슬람 신앙을 인도의 법으로 삼았고, 힌두 교도들의 사원을 파괴했어. 그는 재위 기간 내내 인도 남부의 데칸 지방을 정복하는 데 골몰하느라, 북부 지방과 수도인 델리에 대해서는 거의 관심을 갖지 않았어. 그가 인도의 동남부 해안의 벵골 지역에 영국인들이 무역항을 건설하도록 허락했다는 이야기 기억 나지?

아우랑제브는 벵골의 영국 무역항이 인도 제국이 몰락의 길을 걷게 하는 데 도움이 될 거라는 것을 미처 몰랐겠지. 그러나 아흔 살의 나이로 죽기 직전에 그는 인도가 힌두 교를 중오하는 이슬람 교도들에 의해서, 그리고 오랜 유혈 전쟁으로 인한 상처에 의해서, 머지않아서 갈가리 찢어지고 말 것임을 예감했던가 봐. 병들고 지친 그는 비통한 심정을 어찌할 수 없었어. 그는 죽기 직전에 이렇게 썼단다. "나는 이 나라에 대해서도 백성들에 대해서도 잘한 일이 하나도 없다."

과연 아우랑제브의 말대로, 인도는 그야말로 비참한 나라가 되어 있었어. 아우랑제브가 죽자마자 그 비참함은 더욱 깊어졌지.

황제가 마지막 숨을 거두는 바로 그 순간부터 그의 세 아들이 서로 왕좌를 자기 것이라고 주장했어. 아우랑제브의 맏아들은 아버지의 왕관을 물려받으려고 64년 동안이나 기다려 왔던 사람이었어. 그는 아우들에게 왕관을 넘겨줄 생각이라고는 티끌만큼도 없었어. 그는 아우들을 죽여 버리고, 자기가 바하두르 샤 1세Bahadur Shah I 황제가 되었노라고 스스로 선포하고, 델리의 왕궁으로 들어갔어.

바하두르는 인도의 고민을 해결하려고 한동안은 노력했어. 아우랑제브는 힌두 교의 성지들을 파괴했었지만, 바하두르는 힌두 교도들이 자기들의 방식으로 신을 경배하도록 허락했어. 아우랑제브는 남부 지역의 부족들과 싸우느라 세월을 보냈지만, 바하두르는 그들과 사이좋게 지내려고 애썼어. 그러나 바하두르는 황제 자리에 오른 지 불과 5년 만에 그만 죽고 말았어.

그의 아들이 황제가 되었어. 그는 즉위 후 열한 달 동안 나랏일은 거들떠보지도 않고, 자기가 가장 아끼는 무희(춤추는 여자)한테 빠져서 지냈다는구나. 새 황제는 궁중의 모든 무희들의 남자 친구들을 조정의 관리로 임명하고, 심지어는 어느 불쌍한 악사와 늙은 채소 장수한테도 벼슬을 주었어. 그는 몇 시간이고 그저 재미

바하두르 샤 1세
바하두르 샤 1세는 아우랑제브의 맏아들로 오랜 기간 동안 왕이 되기를 기다려 왔어. 그는 왕위를 다투었던 동생들을 모두 죽이고 그 자리에 올랐단다.

삼아서 나무를 자르고, 근처의 운하를 지나가는 배를 일부러 침몰시켜 놓고 승객들이 물가로 엉금엉금 기어 나오는 걸 보며 즐기고, 요새의 꼭대기에 걸터앉아서 행인들의 머리 위에 돌을 던지며 즐거워했대.

마침내 후사인 알리와 하산 알리라는 이름의 두 귀족 형제가 더 이상은 그 꼴을 못 봐주겠다고 나섰어.

알리 형제는 암살자들을 고용해서, 황제의 침실에 몰래 들어가 황제를 목 졸라 죽이게 했어. 그 다음에 그들은 무굴 혈통의 젊은이 중에서 아무나 한 사람을 골라서 황제 자리에 앉히기로 했어. 그들은 새로운 황제가 될 그 젊은이를 억지로 델리로 데리고 와서 왕관을 씌워 주고, 성대한 축하 행렬을 벌였대. 알리 형제는 자기들이 인도의 진짜 통치자가 되려는 속셈이었어. 그들은 새 황제, 파루키시야르가 그저 무엇이든지 그들이 시키는 대로만 하도록 잘 타일러 두었지.

그런데 가만히 보아 하니까 파루키시야르는 겁이 많고 의심이 많은 자였어. 그는 모든 사람을 두려워했어. 시종들을 두려워하고, 궁궐의 마당에서 노는 아이들까지도 두려워했다는구나. 그는 알리 형제가 곧 자기를 죽이려 한다고 의심한 나머지, 자기가 먼저 그들을 죽이겠다는 말을 공공연히 내뱉었어. 그래서 알리 형제는 아무짝에도 쓸데없는 황제라면 다시 한 번 죽이지 못할 이유가 없다고 생각하고 암살자들을 보냈어. 암살자들이 다가오는 걸 용케 알아차린 파루키시야르는 자기 어머니의 치마 속에 숨었어. 그러나 암살자들은 금방 그를 찾아냈어. 그들이 황제를 끌고 나와서 죽여 버렸지만, 아무도 본 척도 하지 않았대. 그 시절에 살았던 어떤 인도 사람은 이렇게 썼단다. "그는 너무도 나약하고, 거짓이 많고, 겁이 많고, 흉측스러웠다. 그의 죽음을 애석해 한다는 것은 시간 낭비일 뿐이었다."

알리 형제는 또 다른 무굴 혈통을 골라서 황제 자리에 앉혔지만, 그는 즉위한 지 녁 달 만에 무슨 발작을 일으키더니 그만 죽어 버렸대. 알리 형제는 세 번째 황제를 또 앉혔는데, 그는 더 빨리 죽었어. 알리 형제가 그 다음에 인도의 황제로 앉힌 사람은 무굴 혈통의 열일곱 살짜리 소년 모하메드Mohammed였단다.

모하메드는 건강하고 활기가 넘치는 소년이었어. 얼마나 활기가 넘치는 소년이었냐면, 그는 인도의 야심만만한 귀족들에게 자기가 반드시 알리 형제를 제거할 것이라고 장담을 했다는 거야. 하여간에, 모하메드 샤는 30년 동안이나 거뜬히 황제 자리를 지켰어.

그러나 모하메드 샤는 제국을 통치하는 데에는 그리 관심을 보이지 않았다는구나. 그는 동물들을 싸움 붙여 놓고 구경하는 걸 좋아했어. 곰과 멧돼지가 서로 피를 튀기면서 싸우는 걸 특히 즐겼고, 심지어는 각 지방의 야생 동물을 돈을 주고 사서 델리로 실어 오게까지 했어. 그는 또 곰과 염소와 숫양과 멧돼지에게 호랑이 가죽을 씌워 가지고 사나운 코끼리하고 싸우다가 차례로 밟혀 죽게 한 적도 있었대.

한편, 인도의 관리들은 드넓은 인도 땅을 잘게 쪼개서 나누어 가지기에 여념이 없었단다. 한때는 강력한 무굴 황제의 통치를 받았던 위대한 제국 인도가 이제는 수많은 자잘한 왕들이 다스리는 무수한 소국들로 갈라져 버렸어. 그 왕들은 그들에게 관심조차 보이지 않는 황제에게 겉으로만 충성하는 척을 했어.

아우랑제브가 죽은 지 30년 후에, 갈가리 찢어져서 허약해질 대로 허약해진 인도에 페르시아가 쳐들어왔단다.

페르시아는 오스만 투르크와 인도 사이에 있는 나라야. 알리 형제가 황제들을 잇달아 갈아 치우던 무렵에 페르시아는 나디르Nadir라는 이름의 강력한 샤의 통치를 받고 있었단다. 나디르 샤는 지금 우리가 아프가니스탄이라고 부르는 지역에서 활개를 치던 노상강도였대. 그는 어쩌다가 오스만 투르크와의 전쟁에 끼어든 적이 있었는데, 그때 세운 공로로 페르시아 사람들 사이에서 날로 인기를 얻어 가다가 드디어 황제 자리에까지 올랐다는 거야. 그는 주위의 여러 나라들이 자기를 위대한 샤로 인정하게 하려고 갖은 애를 썼어. 그래서 그는 델리로 여러 차례 편지를 보내서 그가 페르시아의 정통 통치자로서 임금 자리에 오른 것을 경하(경사스러운 일을 축하함)하는 인도 황제의 사절을 보내 달라고 요청했어.

그러나 인도 조정은 너무도 뒤죽박죽이어서 어느 누구도 페르시아로 사절을 보낼 생각을 하지 못했다는구나. 나디르 샤는 격분했어. "아니, 그놈들이 감히 내게 모욕을 줘? 내가 노상강도 출신이라고 깔보는 거야? 좋아, 내가 가서 따끔하게 혼을 내 주겠어."

그는 군대를 이끌고 인도로 쳐들어가서 북부의 도시들을 차례로 짓밟으며 델리로 진격했어. 겁에 질린 델리의 인도 군대는 간신히 용기를 내서 그를 맞아 싸우러 나갔어. 그러나 나디르 샤의 낙타들과 대포들을 본 그들은 너무도 무서워서 제대로 싸워 보지도 못했어. 2만 명의 인도 병사가 죽었지.

나디르 샤는 모하메드 샤를 사로잡아 가지고, 델리 시에서 페르시아가 이긴 것을 축하하는 퍼레이드를 했어. 모하메드 샤는 행렬의 뒤를 따라가면서 연방 고개를 숙이고 허리를 굽히며 굽실거려야 했대. 나디르 샤는 델리 시를 불 지르고 백성들을 닥치는 대로 죽이라고 명령했어. 어느 목격자는 나중에 이렇게 썼단다. "도시 전체가 잿더미로 변했다. 꼭 불타 버린 들판 같았다." 나디르 샤는 인도 왕실 금고의 열쇠를 훔치고, 타지마할을 약탈하고, 또 금과 은과 보석을 바리바리 싣고, 인도코끼리를 보이는 족족 끌고 페르시아로 돌아갔어. 그는 인도의 저 유명한 '공작 왕좌Peacock Throne'를 가지고 가서 부수어 버리고 보석만 챙겼대. 어느 인도인은 "380년 동안 모은 보물들이 순식간에 주인이 바뀌었다."라고 비통한 심정을 드러내기도 했어.

인도 제국이 사라져 버린 거야. 모하메드 샤는 황제 자리를 지키고 있었지만, 이제 그는 벽이란 벽은 모두 불에 그을렸고, 성한 집이라고는 남아 있지 않고, 무덤마저도 모조리 파헤쳐진, 금방이라도 귀신이 나올 것 같은 도시를 다스리고 있을 뿐이었단다.

점원들의 공격으로 무너진 인도

인도가 무너져 가자, 영국 사람들은 자기들이 인도를 차지할 때가 드디어 되었다고 생각했어. 제임스타운 식민지 개척자들이 북아메리카에 도착한 지 5년 후에, 영국 상인들은 인도에 첫 무역항을 건설했어. 그들은 인도 서부 해안의 풍요롭고

분주한 항구 도시 수라트에 목조 건물을 지어 놓고, 거기에서 장부를 작성하고, 면화(목화)와 비단과 인디고(물감 원료로 쓰이는 식물) 잎 같은 인도 상품들의 다발을 세어서 근처의 바다에 정박해 있는 영국 상선으로 실어 보냈단다. 영국인들은 인도와의 무역을 통해서 너무도 많은 돈을 벌었고, 그래서 거기서부터 남쪽으로 그리 멀지 않은 봄베이(현재는 뭄바이라고 함)와 인도 대륙 저 건너편의 벵골 주에서도 무역항을 열었어. 항구를 건설하고 배를 사고 선원들을 고용하는 데 드는 비용과 노력을 가장 효율적으로 감당하기 위해서 여러 상인들이 힘을 합쳐서 '동인도 회사'를 만들었단다. 상인들은 무역항에서 건물과 배를 짓거나 운영하는 데 드는 경비를 지원하고, 나중에 수익을 나누어 가졌지.

아우랑제브가 죽자 인도가 무너져 내리기 시작했어. 지방 관리들이 스스로를 왕이라고 부르며 늘 서로 싸웠어. 남쪽의 힌두 부족들이 북쪽으로 쳐들어갔어. 페르시아 군대가 쳐들어와서 델리를 짓밟았지.

그러한 사태들을 그들의 무역항에 앉아서 지켜보던 영국 사람들은 몹시 불안했어. 비단과 무명과 인디고 같은 상품을 인도의 중부로부터 무역항까지 예전처럼 무난히 실어 올 수 있을까? 혹시 도중에 공격을 받지는 않을까? 아니, 힌두 부족들과 이슬람 교도 반란군들과 페르시아 침략군이 목조 건물뿐인 이 자그마한 무역항으로 쳐들어온다면 어찌할 것인가?

영국 사람들은 이제는 자기들이 상인뿐만이 아니라 군인이기도 해야 한다고 생각했어. 불안한 생각만 하고 앉아 있을 게 아니라, 혹시라도 공격을 받게 될 경우를 대비해야 했지. 그래서 그들은 봄베이와 벵골에 요새를 짓기 시작했단다.

그때부터 분란이 시작되었어.

인도의 지방 관리들이 다 그랬던 것처럼, 벵골 주의 관리도 이제는 자기가 벵골의 '나와브nawab'라고 선언했어. '통치자'라는 뜻이야. 이름이 시라지Siraj인 그 나와브는 영국 사람들이 캘커타라고 부르는 그들의 정착지에 요새를 짓는 것을 신경을 곤두세우고 지켜보았어. 영국 사람들은 그 요새를 영국 국왕의 이름을 따서 '포트 윌리엄'이라고 불렀단다. 그들은 요새의 벽 위에 대포를 설치했어. 그런데 그들은 시라지의 허락도 받지 않고 요새를 지었었나 봐. 시라지의 의심이 점점 깊어졌어. 영국인이 왜 캘커타에 요새를 짓는 걸까? 그자들한테 왜 요새가 필요한 걸까? 혹시 그자들이 나의 이 작은 벵골 왕국을 차지하려고 그러는 건 아닐까?

시라지는 자기의 군대가 영국인들을 이길 수 있다고 자신할 수 없었어. 그러나 그에게는 한 가지 묘안이 있었어. 당시 인도에는 프랑스 상인들도 많이 와 있었거든. 시라지의 묘안이라는 것은, 프랑스 사람들에게 자기하고 힘을 합쳐서 캘커타의 영국인들을 쫓아내 준다면 나중에 땅을 주겠다고 약속하고 끌어들이는 것이었어.

프랑스 사람들이 시라지의 제의를 냉큼 받아들였어. 그들이 시라지의 군대와 합세해서 캘커타로 쳐들어갔어. 캘커타의 요새는 이제 막 완성된 직후였고, 성벽을 지키는 병사들의 수가 많을 턱이 없었어. 시라지의 군대는 단 나흘 만에 요새를 점령했지.

시라지의 병사들이 요새 안으로 쏟아져 들어갔어. 그때 요새에는 남자 145명과 여

점원들의 공격으로 무너진 인도　287

자 1명의 영국인들이 있었는데, 시라지는 그들을 모두 체포해서 지하 감옥에 가두었어. '블랙 홀black hole'이라고 불린 그 작은 지하 감옥은 가로가 7미터 세로가 5.5미터로, 고작 보통 침실의 두 배쯤밖에 안 되는 작은 방이었어. 그러나 시라지의 부하들은 그 좁은 방에 영국인들을 모조리 우겨넣고 밖에서 빗장을 질렀단다. 먹을 것도 없고 마실 것도 없었어. 인도의 밤은 너무도 덥고 바람 한 점 없었어. 블랙 홀에는 앉을 틈이 없었어. 숨도 제대로 쉴 수 없었단다. 그 감옥에 갇혔다가 풀려 나서 영국으로 돌아온 존 호웰이라는 사람은, 감옥에 갇힌 다음 날 아침이 되자 죄수들 중에서 120명이 질식해서 죽어 있었다고 주장했어. 그는 이렇게 썼단다. "상상해 보라, 벵골의 찜통같이 무더운 밤에…… 비좁은 방에 146명이 꼭꼭 포개어져 있었다는 것을…… 그 하룻밤 사이에 내 영혼이 당했던 그 엄청난 고통을 내가 무슨 말로써 당신들에게 설명할 수 있겠는가?" 호웰은 그들이 앉지도 못하고 선 채로 엉겨 붙어서, 푹푹 찌는 열기와 갈증을 이기지 못하고 죽었노라고 설명했단다.

호웰의 글은 허풍이 좀 심했던 게 틀림없다고 본 사람들이 있었나 봐. 그 좁은 방에 그 많은 사람들이 들어갈 수는 없다는 것이었어. 그러나 그건 중요한 게 아니었단다. 문제는 캘커타의 블랙 홀이라는 지하 감방에서 있었던 그 사건을 수많은 영국 사람들이 알게 되었다는 것이야. 그들은 격분했어. 그 야만적인 수모를 당하고도 어찌 영국이 가만히 있을 수 있다는 말인가? 동인도 회사는 이제까지는 듣지도 보지도 못했던 대책을 취해야겠다고 결정했어. 그 대책은 군대를 인도로 보내서 시라지와 벵골 주민들을 응징한다는 것이었지.

그것은 참으로 놀라운 결정이었어. 동인도 회사는 국가가 아니야. 일개 '회사' 일 뿐이야. 상상해 보자. 마이크로소프트나 월마트 같은 큰 회사가 외국의 어느 도시에 있는 지사에서 직원들이 못된 짓을 당했다는 이유로 스스로 군대를 만들어서 쳐들어간다니! 동인도 회사는 지금 그런 말도 안 되는 짓을 하려는 것이었어. 상인들이 돈을 모아서 군대를 만들고, 그 군대를 지휘할 장군을 선발했어.

로버트 클라이브Robert Clive라는 이름의 장군이 군대를 이끌고 인도로 가서 시라지의 군대와 맞섰어. 그러나 그는 승리를 우연에 맡기지 않았어. 클라이브는 전투를 벌이기 전에 시라지 군대의 사령관인 미르 자파르Mir Jafar라는 자에게 몰래 사람을 보내서 이렇게 말했대. "우리 영국군이 진격하거든 무슨 핑계를 대서라도 당신 부대는 뒤에 처져 있으시오. 그렇게만 해 준다면 내가 나중에, 시라지가 죽은 다음에, 당신을 벵골의 통치자가 되게 해 주겠소이다."

자파르는 묵묵히 듣기만 할 뿐, 아무 대답도 하지 않았어. 그러나 두 군대가 드디어 맞붙을 때, 자파르는 뒤쪽에서 창을 땅에 짚고 기댄 채 물끄러미 구경만 했다는구나. 그는 병사들에게 명령을 내리지 않았어. 병사들이 창을 겨누는 척하며 슬금슬금 뒤로 물러났지. 머지않아 그들은 대오를 흩뜨리고 겁에 질린 채 뿔뿔이 달아나 버렸어. 시라지는 그 싸움에서 죽음을 당했단다.

클라이브는 자파르가 이제부터 벵골의 나와브가 되었다고 선언했어. 자파르는 동인도 회사 덕분에 권력을 차지하게 되었어. 하지만 그것은 엄청나게 무거운 빚이

점원들의 공격으로 무너진 인도 289

었어. 그는 모든 일을 영국인들이 시키는 대로 하지 않을 수 없었거든. 마침내 자파르가 더 이상 말을 듣지 않자, 이번에는 지난번보다 훨씬 더 큰 군대가 와서 그를 공격했어. 두 번째 전투가 끝났을 때는 동인도 회사가 영국의 이름으로 벵골 주를 통치하고 있었단다.

허약하기 짝이 없는 인도의 황제는 기운이 펄펄한 영국 군대 앞에서 벌벌 떨었어. 그는 영국 사람들이 벵골 주에서 자기들 마음대로 세금을 거두어서 마음대로 쓰도록 허락하지 않을 수 없었어. 벵골 주는 영국의 법에 따라 통치되었고, 그 법을 어긴 자들은 영국인 판사가 주재하는 영국 법정에서 재판을 받았어. 캘커타가 벵골 주의 새 수도가 되었단다. 영국인들은 이제 단지 상인만이 아니었어. 그들은 그곳의 지배자가 된 거야.

그 후 몇 년 동안 인도 제국은 더욱 빠르게 무너져 가고, 영국인들이 차지한 땅이 날이 갈수록 넓어졌어. 그리고 이윽고 영국 사람들은 인도의 황제마저도 그들의 '보호' 속에 가두어 버렸어. 무굴 제국의 마지막 황제가 영국의 포로가 되었거든. 인도는, 사실대로 말하자면, '회사 점원'들의 공격으로 무너져 버린 것이었단다.

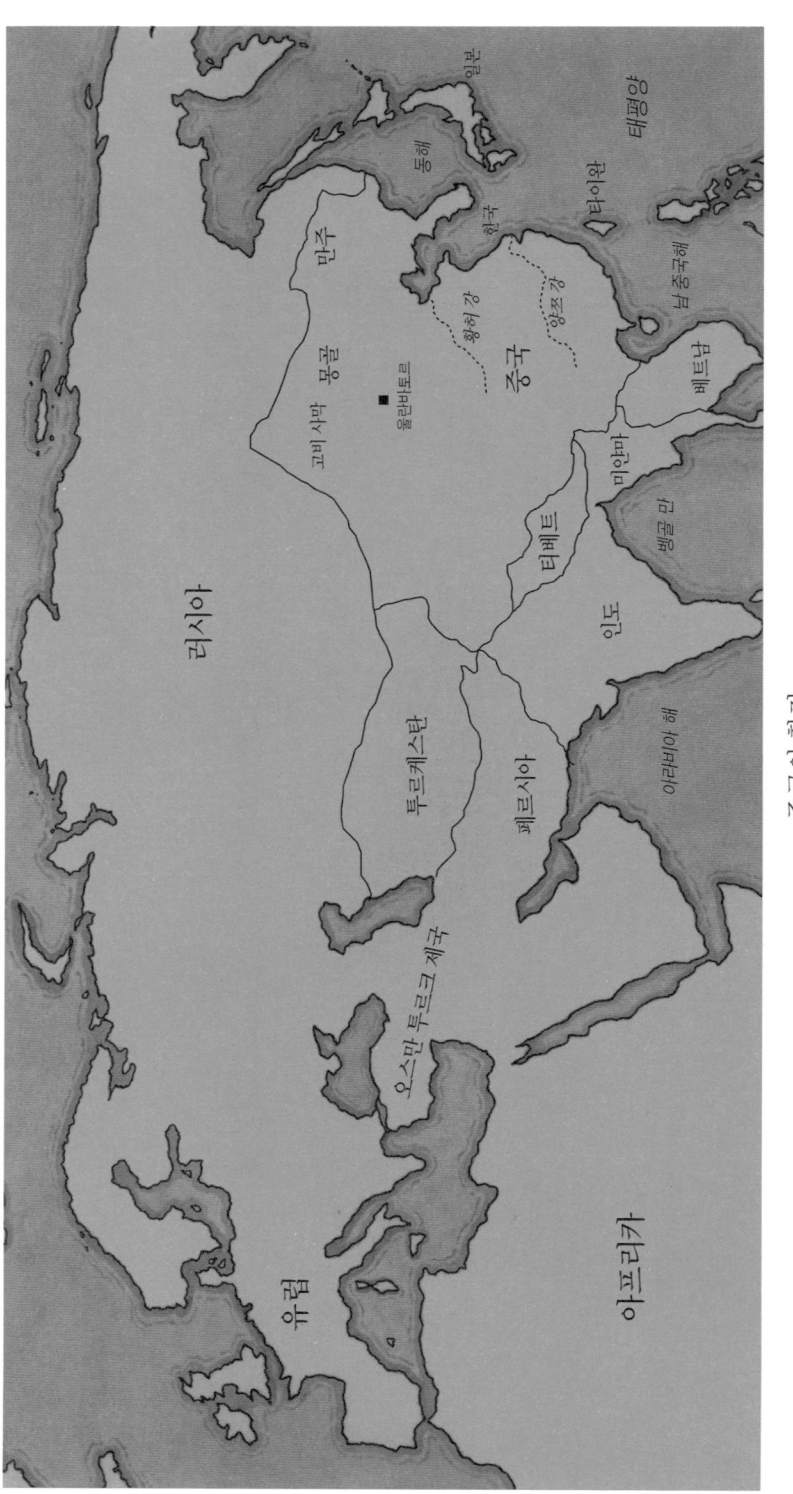

중국의 확장

제20장 위풍당당한 동양

전국의 책을 모은 건륭제

인도로부터 북동쪽으로 까마득히 먼 곳, 중국의 수도 베이징의 거리는 지금 어둠과 고요에 잠겨 있어. 즐비한 여인숙의 등불이 꺼진 지 오래고, 나그네들은 깊이 잠든 지 오래야. 사방을 벽으로 둘러친, 도시 속의 또 하나의 금단의 도시, 황제와 그 가족이 사는 자금성도 지금은 고요 속에 잠들어 있어. 성벽 위를 지키던 병사는 빨간 벽에 등을 기댄 채 쪼그리고 앉아 꾸벅꾸벅 졸고 있지.

그러나 자금성에서도 가장 깊은 곳, 황제의 서재는 아직도 발갛게 밝혀져 있어. 지금 중국의 황제는 건륭제乾隆帝라는 사람이야. 그는 만주족이 베이징에 입성해서 나라 이름을 청이라고 온 세상에 선언한 후 네 번째로 등극한 황제인데, 만주족의 나라를 창건한 누르하치로부터는 여섯 번째 임금이란다. 그가 지금 책상 앞에 앉아 있고, 책상에는 두루마리 화선지가 펼쳐져 있어. 건륭제가 천천히 붓을 집어 들고, 먹을 적시고, 글씨를 써 내려가. 그는 머릿속에 떠오른 시상(시를 짓기 위한 착상)을 가다듬느라 생각에 깊이 잠겨 있다가, 이윽고 그것을 글로 옮기는 것이야.

추복뢰의 춘소식도(春消息圖)

건륭제가 붓을 놓고 고개를 들더니 맞은편 벽에 걸린 그림을 지그시 쳐다봐. 꽃이 핀 매화나무 가지를 그린 그림인데, 여린 가지와 꽃송이들이 너무도 섬세하게 묘사되었어. 그 매화나무 가지를 그린 화가 추복뢰(鄒復雷. 원나라 때의 화가)는 벌써 300년도 전에 죽었어. 지금 건륭제는 그림의 왼쪽 여백에 써 놓은 시를 읽고 있단다.

명아주 엮어 지붕 얹은 초옥草屋에 앉아, 봄이 오는 줄 내 어이 알리요?
차가운 달빛 타고 내려온 두꺼비는 늙은 매화나무에 앉았구나.
밤 안개 신음 소리 잦아지고, 내 텅 빈 누실*이 더욱 싸늘해질 때,
붓 들어 먹 묻혀서 장지문에 어리는 그림자나 붙들어 보네.

*누실(陋室) : 남 앞에서 '자기의 방'을 겸손하게 이르는 말.

이 시는 화가가 그 그림을 그리도록 마음을 움직이게 했던 것(이것을 화의畵意라고 해.)이 무엇인지를 화가가 직접 설명한 것이란다. 그가 싸늘한 방에 홀로 앉아 있는데, 때마침 밝은 달밤이어서 매화나무 가지의 그림자가 창호지를 바른 문에 어른거리는 것을 보고 문득 마음이 움직여서 그것을 그렸다는 이야기야. 그런데 난데없이 웬 두꺼비 이야기냐고? 그건 말이야, 달 속에는 신통한 두꺼비가 산다는 중국의 전설을 이야기한 것이란다.
황제는 지금 옛 화가의 시에 화답하는 시를 짓는 중이야. 그는 방금 쓴 구절을 다시 물끄러미 들여다봐.

　　한숨 한 번 지을 새에 봄이 왔다가 간다네.

첫 행을 지그시 들여다보던 황제가 다시 붓을 들어.

　　세월이 오고 감을 저 매화나무는 어이 아는고?

건륭제는 자기의 시가 아주 만족스러운지 은은하게 미소를 지어. 그는 이렇게 생각해. "이 시를 다 쓰면 저 그림의 오른쪽 여백에다가 정성껏 옮겨 쓸 거야. 옛 시

건륭제
건륭제는 거대한 중국을 60년 동안이나 다스린 황제란다. 중국의 모든 책을 한데 모아서 《사고전서》를 편찬했고, 주변의 나라들을 정복했어. 그가 다스렸던 시기는 청나라의 최고 전성기였단다.

인의 시와 나의 시가 나란히 후세에 오래오래 전해지겠지!"

황제이자 시인인 건륭제는 만주족의 위대한 황제 강희제의 손자란다. 그는 어렸을 때 이미 할아버지로부터 제왕(황제와 국왕을 통틀어 이르는 말)의 수업을 받았다는구나. 날로 쇠퇴해 가던 오스만 투르크 제국에서는 튤립 왕이 이미 몰락했고, 인도에서는 모하메드 샤가 날로 거세어져 가는 영국인들의 위세를 그저 멀거니 쳐다보면서 불안한 왕위를 지키고 있던 무렵에, 그는 중국의 황제가 되었어.

그러나 당시 중국은 역사상 그 어느 때보다도 더 부강했단다. 어디선가 반란이 일어날 기척이 보이면 득달같이 달려가서 뿌리를 뽑아 버리려고 군대가 늘 눈에 불을 켜고 있었어. 그리고 문학과 예술을 사랑하는 황실의 후원으로 시인들과 예술가들이 넘쳐 났어. 특히, 적황과 초록과 분홍의 유약을 발라 구운 당시 중국의 도자기는 전 세계 사람들이 부러워하는 최고의 예술품이었단다.

건륭제는 의자에서 일어나서 창가로 가. 어둠에 잠긴 자금성의 정원들과 궁전들이 굽어보이고, 궁궐을 둘러친 성벽 너머로 베이징의 지붕들과 거리들이 밤의 어스름 속에 아득히 펼쳐져 있어. 중국 제국의 북동쪽 끝에 조금 못 미친 곳에 자리 잡은 그 도시는 지금 세계에서 가장 큰 도시란다. 인구가 1백만 명이 넘은 지가 벌써 오래야! 건륭제의 제국은 위로는 러시아 국경까지, 아래로는 중국과 인도를 갈라놓는 히말라야 산맥에까지 이르러 있어.

건륭제는 그 커다란 중국의 위대함을 이 세상에서 모르는 이가 없게 하고 싶었어. 물론 중국 주위의 모든 나라들은 중국의 그 엄청난 크기와 인구를 잘 알고 있었지

만, 건륭제는 시집과 철학 책과 소설책과 역사 책 등, 중국의 가장 위대한 성취를 보여 줄 책들이 그 넓은 땅의 곳곳에 흩어져 있고 개인들의 서재 속에 꼭꼭 숨어 있다는 것을 참으로 안타깝게 생각했단다.

황제가 된 지 30년쯤 지난 후에 건륭제는 중국의 모든 위대한 책들을 한데 모아서 방대한 장서(간직해 둔 책)를 만들겠다고 결심했어. 그는 두 명의 학자에게 그 작업을 맡겼단다. 두 학자는 다른 학자들을 수십 명 모아 가지고 중국 전 지역을 돌아다니면서 각 도시의 도서관들과 지방 부자들과 유력자들의 서재를 샅샅이 뒤져서 선조들이 남긴 위대한 책들의 목록을 작성했어.

건륭제는 학자들과 함께 그 목록을 놓고 연구하고 토론을 했어. 몇 주일 동안의 토론 끝에 그들은 고전, 역사, 철학, 문학 등의 네 항목으로 분류해서 가장 중요하다고 판단되는 책들을 추렸어. 그러자 훨씬 더 방대한 작업이 저절로 그들에게 주어졌어. 네 항목의 책들을 모두 베껴 써서 방대한 전집을 편찬해 내는 작업이 바로 그것이었단다.

중국 문자는 글자마다 그 소리와 뜻이 다른 상형 문자라는 것은 너도 잘 알겠지? 건륭제의 할아버지인 강희제는 《강희자전康熙字典》이라는 방대한 자전(字典. 한자 사전)을 편찬했는데, 거기에 수록된 글자의 수는 무려 5만 자에 이른단다! 또 한자를 쓰는 방법(서체)은 열한 가지나 되는데, 중국의 학자들과 서예가들은 그 열한 가지를 다 막힘없이 알아야 했어.

황제와 학자들이 골라 낸 책들을 서예가들이 베껴 쓰기 시작했어. 네 항목의 전집은 3만 6천2백7십5권이 될 예정이었는데, 건륭제는 각 전집을 일곱 질씩 가지고 싶었대. 그러니까 서예가들은 약 25만 권에 이르는 책을 붓으로 써 내야 했던 것이란다.

처음 조사를 시작한 지 10년 후에 전집의 첫 한 질이 마침내 완성되었어. 제목은 《사고전서四庫全書》인데, '네 분야의 학문 책들을 한데 모아 펴낸 책'이라는 뜻이야. 일곱 질이 모두 완성되기까지는 그로부터 5년이 더 걸렸어. 그 중에서 네 질은 최고품 종이를 사용한 호화판이고, 나머지 세 질은 크기가 좀 작고 종이의 품질도 조금 처지는 것이었어. 건륭제는 그 일곱 질의 책을 중국의 남쪽과 북쪽의 일곱 지방에 나누어 보관하게 하고, 학자와 학문을 공부하는 학생들이 두루 읽을 수 있도록 했단다.

그런데 말이야, 건륭제는 위대한 책들을 찾아내서 보존하는 데만 애썼던 게 아니었단다. 그는 또 수많은 책을 불태워 없애기도 했어. 중국의 한족 사람들 중에는 만주족의 지배를 아직도 인정하지 않는 사람들이 많다는 것을 그는 잘 알고 있었어. 그래서 그는 학자들을 전국으로 보내서 위대한 책들을 찾아내게 하는 한편, 만주족의 왕조를 비난하거나 원망하는 내용이 숨어 있는 책들까지도 수색하게 했던 것이야. 학자들은 그러한 책들의 목록을 작성해서 황제에게 바쳤단다. 건륭제는 그 목록에 적힌 책들을 모조리 없애 버리고 싶었어. 그래서 그는 그 후 14년 동안이나 중국의 모든 지방 관리들에게 그 목록에 적힌 책들을 샅샅이 찾아내서 불태워 버리라는 명령을 끊임없이 내려 보냈단다. 중국의 위대한 황제 건륭제는 학

문과 예술을 사랑하고 책을 사랑했지만, 자신의 권력을 더 많이 사랑했던 게 틀림없을 것 같아.

장엄한 용이 지배하는 나라

건륭제는 60년 동안 중국을 통치했어. 그 시기에 서양의 강대국들은 제각기 더 많은 영토를 차지해 나가고 있었단다. 스페인은 남아메리카의 대부분을 차지하고 북아메리카까지 진출했으며, 프랑스와 영국은 주로 북아메리카에서 땅을 차지했어. 영국은 또 인도에도 그 세력을 뻗쳐 가고 있었어.

한편, 중국도 영토를 넓혀 가고 있었어. 중국 제국의 중심부는 중국 문명의 발원지였던 황허와 양쯔 두 개의 큰 강이 있는 유역이야. 18개의 성(省. 중국의 가장 큰 행정 구역 단위)이 있는 그 중심부에 한족과 만주족을 합쳐서 수백만이 훨씬 넘는 인구가 살고 있었지.

그러나 이 중심지는 중국의 일부분에 지나지 않았단다.

네가 지금 자금성의 지붕 위에 서서 끝없이 펼쳐진 베이징의 지붕들을 굽어보고 있다고 상상해 볼까? 갑자기 네 뒤에서 무엇이 쉬이, 쉬이 하는 섬뜩한 소리가 들려. 고개를 돌려 보니까 장엄하기 그지없는 모습의 용이 지붕에 내려앉고 있어. 이 장엄한 용은 중국 황제의 권력을 상징하는 동물이야. 발이 여러 개이고, 다섯 개의 발가락들은 사람하고는 달리 모두가 다 엄지발가락이야. 몸은 뱀처럼 길고, 꼬리는 물고기 꼬리처럼 생겼어. 용이 머리를 자꾸만 숙여. 너를 보고 자기의 등에 타라고 말하는 것 같아! 용의 머리에는 사슴의 뿔처럼 여러 갈래로 갈라진 뿔이 돋았고, 새빨간 두 눈알이 불덩이처럼 이글거려.

빈틈없이 비늘이 돋은 용의 등에 네가 올라탔어! 용이 네가 떨어지지 않도록 단단히 잘 앉았는지를 확인하려는 듯 뱀처럼 고개를 뒤로 돌려. 잠시 너를 쳐다보더니, 아무래도 네가 너무 작아서 자칫하면 미끄러져 버릴 것 같다고 생각했는지 자기 몸을 조금 줄여. 용은 아무 때나 자기 마음대로 몸을 늘이거나 줄일 수 있거든. 또 바다에서 난데없이 솟구치는 물기둥이나 거센 소용돌이로도 변해 버릴 수 있어. 너는 이제부터 하늘을 나는 동안에만은 용이 제발 그런 생각을 하지 않기를 비는 게 좋을 거야!

용이 하늘로 솟구쳐 올랐어. 너는 이제 끝없이 펼쳐진 베이징의 지붕들 위를 지나서 북쪽으로 날아가고 있어. 너의 등 뒤에서 붉은 해가 막 떠오르고 있어. 붉은 햇빛이 베이징의 성벽들을 붉게 물들이고, 구릉들과 산들을 붉게 물들여. 하루의 첫 햇빛에 붉게 물든 뾰족한 봉우리들과 둥그런 봉우리들이 네 발밑을 휙휙 지나가고, 어느새 너는 중국의 북쪽 변경 지방의 하늘을 날아가고 있어. 산의 남쪽 자락에 펼쳐진 논은 농부들이 벼농사를 짓는 곳이고, 조금 더 북쪽으로 가면 땅이 건조해서 밀 농사를 더 많이 짓는 곳이야.

갑자기 구릉과 논밭이 사라지고, 끝이 보이지 않는 드넓은 갈색 평원이 나타나! 용이 땅을 향해 급강하하기 시작해. 모래벌판이 보이고, 이유 없이 휘몰아치는 강풍에 노랗고 하얀 모래 구름이 일고 있어. 모래 쥐 한 마리가 황급히 구멍 속으로 사

장엄한 용이 지배하는 나라 301

라지고, 벌판에 홀로 서 있는 키 작은 나무에 앉아 있던 독수리인지 솔개인지 모를 맹금(성질이 사납고 육식을 하는 조류)이 하늘에서 용이 날아오는 걸 보고는 몹시도 아쉬운 듯 입맛을 다시면서 천천히 날개를 펴고 날아가 버려. 너는 고비 사막에 온 것이야. 그곳은 칭기즈칸의 후손들이 사는 몽골 땅의 가장자리야.

저 아래에서 유르트yurt라고 하는, 짐승의 털가죽으로 지은 천막에서 유목민들이 우르르 쏟아져 나와서 고개를 하늘로 젖히고 입을 딱 벌리고 있어. 그들은 네가 탄 용을 알아본 것이야. 지금 몽골은 중국 영토의 일부가 되어 있기 때문이란다. 건륭제의 할아버지인 강희제가 몽골을 정복하고, 죽으라고 하면 죽는 시늉이라도 할 정도로 그 정부를 말랑말랑하게 길들여 놓았어.

용은 사막을 뒤로하고 북쪽으로 더 날아가. 이내 한 도시가 나타난다면, 거기는 몽골의 수도인 울란바토르인 게 틀림없어. 용이 그 도시의 성벽을 따라 한 바퀴 돈 다음에 남서쪽으로 머리를 돌려. 뒤로 멀어져 가는 울란바토르를 내려다보면, 거리마다 중국 병사들이 돌아다니는 게 보일 거야. 그들은 혹시라도 어디선가 반란이 일어날 기척이 있지나 않은지 살피려고 순찰을 도는 중이야!

너를 등에 태운 용이 남쪽으로 바람보다 더 빠르게 날아가는데, 이제는 투르크의 여러 부족들이 제국의 영토를 넓히려고 전쟁을 벌이고 있는 곳으로 가고 있어. 그러나 오스만 투르크 사람들의 영광스러운 시절은 이제는 옛이야기가 되었어. 중국이 투르크 영토의 일부마저 정복해 버렸기 때문이야. 그곳은 지금 '중국령 투르케스탄Chinese Turkestan'(투르키스탄이라고도 함)으로 이름마저 바뀌었어. 저 아래에 햇빛 속에서 드문드문 하얗게 빛나는 것은 이슬람 사원의 둥근 지붕이야. 투르크 사람들은 물론 아직도 이슬람 교도이지만, 불교도인 중국의 황제에게 충성을 맹세한 처지가 되어 있단다. 사원 저 너머의 숲 위로 하얀 먼지 구름이 피어나고 있어. 용이 다시 아래로 내려가자, 웬 군대의 기다란 행렬이 보여. 투르케스탄의 깊숙한 곳으로 쳐들어가는 중국 군대야. 지금 투르크 사람들은 잠시도 편할 때가 없단다. 그들을 더욱 확실히 쥐어 잡으려는 건륭제가 잊을 만하면 어느새 또 군대를 보내기 때문이야.

거기까지가 중국 국경의 절반이야. 이제는 해가 하늘 꼭대기에 솟아 있고, 용은 다시 동쪽으로 머리를 돌리는구나. 너의 바로 아래에, 꼭 네 발에 닿을 것처럼 높은 산이 있다고? 그럼 그 산은 틀림없이 세계에서 가장 높은 산인 에베레스트 산일 거야. 그 산의 그림자가 북쪽으로 드리워져 있겠지? 에베레스트 산의 그림자가 드리워진 그곳은 티베트Tibet라고 하는 유서 깊은 나라야. 아직은 세상에 거의 알려지지 않은 너무도 신비스러운 나라란다. 티베트의 노인들은, 늘 눈에 덮인 높고 깊은 산속 어딘가에 숨어 있다는 샹그리라Shangri-La라는 이름의 왕국에 관한 전설을, 심심하면 꺼내고 심심하지 않을 때에도 꺼내는 게 거의 버릇이 되어 있단다. 그 전설에 의하면, 샹그리라 왕국 사람들은 먹지 않아도 배가 고프지 않고, 아무리 나이를 먹어도 늙지 않고 죽지도 않는다는구나! 그러니 노인들이 그럴 만도 하겠지?

티베트 사람들은 하나같이 선량하고 온순해. 국왕은 없고, 달라이 라마Dalai

장엄한 용이 지배하는 나라   303

Lama라 불리는 불교 승려가 백성들을 다스리고 있어. 중국은 아직 이 남쪽 나라를 정복하지 않았지만, 중국 황제는 이 땅을 그의 영토에 집어넣으려는 계획을 갖고 있단다. 몇 년 전에 몽골의 왕자라는 사람이 달라이 라마를 찾아왔어. 달라이 라마는 티베트를 지배하고 싶어 하는 몽골 사람들과 싸우고 있었는데, 그 싸움을 돕겠다는 것이었어. 그 왕자가 지금도 달라이 라마를 돕고 있단다. 중국 황제도 달라이 라마를 보호하겠다면서 군대를 보냈어. 몽골과의 전쟁은 벌써 끝났는데도, 중국 군대는 아직 티베트에 머물고 있단다. 군대의 지휘자이며 '판무관'이라 불리는 두 중국 관리가 달라이 라마를 '돕는다'는 핑계를 대고 눌러앉아서 돌아갈 생각을 하지 않는 것이야.

용이 티베트를 뒤로하고 동남쪽으로 날아가고 있어. 중국 본토에서 바다 쪽으로 길게 뻗어 내린 거대한 땅덩어리가 보일 거야. 너는 지금 엄청나게 높이 날아가고 있기 때문에 그 땅덩어리 양쪽의 바다가 한눈에 보여. 서쪽은 벵골 만이고, 동쪽은 남중국해야. 두 바다를 가른 그 길쭉한 땅은 은빛으로도 빛나고 발갛게도 빛날 거야. 용이 아래로 다시 급강하하네. 벵골 만의 동쪽 일대에 한 나라가 있어. 미얀마Myanmar(옛 이름은 버마)라고 불리는 나라야. 강들이 하늘을 찌르며 솟은 봉우리 사이사이 깊은 계곡을 휘감으며 흐르다가 이윽고 넓은 평원에 이르고, 그 물이 적셔 준 넓은 들에서 허리를 꺾고 있는 사람들은 지금 벼 모종을 심고 있는 농부들이야. 어느덧 해가 서쪽으로 기울기 시작하고, 붉은 흙 벽돌과 목재로 짓고 하얀 함석지붕을 얹은 집들이 저녁 햇살 속에서 더욱 또렷하게 보일 거야. 마을의 거리거리마다 푸른 옷을 입은 남자들과 금과 옥으로 머리를 장식한 여자들이 꾸역꾸역 어디론가 몰려가고 있어. 그들이 지금 어디로 가느냐고? 절에 가는 거야. 미얀마 사람들은 모두 불교도란다. 그런데 또 웬 군대가 미얀마의 북쪽 지방을 향해 내려오고 있어. 그 군대도 중국 군대야. 중국 황제는 지금 이 나라 때문에 은근히 걱정을 하는 참이야. 미얀마가 갈수록 힘이 세어졌거든. 앞으로 3년 동안, 중국 군대가 네 번이나 미얀마를 쳐들어오게 돼. 중국은 미얀마를 가지지는 못하지만, 미얀마의 북쪽 사람들은 중국에 조공(예물을 바치는 일)을 하게 된단다.

남중국해를 향해 곧장 날아가다가 아래를 내려다보면, 그 땅덩어리의 동쪽 가장자리에 유난히 가늘고 기다란 나라가 보일 거야. 거기가 바로 베트남Vietnam이란다. 거기도 또 중국 군대가 있어. 베트남의 북쪽 지방을 공격했던 군대가 지금 논 사이의 길을 따라서 자기들 나라로 돌아가고 있는 중이야. 중국은 아득한 옛날부터 베트남을 정복하려고 갖은 애를 써 왔어. 그러나 번번이 실패했고, 이번 공격도 역시 실패였단다. 베트남의 왕실이 온 백성들과 똘똘 뭉쳐서 다시 한 번 침략군을 몰아낸 것이야!

너를 태운 용이 그 꼴을 보고 속이 상했는지 코웃음을 친다고? 그리고 홱 방향을 틀더니 바다를 향해 곤두박질을 친다고? 너를 바다에 던져 버릴 듯이? 그러면 너는 죽을힘을 다해서 용의 목을 끌어안고, 제발 용이 바다에서 솟구치는 물기둥으로 갑자기 변하지 않기만을 기도하는 수밖에는 도리가 없어. 그러나 그게 아니었어. 용은 지금 중국의 동쪽 해안에서 그리 멀지 않은 곳에 떠 있는 어떤 섬으로 가

장엄한 용이 지배하는 나라

고 있는 것이야. 그 섬의 이름은 타이완Taiwan(대만이라고도 함)이야. 중국은 물론 그 섬마저 정복하려 했고, 베트남에서는 실패했지만 거기서는 성공했어. 그래서 타이완은 지금 중국 남부의 한 성인 복건성의 일부가 되어 있단다. 중국 본토에서 그 섬으로 가는 배들이 보일 거야. 그 섬에 가서 새로운 터전을 잡고 살려는 사람들을 싣고 가는 배들이야. 그래서 타이완은 지금 인구가 50만 명 이상으로 불어나 있어.

그 섬을 보고 이제는 용도 조금은 자존심이 살아났을 거야. 용이 우쭐거리면서 동북쪽을 향해 날아가고 있어. 중국 군대가 쳐들어갔다가 실패하지 않았던 또 한 나라를 너에게 마지막으로 보여 주려는 것이야. 그 나라가 어느 나라냐고? 한국이야. 한국도 지금 중국에게 해마다 조공을 바치고 있지만 중국에게 정복당하지는 않았어.

이윽고 용이 자금성의 지붕 위에 너를 사뿐히 내려놓았어. 너는 세계에서 가장 넓은 제국의 국경을 한 바퀴 돌아온 것이란다. 그 당시 전 세계의 인구는 대략 9억 명이었어. 그 중에서 3억 명이 중국 제국의 영토 안에서 살았단다. 프랑스와 스페인과 영국이 비록 강대국이라고는 하나, 인구만으로 볼 때는 중국과는 비교도 되지 않았어. 전 세계 인구의 3분의 1이 그 장엄한 중국 용의 깃발 아래에서 살았던 것이야.

제21장 북아메리카를 둘러싼 전쟁

유럽과 식민지의 의미 없는 전쟁들

중국은 세계에서 제일 큰 제국이었고, 중국에 조공을 바치는 주변 나라들은 중국의 지배에서 벗어나려는 희망을 늘 품고 있었어. 중국 군대는 몽골, 투르케스탄, 타이완을 비롯한 중국의 여러 속국들이 중국에게 대들지 못하게 하려고 늘 전쟁을 치러야 했단다.

프랑스와 영국과 스페인 제국들도 평화롭지 못하기는 마찬가지였어. 그런데 이제 그 세 제국은 해외의 여러 식민지들을 지키기 위해서가 아니라 자기들끼리 전쟁을 했어. 유럽 땅에서 서로 어깨가 맞닿을 정도로 가까이 붙어서 사는 처지에 말이야. 세 제국 사이에서 세 차례의 전쟁이 벌어졌는데, 그 세 전쟁이 모두 유럽에서 시작되었다가 북아메리카의 식민지들로 번져 갔어. 그리고 이 세 전쟁은 모두 두 개의 명칭으로 불리는데, 하나는 유럽 사람들이 붙인 것이고 다른 하나는 식민지 개척자들이 붙인 것이란다.

세 전쟁 모두 어느 한 제국도 아무것도 얻은 것이 없는 채로 끝이 났어!

첫 번째 전쟁은 유럽에서 프랑스의 세력을 더욱 넓히고자 했던 프랑스의 태양 왕 루이 14세의 야심 때문에 일어났단다. 그의 야심을 막으려고 네덜란드와 독일 왕국의 오스트리아 주와 영국 세 나라가 동맹을 맺었어. 그들은 그 전쟁을 '대동맹 전쟁War of the Grand Alliance'(팔츠 계승 전쟁이라고도 함)이라고 불렀단다. 영국군이 유럽 땅에서 프랑스 군과 싸우는 동안에 영국 정부는 북아메리카의 원주민 이로쿼이 족을 돈으로 꾀어서 캐나다의 프랑스 정착지들을 공격하게 했어. 이로쿼이 족이 영국 정부의 돈에 팔렸다는 사실을 알아차린 프랑스 정착민들이 영국인들의 정착지들을 공격했어. 그렇게 해서 시작된 영국인들(뉴욕과 뉴잉글랜드)과 프랑스 사람들(뉴프랑스와 캐나다) 간의 전쟁이 그 후 8년 동안이나 계속되었단다. 그들은 그 전쟁을 당시 영국 국왕 윌리엄의 이름을 따서 '윌리엄 왕 전쟁King William's War'이라고 불렀어. 그러니까 이것은 대동맹 전쟁의 다른 이름이라 할 수 있는 거지. 대동맹 전쟁은 유럽 땅에서 일어난 것이고, 윌리엄 왕 전쟁은 아메리카 땅에서 일어난 것이야.

8년 동안의 윌리엄 왕 전쟁이 끝났지만, 어느 쪽도 승자가 되지 못했어! 그러나 유럽에서는 영국과 프랑스가 마침내 평화를 이루었단다. 두 나라는 북아메리카의 정착민들에게 이제 그만 싸우라고 명령했어. 8년 동안의 지루한 전쟁은 프랑스와 영국 식민지들이 서로를 증오하게 만들었다는 것 이외에는 어느 쪽도 얻은 게 전혀 없는 채로 끝났던 것이야.

그리고 4년 후 프랑스의 루이 14세는 그의 손자를 우여곡절 끝에 스페인의 국왕 자리에 앉히고, 이전의 그 어느 국왕보다도 더 막강한 권력을 가지게 해 주었단다. 그러자 영국과 네덜란드가 또 프랑스에게 전쟁을 선포했어. 두 나라는 이번에는 스페인까지도 전쟁에 몰아넣었단다. '스페인 계승 전쟁War of Spanish Succession'(에스파냐 계승 전쟁이라고도 부름)이라 불리는 이 전쟁은 여러 해 동안 유럽 땅을 전쟁터로 만들었어. 그리고 이번에도 북아메리카의 프랑스와 영국 식민지들이 '조국들'이 서로 싸우는 것을 그냥 보고만 있지 못하겠다는 듯이 전쟁을 시작했단다. 북아메리카 식민지에서는 그 전쟁을 새로 영국의 국왕이 된 앤 여왕의 이름을 따서 '앤 여왕 전쟁Queen Anne's War'이라고 불렀어. 오렌지 공 윌리엄과 메리 여왕 부부가 죽고, 메리의 여동생 앤이 영국의 왕위에 올랐던 것이야.

영국인들은 앤 여왕 전쟁 동안에 프랑스 정착지 몇 곳을 빼앗았어. 퀘벡 주의 동쪽에 있는 아카디아라는 프랑스 정착지도 이제는 영국인들의 손안에 들어갔어. 또 영국인들의 군대는 저 멀리 플로리다까지 내려가서 펜서콜라라는 스페인 정착지를 불태워 버리기도 했어. 이제는 영국이 북아메리카에서 다른 나라들보다 조금 앞서기 시작하는 것 같았어.

프랑스 병사

유럽과 식민지의 의미 없는 전쟁들 311

그러나 이 전쟁도 역시 어느 쪽도 진정한 승리를 거두지 못한 채 끝났단다. 유럽에서 영국과 프랑스가 평화 조약을 맺고 13년 동안 지루하게 계속되었던 스페인 계승 전쟁을 마감했어. 그러자 북아메리카의 프랑스와 영국과 스페인 식민지들 사이의 전쟁도 덩달아서 끝이 났단다.

그리고 프랑스와 영국은 한동안 평화롭게 지냈어. 두 나라 모두 새로운 통치자가 들어섰어. 스페인 계승 전쟁이 끝난 지 2년 후에 루이 14세가 죽고, 고작 다섯 살배기 증손자가 왕위를 물려받았어. 영국의 앤 여왕도 죽었는데, 왕위 계승자가 없었어. 그래서 영국 의회는 투표를 해서 '바이블 킹' 제임스 1세의 증손자에게 왕관을 씌우기로 결정했단다. 이름이 조지 루이스George Louis인 그는 충실한 프로테스탄트 신자였어.

그런데 문제가 있었어. 조지는 영국인이 아니었던 거야!

조지의 어머니는 제임스 1세의 손녀였어. 독일에서 태어나서 자라고 독일 왕국의 어느 왕자와 결혼한 여자였단다. 독일의 하노버라는 곳에서 태어난 조지는 독일어를 배우며 자랐고, 자기가 독일 사람이라고만 믿었어. 그러나 영국 의회는 가톨릭 신자인 사람이 국왕이 되는 것을 너무도 두려워한 나머지, 독일인을 그들의 국왕으로 앉히겠다는 결정을 내렸던 것이었어. 그래서 조지가 영국에 와서 국왕이 되고, 조지 1세George I라는 칭호를 얻게 되었던 거야. 그는 영어를 전혀 못 했대! 영국 정부의 대신들은 또 독일어를 몰랐어. 그래서 국왕과 대신들은 프랑스 어로 나랏일을 논의했다는구나!

영국과 프랑스는 조지 1세와 루이 15세의 재위 동안에는 평화를 유지했단다. 그런데 조지 1세가 무슨 발작을 일으켜서 갑자기 죽고, 그의 아들이 왕위에 올라 조지 2세가 되었을 때, 또다시 전쟁이 일어났단다. 이번에는 영국과 프랑스의 전쟁이 아니라 영국과 스페인의 전쟁이었어. 그런데 아주 웃기는 것은, 이 전쟁이 어떤 사람의 귀 때문에 일어났다고 하는 것이야!

스페인과 영국의 선장들은 사이가 좋았던 적이 이제까지 한 번도 없었어. 영국 배들이 늘 스페인과 남아메리카 사이를 오가는 스페인 배들을 집적거렸거든. 남아메리카에서 금을 싣고 돌아오는 배들을 공격해서 강도질을 할 기회를 노렸던 거야. 스페인 선장들은 영국인 선장들이 모두 해적일 거라고 의심했대. 그래서 스페인 배들은 늘 남아메리카의 근해(육지에 가까운 바다)를 돌아다니면서 살피고, 합법적으로 오가는 영국의 상선들까지도 불러 세워서 수색을 하고, 때로는 강도질까지 했어.

어느 흐린 가을날에 로버트 젱킨스Robert Jenkins라는 이름의 선장이 영국 의회의 회의장에 나타났어. 그의 손에는 항아리가 한 개 들려 있었어. 때마침 스페인 배들이 영국의 상선들을 괴롭히는 문제를 놓고 토의하고 있던 의원들은 젱킨스가 단상으로 뚜벅뚜벅 걸어 올라가는 것을 물끄러미 쳐다보았단다. 젱킨스가 길게 자란 반백(희끗하게 센 머리털이 절반 정도 되는 머리털)의 머리를 뒤로 쓸어 넘겼어. 그러자 그의 귀가 훤히 드러났는데, 한쪽 귀에는 금 귀고리가 걸려 있었어. 그런데 다른 한쪽 귀는 보이지 않는 거야. 젱킨스가 항아리를 내려놓았어. 항아리에는 위

스키가 채워져 있고, 없어진 그의 한쪽 귀가 거기에 담겨 있었단다.

"잘 보셨습니까?" 젱킨스가 말했어. "스페인 놈들이 내 배를 공격했어요. 그 도둑놈들이 내 배에 건너와서 나와 부하들을 묶었다고요. 우리더러 해적이라는 거였어요. 나는 말입니다, 어디까지나 법을 지키는 장사꾼일 뿐입니다. 그런데 그놈들이 내 배에서 수상한 것을 아무것도 찾지 못하자, 대장이라는 놈이 제 귀를 잘랐어요. 그러고는, 영국 국왕이 여기 있다면 그놈의 귀도 잘라 버릴 거야! 라고 고함을 질렀어요. 그놈들이 내 배에서 쓸 만한 것들은 모조리 빼앗아서 돌아갔어요. 노도 돛도 다 가지고 가 버렸다고요."

법을 지키는 상인이 그런 말도 안 되는 봉변을 당했다는 이야기를 듣고 의원들이 노발대발했어. 그들은 스페인에 강력하게 항의했단다. 그러나 스페인 사람들은 자기들은 그런 짓을 한 적이 없다고 딱 잡아뗐어. 젱킨스가 거짓말을 한 것이고, 그자가 해적인 게 틀림없다고 우겼어. 그러나 영국 의원들은 곧이듣지 않았어. 그래서 영국은 스페인과의 전쟁을 선포했어.

'젱킨스의 귀 전쟁War of Jenkins' Ear' 이라 불리는 이 전쟁은 뜻밖에도 큰 전쟁으로 걷잡을 수 없이 번져 갔어. 전쟁이 일어난 직후에 신성 로마 황제 찰스 6세가 죽자, 여러 계승자들이 서로 그 권좌에 앉으려고 앞을 다투었단다. 영국은 오스트리아 계승자를 지지했는데 프랑스는 오스트리아의 위세가 더 커지는 것을 바라지 않았어. 그래서 프랑스가 영국과 싸우려고 스페인과 한편이 되었어. 오스트리아는 당연히 영국 쪽에 붙었고, 프로이센은 프랑스와 한편이었어. '젱킨스의 귀 전쟁'이 '오스트리아 계승 전쟁War of the Austrian Succession'으로 확산되었던 것이야.

유럽 땅이 다시 한 번 전쟁터가 되었어! 그리고 이번에도 그 전쟁은 저 멀리 바다 건너의 식민지들로 번져 갔단다. 조지아 주의 영국인들이 남쪽으로 내려가서 플로리다 주의 스페인 식민지들을 공격했어. 또 북쪽에서는 프랑스와 영국 식민지들 사이에 대판 전쟁이 벌어졌어. 그리고 이번에도 식민지 개척자들은 그 전쟁에 그들 나름대로의 명칭을 붙였단다. 그들이 영국 국왕의 이름을 따서 '조지 왕 전쟁King George's War'이라고 부른 그 전쟁은 4년이나 이어졌단다!

이윽고 영국과 프랑스와 스페인이 평화 조약을 맺자, 북아메리카의 식민지들 간의 전쟁도 끝이 났어. 무의미한 세 번째 전쟁이 끝난 것이었지. 윌리엄 왕 전쟁, 앤 여왕 전쟁, 조지 왕 전쟁의 세 차례 전쟁은 수많은 식민지 개척자들과 아메리카 원주민들의 목숨을 앗아 갔어.

그러나 달라진 것은 아무것도 없었어!

식민지에서 유럽으로 번진 7년 전쟁

의미 없는 세 차례의 전쟁 이후에도 프랑스와 영국과 스페인은 북아메리카 땅을 차지하기 위한 싸움을 계속했어. 프랑스는 북쪽 캐나다와 저 멀리 남쪽, 현재 미국 루이지애나 주 일대에 식민지들을 가지고 있었어. 영국은 동부 해안 지대를 거의 차지하고 있었고, 한편 스페인은 플로리다 주의 여러 식민지들 외에 뉴멕시코

주의 산타페에도 식민지를 가지고 있었단다. 그러나 유럽 사람들이 보기에는 광활한 북아메리카 대륙의 거의 대부분은 아직도 임자 없는 땅으로 남아 있었어. 과연 어느 나라가 경쟁자들을 물리치고 대륙을 몽땅 차지할까?

그 문제가 해결되기 위해서는 또 한 차례의 전쟁이 일어날 수밖에 없도록 되어 있었어. 그런데 그 전쟁은 이번에는 북아메리카에서 시작되어서 전 세계로 번져 나갔단다.

조지 왕 전쟁이 끝난 지 5년 후에 버지니아의 영국 식민지 총독은 순찰대로부터 깜짝 놀랄 만한 보고를 받았어. 프랑스 사람들이 오하이오 강 계곡Ohio River Valley(현재의 펜실베이니아 주 서부)으로 들어가는 길을 닦고 있더라는 것이었어. 버지니아 총독 로버트 딘위디Robert Dinwiddie는 땅이 기름지고 숲이 우거진 오하이오 강 계곡을 영국도 몹시 원한다는 것을 잘 알고 있었단다. 만약 프랑스가 먼저 그 계곡을 차지하고는 자기네들 땅이라고 주장한다면 어찌 될 것인가. 그러면 영국은 다시는 그 근처에 얼씬거려 볼 기회조차도 오지 않을 것이야!

그래서 딘위디 총독은 조지 2세에게 급히 전갈을 보내서 "이 일을 대체 어찌해야 합니까?"라고 물었어. 조지 2세는 총독에게 회신을 보냈지. "그자들에게 사람을 보내서 당장 거기서 손을 떼라고 전하라. 말을 듣지 않으면, 네가 가서 쫓아내라. 그리고 다시는 그자들이 기웃거리지 못하도록 요새를 지어서 지켜라!"

국왕의 회신을 받은 딘위디 총독은 한숨이 절로 나왔단다. 몇 명 되지도 않는 병사들을 데리고 가서 어떻게 그 많은 프랑스 사람들과 싸울 것인가? 또, 오하이오 강 계곡까지는 수백 킬로미터나 되는 멀고도 위험한 길인데, 누가 감히 프랑스 사람들에게 편지를 전하러 가겠다고 나서 줄 것인가?

그런데 그 임무를 스스로 하겠다고 나선 사람이 있었어. 고작 스물한 살의 새파랗게 젊은 조지 워싱턴George Washington이라는 청년이었어. 그는 영국에서 건너와 버지니아에 정착해서 담배 농사를 짓던 어느 농부의 아들로 태어났어. 그는 최근까지 토지를 측량해서 지도를 그리는 측량 기사로 일했었어. 그런데 워싱턴은 측량 기사로 살기보다는 군인이 되고 싶다는 포부를 가지고 있었던가 봐. 그래서 그가 오하이오 강 계곡으로 편지를 전하러 가는 임무를 자기에게 맡겨 달라고 딘위디 총독에게 간청했다는구나. 할로윈 데이(10월 31일)에 총독이 허락했어. 워싱턴은 당장 길 안내인과 통역자를 한 명씩 구해 가지고, 허락이 떨어진 그날 즉시 출발했단다.

그들이 말을 타고 험한 산길을 헤치며 오하이오 강 계곡을 올라가서 프랑스 군의 본부에 도착하기까지는 3주일이 걸렸단다. 도중에 워싱턴은 그 계곡에서 땅이 가장 넓고 기름진 곳을 발견했어. 오하이오 포크Ohio Fork라고, 세 개의 강이 합쳐지는 지점이었어. 그는 장차 그곳에 요새를 지으면 계곡 전체를 장악하기에 딱 알맞겠다고 마음속에 점찍어 두었어.

이윽고 그는 계곡의 북쪽에 있는 프랑스 군의 본부에 도착했어. 총독의 편지를 읽은 프랑스 사령관은 그저 웃기만 하고, 먼 길을 온 그 젊은이를 빈손으로 돌려보냈대.

워싱턴은 갔던 길을 되짚어서 돌아오기 시작했어. 그때가 12월 중순이었는데, 갑자기 눈이 내리고, 시시각각 날씨가 추워져 갔어. 식량이 떨어져 가고 있었어. 제대로 먹지 못한 말들도 힘이 빠져서 비실거렸고 그들은 말을 버리지 않을 수 없었단다. 워싱턴과 안내인이 몹시 지친 채로 눈밭을 걷고 있는데, 프랑스 편인 원주민 부족 사람들이 나타나서 총을 쏘았어. 워싱턴은 그들을 살려서 돌려보낸 걸 프랑스 사령관이 그새 후회하고는 암살자들을 보낸 게 아닌가 싶어서 더럭 겁이 났어. 그들은 허둥지둥 앨러게니 강가로 달려갔어. 그 강을 건너기만 하면 안전할 텐데. 그러나 강에는 거대한 얼음 덩어리들이 가득 떠가고 있었어.

그들은 급히 뗏목을 만들어서 강에 띄웠어. 그러나 거대한 얼음 덩어리가 뗏목을 들이받았어. 뗏목이 뒤집어지고 워싱턴은 물에 빠졌어. 그는 간신히 뗏목 끄트머리를 잡고 기어올랐고, 안내인은 뗏목을 붙잡기만 한 채 기어오르지 못하고 있었어. 그들은 강 한가운데의 작은 섬에 뗏목을 대었어. 갈수록 기온이 뚝뚝 떨어지고, 그들의 옷도 얼음장이 되었어.

아침이 되자 강이 완전히 얼어붙어 있었어. 그들은 얼음 위를 걸어서 강을 건너 이윽고 영국 상인들이 사는 작은 마을에 도착했어. 워싱턴과 안내인은 거기서 몸을 녹이고 배를 채운 뒤, 좋은 말을 빌려 타고 무사히 버지니아로 돌아왔단다.

딘위디 총독의 관저(관리들의 거처로 정부가 빌려 주는 저택)가 있는 윌리엄즈버그에 도착한 워싱턴은 그동안의 일을 총독에게 전했어. 딘위디는 영국으로 편지를 보내서 병사들을 더 보내 달라고 요청했어. 또 그는 마흔 명의 사람을 선발해서 워싱턴이 마음속에 점찍어 두었던, 세 개의 강이 합쳐지는 그곳으로 보내서 요새를 짓게 했어. 그는 워싱턴을 장교로 임명하고, 작은 부대를 이끌고 가서 그 요새를 지키게 했어. 그러나 그곳의 프랑스 군대는 이미 너무 강해져 있었단다. 프랑스 군대는 요새를 공격해서 워싱턴의 작은 부대를 아주 성겁게 물리쳤어. 그들은 항복한 워싱턴을 살려서 돌려보냈어.

그러나 영국 사람들은 포기하지 않았어! 런던을 출발한 2천 명의 영국 '정규군'이 도착했어. 그 부대의 사령관은 에드워드 브래독이라는 이름의 장군이었어. 브래독은 '잘 훈련된 그의 정규군'이 오하이오 강 계곡의 프랑스 군과 그 하수인(남의 밑에서 졸개 노릇 하는 사람)인 원주민들을 아주 쉽게 때려눕힐 것이라고 호언장담했어. 그는 워싱턴을 부관으로 임명하고, 지난번의 패배를 설욕하게 해 주겠다고 큰 소리를 쳤다는구나.

그러나 브래독은 북아메리카의 삼림(나무가 많이 우거진 곳)과 산악에서의 전투에 대해서는 아는 게 거의 없었어. 그의 군대가 길게 한 줄로 대열을 이루어서 오하이오 강 계곡으로 진군했어. 북을 치고 군대의 깃발을 휘날리고, 길을 가로막는 바위가 나타나면 폭약을 설치해서 터뜨렸어.

프랑스 군대는 오하이오 포크로부터 위쪽으로 16킬로미터쯤 떨어진 곳의 숲에 숨어서 브래독의 군대를 기다리고 있었어. 이윽고 전투가 벌어졌어. 영국군의 군복은 밝은 빨간 색이었어. 그래서 울창한 숲 속에서도 병사들은 쉽게 적의 표적이 될 수밖에 없었단다. 공격을 당한 영국군 병사들이 흩어져서 나무 뒤에 숨어서 반

격을 했지. 그러자 브래독은 병사들에게 다시 대열을 갖추라고 명령했어. 그는 대열이 흩어지면 그 싸움은 이길 수 없다는 생각에서 한 치도 벗어나지 못했던 거야. 어떻게 되었겠어? 영국군은 절반가량이 쓰러지고, 나머지는 겁에 질려서 뿔뿔이 달아났어. (너 혹시,《모히칸 족의 최후》라는 소설을 아니? 그 소설은 영화로도 만들어졌단다. 그 영화에 나오는 영국군과 프랑스 군의 전투가 지금 우리가 이야기하고 있는 이 전투와 거의 똑같아.) 워싱턴도 거의 죽을 뻔했단다. 용케 살아서 돌아온 그가 그날 밤에 옷을 벗어 보니까, 옷에 총 구멍이 네 개나 나 있었다는구나.

하여간에, 이 전투를 계기로 또 한 번의 전쟁인 '프렌치 인디언 전쟁French and Indian War' 이라고 불리는 전쟁이 시작되었어.

곧 유럽의 여러 나라들이 편을 나누어서 전쟁에 가담했어. 전쟁이 유럽 전 지역으로 번지고, 인도에까지도 번지고, 바다까지도 전쟁터가 되었어. 나중에 유럽 사람들은 이 전쟁을 '7년 전쟁Seven Years' War' 이라고 불렀단다.

처음에는 프랑스가 기선을 제압하

7년 전쟁에서 싸우는 병사들

는 것 같았어. 그러나 영국 수상 윌리엄 피트William Pitt는 최후의 승리는 영국이 차지하고야 만다는 결의에 차 있었어. 그는 북아메리카의 영국군이 돈과 배와 탄약이 부족해서 전쟁에 지는 일은 없게 하겠다고 나섰고, 식민지 병사들과 '정규군'이 서로 티격태격할 게 아니라 힘을 합쳐서 싸우도록 격려했어. 그리고 '빨간 군복' 병사들은 이제는 북아메리카의 삼림과 들판에서는 어떻게 싸워야 적어도 지지는 않을 것인지를 제대로 알아차렸어. 그들은 군복을 뒤집어 입고, 그것만으로는 안심이 안 된다고 진흙까지 처발랐어. 또 총이 햇빛에 빛나지 않도록 총신(총알이 발사될 때 통과하는 원통 모양의 강철)에도 숯과 흙을 발랐어. 그리고 그들도 이제는 부대를 잘게 나누어 가지고 나무 뒤에 숨어서 싸웠어. 프랑스 편인 원주민 전사들은 기가 막혔던지, 프랑스 사람들한테 이렇게 말했대. "저 빨간 군복들이 이제는 뻣뻣하게 서서 싸우지 않아. 지난번처럼 멍청하지 않다고요."

그 무렵 프랑스는 속사정이 몹시 좋지 않았어. 루이 15세는 너무도 나약하고 쓸모없는 인간이 되어 있었단다. 늘 여자들 꽁무니만 따라다니고, 사치와 낭비에 돈을 펑펑 써 댔어. 백성들이 그를 믿고 존경할 리가 있겠어? 전쟁이 시작된 지 3년이 지난 후에는 어떤 사람이 베르사유의 궁전에 몰래 침입해서 주머니칼로 그를 죽이려고 했던 사건까지 벌어졌다는구나!

얼마 못 가서 프랑스 군은 영국군에게 밀려서 북아메리카에서 쫓겨나기 시작했어. 워싱턴이 이끄는 부대가 오하이오 포크의 요새를 공격해서 되찾았단다. 그 요새는 영국 수상의 이름을 따서 '포트 피트Fort Pitt'라는 새로운 이름으로 불리게

되었어. 지금 미국의 피츠버그 시는 바로 그 요새가 있던 자리를 중심으로 발전한 도시란다.

이어서 영국군은 뉴프랑스의 중심지인 퀘벡을 점령했어. 이듬해에는 몬트리올마저 빼앗았어. 뉴프랑스가 온통 영국의 손안에 들어가자, 프랑스 사람들은 항복하지 않을 수 없었어. 결국 '파리 조약Treaties of Paris'이 맺어져서 7년 전쟁이 막을 내렸단다. 루이 15세는 북아메리카의 프랑스 땅을, '루이지애나'라고 불리는 곳만 남기고 모두 영국에게 넘겨주기로 약속했어. 뉴프랑스에서 살던 사람들은 프랑스로 돌아가거나 루이지애나 식민지인 뉴올리언스로 이사를 갔단다. 절대로 떠날 수 없다고 우기면서 눌러앉은 사람들도 더러 있었대. 그 후 그들은 여전히 프랑스 어를 사용했지만, 영국의 법에 따라서 살아야 했어.

루이 15세는 루이 14세로부터 물려받은 거대한 제국을 지켜 내지 못했어. 당연히 백성들이 그를 증오했어. 얼마 후에 그는 천연두에 걸려서 죽었는데, 죽은 바로 그날에 조정의 신하들이 시신에 생석회(강한 알칼리성 물질로 피부와 점막을 상하게 함)를 뿌려 가지고 묻어 버렸다는구나. 장례식도 치르지 않고 말이야. 얼마나 미웠으면 그렇게까지 했을까?

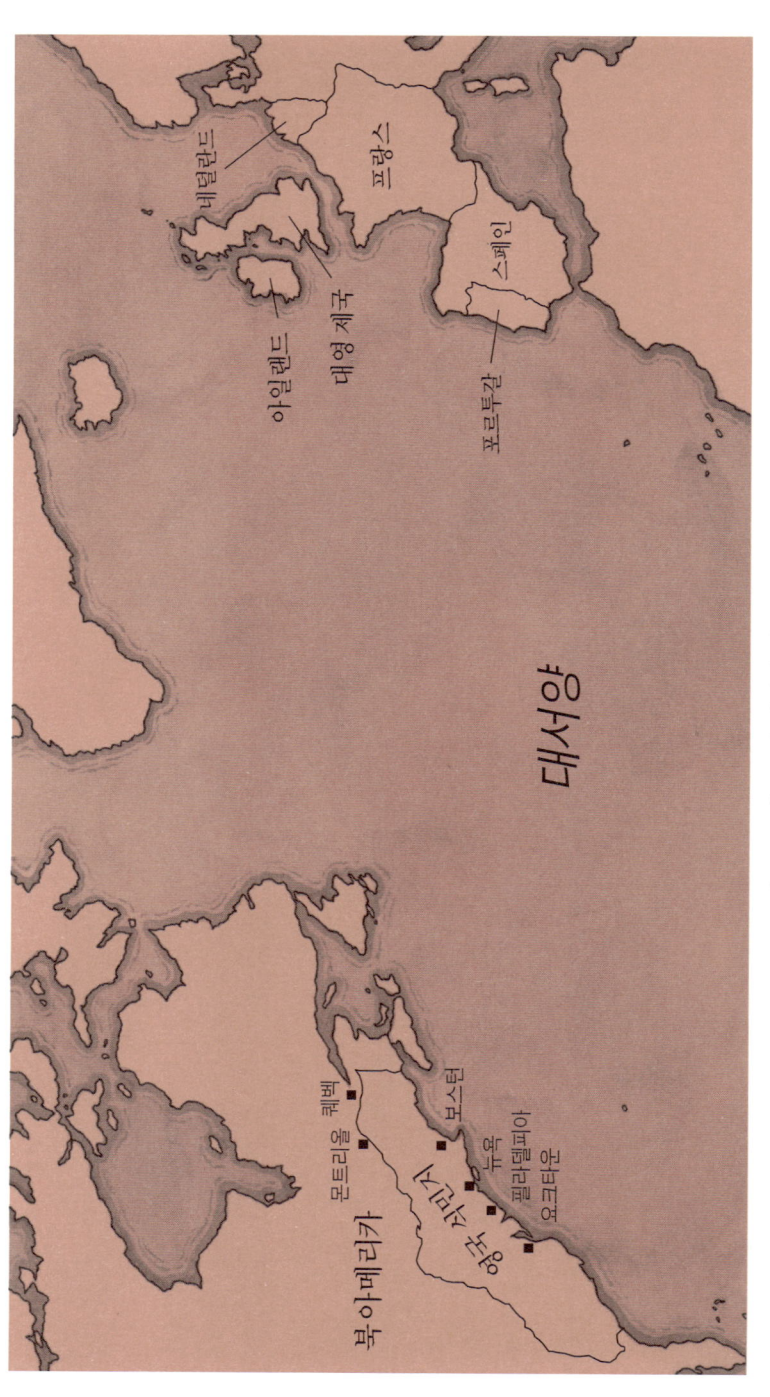

영국, 프랑스, 아메리카의 식민지

제22장 영국 식민지의 독립 전쟁

영국과 식민지의 마찰

영국 제국은 날로 커져 가고 있었어. 영국은 북아메리카 동부 해안을 캐나다의 몬트리올에 이르기까지 다 차지했어. (옆의 지도를 보렴.) 프랑스는 영국에게 밀려서 인도에 대한 야심을 단념해야 했단다. 앤 여왕이 다스리는 동안에는 스코틀랜드와 웨일스가 '연합법Act of Union'에 따라서 잉글랜드와 합쳐졌어. 그래서 그때부터는 영국인을 '잉글리시English'가 아니라 '브리티시British'라고 부르는 게 정확한 표현이 되었단다. 잉글랜드 인, 스코틀랜드 인, 웨일스 인, 그리고 북아메리카의 영국인들이 모두 빨강과 하양과 파랑으로 이루어진 '그레이트 브리튼Great Britain'의 기를 휘날리며 세계의 바다를 항해하고 육지를 누비고 다녔어.

그러나 아메리카에 사는 영국 사람들이 자기들을 그레이트 브리튼의 백성이라고 생각하며 살았던 기간은 그로부터 고작 13년뿐이었어.

7년 전쟁 시기에 영국은 아메리카의 식민지들을 보호하기 위해서 엄청난 돈을 썼단다. 영국 사람들은 이제는 식민지로부터 그 돈을 일부라도 되돌려 받아야 할 때가 되었다고 생각했어. 그리고 돈을 되돌려 받는 가장 쉬운 방법은 아메리카 식민

지 사람들에게 특별 세금을 내라고 요구하는 것이라고 생각했어.

그래서 의회와 조정 대신들이 의논을 해서 '조례Act'라는 이름의 새로운 세법(세금에 관한 법률)들을 작성했어. 파리 조약을 맺은 지 불과 1년 만에 통과된 최초의 세법이 '설탕 조례Sugar Act'라는 것이야. 이제 아메리카의 영국인들은 그들의 항구를 통해서 들어오는 모든 설탕과 당밀에 대해서—영국으로부터 수입되는 것은 제외하고—특별 세금을 물어야 했어. 식민지 주민들은 당연히 설탕 조례를 증오했겠지. 그런데 그 다음 해에 통과된 '인지 조례Stamp Act'에 대해서는 더욱 거센 증오가 일어났어. 그들은 신문과 팸플릿과 주사위와 트럼프(그림 딱지로 된 서양식 놀이 도구) 같은 것을 살 때마다 특별 세금을 내게 되었던 것이야. 유언장이나 학교 졸업장 같은 문서도 인지(국가가 세금 등을 거둘 때 그 증서에 붙이게 하는 증표)가 붙지 않은 것은 공식적인 효력을 가지지 못하게 되었단다.

그 모든 돈이 영국으로 갔어.

더 많은 조례들이 통과되었단다. 식민지 주민들은 북아메리카에 온 영국 병사들에게 숙소와 음식을 공짜로 내주어야 한다는 조례가 제정되었고, 유리와 종이와 페인트와 홍차 등에 대해서 특별 세금을 물리는 조례들이 잇달아 발표되었어.

훨씬 더 많은 돈이 대영 제국의 국고로 흘러 들어갔어.

아메리카의 영국 사람들은 그들의 지도자들의 모임인 '주 의회'를 통해서 그 수많은 세법들에 대해서 토론을 벌이기 시작했어. 지도자들은 본국의 의회가 식민지 주 의회의 동의를 구하지 않은 채 자기들 마음대로 세법을 만드는 것은 터무니

없는 횡포라고 생각했어. 버지니아 주 의회에서는 패트릭 헨리Patrick Henry라는 이름의 혈기 왕성한 청년 지도자가 벌떡 일어나서 이렇게 외쳤대. "우리 식민지 주민들은 우리에게 이런 저런 구실로 세금을 부과하기 위해 영국 의회가 제정한 그 어떠한 법률과 법령에도 구속받을 필요가 없다."

헨리는 대영 제국의 시민들은 그들이 선출한 대표자가 의회에 나가서 동의를 하지 않은 국가에 세금을 바칠 의무가 없다는 것이 영국 법률의 정신이라고 주장했어. 그런데 지금 영국 의회에는 아메리카 식민지 주민들의 대표자는 단 한 사람도 없다는 것이었지. 따라서 그 의회가 자기들끼리 세법을 만들고, 아메리카 식민지 사람들에게 그것을 지키라고 요구하는 것은 불법이라는 것이었어. 북아메리카

의회에서 연설하는
패트릭 헨리

동부 해안 지방 식민지 주민들은 하나같이 입을 모아서 "대표 없는 과세(세금을 매김)는 없다."라고 외쳤단다.

대영 제국의 새로운 국왕 조지 3세George III는 그 수많은 세금들 중에서 일부를 철회(일단 낸 것을 도로 거두어들임)하겠다고 약속했어. 조지 3세는 7년 전쟁이 끝나고 얼마 후에 갑자기 무슨 발작을 일으켜서 사망한 조지 2세의 손자였어. 그는 왕위에 오를 때만 하더라도 아주 순탄하게 나라를 다스릴 수 있을 것이라고 예상했었어. 그러나 그는 식민지 문제 때문에 골치가 아프게 될 줄은 미처 짐작하지 못했던 것이었어.

조지 3세는 몇 가지 세법을 철회했지만 별로 소용이 없었어. 홍차에 대한 세금만은 절대로 양보할 수 없다고 의회가 우겼기 때문이야. 의회는, 아메리카 식민지는 대영 제국의 영토라는 사실을 그 주민들이 반드시 알아야 한다고 생각했고, 따라서 대영 제국의 정부는 식민지 주민들의 허락을 받지 않고도 법률을 제정할 수 있다고 주장했어. 식민지 주민들이 격분했어. 주요 항구들에 주둔하고 있던 영국군 군대는 날이 갈수록 인기를 잃어 갔어.

그러던 어느 추운 3월 아침에, 보스턴의 식민지 주민 한 무리가 영국군 병사들에게 눈 덩이를 뭉쳐서 던졌어. 병사들 중에서 한 명이 겁에 질렸던가 보지? 그 병사가 사격 명령을 내렸어. 그들은 아무 무장도 하지 않은 주민들을 향해서 일제히 사격을 가했어. 다섯 명이 현장에서 죽고 수십 명이 다쳤어. 영국 군대가 그들과 같은 민족인 식민지 주민들에게 최초로 총을 쏘았던 것이야.

식민지 지도자들은 즉각 이 사건에 아주 거창하고 무시무시한 이름을 붙였어. '보스턴 학살Boston Massacre' 이라는 이름인데, 고작 다섯 명이 죽은 것을 갖고 학살이라고 했다는 건 과장이 너무 지나치다 싶지? 하여간에, 보스턴에서 엄청나게 많은 사람들이

보스턴 학살

죽고 다쳤다더라 하는 소문이 삽시간에 아메리카의 모든 식민지에 퍼졌단다. 의회에 대한 반감과 증오가 더욱 커졌겠지. 상인들은 영국에서 수입된 차에 대해 불매 운동을 벌이기로 했어. 수입된 차를 사지 않기로 한 운동을 벌인 거지. 차 상자를 배에서 내리는 것부터 거부했어. 사람들은 차 대신에 커피를 마셨어.

그러나 보스턴 총독은 영국에서 차를 실어 온 상인들이 계속 장사를 할 수 있도록 최선을 다해서 보호했어.

그러자 식민지 주민들이 반란을 일으켰어. 12월의 어느 날 밤에, 인디언으로 변장한 예순 명의 주민들이 영국에서 차를 싣고 온 세 척의 배들이 정박해 있는 부두로 몰려가서 342상자의 차를 바다에 쏟아 버렸단다.

'보스턴 차 사건Boston Tea Party' 이라 불리는 이 사건의 소식을 들은 영국 의회

영국과 식민지의 마찰 329

는 격분했어. 그들은 식민지 주민들이 '참을 수 없는 조례Intolerable Acts' 라고 부른 법률들을 급히 통과시켰어. 바다에 쏟아 버린 그 차의 값을 보스턴 주민들이 물어낼 때까지 보스턴 항구를 폐쇄할 것이고, 토머스 게이지라는 장군이 지휘하는 영국 군대가 보스턴을 보호할 것이며, 당국의 허락이 없이는 그 어떤 집회도 열 수 없다는 내용이었어.

그러자 식민지 지도자들은 필라델피아에 모여서 대규모 집회를 열었어. '제1차 대륙 의회First Continental Congress' 라고 불리는 이 집회에는 패트릭 헨리도 있었고, 워싱턴도 있었단다.

대륙 의회는 청원서를 작성해서 조지 3세와 의회 앞으로 보냈어. 군대를 철수시키고, 항구를 다시 열고, 수많은 세금들을 도로 거두어 달라는 내용이었단다. 대륙 의회는 또 식민지 주민들은 이제부터는 그들이 승인하지 않은 채 통과된 법률은 지키지 않을 것이라고 선언했어. 아메리카의 여러 식민지들이 마침내 서로 똘똘 뭉쳤던 것이야.

그 청원서가 영국에 도착한 다음에는 무엇이 어떻게 될 것인지를 그들은 짐작할 수 없었어. 하지만 곧 전쟁이 일어나리라는 것만은 거의 확실히 알고 있었단다. 그래서 그들은 총과 탄약을 모으기 시작했어. 대륙 의회를 마치고 버지니아로 돌아간 패트릭 헨리는 주 의회에서 이렇게 외쳤단다. "우리는 우리가 할 수 있는 모든 노력을 다 했지만, 기어이 지금 우리에게로 태풍이 몰아쳐 오고 있습니다. 우리는 청원을 했고, 항의를 했고, 애원을 했습니다. …… 자유를 얻고자 한다면 우리는 싸워야 합니다. 다시 한 번 말합니다. 우리는 싸워야 합니다! 평화를 외치는 이들이 없지 않겠지만, 우리에게는 평화가 없습니다. …… 목숨이 그리도 귀합니까, 평화가 그리도 달콤합니까, 그래서 사슬에 묶인 노예가 된다 하더라도 기어이 지켜야만 하는 것입니까? 여기 모이신 분들은 어떤 입장을 취할 것인지 나는 모릅니다. 하지만 나의 입장은 이렇습니다. 자유를 달라, 아니면 죽음을 달라!"

아메리카 식민지의 독립 전쟁

의회에 보낸 청원서는 평화를 가져다 주지 않았단다. 영국 사람들은 제국의 평화를 지키기 위해서 아메리카 식민지들과 전쟁을 치를 준비를 하고 있었어.

영국의 지도자들은 식민지 사람들도 역시 전쟁 준비를 하고 있다는 사실을 잘 알고 있었어. 매사추세츠 주의 렉싱턴과 보스턴, 뉴햄프셔 주의 콩코드Concord 시 교외에서 젊은이들이 총검술 훈련을 하는 것을 보았다는 보고가 속속 들어왔던 거야. 그 젊은이들은 스스로를 '미니트맨Minutemen'이라고 불렀어. 몇 분 안에 출동할 만반의 준비를 갖춘 부대라는 뜻이었어. 우리는 이 부대를 '민병대'(비상시에만 군인이 되어 싸우는 부대)라고 부르기로 해. 영국군은 민병대가 총과 탄환을 여러 곳에 모아서 쌓아 두고 있으며, 가장 많이 모아 둔 곳이 콩코드라는 사실도 알고 있었단다.

4월의 어느 날, 영국군의 한 부대가 어둠 속에서 보스턴을 출발했어. 그들은 밤새 행군해서 콩코드를 기습 공격하고 무기를 모두 빼앗을 작정이었어.

그러나 아메리카 사람들이 제때에 그 사실을 알았어. 폴 리브르와 윌리엄 도스라는 두 보스턴 청년이 영국군보다 먼저 콩코드에 도착해서 그 사실을 알리려고 급히 길을 떠났어. 그들은 "영국군이 온다! 영국군이 쳐들어온다!"라고 외치면서 밤새 말을 달렸다는구나.

잠결에 고함 소리를 듣고 놀라서 깬 아메리카 사람들이 벌떡 일어나서 총을 집어 들었어. 보스턴과 콩코드의 중간 지점인 렉싱턴에서는 민병대가 급히 모여서 영국군이 나타날 길목을 지켰어.

4월의 이른 아침에 영국군이 렉싱턴에 도착했어. 몹시 춥고 안개가 자욱한 아침이었어. 희끄무레한 안개 속에서 총을 든 장정들이 길을 가로막고 있는 걸 본 영국군 지휘관이 칼을 뽑아 들고 겨누면서 소리쳤어.

"너희들은 반란군이다. 총을 버리지 않으면 이 자리에서 다 죽을 줄 알아라!"

민병대원들이 그를 노려보면서 총을 겨누었어.

"발사!" 지휘관이 외쳤어.

총성이 터졌어. 여덟 명의 민병대원이 쓰러졌고 나머지는 후퇴했어. 영국군이 콩코드에 도착해 보니까, 거기에는 민병대원들이 훨씬 더 많이 모여 있었어. 총격전이 벌어졌어. 이번에는 민병대원들만이 아니라 영국군 병사들도 퍽퍽 쓰러졌어. 영국군은 민병대가 모아 놓은 무기를 찾아보았지만, 찾을 수가 없었단다. 그래서 그들은 보스턴으로 퇴각했어. 민병대가 뒤를 추격해 가서 습격을 가했어. 영국군이 보스턴에 도착해 보니, 숫자가 2백 명이나 줄어 있었어. '미국 독립 전쟁War of American Independence' 이 드디어 시작된 것이었어.

소문이 삽시간에 전 식민지에 퍼졌어. 두 번째 대륙 의회가 급히 소집되었고, 워싱턴을 식민지 군대의 총사령관으로 임명했어.

워싱턴은 의욕만 넘칠 뿐 제대로 훈련되지 않은 민병대원들과 지원병들을 데리고 영국군과 맞서 싸울 군대를 만들 자신이 없었대. 무기도 식량도 부족했어. 병사들 중에는 신발조차 없는 자들이 수두룩했고, 어느 순간에라도 마음이 변해서 집으로 돌아가 버릴 자들이 훨씬 더 많았으며, 실제로 그랬다는구나.

그러나 워싱턴은 군대가 머물 수 있는 장소를 만들고 병사들을 훈련시켰어. 그리고 그런대로 병사들이 군인의 모습을 갖추어 가자 군대를 이끌고 가서 보스턴의 영국군 사령부를 포위했어. 그리고 최초의 대규모 전투가 벌어졌어. 영국군은 벙커힐이라는, 보스턴의 높은 구릉 지대에 진을 친 아메리카 군대를 공격했어. 세 차례의 접전 끝에 아메리카 군대가 패배하고, 영국군이 벙커힐을 장악했어. 그러나 영국군이 잃은 병사들의 수가 아메리카 군대보다 세 배나 많았어.

영국군에게 그처럼 심각한 타격을 입혔다는 사실에 용기를 얻은 아메리카 군대는 더욱 다부지게 대항했어. 그리고 그 전쟁이 단지 본국인 영국 의회에 자기들의 대표자를 파견하는 데 그칠 게 아니라 아주 영국으로부터 독립을 얻어 내기 위한 전쟁이 되어야 한다고 생각하는 사람들이 하루가 다르게 늘어 갔어. 토머스 페인이라는 작가는 〈상식Common Sense〉이라는 제목의 팸플릿을 발행해서, 아메리카 사람들이 영국으로부터 완전히 떨어져야 하고, 그 이유를 온 세상 사람들에게 알

려야 한다고 호소했어. 그는 이렇게 썼어. "우리가 우리 자신을 영국의 백성이라고 생각하는 한은…… 어디까지나 반란을 일으킨 무리로 취급될 것이다. 우리가 우리의 뜻을 밝히는 성명서를 발표해서…… 이제까지 겪어 왔던 온갖 고난을 알리고, 그러한 처지를 고쳐 보려고 온갖 평화로운 방법으로써 노력했으나 번번이 물거품이 되고 말았다는 사실을 알린다면…… 우리가 바라는 좋은 결과가 반드시 올 것이다."

수많은 아메리카 사람들이 〈상식〉을 읽고 그 생각에 찬성하여 뜻을 같이했어. 그리고 로드아일랜드 식민지가 최초로 영국으로부터의 독립을 선언했단다. 다시 필라델피아에서 대륙 의회가 소집되고, 이제는 그들이 '주'라고 부르는 식민지들이 힘을 합해 새로운 나라를 세워야 할 이유를 분명하게 드러내는 선언문을 작성했어. 버지니아 출신의 토머스 제퍼슨Thomas Jefferson이라는 사람이 그 '선언문'의 초안을 썼단다.

1776년 7월 4일에 대륙 의회는 '독립 선언문Declaration of Independence'이라는 제목으로 쓴 제퍼슨의 글을 채택했어. 그 글은 이렇게 시작된단다. "인류가 걸어 온 발자취를 더듬어 보건대, 한 인간 집단이 그들을 다른 집단에게 속박하게 했던 모든 정치적인 유대를 끊어 버리고, 자연의 질서와 신의 법이 허락한 독립과 평등의 지위를 가진 또 하나의 집단으로서 일어서야 할 때에는, 그들의 독립을 재촉하는 대의명분을 분명하게 드러내는 것이 인류의 숭고한 정신을 엄숙하고 깨끗하게 존중하는 것이 된다."

토머스 제퍼슨
제퍼슨은 대륙 의회에서 독립 선언문의 초안을 썼고, 워싱턴 행정부에서 초대 국무부 장관을 지내기도 했어. 또 미국의 3대 대통령이고, 재선에도 당선되어 8년 동안 미국의 통치자로 있었단다.

이 선언문은 이어서 그동안 영국이 그들에게 저질렀던 모든 악행들을 낱낱이 지적한 다음에 다음과 같이 끝을 맺는단다. "이제 모든 식민지들은 자유롭고 독립된 주이며, 당연히 그렇게 되어야 한다. 그들은 영국 국왕에 대한 모든 맹세에서 풀려 났으며…… 그들과 영국이라는 국가 사이의 모든 정치적 관계도 완전히 소멸되어야 한다."

영국은 3만 명의 군대를 뉴욕으로 보내서 워싱턴의 군대를 공격했어. 아메리카 군대는 잇달아 패배를 당하며 후퇴를 거듭하였고, 영국군은 승리의 노래를 부르면서 추격했어. 워싱턴에게는 고작 3천 명의 병사들만이 남아 있었단다! 지원병들은 거의 모두가 부대에서 떨어져 나갔어.

워싱턴은 그 군대로는 도저히 영국군과 정면으로 맞붙어서 이길 수 없다고 생각했어. 그래서 그는 기습 공격을 하기로 결심했어. 크리스마스에 워싱턴의 부대는 델라웨어 근처에서 진을 치고 있었어. 조지 3세에게 고용된 독일군 부대가 멀지 않은 곳에서 맥주를 마시고 춤을 추면서 잔치를 벌이고 있었어. 워싱턴은 한밤중에 군대를 강가로 이동시켰어. 그리고 병사들을 작은 배에 태워서 강 건너로 실어 날랐어. 그의 부관은 이렇게 썼단다. "살이 얼어 터질 것같이 춥고, 거센 눈보라가 치기 시작했다. 누더기 조각으로 발을 감싼 병사들도 있고, 더러는 맨발인 병사들도 있었다. 진눈깨비를 몰아오는 바람은 마치 면도날 같았다. 배가 당장이라도 뒤집혀지거나 방향을 잃어버릴 것 같아서 가슴이 조마조마했다. 배에 쪼그리고 앉은 병사들이 얼어 죽어 버리지나 않을까 싶어서 자꾸만 겁이 났다."

강을 건넌 병사들이 독일군을 기습해서 물리치고 수천 명을 포로로 잡았어. 그 부관은 또 이렇게 썼단다. "빛나는 승리였다! 그 승리는 우리의 친구들에게 벅찬 감격과 기쁨을 안겨 주었고, 꺼져 가던 우리의 운명에 새로운 활기를 주었다!"

그러나 전쟁은 아직 끝난 게 아니었어. 아메리카 군대가 머지않아서 완전히 무너지리라고 믿는 사람이 대부분이었단다. 영국은 7년 전쟁에서도 기어이 승리를 거두지 않았던가? 그 영국군을 상대로 식민지 군대가 견뎌 봤자 얼마나 오래 견딜 것인가?

그러나 곧 물결이 바뀌었어. 프랑스가 그 오래된 원수인 영국과 싸우기 위해서 아메리카 군대에 합세해 왔어. 네덜란드와 스페인도 가담했어. 그러자 영국은 점점 힘이 빠지기 시작했어. 또다시 아메리카의 식민지들 때문에 국고에 돈이 부족해지기 시작했던 거야.

그리고 워싱턴의 군대는 영국군의 본영을 버지니아 주 해안의 요크타운으로 몰아붙였어. 프랑스 함대가 그 연안에서 영국군이 후퇴할 길을 막고 있었어. 마침내 영국군 사령관인 콘월리스 경은 무기를 버리는 수밖에는 없다고 판단했단다. 오랜 전통에 따라서 군악대가 '거꾸로 뒤집힌 세상'이라는 제목의 노래를 연주하는 가운데 영국군이 항복했어.

　　미나리아재비가 꿀벌한테 앉아서 붕붕거리고,
　　배들이 땅 위를 떠가고, 바다에 교회가 세워지고,

요크타운 전투

조랑말이 사람을 타고, 풀이 암소를 먹고,
괭이가 생쥐한테 쫓겨서 구멍 속으로 달아나고,
어미가 푼돈에 아기를
떠돌이 집시들에게 팔고,
여름이 봄이 되고 봄은 여름이 되고……
세상이 뒤집어지면 이런 일이 벌어진다네.

이 노래의 가사는 정말 말도 안 되는 소리일 뿐이지만, 아메리카 식민지가 대영 제국을 상대로 한 전쟁에서 이겼다는 사실은 훨씬 더 말이 안 되는 소리였어!
대영 제국은 식민지들의 독립을 허락한다는 협정서에 서명을 했어. 아메리카 사람들은 이제 더 이상 식민지 주민이 아니게 된 것이야. 이제 그들은 새로운 한 나라의 국민이 되었어!

1788년의 미합중국

제23장 새로운 나라

미국의 탄생과 헌법의 제정

영국으로부터 독립해서 새로운 나라가 된 아메리카를 우리는 이번 장부터는 미국이라 부르는 게 편하겠어. 우리는 이 장에서도 그 미국의 이야기를 하려는 것이야. 그러니까 네가 미국 사람이라고 가정하고 이야기를 시작해 보자고.

네가 자동차를 운전해서 미국의 어느 주의 경계선을 넘어서 다른 주로 들어가고 있다고 해 봐. 네가 주유소에 차를 대고 기름을 넣은 다음에 계산을 하려고 돈을 꺼냈는데, 점원이 아무 말 없이 그 돈을 받아 넣을까?

지금은 물론 받을 거야. 지금 미국에서는 각 주 사이를 마치 너희 집의 주방에서 거실을 오가듯이 쉽게 오갈 수 있어. 그런데 미국 독립 전쟁 직후에는 모든 게 지금과는 너무도 달랐단다.

영국과의 평화 조약이 맺어진 후, 미국의 열세 개 식민지들은 제각기 독립된 주 state가 되었어. 열세 개 주들은 저마다 여러 가지 법률을 만들고, 헌법의 초안을 작성하기 시작했어.

이내 분란이 시작되었어. 각 주가 제각기 외국과 조약을 맺을 채비를 하는 데 바

빴지. 그러니까 미국이란 한 나라가 어느 외국과 열세 개의 서로 다른 조약을 맺게 될 판이었어. 또 각 주는 저마다의 해군을 가지기를 원했어. 그래서 미국이란 한 나라가 열세 개의 해군과 열세 명의 해군 제독을 갖게 될 판이 되었어. 버지니아 주와 메릴랜드 주는 그 사이를 흐르는 포토맥 강이 서로 자기 것이라고 주장하며 말다툼을 벌이고 있었어. 또 사용하는 화폐가 주마다 제각각이었단다. 더 큰 문제가 있었어. 전에 식민지 시절에 그들은 독립 전쟁을 치르기 위해서 프랑스로부터 돈을 빌려다 썼는데, 어느 주도 그 돈을 갚으려고 하지 않았던 거야. 다른 주에게 그 빚을 떠넘기려고만 했단 말이지.

뉴욕 주의 알렉산더 해밀턴, 버지니아 주의 제임스 매디슨, 펜실베이니아 주의 벤자민 프랭클린, 그리고 독립 전쟁을 지휘했던 조지 워싱턴 등의 지도자들은 그들의 새로운 나라가 오래지 않아서 더 큰 분란에 휘말릴 것이라고 내다보았어. 열세 개의 주가 제각기 하나의 국가인 것처럼 행세를 한다면, 그들의 나라는 외국과 조약을 맺을 수 없을 것이고, 강력한 해군을 만들 수도 없을 것이며, 해외로 상선들을 보낼 수 없을 것이었어. 워싱턴은 이렇게 말했단다. "우리는 지금 빠른 속도로 무정부 상태의 혼란을 향해 가고 있다."

그러니까 이제는 모든 주가 합쳐서 '연방' 정부를 만들어야 할 때가 되었던 것이야. 연방 정부란 열세 개의 주들을 대표할 역할을 맡은 정부를 말하는 거야.

그런데 미국인들은 대체로 연방 정부를 만든다는 생각을 싫어했어. 그들은 이렇게 생각했을 거야. 아니, 우리가 영국이라고 하는 연방 정부의 속박으로부터 해방된 지가 고작 얼마나 되었다고? 연방 정부라는 것을 만들면 그 정부가 열세 개 주들에게 사사건건 이래라저래라 간섭을 하고 횡포를 부리지 않을 것이라는 보장이 있기나 해?

마침내, 열세 개 주의 지도자들이 필라델피아에 모여서 연방 정부의 필요성에 대해서 토론을 하자고 합의했단다. '헌법 제정 회의Constitutional Convention'라고 불린 그 회의에 워싱턴은 참석하고 싶지 않았어. 그는 각 주의 지도자들 혹은 '대표자'들이 그저 입씨름만 할 게 뻔하다고 생각했나 봐. 그러나 버지니아 주의 대표자들은 워싱턴이 그들을 이끌고 가서 회의에 참석해 주기를 간청했어. 워싱턴을 존경하지 않는 사람은 아무도 없었어. 각 주 대표자들의 의견을 하나로 모아 낼 능력을 가진 사람이 딱 한 명 있다면 그 사람이 바로 워싱턴이었던 것이야.

대표자들이 필라델피아에서 모였는데, 회의 장소는 시내 한가운데에 우뚝 선, 빨간 벽돌로 지은 '독립 기념관'이었어. 워싱턴이 의장으로 선출되었어. 여든한 살의 프랭클린은 너무 늙어 기력이 약해서 날마다 회의장까지 자기 발로 걸어가기가 어려울 정도였단다. 그래서 감옥에 가둔 죄수 네 명을 특별히 고용해서 의자에 앉은 그를 들어서 회의장까지 오갔다는구나.

그들은 몇 날 며칠을 두고 토론을 하고 말다툼을 벌였어. 회의는 철저한 비밀 속에서 진행되었는데, 혹시라도 밖에서 엿듣는 사람이 있을까 봐서 창문까지도 모두 꼭꼭 닫았대.

대표자들은 열세 개의 주들이 한편으로는 통일된 행동을 하고, 또 한편으로는 제

각기의 필요에 따라 따로따로 행동할 수 있는 권한을 부여하는 헌법을 만들고자 했어. 마침내 그들은 영국 의회의 하원과 상원처럼, 두 개의 '하우스house'로 나누어진 정부를 만들자는 안건을 채택했단다. 두 하우스의 임무는 법안을 작성하고 그것을 법률로 채택할 것인지를 투표를 통해서 결정하는 것이었어. 한 하우스의 명칭은 '상원'이라 부르기로 했어. 각 주는 크기와는 상관없이 두 명의 대표자들을 선출해서 상원에 보내기로 결정되었는데, 그 대표자들을 '상원 의원'이라고 해. 모든 주가 공평한 발언권을 가지게 하고, 어떤 주도 다른 주보다 더 큰 권력을 가지지 못하게 하려는 것이었어.

한편, 각 주는 인구 3만 명당 한 명씩 대표자를 선출할 것이고, 그 대표자들이 모여서 '하원'을 구성하기로 했어. 미국 땅에 사는 모든 사람은, 그가 어느 주에 살고 있건 간에, 미합중국이라는 한 국가의 국민이라는 사실을 보여 주는 기구가 하원이야. 각 주에 사는 모든 개인들은 하원에 자기의 대표자를 보낼 권리를 가지게 되고, 따라서 인구가 더 많은 주에서는 그만큼 대표자를 더 많이 하원에 보내게 되는 것이지.

국가가 어떤 법을 제정하기 위해서는 반드시 먼저 상원과 하원의 승인을 받아야만 했어. 다시 말하면, 각 주의 승인과 전체 국민의 승인을 받아야 한다는 것이야. 상원과 하원을 합쳐서 '의회'라고 부르기로 했어. 의회는 연방 정부의 '입법부'로서 법률을 제정하고, 전쟁을 선포하고, 외국과의 조약을 맺는 등의 임무를 맡게 되었어.

그런데 영국 의회도 상원과 하원으로 나뉘어 있었잖아? 그 의회가 미국에 사는 영국인들이 반대하는 온갖 세법들을 만들었단 말이야. 그렇다면 미합중국의 의회도 그것과 똑같은 짓을 하지 않게 할 방법은 무엇일까?

대표자들은 한 사람의 지도자를 뽑고, 의회가 통과시키려는 법률을 그 지도자가 '거부' 할 수 있는 권한을 갖게 하자고 결정했어. 그들은 그 지도자를 '대통령president' 이라고 부르기로 했어. 대통령은 법을 만들 권한은 갖지 못하지만, 의회가 주어진 권한을 벗어난 짓을 할 때에는 그 기능을 정지시키는 권한을 가지도록 했어. 이제 미국의 연방 정부는 입법부인 의회, 그리고 대통령을 그 정점으로 하는 행정부라는 두 부서를 갖게 된 것이야.

그렇다면 의회와 대통령은 그들이 제정한 법률을 반드시 지키리라는 것을 무엇으로 보장할 것인가?

그래서 연방 정부는 또 하나의 부서를 필요로 했단다. 법률이 제대로 지켜지는지의 여부를 판사들이 판단하는 법정이 바로 그것이었어. '최고 사법 재판소'(대법원)라 불리는 이 기구가 연방 정부의 사법부가 되었어. 대법원 판사들은 대통령이 뽑고 의회의 승인을 받아서 임명하기로 결정되었어. 이제 연방 정부의 이 세 부서는 모든 것을 서로 협의해서 결정할 뿐, 어느 한 부서가 국가의 권력을 제아무리 독차지하고 싶어도 그렇게 할 수가 없는 제도가 갖추어진 것이야.

대표자들은 이 모든 원칙들을 담은 법안을 작성하고, 전원이 서명을 하고, 모든 주의 신문들을 통해서 세상에 널리 알렸어. 그들은 그 법안이 미합중국의 헌법으로

미국의 탄생과 헌법의 제정   345

확정되기 위해서는 최소 아홉 개 주의 승인을 받아야만 한다고 결정했어. 이것을 '비준'이라고 해. 맨 먼저 델라웨어 주가 비준했고, 첫 번째 비준이 있은 후 한 달쯤 후까지 펜실베이니아, 뉴저지, 조지아, 코네티컷 주가 비준했으며, 넉 달 후까지는 매사추세츠, 메릴랜드, 사우스캐롤라이나 주가 비준했고, 뉴햄프셔 주가 아홉 번째로 비준을 결정함으로써 이 법안이 미합중국의 헌법으로 확정되었단다. 미국의 열세 개 주가 영국으로부터 독립하고 연방 헌법을 확정한 과정을 미국 독립 혁명이라고 해.

그러나 모든 국민이 다 환영했던 것은 아니었어. 버지니아 주 출신의 열혈남아 패트릭 헨리는 그 헌법을 보고 '끔찍하도록 무시무시한' 문서라고 말했다는구나. 그는 대통령은 머지않아서 왕이 될 것이고, 의회는 국민들에 대해서 지나친 권력을 휘두르게 될까 봐서 겁이 났던가 봐. 그래서 그는 '권리 장전Bill of Rights'(국민의 기본적 인권에 관한 선언)이라는 것을 헌법에 덧붙일 것을 원했어. 정부가 국민의 의사를 무시하고 제멋대로 행사해서는 절대로 안 될 사항들을 분명하게 지적해 두자는 것이었지.

패트릭 헨리

수많은 국민이 그것을 요구했어. 제임스 매디슨은 이렇게 말했단다. "모든 권력은 반드시 함부로 쓰게 될 위험을 안고 있다. 그래서 우리는 국민의 권리가 정부에 의해서 침해받는 경우가 생기지 않도록 미리 조치를 취해 두어야 한다."

4년 후에 권리 장전이 헌법에 덧붙여졌어. '10개 수정 조항'이라고 불리는 이 권리 장전은 미국의 시민들이 누구나 각자의 의견을 거리낌 없이 말하고, 각자의 방식으로 신을 섬기고, 공공 장소에서 집회를 하고, 자신의 안전을 지키기 위해서 무기를 가지고 있는 것을 의회는 어떠한 경우에도 금지해서는 안 된다고 분명하게 정하는 내용이었단다. 비록 죄를 지은 자라 할지라도 함부로 체포할 수 없고, 공개 재판을 거치지 않고는 감옥에 가둘 수 없게 되었어. 권리 장전은 또 연방 정부가 국민에 대해서 왕처럼 행세하는 경우는, 비록 그럴 만한 이유가 충분하다 싶은 경우라 하더라도 절대로 없어야 한다는 것을 분명하게 밝혔어.

마침내 헌법이 확정되고, 미합중국은 진정한 한 국가로서 성립되었단다.

미국의 첫 대통령 워싱턴

헌법 제정 회의가 끝난 후 워싱턴은 집으로 돌아갔단다. 그는 이제 예순 살이 다 되어 가고 있었어. 그는 프렌치 인디언 전쟁에서 싸웠고, 독립 전쟁을 지휘했어. 이제 그는 버지니아 주의 농장에서 가축을 기르고, 작물을 가꾸고, 아내와 함께 벽난로 앞에 앉아서 길고 고요한 저녁 시간을 보내고 싶었어.

그러나 헌법을 제정했던 대표자들은 워싱턴이 미국의 첫 대통령이 되어 주기를 간곡히 청했어. 수많은 미국인들이 그 새로운 직책에 대해서 신경을 바짝 곤두세우고 있었단다. 대통령이 이내 왕이 되어 버리지나 않을까 하는 두려움 때문이었

지. 대표자들은 워싱턴만은 절대로 왕이 되겠다는 생각을 하지 않을 인물이라는 걸 잘 알고 있었던 것이야.

워싱턴은 왕은커녕 대통령도 되고 싶지가 않았어. 워싱턴은 알렉산더 해밀턴에게 이렇게 말했대. "이제는 모든 것을 잊고 내 농장에서 조용하게 살다가 죽는 것이 나의 단 하나뿐인 간절한 소망입니다."

그러나 워싱턴은 또한 국민에 대한 어길 수 없는 의무가 자신에게 지워져 있다고도 믿었어. 그는 자기가 대통령이 되는 것을 (대표자들이 아니라) 국민이 원한다면, 그 요구를 받아들이겠다고 약속했어.

최초의 대통령을 선출하기 위한 선거가 열리고, 워싱턴이 전원 일치의 찬성 표를 얻었어. 약속대로 그는 대통령 직을 수락했어. 그러나 그는 일기에 이렇게 썼단다. "지금 나는 말로는 이루 다 표현할 수 없는 두려움과 고통에 마음이 짓눌려 있다."

워싱턴은 국민 앞에서 선서를 하고 대통령 직에 취임하기 위해서 임시 수도로 정해진 뉴욕으로 가야 했어. 그는 조용히 가고 싶었지만, 그의 일행이 거쳐 가는 도시마다 시민들이 거리로 쏟아져 나와서 환호했어. 어린 소녀들은 꽃을 던지고, 남자들은 모자를 벗어 던지고, 교회의 종들이 울렸어. 필라델피아에서는 그를 위해서 급히 만든 화려한 아치들을 지나가야 했어. 뉴저지에 도착하자 그를 바다 건너 뉴욕으로 실어 갈 거룻배가 기다리고 있었어. 부두의 바닥에 빨간 양탄자가 깔렸고, 병사들이 죽 늘어서 있었어. 그를 태우고 갈 거룻배는 온통 깃발로 뒤덮였고, 열세 개의 주를 대표하는 열세 명의 남자들이 노를 저었어. 배가 부두를 출발하

조지 워싱턴
워싱턴은 미국 독립 전쟁 때 식민지 군대의 총사령관이었어. 그는 미국의 첫 번째 대통령이 되었단다. 미국의 수도 워싱턴은 그의 이름을 딴 거란다.

자, 긴 행렬을 이룬 배들이 뒤를 따랐단다. 승무원 전원이 갑판에서 환호성을 지르는 스페인 전함도 있고, 워싱턴을 기리는 노래를 부르는 합창단을 실은 배도 있고, 기뻐서 어쩔 줄을 모르고 소리를 질러 대는 시민들을 가득가득 실은 작은 배들이 수십 척이었다는구나.

거룻배가 월스트리트 근처의 부두에 도착했어. 워싱턴이 드디어 뉴욕의 거리에 들어섰는데, 양편의 길과 지붕들은 워싱턴의 이름을 외치는 사람들로 빈틈이 없었대. 그때 그곳에 있었던 어떤 남자가 멀리 떨어져 사는 아내에게 보냈다는 편지를 읽어 볼까? "비집고 들어갈 틈도 없고 제대로 서 있을 수도 없도록 사람들이 거리를 구름처럼 메웠다오. 수많은 남자들과 여자들과 어린아이들이—아니야, 그냥 수만 명이라고 하는 게 낫겠구려. …… 수만 명의 머리들이 마치 수확을 바로 앞둔 옥수수 밭의 옥수수 열매 같았어." 여자들이 창문으로 몸을 내밀고 "우리 위대한 워싱턴님이 오셨다!"라고 외치고, 가로수에 무슨 열매처럼 주렁주렁 매달린 어린아이들이 "만세! 만세!" 외쳤어. 얼마나 흥분했는지 소리를 지르다가 까무러치는 사람들마저도 더러 있었단다. 어느 여자는 이렇게 소리쳤대. "내가 그분을 봤어! 그분 앞에서라면 무릎이라도 꿇을 거야!"

워싱턴은 마차를 타고 병사들의 호위를 받으며, 이제는 연방 홀이라고 이름이 바뀐 시청 청사로 갔어. 그리고 군중을 한눈에 내려다볼 수 있도록 2층 발코니에 서서 성경책에 손을 얹고 선서를 했어.

"우리 워싱턴님께 신의 축복을!"이라고 군중이 외치고, 군악대는 "우리의 사랑하는 대통령 만세!"를 연주하고, 하늘 가득히 폭죽이 터졌어. 워싱턴은 대통령 관저까지 걸어서 가야 했어. 사람들이 거리를 가득 메워 버렸기 때문에 마차가 지나갈 수 없었던 거야.

워싱턴은 국민의 그 엄청난 열의가 너무도 당혹스럽고 두려웠어. 그는 이렇게 말했단다. "아무래도 장차 국민이 나에게 너무 크고 많은 것을 바라고 기대하게 될 것 같다."

하여간에 워싱턴은 부통령인 존 애덤스와 함께 미합중국을 통치하는 그 엄청난 업무를 시작했어. 대통령으로 취임한 첫 한 주 동안에, 그에게는 718명의 병사들과 75개의 우체국, 그리고 고작 몇 명의 서기(문서를 관리·기록하는 사람)들밖에 없었단다. 정부라고 부를 만한 것들이 갖추어지지 않았던 것이지.

워싱턴은 아무것도 없는 상태에서 연방 정부를 만들어야 했어. 그는 네 명의 '장관secretary' 들을 임명해서 그들과 함께 나랏일을 운영하기로 했단다. 알렉산더 해밀턴이 재무부 장관이 되고, 토머스 제퍼슨은 국무부 장관이 되었어. 워싱턴은 또 육군과 해군의 운영을 책임질 장관을 임명하고, 그가 대법원의 결정을 이해하고 따르는 데 조언을 해 줄 법무부 장관을 임명했어. 이 네 장관들이 '대통령의 내각' 을 구성했던 것이야.

워싱턴은 우체국 사무에서부터 등대의 불이 꺼지지 않도록 하는 것에 이르기까지 연방 정부의 모든 업무를 운영하기 위해서 약 1천 명을 고용했어. 그는 또 미국이 장차 새로운 수도를 건설한다고 선언하는 조례에 서명을 했단다. 모든 주들이 다

른 주의 어느 도시가 수도가 되는 것을 원하지 않았어. 그렇게 되면 그 주가 가장 중요한 주가 될 것이기 때문이었겠지. 그래서 워싱턴은 버지니아 주와 메릴랜드 주를 설득해서 그들 사이에 있는 작은 땅을 내놓게 했어. '컬럼비아 특별구District of Columbia'라는 이름의 그 땅이 새로운 수도를 건설할 땅으로 결정되었어. 의회와 대법원이 새 수도에서 회의를 열 것이고, 대통령도 물론 새 수도에서 거주할 예정이었어. 그리고 컬럼비아 특별구에 새로운 대통령 관저의 주춧돌이 놓였어. 지금 우리가 백악관White House이라고 부르는, 132개의 사무실과 35개의 침실이 있는 관저가 건설되기 시작한 것이야.

워싱턴은 거의 왕에 버금가는 권력을 가진 것처럼 보였단다. 그는 정부에서 일할 모든 사람을 임명했어. 취임식 때는 '신이여, 국왕을 보우하소서!'라는 곡에다가 그를 위해서 특별히 지은 가사를 붙인 노래를 불렀대. 또 새로 지을 관저는 거의 궁궐을 방불케 할 정도로 화려하게 설계되었고, 새로운 수도는 그의 이름을 따서 워싱턴이라 불렀단다.

그러나 패트릭 헨리의 두려움은 현실이 되지 않았어. 워싱턴은 왕이 되겠다는 생각은 꿈에도 해 보지 않았단다. 의회는 그가 '대통령 폐하'니 '대통령 각하'니 하는 엄청난 존칭으로 불려도 좋다고 했으나, 정작 워싱턴 자신은 고작 '미스터 프레지던트'라고 불리는 것을 원했단다. 이것은 우리가 그저 평범한 어떤 남자를 부를 때 쓰는 호칭에 지나지 않는단다. 그는 또 딱 4년 동안만 대통령으로 있다가 물러나고 싶었어. 그 자리가 너무도 힘든 자리라고 생각했기 때문이었어. 대통령이 된 후 그는 두 손 모두 관절염에 걸렸고, 머리는 아주 새하얗게 변했어. 그는 어서 빨리 농장으로 돌아가고 싶었어. 그러나 그는 8년 동안 미국의 대통령으로 있었단다. 그리고 마지막 임기가 끝나 갈 무렵에 미국 국민은 그를 다시 대통령으로 뽑았단다. 그가 선거에 나가지도 않았는데도!

워싱턴은 4년 임기를 다시 한 번 맡겠다고 승낙했다가, 말을 바꾸었어. 국가와 국민을 위해서라면 아무리 힘이 들더라도 한 번 더 봉사를 하겠지만, 그 자리가 대통령이라는 자리이기 때문에 안 된다는 것이었어. 그는 미국이 대통령이 아니라, 헌법이 최고 통치자인 나라가 되는 것을 원했던 것이야. 워싱턴은 엄청난 권력이 보장된 자리에서 스스로 걸어 내려온 것이었고, 그것은 유럽의 어느 국왕도 이제까지 해 본 적이 없었던 일이었어. 그 소식을 들은 영국 국왕 조지 3세는 딱 벌어졌던 입을 다물면서 이렇게 말했대.

"그이가 이 세상에서 가장 위대한 인물인가 보다!"

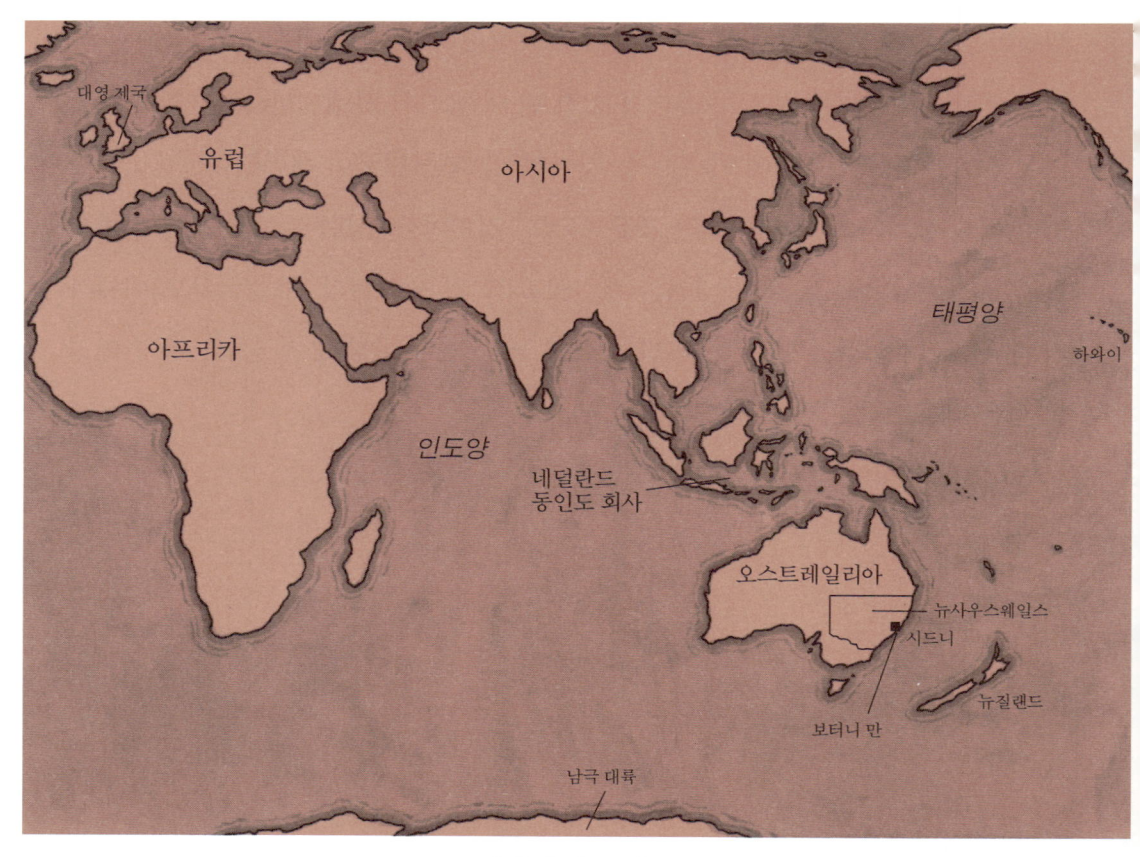

거대한 남쪽 대륙

제24장 남쪽 바다로

바다의 사나이 쿡 선장

런던의 어느 하숙방에서 제임스 쿡 선장Captain James Cook이 멀고도 먼 항해를 떠나는 데 필요한 물품들의 목록을 작성하고 있어. 영국 정부에 고용된 그는 곧 과학 탐사를 위한 항해에 나설 예정이었단다. 그 과학 탐사란 지구의 반대편에 있는 타히티 섬Tahiti으로 가서 금성을 관측하는 것이었어. 망원경과 측량과 지도 제작을 위한 온갖 도구들이 지금 그의 주위에 쌓인 상자들 속에 들어 있고, 그 상자들은 곧 엔데버Endeavour 호라는 이름의 배에 실릴 거야.

먼 바다로 항해를 떠난다는 것은 쿡에게는 날마다 고기나 술을 마시는 것처럼 당연한 것이었어. 그는 서른세 살의 나이가 될 때까지 이 세상의 수많은 낯선 곳을 항해하면서 이제까지는 아무도 몰랐던 섬들과 해안들을 탐사하고 지도를 그렸어. 7년 전쟁 때에는 캐나다 해안의 지도를 상세히 그려서, 영국군이 퀘벡을 점령하는 데 결정적인 기여를 했단다. 그는 석탄 수송선과 전함과 사령선과 거룻배 등 온갖 배들을 다 타 본 경험을 가진, 그야말로 바다의 사나이였어.

그러나 이번 항해는 이제까지의 그 어떤 항해와도 다른 것이었어. 쿡 선장은 금성

을 관측한다는 것이 매우 중요한 임무임을 잘 알고 있었단다. 금성이 태양과 지구 사이를 지나갈 때에는, 영국 땅에서는 그 경과(시간에 따라 진행하는 상태)가 보이지 않아. 그 경과는 지구의 남반구(지구의 적도 아랫부분)에서만, 그것도 1백 년 만에 한 번만 관측할 수 있어. 그래서 영국 왕립 학회는 태양의 표면을 가로질러 통과하는 금성의 경과를 정밀하게 관측해 가지고 돌아와 주기를 잔뜩 기대했단다.

제임스 쿡 선장

금성의 경과를 관측한다는 것은 너무도 흥미로운 일이 아닐 수 없었어. 그러나 그것보다 훨씬 더 쿡 선장의 가슴을 설레이게 하는 게 있었어. 그의 선실의 장롱 속에 깊숙이 들어 있는 봉투 한 장이 바로 그것이었어. 그 봉투는 조지 3세가 직접 사람을 시켜서 보낸 것이었단다. 거기에는 국왕이 쿡 선장에게 전하는 비밀 명령이 적혀 있었는데, 타히티에 도착해서 금성 관측을 다 마칠 때까지는 절대로 뜯어봐서는 안 되었어.

이윽고 모든 준비를 갖춘 엔데버 호가 출항했어. 선원들은 어서 빨리 타히티에 도착하지 못해서 안달을 했대. 거기에는 눈부신 해변과 싱싱한 음식과 세상에서 제일 아름다운 여자들이 있다는 소문을 모르는 사람이 없었거든. 여덟 달 후에 엔데버 호는 타히티의 눈부시게 하얀 백사장에 도착했어. 과연, 타히티는 선원들이 상상했던 것보다 훨씬 더 아름다웠어. 원주민들이 꽃 목걸이를 걸어 주고 온갖 과일과 코코넛을 대접했어. 선원들이 배를 수리하면서 푹 쉬는 동안에 쿡 선장은 어느 작은 언덕의 나무들을 잘라 내고 관측소를 짓게 했어. 그리고 천문 관측 도구들을 벌여 놓고 때를 기다렸어. 두 달 후에 그날이 왔어. 작고 까만 점이 천천히 태양의 표면을 가로질러 가는 게 보였단 말이야. 쿡 선장은 온몸의 힘을 다해 정신을 집중해 가지고 관측하고 기록했어.

드디어, 그 봉투를 뜯어 봐도 될 때가 되었어.

밤이 아주 깊었을 때, 쿡 선장은 선실에 촛불을 켜 놓고 혼자 앉아서 봉투를 뜯었어. 그는 국왕의 명령이 적힌 편지를 두 번 읽고도 아쉬워서 한 번을 더 읽었어.

"거기서 더 남쪽으로 가시오. 우리 영국을 위해서 지구의 남쪽에 있다는 거대한 대륙을 꼭 발견해 주시오."

지구의 남쪽에 있다는 거대한 대륙! 당시의 지리학자들은 지구의 저 아래에는 거대한 대륙이 숨어 있다고 믿었대. 그렇지 않고, 북반구(지구의 적도 윗부분)에만 대륙이 몰려 있다면, 그 무게를 감당하지 못해서 지구가 균형을 잃고 넘어져 버릴 것이라고 생각했다는 거야. 그러나 아직은 아무도 그 신비의 대륙을 발견한 사람이 없었어. 그런데, 바로 그 전해에 태평양을 항해했던 어느 영국 선장이 수평선에서 가물거리는, 생전 처음 보는 산맥을 보았다고 보고했단다. 보고를 들은 조지 3세는 이렇게 탄식했다는구나. "배를 보내서 그 땅을 발견해야 해. 그 땅을 우리 영국

이 차지해야 한다고!"

쿡은 타히티를 벌써 떠날 생각일랑은 손톱만큼도 없는 선원들을 어르고 달래서 남쪽으로 출발했어. 석 달 만에 그들은 육지를 보았어. 바다 쪽으로 길게 뻗어 나온 산맥이었어. 그 땅이 그 거대한 대륙에 붙어 있는 반도일까? 그들은 멀찍이 떨어져서 항해하면서 해안을 관찰했어. 알고 보니까 그 산들은 해안선의 굴곡이 엄청나게 심한 내해를 이루고 있는 두 개의 섬이었어. 쿡 선장이 지금 항해하고 있는 그곳은 뉴질랜드였던 거야.

쿡 선장은 항해 일지에 이렇게 썼대. "지구의 남쪽 끝에 있다는 그 대륙에 관해서 말하자면, 나는 이제는 그런 것이 있다고는 믿지 않는다." 그는 집으로 돌아가려고 엔데버 호의 뱃머리를 돌렸어. 열아홉 달 동안의 항해에 지칠 대로 지친 선원들이 환호성을 질렀겠지. 쿡 선장은 집으로 돌아가는 길에는 서쪽을 향해서 항해하기로 결정했어. 뉴질랜드의 서쪽에 또 어떤 섬이 있다는 것을 뱃사람들 사이의 소문으로 알고 있었기 때문에 내친김에 그 섬의 해안을 탐사해 보고 싶었던 것이야.

곧 그 섬인가 싶은 땅이 시야에 나타났어. 쿡 선장은 물이 아주 잔잔한 작은 만에 배를 대었어. 선원들이 뭍에 나가서 맑은 물을 찾고, 유럽으로의 먼 항해를 시작할 준비를 했어. 쿡 선장은 그 섬의 해안선 지도를 그렸어. 그 섬에는 생전 처음 보는 희한한 식물들이 너무도 많았고, 그래서 그는 그곳을 '보터니 만Botany Bay'이라고 이름 붙였어. '보터니'는 '어느 한 지역에 서식하는 식물들'이라는 뜻이야.

엔데버 호가 다시 출항했어. 쿡 선장은 해안을 따라서 올라가면서 또 지도를 그렸어. 그는 그 섬을 '뉴사우스웨일스'라고 부르기로 했단다. 그 섬의 생김새가 어쩐지 영국의 웨일스 땅하고 비슷해 보이기 때문이었어.

쿡 선장은 자칫하면 다시는 영국 땅을 밟아 보지 못할 뻔했어. 어느 날 한밤중에 엔데버 호가 산호초에 걸려 버렸던 거야. 산호초란, '산호충'이라는 이름의 미세한 바다 동물의 뼈가 엉겨서 이루어진, 쇠처럼 단단하고 칼날같이 날카로운 바위를 말해. 엔데버 호가 항해하던 그곳은 오스트레일리아 대륙의 앞바다인데, 거기에는 '그레이트 배리어 리프'라고 불리는 거대한 산호초가 있단다. 칼날 같은 산호초에 걸린 배의 밑바닥에 구멍이 났어. 선원들은 대포를 비롯한 쇠붙이들을 모조리 바다에 던져 버리고, 밑창에 고인 물을 퍼내고, 배를 해안에 대고 구멍을 메웠어. 그리고 배가 다시 해안을 따라 올라가며 항해를 하고, 쿡 선장은 계속 지도를 그렸어. 이윽고 그는 어느 곳에다가 영국 국기를 꽂고, 이제까지 그가 거쳐 온 해안 전체를 조지 3세 국왕의 영토라고 선언했단다.

쿡은 자기가 지구의 남쪽에 있다는 그 거대한 대륙을 발견했다는 사실을 아직 알아차리지 못했어. 그가 뉴사우스웨일스라고 이름 붙인 그 섬은 실은 그의 상상이 미치지 못할 정도로 거대한 땅덩어리였어. 그는 오스트레일리아의 동쪽 해안을 항해했던 것이야.

금성을 관측한 기록과 뉴사우스웨일스 섬 해안 지도를 가지고 영국에 돌아온 쿡 선장은 수많은 사람들의 환영과 칭송을 받았단다. 그런데 그 이듬해에 그는 다시 한 번 지구의 남쪽 끝에 있다는 거대한 대륙을 찾으러 나섰어. 남쪽 바다로의 두

번째 항해에서 그는 온통 얼음으로 덮여 있는 남극 대륙을 발견했어. 그제야 그는 그 거대한 대륙을 찾겠다고 하는 것은 시간 낭비일 뿐이라는 걸 깨달았어.

그렇다고 해서 바다를 향한 그의 열정이 목표를 아주 잃어버린 것은 아니었어. 그는 이번에는 북아메리카를 거쳐서 곧장 중국에 이른다고 하는, 저 전설의 북서 항로를 자기가 나서서 찾아보겠다고 결심했어. 그동안 영국 사람들은 그 항로를 찾겠다는 희망을 포기하지 않고 있었던가 봐. 쿡 선장은 예전의 다른 탐험가들과는 달리 북아메리카의 서쪽 해안 지대를 탐사하기로 결심했단다. 아메리카 사람들이 독립을 선언했던 그해에, 쿡 선장은 뉴질랜드를 거쳐서 북아메리카의 태평양 연안으로 갔어.

그러나 쿡 선장도 북서 항로를 찾아내지 못했어. 그는 단념하고, 왔던 길을 되짚어서 집으로 돌아가기로 결심했어. 그런데 타고 갈 두 척의 배가 모두 오랫동안 폭풍우에 시달려서 심하게 망가져 있었어. 돛이 닳아서 찢어졌고 밧줄은 너덜너덜했지. 그래서 쿡 선장은 하와이 섬Hawaii에 잠시 들러서 배를 수리하기로 했단다.

하와이 원주민들이 꽃 목걸이를 가지고 나와서 그들을 맞이하고, 온갖 싱싱한 과일과 잘 구운 돼지고기를 대접했대. 선원들 중에는 하와이가 타히티보다 훨씬 더 천국에 가까운 것 같다고 생각하는 자들도 있었어. 그들은 찢어진 돛을 깁고, 삐걱거리는 널빤지를 갈아 끼우고, 그리고 먹고 먹고 또 먹었대.

쿡 선장도, 선원들도 미처 몰랐던 게 있었어. 그들은 하와이 원주민들이 왜 그들을 그토록 정성껏 대접하는지 그 이유를 꿈에도 몰랐지. 그 이유가 뭐였냐고? 원주민들은 쿡 선장을 신이라고 믿었던 것이야. 그들의 전설에 의하면, 평화와 행복을 가져다 주는 로노Rono 신이 바다에 떠 있는 숲을 타고 하와이에 돌아온다는 이야기가 있었던가 봐. 쿡 선장의 일행이 타고 온 두 척의 배의 돛대들을 그들은 숲이라고 생각했던 것이지.

그러나 아무리 평화와 행복을 가져다 주는 신이라 할지라도 너무 오래 뭉개고 앉아 있으면 인간들이 그만 싫증이 나서 눈총을 주게 되지 않을까? 선원들은 원주민들의 음식을 거의 바닥이 나도록 먹어 치웠어. 나중에 그 선원들 중 한 사람은, "2주일이 지나자 원주민들이 다가와서 곧 터질 것처럼 불룩한 선원들의 배를 툭툭 손바닥으로 치고 손짓 발짓을 해 가면서 무어라고 주절거리는데, 가만히 들어 보니까 이제는 당신들이 떠나야 할 때가 훨씬 지나지 않았느냐고 말하는 게 틀림없었다."라고 썼다는구나.

너무도 맛있는 고기와 과일을 배가 터지도록 먹은 선원들은 말끔하게 새 단장된 배를 타고 하와이를 떠났어. 그런데 사흘째 되는 날 한밤중에 갑자기 폭풍이 몰아쳐서 쿡 선장이 탄 배의 돛대가 부러졌어. 쿡 선장은 다시 하와이로 돌아가서 배를 수리하기로 했어.

나흘 후에 두 척의 배가 비치적거리면서 다시 하와이에 도착했어. 앞에서 말한 그 선원은 이렇게 썼어. "처음 도착했을 때와는 대접이 너무도 달라서 우리는 모두들 어안이 벙벙했다. 그들은 소리를 지르지도 않고, 부산스레 굴지도 않았다. 주위가 온통 고요에 잠겼고, 바다에 나갔다가 바쁜 듯이 돌아오는 카누만이 이따금 눈에

떨 뿐이었다."

원주민들은 로노 신과 그의 친구들인 다른 신들이 다시 돌아온 게 하나도 반갑지가 않았던 것이야. 아니, 이게 뭐야? 행복을 가져다 준다는 신이 행복을 주기는커녕 남의 음식을 배가 터지도록 먹고 돌아간 지가 며칠이나 되었다고 그새 또 왔어? 그들은 선원들에게 등을 돌리고 음식을 내주지 않았어. 밤이 되자 원주민들은 몰래 쿡 선장의 배로 헤엄을 쳐 가서 배에 박은 못을 뽑고, 갑판에 있던 쇠 연장들을 훔치고, 심지어는 구명보트 한 척도 훔쳤대.

쿡 선장은 폭력을 쓰기로 결심했어. 그는 열 명의 부하들과 함께 보트를 타고 마을로 갔어. 추장을 납치해서 인질로 잡아 놓고, 훔쳐 간 보트를 내놓으라고 협박할 작정이었던 거야. 그들은 가장 가까운 마을로 쳐들어가서 추장을 붙들고 자기들의 배로 가자고 을렀어.

원주민의 공격을 받는 쿡 선장

추장이 선원들에게 떠밀리다시피 하면서 해변 쪽으로 걸어가기 시작했어. 원주민들이 떼를 지어서 모여 있었는데, 젊은 사내들이 추장을 보고 소리쳤어. "그만 가세요! 그러면 안 돼요! 주저앉아 버리세요!" 추장이 머뭇거렸어. 바로 그때 그만 일이 터져 버렸단다. 젊은 사내 한 명이 튀어나와서 몽둥이로 쿡 선장의 머리를 내리쳤어. 그가 휘청거리다가 쓰러졌어. 그의 머리카락이 피에 흥건히 젖는 걸 모두가 다 보았겠지? 그는 신이 아니었어! 그는 자기들하고 똑같은 인간일 뿐이었어!

공연히 귀한 음식만 빼앗겼다는 걸 알아차린 격분한 젊은 사내들이 창과 단검(짤막한 칼)을 휘두르며 우르르 달려들었어. 선원들은 걸음아 날 살려라, 보트를 향해 달아났어. 그 해변에서 쿡 선장 말고도 네 명이나 죽었단다. 바다의 사나이 쿡 선장의 일생은 그렇게 허망하게 막을 내렸던 것이야.

영국 죄수들의 새로운 터전 오스트레일리아

쿡 선장이 남쪽 바다를 항해하던 때 영국은 아메리카를 잃었어. 이제 영국은 아메리카 땅에 식민지가 하나도 없게 되었고, 그 좋은 아메리카 담배도 맛볼 수 없게 되었어. 무엇보다도, 영국은 이제 죄수들을 보낼 곳이 없어져 버렸단다.

벌써 오래전부터 영국에서는 감방이라고 부르는 곳마다 죄수들이 넘쳐 날 지경이었어. 그래서 판사들은 절도범(남의 물건을 훔친 사람)과 살인범과 사기꾼들을 아메리카의 식민지로 보내서 형기(형벌의 집행 기간)를 마칠 때까지 아무 농장에서나 일을 하게 했단다.

그러나 미국 사람들은 이제는 영국의 죄수들을 받아 주지 않았어. 영국 정부는 고민이 이만저만이 아니었어. 그 많은 죄수들을 다 어디에 수용한다?

영국 정부는 너무 낡아서 쓸 수 없는 배들을 사서 강바닥에 고정시켜 놓고, 거기에 죄수들을 가두었어. 더럽고, 축축하고, 캄캄하고, 쥐와 벌레들이 우글거렸겠지. 그런 배에 갇힌 죄수들은 앞을 다투듯이 픽픽 쓰러져 죽었단다.

그러나 영국의 모든 감옥들은 아직도 미어터지고 있었어.

영국 정부는 마침내 뉴사우스웨일스 섬을 떠올렸단다. 미국 독립 혁명이 끝난 지 10년 후에, 물자와 간수들과 죄수들을 가득 실은 열한 척의 배가 오스트레일리아를 향해 출발했어. 그들은 쿡 선장이 영국 깃발을 꽂았던 그 땅의 아무 곳에서나 새로운 식민지를 만들어서 살아 보라는 명령을 받았어. 그러니까 오스트레일리아 대륙이 영국의 감옥이 되려는 판이었던 것이야.

오스트레일리아로 가라는 선고를 달갑게 받아들인 죄수는 아무도 없었대. 그곳에는 도시도 없고, 항구도 없고, 배도 없다는 걸 모르는 사람이 없었거든. 애보리진이라 불리는 신기한 인간이 그 땅에 산다는 소문은 들었지만, 어쩐지 좀 무시무시한 사람들이라는 느낌이 들었을 것이야. 게다가 너무도 먼 곳이어서, 7년 형 정도를 받은 죄수들은 살아서 돌아올 희망을 가질 수가 없었어. 최초의 열한 척의 배에 탔던 어느 죄수를 재판했던 판사는 이렇게 선고했대. "본 재판관은 피고에게 선고를…… 내리기는 내리는데, 형벌의 구체적인 내용이 무엇인지는 알 수 없다. 태풍을 만나 난파될 배에 타라는 형벌인지, 전염병에 걸리라는 형벌인지, 굶어 죽으라는 형벌인지, 야만인들에게 떼죽음을 당하거나 사나운 짐승들의 먹이가 될 자들 중의 한 명이 되라는 형벌인지를 본 재판관도 알 수 없다."

그러나 오스트레일리아의 죄수 식민지의 첫 총독이 된 아서 필립Arthur Phillip이라는 사람은 열한 척의 배에 탄 수많은 남녀들이 떼죽음을 당하게 둘 생각이 전혀 없었어.

필립은 체구가 작고, 머리는 새카맣고, 행동이 민첩하고 활기에 넘치고, 끈기가 남달리 강한 사람이었대. 보터니 만에 상륙했을 때, 그는 1천 명 정도를 데리고 가고 있었는데, 그 중에서 4분의 3이 죄수들이었다는구나. 빵 한 조각이나 신발 한 켤레를 훔치다가 들켜서 거기까지 온 여자들과 어린아이들도 있었어. 병이 들어서 일을 할 수 없는 사람이 수두룩했는데, 무엇보다도 자신들을 가둘 감옥을 짓는 일에 정성을 다할 자는 아무도 없었을 거야!

필립은 죄수들에게 그들은 이제부터 감옥이 아니라 새로운 삶의 터전을 건설하려 한다고 설득했어. 그런데 보터니 만은 새로운 터전으로 삼기에는 너무 조건이 좋지 않았어. 사방이 온통 습지라서 맑은 물이 없었거든. 그래서 그는 해안을 따라 위로 올라가다가 해변이 내륙 쪽으로 쑥 들어간 곳을 발견했어. 땅이 넓고 탁 트였고 맑은 물이 있는 곳이었어. 그는 영국 정부의 어느 관리의 이름을 떠올리고는 그곳을 시드니 코브Sydney Cove라고 불렀어. '코브'는 내륙 쪽으로 쑥 들어간 해안 지대라는 뜻이야.

죄수들 중에서 거의 대다수가 가축을 기르거나 농사를 지어 본 적이 한 번도 없는

도시 출신들이었대. 또 그들은 목재로 쓸 나무를 자를 수가 없었어. 영국에서 가지고 온 연장들이 오스트레일리아에서는 쓸모가 없었던 거야. 영국의 나무는 대개 결이 부드러워서 도끼로 내려치면 잘도 넘어갔는데, 그곳의 나무들은 쇠처럼 단단해서 손바닥만 아팠어. 문제는 또 있었어. 간수들이 죄수들과 함께 노동을 하지 않으려고 했어. 그들은 그저 감시만 하고 이래라저래라 명령만 내리려고 했어. 그래서 필립은 죄수들 중에서 여럿을 골라서 식민지 건설의 지도자들로 삼았어. 죄수들이 도로를 닦고 오두막을 지었으며, 말이 없어서 몸으로 쟁기를 끌었다는 구나.

엄청나게 열심히 노동을 했건만, 그들은 곧 굶어 죽을 지경에 이르렀어. 거의 3년이 지나도록 영국으로부터 배 한 척 오지 않았단다. 견디다 못 한 필립은 사람들을 절반가량 추려서 아득히 먼 어느 섬으로 보냈어. 거기서 물고기든 새든 뭐든지 잡아먹으면서 사는 데까지 살아 보라는 것이었지. 그리고 남은 사람들에게는 배급을 반으로 줄였어. 굶주리다 못 해서 식량 창고에 몰래 손을 대는 죄수들이 나타나기 시작했어. 필립은 식량이 바닥이 날까 두려워서 모든 사람들이 지켜보는 앞에서 그자들을 가혹하게 매로 때렸단다.

어느 날 아득한 수평선 끝에 배가 나타났어. 죄수들과 식량을 가득 실어 온 영국 배였어. 시드니 식민지는 거의 전원이 굶어 죽기 직전에 구출되었던 것이야.

그런데 그 배는 필립에게 전하는 영국 정부의 명령은 가지고 오지 않았어. 그는, 지금쯤은 집에 돌아가고 싶다는 생각을 조금은 하고 있었고, 정부가 그것을 허락할 것이라고 생각하고 있었던가 봐. 하지만 어쩌겠어? 필립은 더욱 단단히 마음을 먹고 눌러앉아서, 죄수들을 실어 오는 배들을 맞이하고, 인도의 캘커타로 배를 보내서 식량을 실어 오게 하고, 아프리카로부터는 여러 가지 과일 나무와 덩굴 식물들을 수입하고, 죄수들을 다독여서 열심히 일을 하게 했단다.

늘 굶주린 채로 중노동을 해야 했지만, 죄수들 중에서는 그곳이 영국보다는 살기가 훨씬 낫다고 생각하는 사람들이 나타나기 시작했어. 영국에서는 손바닥만 한 자기 땅 한 번 가져 볼 희망도 없는 거지 신세였지만, 거기에서는 열심히만 하면 나중에 반드시 자기 땅을 가지게 해 주겠다고 필립이 약속했거든. 죄수들 중에서 맨 먼저 땅을 지급받은 제임스라는 사람은 16만 제곱미터(5만 평)나 받았대! 시메온이라는 절도범은 시드니에서 15년 동안 산 후 자기 땅을 가진 부유한 상인이 되었고, 프랜시스라는 사기범은 시드니 최초의 건축가가 되어서 수십 채의 신식 건물을 설계했다는구나.

죄수들의 식민지가 서서히 생기를 띠기 시작했어. 죄수들이 보터니 만에 도착한 지 4년 후에는 자유 이주민들이 오기 시작했어. 가난을 견디다 못 한 수백 명의 남녀들이 오스트레일리아에 가서 그 붉은 흙을 파먹는 게 낫겠다고 작정을 하고 몰려왔던 것이야. 형기를 마친 죄수들 중에서도 그곳에 눌러앉아서 땅을 개간하며 살기로 작정한 사람들이 훨씬 더 많았단다. 내륙으로 더 들어가서 광활한 평원에서 양 떼를 키우는 사람들도 있었어. 그들은 '스쿼터스squatters'라고 불렸어. '쭈그려 앉은 사람들'이라는 뜻인데, 돈을 주고 땅을 산 게 아니라 아무 데나 집을 짓

고 그 주위를 자기 땅이라고 주장했다는 데서 붙은 별명이란다. 그들은 양모(양의 털)를 런던으로 수출해서 돈을 벌었어.

그러나 그들의 삶은 결코 쉽지 않았어. 그들은 뜨거운 햇볕과 가뭄과 난데없는 홍수를 견디어야 했고, 무엇보다도 외로움을 이겨야 했어. 의사도 없고 상점도 없고 도시도 없었어. 1년에 두 번 생활필수품을 파는 마차가 오고, 그 편에 우체부가 다녀갔어. 일 외에는 아무것도 할 게 없었어. 아니, 딱 한 가지는 있었어. 술을 마시는 것! 그래서 오스트레일리아로 팔려 가는 상품 중에서 럼이라는 독한 술이 제일 많았다는 거야.

결국 필립은 영국으로 돌아와도 좋다는 허락을 받았어. 그가 떠날 때, 그동안 그가 이루어 놓은 그 식민지의 인구는 4,221명이었는데, 그 중에서 3,099명이 죄수였어. 그 후 80년 동안에 16만 명의 죄수들과 수많은 자유 이주민들이 그곳으로 갔고, 식민지는 다섯 곳으로 늘어났어.

그러나 차 오르는 곳이 있으면 기우는 곳도 있는 게 과연 세상의 이치인가? 영국인 이주민들의 삶이 조금씩 나아져 가는 동안에 원주민들은 오랫동안 살아왔던 터전에서 밀려나기 시작했어.

필립은 시드니의 죄수들에게 애보리진들과 사이좋게 지내라고 명령했었어. 애보리진을 살해한 자는 반드시 교수형에 처했다는구나. 그런데도 죄수들은 애보리진들의 음식을 훔치고 연장을 훔쳤대. 또 내륙으로 들어간 사람들은 애보리진의 사냥터에서 양 떼를 먹였어. 영국인들의 삶이 나아져 간 꼭 그만큼 애보리진들의 처지는 쪼그라들었던 거야. 필립이 처음 보터니 만에 내렸을 때에 오스트레일리아 대륙에는 대략 30만 명의 애보리진들이 살고 있었어. 그런데 대영 제국이 그 대륙 전체를 자기 영토라고 선언했던 무렵에는 그 수가 고작 8만 명도 되지 않았단다.

'프랑스 혁명' 때의 프랑스

제25장 음산해진 혁명

바스티유 감옥 습격

오스트레일리아 식민지는 몇 가지 면에서 미합중국과 조금 비슷했던 거 같아. 두 곳 모두에서 귀족이 아닌 사람들도 자기 땅을 가질 수 있게 되었고, 또 사람들이 국왕의 권력으로부터 벗어나 살 수 있게 되었으니까 말이야.

프랑스 사람들은 아메리카 사람들이 영국의 국왕에게 대항해 싸우는 것을 넋을 놓고 지켜보았단다. 심지어 군대를 보내서 자유를 쟁취하기 위해 싸우는 아메리카 사람들을 돕기도 했어. 그러나 그들의 나라 프랑스에서는 아직도 절대 군주가 온 국민 위에 군림하고 있었어. 태양 왕의 증손자인 루이 15세의 손자, 루이 16세 Louis XVI가 바로 그 절대 군주였어. 조상들이 그랬던 것처럼 루이 16세도 자기 마음대로 프랑스를 다스릴 수 있는 신성한 권력을 부여받았다고 주장했단다.

그런데 미국 독립 혁명 이후 몇 년 동안에 프랑스 사람들은 그들의 국왕이 옳지 않다는 것을 깨닫기 시작했어.

프랑스는 매우 불행한 나라였단다. 루이 14세는 거대한 베르사유 궁전을 짓고, 길고도 지루한 전쟁을 잇달아 치르느라 국고를 거의 다 써 버렸어. 루이 15세 시절

에는 7년 전쟁의 패배로 인해서 프랑스는 더욱더 가난해졌어. 이 두 국왕들은 가난한 사람들로부터 날이 갈수록 더 많은 세금을 짜내었어. 그러나 부자들은 세금을 거의 한 푼도 내지 않았단다.

프랑스 사람들은 그들이 세 부류의 계급으로 나누어져 있다고 생각했어. 로마 가톨릭교 성직자들이 제1계급이었어. 그들은 전혀 세금을 내지 않았단다. 가톨릭 신앙은 프랑스의 공식 종교이기 때문이라는 게 이유였어.

제2계급은 귀족들이었어. 그들은 거의 전부가 수백 년 동안 조상 대대로 물려받은 거대한 저택과 농장을 소유하고 있었어. 그들은 1년 중의 몇 달을 베르사유 궁전에서 국왕과 함께 보내고, 장군과 대신과 대사 등 저마다 조정에서 한자리를 차지했단다. 그들도 거의 모두가 세금을 전혀 내지 않거나 아주 조금 내는 척만 했어.

제2계급에 속한 귀족들은 고작 1만 3천 명뿐이었단다. 그러나 제3계급에 속한 사람들의 수는 2천6백만 명이나 되었어. 상인, 점원, 의사, 변호사, 판사, 농부, 마부, 촌민, 빵장수, 재단사, 구두장이 같은 사람들이 제3계급이었어.

그들은 모두 자기 몸으로 노동을 하는 사람으로서, 소금, 비누, 포도주, 담배, 가죽 같은 것을 살 때마다 세금을 내야 했고, 교회에도 세금을 냈단다. 그들은 또 귀족들에게서 빌린 토지에 대해서는 지세(땅을 빌려 쓴 값으로 내는 돈)를 내야 했고, 밀을 빻고 포도를 짜는 데도 요금을 내야 했어. 길을 가다가 다리를 건널 때도 통행세라는 이름의 세금을 내야 했어. 하나같이 가난하고 굶주렸는데, 그것도 모자랐는지 몇 백 년 만에 닥친 흉년으로 밀 농사가 엉망이 되어서 먹을 빵조차 없었단다.

그 무렵에 프랑스를 여행했던 어느 영국인은 굶주림에 찌든 촌민들의 모습을 보고 너무도 놀라서 입을 다물지 못했다는구나. 꼭 허수아비들 같았다고 그는 말했단다.

그런데도 귀족들은 늘 파티를 벌이고, 서로 경쟁하듯이 화려한 옷을 사 입고, 멋진 마차를 사고, 노름을 하는 데 돈을 펑펑 썼어.

루이 16세는 이제부터는 귀족들도 세금을 냈으면 좋겠다고 조심스럽게 손을 내밀었어. 그러나 귀족들은 딱 잘라 거절했어. 그런데 말이야, 루이 16세가 비록 절대 군주라고는 하나, 귀족들과 군대의 도움을 받지 않고서는 무엇 하나도 자기 마음대로 할 수 있는 게 없었단다.

게다가 그에게는 또 다른 문제들이 있었어. 그의 젊은 아내 마리 앙투아네트Marie Antoinette가 아무것도 할 일이 없어서 빈둥빈둥 놀기만 했다는 게 우선 문제였어. 그녀는 늘 무도회에서 춤을 추고, 비싼 옷을 무턱대고 사들이고, 그러고도 심심하면 카드를 했어. 심지어 그녀는 들이 있는 작은 마을을 꾸며 놓고, 젖을 짜는 소녀 행세를 하면서 노는 걸 좋아했다는구나. 그런데 젖을 담아 나르는 항아리가 값을 알 수 없을 정도로 귀한 도자기였대, 글쎄. 그 지경이다 보니 그랬겠지만, 한때 신성 로마 황제였던 그의 오빠는 그녀를 '멍청이'라고 불렀다는구나.

마리 앙투아네트는 특별히 심술이 사납거나 심성이 못된 여자는 아니었어. 자식들에게는 자상하고 착한 어머니였고, 어디서 촌민들이 굶어 죽었다는 소식을 들으면 눈물을 찔끔찔끔 흘릴 만큼 마음이 여렸대. 그러나 그녀는 촌민들이 얼마나

바스티유 감옥 습격

루이 16세
루이 16세가 왕위에 올랐을 때 프랑스는 세 계급이 있었어. 성직자와 귀족들을 뺀 제3계급의 불만이 터지기 직전이었지. 결국 프랑스 혁명이 일어나고 그는 처형당하게 되지.

마리 앙투아네트

마리 앙투아네트는 오스트리아 여왕의 딸로 프랑스의 왕비가 되었어. 그녀는 무척 사치스러웠고, 그래서 그것에 대한 이야깃거리도 무척 많단다. 그녀도 남편 루이 16세처럼 기요틴에서 처형당한단다.

비참하게 살고 있는지를 전혀 알지 못했어. 마리 앙투아네트는 밤에 수많은 촛불들을 켜서 대낮같이 환하게 해 놓고 파티를 벌이거나, '시골 아낙네들의 옷처럼 수수한' 옷을 지어 입으려고 도대체 값이 얼마인지 아무도 알 수 없는 옷감을 사들이는 데 나라의 돈을 펑펑 써 대는 꼴을 백성들이 어떻게 생각하는지에 대해서도 전혀 느끼는 게 없었어. 마리 앙투아네트는 갈수록 백성들의 깊은 원한을 샀어. 백성들은 프랑스가 그 지경까지 가난해진 게 모두 그녀 때문이라고 수군거렸대. 그녀가 왕비가 되기 훨씬 이전에 이미 프랑스는 빚투성이 나라가 되어 있었는데도 말이야.

미국에서 독립 선언문이 발표된 후, 프랑스 사람들은 그 문서를 번역해서 출판했단다. 수많은 프랑스 사람들이 자유와 평등을 이야기하는 그 글을 읽었어. 그리고 사치밖에는 아무것도 모르는 왕비와 게으르기 짝이 없는 귀족들을 돌아보았지. 그리고 이렇게 생각했어. 우리는 언제까지 이렇게 비참하게 살아야 하는 거지?

프랑스 사람들이 혁명 사상에 대해서 점점 관심을 키워 가는 동안에도 프랑스의 국고는 날로 바닥을 드러내고 있었어. 루이 16세는 다시 한 번 귀족들에게 세금을 받아 내려고 했고, 귀족들은 이번에도 거절했어. 그들은 세 계급의 대표자들이 한 자리에 모여서 과연 새로운 세금이 꼭 필요하다고 선언한다면 자기들도 세금을 내겠다고 했어.

루이 16세는, 그래? 그럼 그렇게 해 보자고, 하고 생각했어. 그래서 프랑스 전 지역에서 세 계급의 대표자들이 베르사유에 모여서 세금에 관해서 논의했어. 거기에는 성직자들도 있고, 귀족들도 있고, 제3계급을 대표하는 상인들과 점원들과 판사들과 변호사들도 있었어. 그 변호사들 중에 맥시밀리앙 드 로베스피에르Maximilien de Robespierre라는 사람이 끼어 있었단다.

제3계급의 대표들은 오래지 않아서 구역질이 났어. 그들은 제1계급, 제2계급의 대표자들과는 신분이 다르다는 사실을 스스로 증명하기 위해

로베스피에르

서 모두들 검정 색 옷을 입어야 한다는 조치가 내려졌어. 또 베르사유에 들어갈 때에는 정문이 아니라 곳곳의 샛문들을 사용해야 했어. 그리고 세 계급의 대표자들이 특별 미사를 올리기 위해서 교회에 모였을 때에는, 그들이 앉을 좌석이 준비되어 있지를 않았어. 각자 알아서 아무 데나 바닥에 쭈그려 앉으라는 것이었지.

결정적으로 그들을 좌절하게 하고 분노하게 한 것이 있었어. 세 계급의 대표자들이 제각기 다른 방에 모여서 토론을 한 후 찬성이냐 반대냐, 투표를 해야 한다고 국왕이 선언했다는 것이었어. 만약 제1계급과 제2계급이 새로운 세금이 필요 없다는 데 투표를 해 버린다면 어찌 되는 거지? 제3계급의 사람들은 투표를 통해서는 그들의 횡포를 막을 수가 없겠지. 프랑스 국민의 대다수는 제3계급인데도 말이야. 그것이 마지막 지푸라기였어.

제3계급의 대표자들은 그들의 모임을 '국민 의회Assemblee Nationale'라는 이름

으로 고쳐 부르고, 제1계급의 성직자들에게 그들과 뜻을 같이해 달라고 간청했어. 시골 교회에서 설교를 하면서 백성들의 비참한 삶을 자기 눈으로 직접 보았던 여러 성직자들이 승낙했어. 귀족들 중에서도 그들과 뜻을 같이하겠다며 가담한 사람들이 있었어. 그들은 대다수의 국민이 굶주림을 면하지 못하는 한 프랑스는 영영 건강한 나라가 될 수 없다는 것을 제대로 깨달았던 것이야.

다른 귀족들은 냉큼 루이 16세에게 달려가서 '국민 의회'가 열리지 못하게 막아 달라고 간청했어. 그래서 루이 16세는 제3계급의 대표자들이 그들에게 배정된 방에 들어가지 못하도록, 그래서 투표를 아예 하지 못하도록, 문을 잠가 버렸어.

그래서 국민 의회는 테니스를 치는 테니스 코트에서 회의를 열었어. 그 회의에서 그들은 새로운 헌법을 만들겠다는 서약을 했는데, 이 서약을 '테니스 코트의 서

테니스 코트의 서약

약'이라고 한단다. 루이 16세가 그들에게 방으로 돌아가라고 명령했지만, 그들은 말을 듣지 않았어. 어느 귀족이 "국왕의 명령이다. 당장 여기를 떠나라!"라고 외치자, 국민 의회 사람들은 "우리는 국민의 뜻을 받아 여기에 왔다. 목에 칼을 들이댄다 해도 우리는 흩어지지 않을 것이다!"라고 되받았어.

제3계급이 봉기를 일으켰다는 소식이 베르사유로부터 불과 20킬로미터 거리인 파리에 전해졌어. 파리의 평민들이 전투를 위한 장비를 갖추기 시작했어. 루이 16세는 덜컥 겁이 났어! 프랑스 군대의 병사들이 파리의 평민들을 향해서 총을 쏘지 않으려 할 것이라고 생각했던 것이야. 병사들도 제3계급이니까. 그래서 그는 왕실 근위대에 편성되어 있던 스위스 병사들을 파리로 보내서 질서와 안정을 회복하려고 했단다.

파리의 평민들에게 그 소식이 전해졌어. "굽히느니 차라리 죽겠다!"라고 그들은 외쳤어. 그러나 군대와 맞서 싸우려면 화약이 필요했어. 화약을 어디서 구할 수 있을까?

"바스티유!" 누군가가 외쳤어.

파리에 있는 바스티유 감옥은 탑이 여덟 개나 있고 벽의 두께가 4.5미터나 되는 오래된 요새였어. 군중이 대포를 끌어다가 바스티유의 성벽을 겨누었어. 그러자 감옥 소장은 얼른 항복하는 게 살길이라고 생각했대. 혁명군은 갇혀 있던 죄수들을 풀어 주고, 화약을 강제로 빼앗았어. 그리고 항복한 소장의 목을 잘라서 쇠꼬챙이에 꽂아 가지고 파리의 거리를 달렸어.

바스티유 감옥 습격

그날이 1789년 7월 14일이었어. 바스티유 감옥이 함락되고, 프랑스 국왕의 권력도 무너졌어. 바스티유 감옥이 함락된 그날은 지금도 프랑스에서는 경축일이란다. 북아메리카의 열세 개 식민지가 영국으로부터 독립을 선언했던 7월 4일이 미국의 경축일인 것처럼 말이야.

이제는 평민들이 파리를 장악했어. 그리고 시골에서도 촌민들이 들고일어나서 부자들의 저택을 습격하고 원한에 사무쳤던 귀족들을 살해했어. 귀족과 성직자들 중에는 봉기에 가담한 자들도 있었고, 재빨리 외국으로 달아난 자들도 있었어.

루이 16세와 그의 가족은 마차에 실려서 파리로 호송되고, 튈르리 궁전Palais des Tuileries 에 갇혔어. 국민 의회 사람들도 파리로 와서 정부를 장악했어. 이제는 새 헌법을 만들 때가 된 거야. 영국이 그랬던 것처럼 프랑스도 국왕마저 국법을 지켜야 하는 나라가 되려는 참이었고, 미국이 그랬던 것처럼 프랑스도 모든 국민이 평등한 나라가 되려는 참이었어.

기요틴과 로베스피에르의 공포 정치

튈르리 궁전에 갇힌 왕실 일가는 장차 그들의 운명이 어찌 될 것인지를 전혀 모르는 채 마음을 졸여야 했지.

국민 의회는 새 헌법에 관해서 논의하기 시작했어. 성직자들과, 제3계급 중에서 형편이 훨씬 나은 의사와 변호사와 상인들은 국왕에게 아무 권력도 주지 않는 헌법을 만든다는 조건으로 루이 16세를 다시 왕좌에 앉히자는 의견을 내놓았어. 그러나 로베스피에르가 이끄는 제3계급의 대부분의 사람들은 프랑스가 국왕이 없는 나라가 되는 게 최선이라고 주장했어. 로베스피에르는 몇 번이나 앞에 나서서 열의에 찬 연설을 토하며 국왕을 아주 없애 버리자고 국민 의회 사람들을 설득했단다.

국민 의회는 루이 16세를 어떻게 처리해야 할 것인지를 쉽게 결정하지 못했어. 그러나 그들은 제2계급을 없애 버리고 싶다는 데는 모두가 의견이 같다는 것을 확인했어. 그래서 국민 의회는 신분을 가리키는 모든 용어를 없앤다고 선언했어. 따라서 이제부터는 아무도 공작이나 남작이 될 수 없게 되었고, 프랑스 사람이면 누구나 '시민'이라는 칭호로 불리게 되었어. 그리고 한 달 후에 국민 의회는 선거를 통해서 정치가들을 뽑는 것처럼 성직자들도 그렇게 해야 한다고 선언했단다.

이제 제1계급과 제2계급은 불법이 되었어. 그러나 국왕이 다시 왕좌에 앉아서 옛날처럼 나라를 다스리게 되기를 은근히 바라는 사람들이 아직도 많이 남아 있었어. '왕당원'이라 불리는 그 사람들 중에서 몇몇이 튈르리 궁전에 갇혀 있는 루이 16세와 몰래 연락해서 왕실 일가를 궁에서 빼내서 북쪽 지방으로 달아나게 하려는 모의를 꾸몄어. 그리고 그 지방의 왕당원들을 모아서 나라를 되찾으려는 계획을 세웠지.

루이 16세와 마리 앙투아네트와 아이들이 몰래 궁을 빠져나와서 기다리고 있던 마차에 탔어. 그들을 태운 마차가 덜덜거리면서 바렌이라는 고을을 지나가고 있을 때였어. 때마침 길가에 서 있던 어떤 남자가 마차 안을 들여다보았대. 그런데

어디선가 본 얼굴이 그 안에 앉아 있는 게 아니겠어? 얼른 생각해 보니까, 자기 주머니에 든 돈에 그려진 사람의 얼굴하고 똑같은 거야. 그 남자가 급히 말을 타고 그 다음 고을로 달려가서 국왕이 지금 그쪽으로 오고 있다고 알렸어. 당장 군중이 몰려가서 마차를 막아섰지. 루이 16세와 그의 가족은 다시 파리로 끌려갔어. 그리고 이제는 정말로 그들에게 닥칠 운명이 무엇인지를 깨닫게 될 순간을 하염없이 기다리는 수밖에 없는 처지가 되었단다.

그 무렵에 프로이센 군의 사령관으로부터 국민 의회 앞으로 편지가 왔어.

"국왕과 그 가족을 해치기만 해 봐라, 우리가 가서 파리를 왕창 짓밟아 버릴 테니까."

프로이센이 그런 협박을 했다는 소문이 전해지자 파리 시민들이 외쳤어. "국왕은 반역자다! 우리의 적과 몰래 손을 잡고 제발 쳐들어와 달라고 빌었다!" 그럭저럭 식어 가던 분노가 다시 활활 타올랐지. 2만 명의 남녀들이 튈르리 궁전으로 몰려가서 국왕을 지키던 스위스 근위병을 죽여 버리고, 국왕 일가를 끌어내서 템플이라는 캄캄한 지하 감방에 가두었어. 그 감방은 절대로 탈출할 수 없는 곳이었어. 로베스피에르의 열변에 힘을 얻은 국민 의회는 프랑스는 '공화국'이 될 것이라고 결의했어! 또 명칭을 '국민 공회Convention Nationale'로 바꾸었어. 이제부터 프랑스는 국민의 투표로써 뽑힌 대표자들로 구성된 국민 공회에 의해서만 통치될 거였어.

국왕에 대한 증오가 귀족의 피를 타고난 모든 자들에게까지 번졌어. 혁명에 가담했던 귀족들이 나라 밖으로 도망가기 시작했어. 그리고 국왕과도 귀족들과도 아무 관계가 없는 사람들이 권력을 잡았단다. 국왕에게는 이제 단 하나의 운명의 길이 남아 있을 뿐이었어. 영국의 찰스 1세처럼, 그도 곧 처형당할 처지가 되어 있었던 것이야.

1월의 어느 날, 루이 16세는 지하 감방에서 끌려 나왔어. 감방을 나서면서 그는 아들을 뒤돌아보고 이렇게 말했다는구나.

"내가 죽더라도 복수할 생각일랑 하지 말거라!"

루이 16세는 파리 시의 한가운데에 있는 광장으로 끌려갔어. 광장에는 기요틴이라는, 무겁고 예리한 칼날이 높은 곳에서 떨어져서 사형수의 목을 자르는 단두대가 설치되어 있었어. 떨어진 칼날에 목이 싹둑 잘리도록 사형 집행관이 미리 사형수의 긴 머리카락을 짧게 깎는단다. 루이 16세는 구름처럼 모인 군중에게 무어라고 연설을 하려고 입을 열었지만, 병사들이 재빨리 북을 요란하게 두드려서 그의 목소리가 전혀 들리지 않게 했단다. 이윽고 그의 목이 모탕에 걸쳐지고, 기요틴이 떨어졌어. 한 병사가 잘린 목을 집어 들고 외쳤어. "공화국 만세!" 사람들이 앞을 다투어 뛰어나가서 손수건이나 옷자락으로 루이의 피를 찍었단다. 절대 권력을 휘두르던 국왕의 목이 잘린 그 엄청난 사건의 현장에 있었다는 사실을 기념하고 싶은 심정들이 몹시 간절했던 것이겠지.

국왕이 죽었어. 그러나 프랑스 공화국은 평탄하지 않았어. 공포에 질린 채 지켜보던 이웃 나라들은 그 광기 어린 끔찍한 상황이 자기들에게로 번져 오지 않기만을

빌었어. 영국과 네덜란드와 스페인이 곧 프랑스와의 전쟁을 선포했어. 또 프랑스의 서부 지방에서는 충실한 가톨릭 신자인 촌민들이 들고일어났단다. 그들은 국민 공회가 가톨릭 성직자들을 가혹하게 다룬 데 대해서 원한을 품었던 것이야.

국민 공회는 공화국이 금방 무너질지도 모른다는 두려움을 느끼지 않을 수 없었어. 그래서 그들은 '국가 안전 위원회'라는 이름의 새로운 위원회를 구성하고, 로베스피에르를 그 우두머리에 앉혔어. 로베스피에르에게는 공화국에 반대하는 혐의가 보이는 자는 누구든지 체포해서 사형에 처할 권한이 주어졌어.

로베스피에르는 서부 지방에서 반란을 일으킨 촌민들을 모조리 체포해서 사형에 처했어. 그리고 귀족과 성직자와 국왕에 대해서 아직도 동정심을 가졌다 싶은 자들을 낱낱이 찾아내서 기요틴으로 보냈단다.

'공포의 시대'가 시작된 것이야. 프랑스 혁명 시기에 로베스피에르가 권력을 휘둘렀던 대략 1년여의 정치를 역사적으로 '공포 정치La Terreur'라고 한단다.

국민 공회는 '혐의자 처벌법'이라는 이름의 새로운 법을 선포했어. 이 법은 혁명에 반대하는 자들을, 심지어는 혁명을 열광적으로 지지하지 않는다 싶은 태도를 보이는 자들까지도 찾아내서 죽일 수 있는 법이었단다! 이 법에 의해서 맨 먼저 죽음을 당한 사람은 마리 앙투아네트였어. 남편이 죽은 지 아홉 달이 지난 어느 날, 마리 앙투아네트는 새하얀 가운을 입은 채, 촌민들이 거름을 나를 때 쓰는 수레에 실려서 기요틴으로 끌려갔어. 그때 그녀의 나이는 고작 서른일곱 살이었는데, 기요틴에 잘린 그녀의 머리를 사형 집행관이 집어 들었을 때는 머리카락이 흰 눈처럼 새하얗게 변해 있었다고 하는구나.

마리 앙투아네트는 로베스피에르에 의해서 줄줄이 죽어 나간 사람들 중의 첫 희생자일 뿐이었단다. 로베스피에르는 공화국을 반대한다는 혐의를 씌워서 수많은 사람들을 죽였어. 남자, 여자, 촌민, 도시민, 노인…… 심지어는 어린아이들까지도! 프랑스의 모든 도시들에서 날마다 기요틴의 칼날이 떨어졌어. 늙은 여자들이 기요틴 바로 옆에 앉아서 병사들에게 팔 양말을 뜨개질하면서 수다를 떨고 웃어 대고, 이따금 기요틴이 떨어지는 소리가 들리면 박수를 치고 소리를 질렀다는구나. 피가 튀어서 한창 짜던 양말에 묻으면 이게 웬 떡이냐, 하는 것처럼 좋아라고 깔깔 웃고, 병사들은 피가 묻은 양말을 서로 먼저 사려고 다투었대. 프랑스에 와 있다가 영국 시민인데도 오해를 당해서 체포당했다가 풀려 난 적이 있는 헬렌 윌리엄스라는 사람은 이렇게 썼어.

"기요틴은 죄 없는 사람과 죄 있는 사람을 가릴 줄을 모른다. 도랑에는 물이 아니라 피가 흐르는 것 같았다."

기요틴에 희생된 사람의 수가 1만 6천여 명에 이르자, 국민 공회는 그제야 로베스피에르를 불안하게 여기기 시작했어. 그에게 너무 많은 권력을 주었다 싶었던 거야. 그는 아무나 의심했어. 심지어 자기의 친구들까지도 그의 의심을 면하지 못했단다. 로베스피에르를 지금쯤 제거하는 게 옳지 않겠느냐고 의원들이 수군거리기 시작했어. 그대로 두었다가는 루이 16세보다 훨씬 더 지독하고 잔인한 독재자가 되지 않는다는 보장이 없었던 것이야.

로베스피에르는 의원들이 자기를 의심하는 기미를 알아차렸어. 그는 의원들 앞에 나서서, 자기를 해치려는 모의가 있다는 걸 다 알고 있다고 고래고래 소리를 질렀어. 그는 이렇게 외쳤다는구나.

"나를 반대하는 자들이 누구인지 잘 압니다. 그자들도 반드시 찾아내서 기요틴으로 보낼 테니, 두고 보시오."

국민 공회는 그런 식으로 협박을 당한다는 게 너무도 싫었어. 그래서 그 다음 날 회의에서 의원들이 앞을 다투듯이 일어서서 로베스피에르를 비난하는 연설을 했어. 로베스피에르는 자신의 귀를 믿을 수가 없었는지, 의자에 얼굴을 파묻고 두 손으로 머리를 감싸고 있었대. 그는 곧장 체포되어서 기요틴으로 끌려갔어. 그가 저 세상으로 보냈던 수많은 사람들의 피가 묻어 있는 기요틴이 이제는 그의 피를 묻힐 차례가 되었던 것이야. 프랑스는 이제 국왕도 없고 로베스피에르도 없는 나라가 되었어. 아니, 프랑스는 지도자가 없는 나라가 되어 버렸단다.

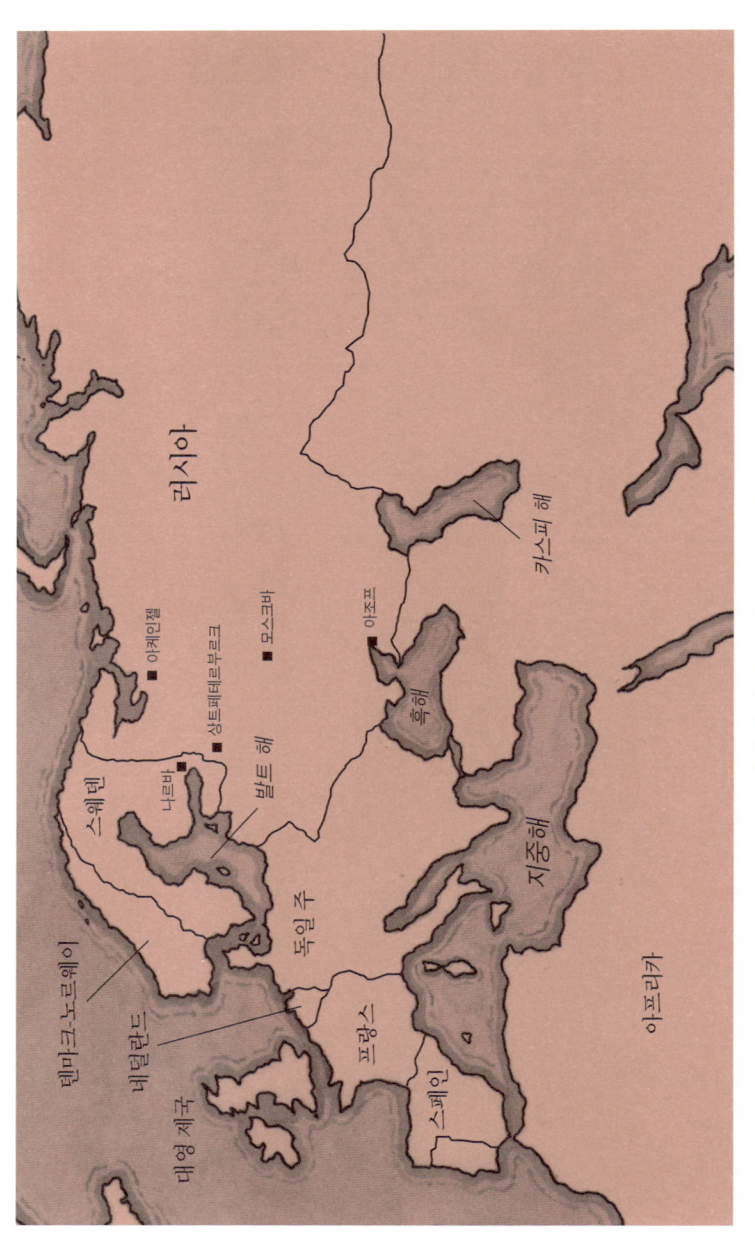

예카테리나 대제 때의 러시아

제26장 예카테리나 대제

망나니 왕자와 결혼한 예카테리나

프랑스에서 국왕과 왕비와 귀족들이 줄줄이 목이 잘려 나가는 것을 러시아의 여자 황제가 공포에 질린 채 지켜보고 있었어. 예카테리나Ekaterina 대제는 30년 전에 러시아의 황제가 되었단다. 옛날에 표트르 대제가 그랬던 것처럼 예카테리나 대제도 서양의 사상을 동경했어. 그러나 예카테리나는 아직도 국왕의 권력은 신으로부터 직접 받은 것이라고 철석같이 믿었어. 그녀는 어느 대신에게 이렇게 말했다는구나. "프랑스는 곧 망할 거예요."

국왕의 권력은 신으로부터 직접 받은 것이라고 믿는 것은 예카테리나의 자유겠지. 그러나 그녀는 인간 세상에서만 일어날 수 있는 과정을 거쳐서 러시아의 황제가 되었단다.

무엇보다도 먼저, 예카테리나(본명은 소피아 아우구스타인데 나중에 예카테리나로 이름을 바꾸었어.)는 러시아 사람이 아니었어. 예카테리나는 독일 왕국의 어느 작은 주의 군주인 아버지와 스웨덴 인 어머니 사이에서 태어났어. 그런데 어머니의 사촌 오빠가 러시아의 위대한 황제 표트르 대제의 딸하고 결혼했고, 그 사이에서 울리히Ulrich라는 아들이 태어났어. 세월이 지나 러시아의 황제는 표트르 대제의 다른 딸인 옐리자베타Yelizaveta가 이어받았단다. 옐리자베타 여제(여자 황제)는 자식이 없어서 울리히를 왕위 계승자로 삼았어. 그리고 어린 예카테리나가 장차 울리히의 배필로 가장 알맞겠다고 벌써부터 점찍어 두고 있었어.

예카테리나가 열다섯 살이 되었을 때, 옐리자베타 여제가 예카테리나가 살고 있던 독일로 사신을 보내서 어린 공주를 러시아로 초대하고 싶다는 뜻을 전했어. 예카테리나의 어머니는 그 말을 듣고 온몸이 짜릿했대. 딸이 장차 러시아의 황제가 될 남자와 결혼한다면 자기는 러시아 황제의 장모가 되고, 러시아 왕비의 친정 엄마가 되는 것이니까, 그럴 만도 했을 거야. 그러나 예카테리나의 아버지는 무엇이 그리 불안한지 고개만 저을 뿐이었어. 그가 딸에게 이렇게 말했단다. "러시아에 가면 너는 러시아 정교회의 신자가 되지 않을 수 없어. 그러나 우리는 늘 마르틴 루터 님의 가르침을 따르며 살아온 집안이야. 약속해라. 러시아에 가더라도 루터파 교회를 버리지 않겠다고 이 아비한테 단단히 약속해!"

예카테리나는 약속했단다. 그녀는 아직은 자기가 울리히하고 결혼을 하고 싶은지조차도 확실히 알 수 없었어. 옛날에 그를 한 번 본 적이 있었거든. 울리히가 열 살이던 때였어. 덩치가 유난히 작고, 얼굴은 종이처럼 희고, 성질이 몹시 고약하고, 자주 파르르 떨던, 이상야릇한 사내아이를 예카테리나는 아직 기억하고 있었단다. 겨우 열 살밖에 안 먹은 아이가 저녁 식탁에서 포도주를 얼마나 마셔 대는지, 나중에는 업혀서 나가던 것까지도 똑똑히 기억하고 있었어. 아무한테나 화를 내고, 하인들에게는 거만하기 짝이 없게 굴었어. 어느 하인하고 장난감 병정놀이를 할 때만 겨우 조금 어린아이답다 싶었을 뿐이었단다.

그러나 자기의 머리에 왕관이 씌워진다는 생각에 예카테리나는 마음이 혹했어. 혹시 알아? 울리히 그 녀석도 이제는 나이가 들었으니까 제법 점잖아지지 않았겠어? 예카테리나는 꼭 가서 울리히를 만나 보고 싶었어.

그래서 그녀는 어머니와 함께 옷가지를 꾸려 가지고 러시아의 수도 상트페테르부르크로 출발했어. 상트페테르부르크까지는 거의 1,600킬로미터나 되고, 유럽 땅에서도 가장 춥고 황량한 곳을 거쳐 가야 했어. 그 여행은 6주일이나 걸렸단다. 곳곳에서 눈과 얼음과 진흙탕을 만나 길을 잃었어. 밤에는 나그네들이 짐짝처럼 들어찬 여인숙에서 잠을 자야 했어. 밀짚을 엮어서 깐 방바닥 구석에서는 개와 닭들이 웅크리고 있었어. 예카테리나의 두 손과 두 발은 동상에 걸려서 퉁퉁 부어올랐어. 이윽고 상트페테르부르크에 도착한 예카테리나와 일행을 따뜻한 망토를 가지고 나온 사람들이 맞이했어. 내부가 온통 털가죽으로 뒤덮인 썰매가 그들을 태워서 모스크바로 달렸어. 울리히는 모스크바에 있었던가 보지. 이윽고 예카테리나는 거대한 저택에 도착했어. 수많은 촛불들로 환하게 밝혀진 현관에서 울리히가 예카테리나를 맞이했어. 옛날에 봤을 때보다 키가 훨씬 크고 얼굴도 조금은 더 멋있어 보였어. 울리히도 다시 만난 예카테리나를 정말로 반가워하는 것 같았어. 울리히가 아주 멋을 부리면서 이렇게 말했어. "기다리느라고 애가 타 버렸어요. 진작 달려 나가서 이 몸으로 당신의 썰매를 끌지 않았던 걸 후회했다니까요."

그러나 울리히하고 같이 지내는 시간이 길어질수록 예카테리나는 그 남자가 싫어졌어. 울리히는 여전히 하인들을 난폭하게 대하고 조정의 대신들에게 무례하게 굴었어. 교회에서 예배를 보는 도중에 시끄럽게 굴고 큰 소리로 농담을 해 댔어. 장차 러시아의 황제가 될 그는 러시아 어를 절대로 쓰지 않았어. 울리히는 반드시 독일어로 말을 했고, 심지어는 러시아의 원수나 마찬가지인 프로이센에 가서 살았으면 소원이 없겠다고 공공연히 주위 사람들에게 떠들기까지 했어.

그러나 사람들은 누구나 예카테리나가 울리히하고 결혼을 하는 게 좋겠다고 기대하는 것 같았어. 또 엘리자베타 여제는 체구가 크고, 상대방을 압도하는 풍채와 용모를 가졌고, 걸핏하면 불호령을 내리는 여자였대. 그래서 예카테리나는 울리히하고 결혼하고 싶은 생각이 싹 사라졌다는 말을 여제한테 꺼낼 엄두가 나지 않았단다. 그래서 어머니한테 그 심정을 털어놓았지만, 어머니는 러시아 황제의 장모가 된다는 생각에 얼이 빠져 버린 지가 오래였어. "애야, 쓸데없는 생

울리히와 예카테리나

각일랑 그만 하고, 늘 몸가짐을 조심해야 한단다."라고 어머니는 딸을 다독였어. 아버지는 딸의 그 심정을 이해하고 받아들여 줄 테지만, 아버지는 1,600킬로미터보다 더 먼 곳에 계셨어.

예카테리나는 결혼하지 않겠다고 말할 용기가 나지 않아서 러시아 정교회 신자로 종교를 바꾸고 울리히와 약혼식을 올렸어. 거창하고 화려한 약혼식을 치렀지. 예카테리나에게 '러시아의 대여공'이라는 칭호가 주어졌어. 모든 게 갑자기 달라졌어. 모든 사람들이 그녀 앞에 무릎을 꿇고, '마마'라고 부르고, 그녀의 손에 입을 맞추었어.

넉 달 후에 울리히가 천연두에 걸렸어. 병이 옮을까 봐서 예카테리나는 당장 어느 먼 궁궐로 옮겨졌어. 그 시절에 천연두는 수백만 명을 죽인 무서운 병이었단다. 울리히의 병은 갈수록 심해졌어. 작은 종기들이 얼굴과 온몸을 뒤덮었어. 아무래도 살아날 가망이 전혀 없는 것 같았어.

그러나 울리히는 용케 살아났어. 울리히를 다시 만난 순간에 예카테리나는 너무도 놀라서 곧 숨이 막혀 버릴 것 같았을 거야. 퉁퉁 부은 얼굴이 온통 천연두 딱지 자국이었어. 얼굴을 알아보지도 못할 지경이었어. 예카테리나는 일기장에 이렇게 썼단다. "너무도 무서워서 차마 눈 뜨고 볼 수가 없었다. 그를 보는 순간에 온몸의 피가 싸늘하게 식어 버리는 것 같았다."

그러나 어쩌겠어? 바로 그 즈음에 엘리자베타 여제가 이제는 결혼식을 올릴 때가 되었다고 말했어. 결혼식 날짜가 정해졌지.

예카테리나는 그날이 정말로 올까 봐서 무서웠지만, 너무도 두려워서 파혼 이야기는 아예 꺼낼 수도 없었어. 그들은 기어이 결혼식을 올렸어. 여제가 몇 달이나 걸려서 직접 계획한 성대한 결혼식이었어. 유럽 모든 나라의 대사들이 참석한 가운데서 벌어진 축하 잔치는 몇 시간이 지나도 끝날 줄을 몰랐어. 예카테리나는 이제 정말로 장차 러시아의 황제가 될 남자의 아내가 되었어. 그러나 그녀의 심정은 너무도 참담했단다.

울리히는 결혼 후에도 인간성이 전혀 달라지지 않았어. 너무도 이상한 행동을 하는 그 버릇이 갈수록 심해지자 조정 사람들은 "미쳤나 봐!"라고 수군거렸대. 노상 찡그린 얼굴이 이제는 곰보가 되었어. 교회에서도 목청껏 떠들고, 문안 온 대사들을 욕보이고, 심각하고 진지해야 할 순간에 갑자기 정말 미친 사람처럼 자지러지게 웃어 댔어. 툭하면 하인들의 머리에 포도주를 콸콸 붓고, 그나마 조금 차분해졌다 싶은 때는 장난감 병정놀이를 할 때뿐이었어. 아내는 거들떠보지도 않았어!

예카테리나는 친구 한 명 없었어. 어머니는 결혼식 후에 집으로 돌아갔어. 그녀는 9년 동안이나 외톨이로 지냈어. 역사 책과 철학 책을 읽고, 군사 작전에 관한 책을 읽고, 로마 황제들의 삶과 그들의 통치 기술에 관한 책을 읽었어. 예카테리나는 어느 때부터 군 장교들과 친구가 되었어. 예카테리나가 말을 타고 상트페테르부르크의 거리를 지나갈 때에는 시민들이 그 아름다운 자태에 반해서 한마디씩 하는 소리가 그녀의 귀에까지 들렸어. 흥, 나약하고 뒤틀렸고 쌀쌀맞은 울리히는 아니올시다야. 저분이야말로 진짜 황제감이지!

예카테리나의 궁정 생활은 날이 갈수록 외로워지고 힘겨워졌어. 울리히는 남들이 다 보는 데서 아내를 모욕하고, 걸핏하면 먼 데로 귀양을 보내 버리겠다고 협박했어. 또 옐리자베타 여제는 예카테리나가 결혼한 지 9년 만에 낳은 아기를 뱃속에서 나오기가 무섭게 덥석 빼앗아 가지고 휙 돌아서서 방을 나가 버렸어. 혼자만 나가 버린 게 아니라, 하인들도 모두 그 방에서 나오라고 불호령을 쳤대. 예카테리나는 혼자 버려졌어. 기운이 하나도 없고 너무도 추웠어. 세 시간이 지나도록 따뜻한 물 한 잔 가져다 주는 사람이 없었대. 옐리자베타 여제는 장차 황제의 자리를 물려받을 손자를 자기 손으로 키우겠다고 작정한 것 같았어. 손자에게 파벨이라는 이름을 지어 주고, 자기 방에 요람을 차렸어. 예카테리나는 6주일이 지나도록 아기의 얼굴도 보지 못했단다!

예카테리나는 분노했어. 그러나 그녀는 분노를 삭이며 천천히 생각을 하기 시작했어.

옐리자베타 여제는 하루가 다르게 늙어 가고 병들어 가고 있었어. 울리히는 바보인 걸로는 모자란다는 듯이 아주 미친 사람이 되어 있었어. 예카테리나 자신은 장차 황제의 자리를 물려받을 아들을 낳았고, 스스로 생각해도 강인하고 총명한 여자였어. 군인들이 그녀를 존경했어. 옐리자베타 여제가 앞으로 살면 얼마나 살까? 오래지 않아 죽겠지. 그렇다면…… 성질이 고약하고 행동은 철부지를 면할 날이 아득한 남편을 제쳐 버리고, 내가, 이 예카테리나가, 러시아를 다스리지 못할 이유가 뭐지?

아기를 낳느라 지친 몸을 털고 일어난 예카테리나는 차근차근 준비를 하기 시작했어. 로마 황제들의 삶과 그들이 백성을 다스린 기술에 관한 책들을 꺼내 다시 읽었어. 조정 대신들을 만나서 몇 시간 동안이고 이야기를 나누었어. 아무것도 모르는 아낙네인 줄만 알았더니 참으로 총명하고, 나랏일을 훤히 이해하고 있다는 걸 알고는 대신들이 혀를 내둘렀어. 한편, 울리히는 이제는 아주 시도 때도 없이 술을 퍼마셨어. 비틀거리면서 궁정을 돌아다니고, 목청을 터뜨려 버릴 것처럼 고래고래 악을 쓰고, 개를 보면 주먹으로 때리고 발로 걷어차고, 하인들에게는 곧 잡아먹을 것처럼 못되게 굴었어.

늙은 여제가 마침내 세상을 떠날 때가 멀지 않았는지 골골거리기 시작했어. 예카테리나가 울리히하고 결혼한 지 16년 되던 해에, 여제는 한번 누운 자리에서 일어나지 못했어. 자기 힘으로는 몸을 움직일 수가 없었던 거야. 여제는 울리히를 곁에 불러 앉혔어. 그리고 쉰 목소리로 힘겹게 말했어. "러시아를 잘 다스려 다오. 하인들한테 너무 심하게 하지 마라. 네 아들을 잘 키워야 한다." 곧 두 눈이 감겼어. 그러나 아직 숨을 쉬고는 있었어. 늙은 여제가 마지막 숨을 거둘 때까지 궁정의 모든 사람들은 몇 날 며칠을 꼼짝 않고 기다려야 했어. 그리고 여제가 죽자 울리히가 러시아의 황제 표트르 3세Pyotr III가 되었어.

예카테리나는 아무것도 하지 않았단다. 둘째 아기를 낳을 날이 멀지 않았기 때문에, 못난 남편을 제쳐 버리고 자기가 황제가 되겠다고 나설 때가 아니었던 거야. 그러나…… 춥고 낯선 나라에 와서 16년이나 견뎠는데, 잠시를 더 못 기다릴 게 무엇이겠어?

남편을 제치고 황제가 된 예카테리나

은실로 짠 레이스를 입히고 머리에는 금관을 씌운 옐리자베타 여제의 시신이 상트페테르부르크에서 제일 큰 성당에 안치되었어. 6주일 동안 여제의 죽음을 애도(슬퍼하고 애석해 함)하는 예배가 계속되었단다. 예배가 끝날 무렵에는 견딜 수 없는 악취가…… 웩!

그러나 예카테리나는 그 악취마저도 못 맡은 척을 했어. 그녀는 날마다 성당에 갔어. 그 얼마나 충성스러운 신하이고 착한 며느리인지를 상트페테르부르크 시민이라면 모르는 사람이 없게 하려는 것이었어. 한편, 그녀의 남편인 새 황제는 눈물 한 방울도 흘리지 않았다는구나. 그는 궁정 사람들에게 상복을 입지 말라고 하고, 몇 차례나 대관 잔치를 벌이고, 성당에 누워 있는 어머니의 시신을 마지못해서 보러 갔을 때에는 큰 소리로 농담을 지껄이고 껄껄 웃어 대기도 했어.

그뿐이 아니었어. 표트르 3세(울리히)는 러시아 군대의 병사들은 이제부터 모든 면에서 프로이센 병사들을 닮아야 한다고 선언했어. 그는 프로이센 군대를 늘 동경했거든. 그러나 오랫동안 프로이센 군대와 싸웠던 러시아 병사들은 프로이센 병사들을 대단히 증오하고 있었어. 황제는 상관하지 않았어. 그는 군대의 제복을 프로이센 군대와 비슷한 것으로 바꾸었어. 행군과 전투마저도 프로이센 군대의 방식으로 가르치려고 했어. 병사들이 격분했어. 그리고…… 자주 병영을 찾아와 주

었던 예카테리나가, 바보 같은 남편을 제쳐 버리고 황제가 되어 주었으면 좋겠다고 수군거리는 병사들이 하루가 다르게 늘어 갔어.

예카테리나가 둘째 아기를 낳았던 무렵에, 군대의 분위기는 기어이 반란을 일으키고 말 지경이 되어 있었단다. 그들은 새 군복이 싫었고, 프로이센 식의 관습도 정말 싫었어. 그러나 거기까지는 참아 줄 수도 있는데, 표트르 3세가 또다시 역겹기 짝이 없는 명령을 내렸던 것이야. 황제는 돈이 몹시 궁했던가 봐. 그래서 그는 군대를 보내서 러시아 정교회가 소유한 땅을 빼앗으려고 했어. 교회의 땅을 빼앗아 팔아서 돈을 마련할 작정이었던 거야!

교회 지도자들이 가만히 있겠어? 수백 년 동안이나 지켜 온 땅을 내놓으라고? 그러나 황제는 막무가내였어. 그는 정교회의 수도원들을 샅샅이 뒤져서, 심지어 수도사들의 골방까지도 뒤져서, 돈이 될 만한 것이면 무엇이든 집어 오라고 병사들에게 명령했어. 그런데 병사들이 대부분 정교회 신자였어. 신자라 하더라도 황제의 명령에 복종하는 것이 우선이지만, 그 명령만은 정말 싫었던 것이지.

한편, 예카테리나는 아기를 낳느라 지친 몸을 거의 회복해 가고 있었어. 그리고 몇 주일 후에 그녀는, 러시아 땅에 온 후 처음으로 만찬회(손님을 청해 저녁 식사를 겸해 베푸는 연회)에 나타났어. 군 장교들, 프랑스와 프로이센 대사들, 조정 대신들을 비롯해서 수백 명의 손님들이 은수저와 금으로 만든 접시들이 가지런히 놓인 기다란 테이블들에 앉아 있었어. 황제는 높다란 윗자리에 앉아서 포도주를 벌컥벌컥 마시고 있었어. 황제는 빠르게 취해 가고, 목소리가 커져 가고, 행동이 거칠어져 갔어. 그리고 만찬이 끝날 무렵에는 벌떡 일어서더니 예카테리나를 보고 꽥꽥 고함을 질렀어. "바보! 머저리! 내가 마음만 먹으면 널 평생 감옥에서 썩게 할 수도 있어!"

황제가 드디어 갈 데까지 가 버린 거야. 군대는 예카테리나를 사랑하고 황제를 증오했어. 병사들 사이에 소문이 쫙 퍼졌어. 어물거리다가는 사랑하는 우리 왕비님을 황제로 모실 기회가 오지 않을지도 몰라!

6월의 어느 날 아침, 예카테리나는 일찍 일어나서 옷을 차려입었어. 여제처럼! 그날 표트르 3세는 상트페테르부르크에 있지 않았어. 그는 어느 작은 도시에 가 있었는데, 군대는 그 도시를 포위해서 황제가 꼼짝도 못 하게 해 놓은 다음에, 예카테리나가 새로운 황제가 되었다고 선언할 계획이었단다.

여제처럼 옷을 차려입은 예카테리나는 병사들에게로 갔어. 그리고 아무래도 자기가 황제한테 체포당하고 먼 곳으로 귀양을 가게 될 것 같아서 무서워 죽겠다고 말했어. 병사들이 그녀 앞에 무릎을 꿇고 손등에 입을 맞추었어. 그러자 몇몇 병사들이 소리쳤어. "파벨! 파벨! 황제가 미우면 그 아들 파벨로 바꾸면 돼. 아내는 안 돼!" 그러나 그 소리는 이내 잦아들었어. 거의 모든 병사들이 예카테리나의 뒤를 따라 상트페테르부르크의 거리를 행진하면서 외쳤어. "비바트! 비바트!"

"새 황제 만세!"라는 뜻이야.

예카테리나는 상트페테르부르크 대성당으로 가서 대주교에게 말했어. 자기에게 신의 축복이 내려지도록 빌어 달라고! 대주교는 물론 표트르 3세가 러시아 정교회

예카테리나 대제

예카테리나는 망나니 같은 표트르 3세와 결혼한 후 남편을 황제 자리에서 물러나게 하고, 스스로 러시아를 다스렸단다. 그녀는 자신을 '계몽된' 황제로 생각했어.

에 대해서 저지른 악행에 원한이 사무쳤던 사람이었어. 그는 예카테리나를 위해서 기도를 올리고, 그녀를 새로운 황제라고 선언했어. 상트페테르부르크의 모든 교회들이 일제히 종을 쳤어. 시민들은 아침부터 무슨 일이 일어났는지 궁금해서 거리로 쏟아져 나왔어. 그리고, 무슨 짓을 할 것인지 도대체 종잡을 수가 없는 표트르 3세가 오늘부터는 황제가 아니라는 소식을 듣고는 모두들 기뻐했어. 덩실덩실 춤을 추는 사람들도 있었대.

한편, 울리히는 자기가 포위되었다는 사실을 그때쯤에 알아차렸던가 봐. 그는 군대를 자기편으로 되돌려 보려고 했지. 그러나 시간이 지나면서 울리히는 병사들이 더 이상 그에게 충성을 바치지 않는다는 것을 깨달아야 했어. 그는 그날 밤이 새도록 술을 퍼마셨어. 다음 날 아침에 속이 부글거리고 머리가 지끈거리고 정신이 어리벙벙한 채로 눈을 뜬 순간에 그는 퍼뜩 자기가 이제는 러시아의 황제가 아니라는 생각이 들었어. 그는 황제 자리를 포기한다는 글이 적힌 문서에 서명을 하고, 또 예카테리나에게 보내는 편지를 썼어. 뭐라고 썼냐고? "러시아를 떠나서 살게 해 주시오. 프로이센에 가서 살고 싶소. 내가 늘 사랑했던 나라라는 건 당신도 잘 알지 않소."

그러나 예카테리나는 프로이센에 가서 살고 싶다는 남편의 말이 아무래도 미심쩍었어. 프로이센 사람들한테 러시아를 공격해서 그의 왕좌를 다시 찾아 달라고 애원하려는 속셈이겠지? 그래서 그녀는 남편을 어느 궁전에 가두고 단단히 지키라고 명령했어.

새 황제가 된 지 딱 일주일 후에 예카테리나는 남편을 감시하는 어느 한 장교로부터 급히 휘갈겨 쓴 편지를 받았어. 편지에는 이렇게 쓰여 있었어. "옛 황제께서는 이 세상에 계시지 않습니다. 어제 저녁 식사 때 바리타인스키 왕자님하고 갑자기 멱살을 잡고 싸움을 하신다는 걸 저희가 알고 달려가서 말리려는 순간에 그만 돌아가셨습니다."

쫓겨난 황제가 살해당했던 거야.

바리타인스키 왕자는 울리히하고 같이 지내면서 그를 감시하라고 예카테리나가 보냈던 귀족들 중 한 명이었어. 경비병들은 울리히가 그 왕자하고 맞붙어서 싸우는 걸 봤으며, 싸우는 도중에 울리히가 주먹을 맞고 쓰러지는 것도 똑똑히 보았다고 주장했어.

예카테리나는 전 황제가 갑자기 죽었음을 알리는 포고문을 발표했어. 포고문에는 다음과 같은 구절이 들어 있었단다. "이것은 신의 뜻이다. 그분의 마지막 가는 길에 시민들이 경의를 표할 수 있도록 그 시신에 정장을 입혀서 안치할 것이다."

수많은 시민들이 울리히의 시신을 보러 갔어. 길게 늘어선 줄의 맨 앞 사람들이 울리히의 시신을 본 순간, 공포에 질린 탄성이 울려 퍼졌어. 울리히의 얼굴이 자주색으로 변해 있었거든. 목에는 폭이 넓은 목도리가 둘러져 있었어. 시신의 목이 보이지 않도록 감춘 것이었지. 그러니까 그는 목이 졸려서 죽은 게 틀림없었던 거야.

목이 졸려 죽었다고? 경비병들은 그가 싸움을 벌이다가 쓰러져 죽는 것을 보았다고 주장했잖아? 도대체 어떻게 된 것일까? 예카테리나가 남편을 죽이라고 누군가에게 몰래 명령했을까? 아니면, 무심결에 남편이 죽어서 없어졌으면 좋겠다고 중얼거렸는데 새 황제의 마음속을 알아차린 경비병들이 일을 저질렀던 것일까? 무엇이 진실인지는 아무도 몰라. 예카테리나는 남편의 죽음에 대해서 다시는 한 마디도 하지 않았어. 그러나 그녀가 어느 누구도 처벌하지 않았다는 사실을 수많은 러시아 사람들이 수상하게 여겼을 거야.

예카테리나는 그 후 34년 동안 표트르 대제와 비교해서도 뒤지지 않을 정열을 바쳐서 시집온 나라 러시아를 다스렸어. 날마다 열다섯 시간씩 일을 했대. 그녀가 다스리는 동안 러시아의 영토가 크게 넓혀졌어. 러시아 군대가 캐나다의 북쪽에 있는 알래스카를 러시아 영토로 만들었고, 오스만 투르크와 몽골로부터도 땅을 빼앗았고, 폴란드의 동부를 점령했어.

표트르 대제가 그랬던 것처럼, 예카테리나도 서양의 문물과 사상을 좋아했어. 그녀는 자유와 평등에 관한 글을 쓴 프랑스 철학자 볼테르를 특히 흠모해서 그에게 여러 차례 편지를 보냈어. 또 서양의 관습들을 많이 받아들였고, 몹시도 혼란스럽고 케케묵은 법조문들을 다시 써서 백성들이 조금이라도 더 권리를 제대로 누리게 해 주었고, 절대로 사람을 고문해서는 안 된다고 대신들에게 신신당부를 했고, 러시아 최초의 여자 대학을 비롯한 수많은 학교를 만들었고, 과학 아카데미의 학장을 여자로 임명했으며, 곳곳에 새 병원을 짓고 서양에서 의사들을 초빙하는 등 수많은 업적을 남겼어. 어느 때부터 러시아 사람들은 그녀를 '예카테리나 대제'라고 부르기 시작했단다.

그러나 예카테리나가 비록 스스로를 현대적이고 '계몽된' 황제라고 생각하기는 했지만, 러시아 백성들이 미국이나 프랑스 시민들과 똑같은 권리를 누리게 되는 것은 절대로 원하지 않았어. 예카테리나가 이해하는 '평등'이란 모든 러시아 백성들이 똑같은 하나의 법을 지켜야 한다는 의미였어. 그러나 그녀는 어느 누구의 의견도 물어보지 않고 허락도 받지 않은 채로 법을 만들었어. 프랑스 혁명 시기에 예카테리나는 늘 신경을 바짝 곤두세운 채 그녀의 궁정을 지켜보았어. 혹시라도 '프랑스 병'이 러시아까지 전염되지나 않았는지를 살폈던 거야. 그리고 예카테리나는 자기의 권력에 위협이 된다 싶은 자를 제거하는 데 조금도 주저하지 않았어. 예카테리나의 궁정에 초대를 받았던 어느 프랑스 철학자는 이렇게 말했대.

"알고 지내던 사람들의 얼굴이 어느 날부터 갑자기 보이지 않게 되는 일이 허다한 나라의 궁정에는 무서워서 가지 않으렵니다."

예카테리나의 통치가 끝나 갈 무렵에 러시아는 부강한 나라가 되어 있었어. 그러나 예카테리나는 귀족들에게는 과거보다 훨씬 더 많은 권력을 주었고, 귀족들의 땅을 농사지어서 먹고사는 촌민이나 농노들의 삶에는 그리 관심을 가지지 않았어. 그래서 가난한 러시아 백성들은 날이 갈수록 더 가난해지고 더 배를 주렸단다. 인간에게 자유와 평등을 선사했던 '프랑스 병'이 러시아에는 전염되지 않았어.

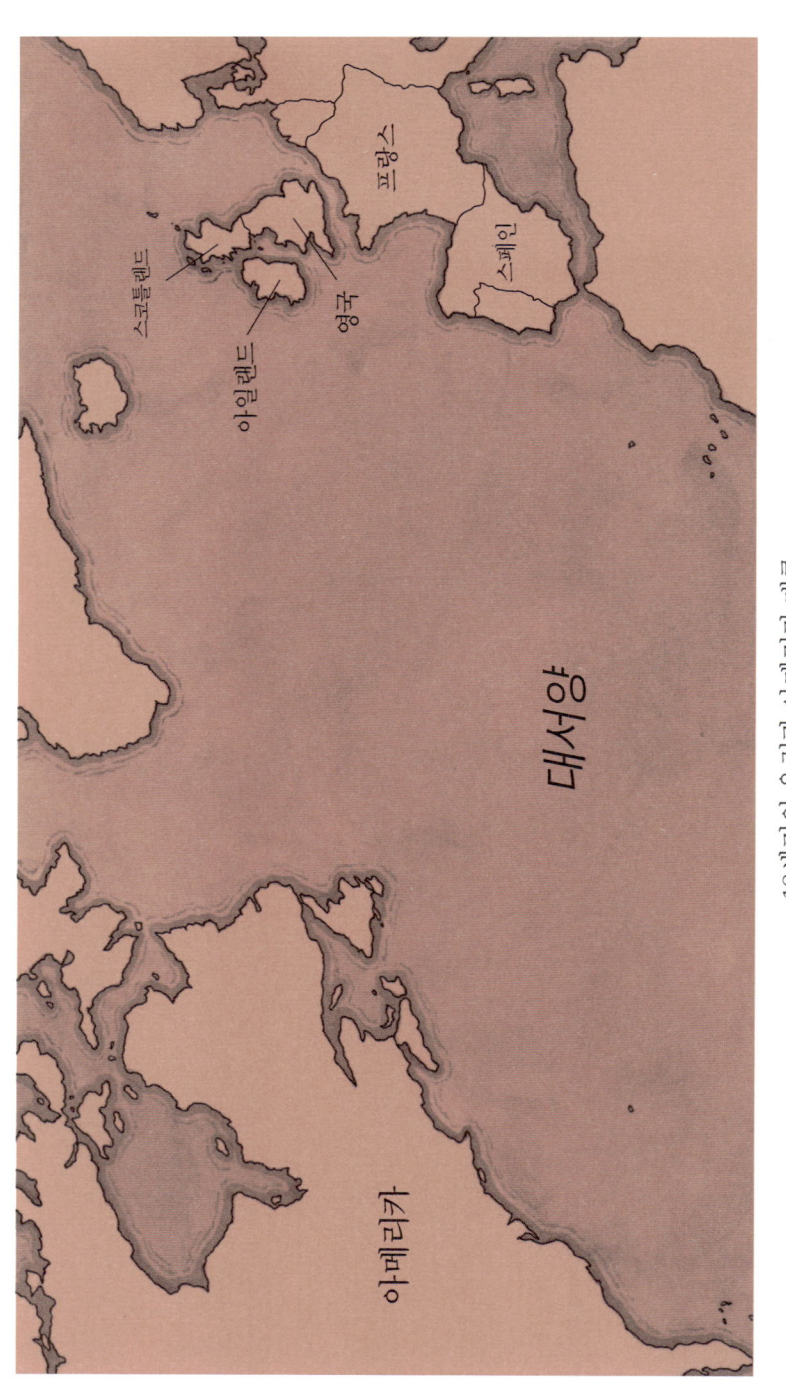

18세기의 유럽과 아메리카 대륙

제27장 바뀌는 세계

사람들의 삶을 바꾼 증기 기관

포플러 가로수들이 양쪽에 곧게 늘어선 시골 길을 네가 지금 걸어가고 있어. 길 위로 뻗어 나온 가지들에는 연한 초록색의 어린잎이 막 돋아나기 시작했어. 나무들 꼭대기에 앉은 새들이 지저귀고, 그 맑은 소리가 싸늘한 아침 산들바람에 실려 와. 바로 앞에 마을이 보이는구나. 거기는 영국의 어느 시골 마을이란다. 마을 교회당의 종소리가 맑게 울려 퍼지고 있어. 아직 이른 아침이지만, 사람들은 벌써 일어나 하루의 일을 시작했어.

마을 끝에 이르자 가로수의 행렬은 끝나지만 길은 계속 이어져 있어. 길 양쪽은 들이야. 가까운 곳에서 황소 두 마리가 쟁기를 끌고 있고, 저만치에서는 말이 씨 뿌리는 틀을 끌고 있어. 농부들이 틀 뒤를 따라가면서 씨가 이랑 바깥에 뿌려지지 않도록 지키는구나. 돌담을 둘러친 곳에서는 젊은 남자 두 명이 양털을 깎고 있는데, 양들이 몹시 불안한지 애처로운 소리로 울고 있어. 근처에는 양털이 수북하게 쌓여 있고, 어린아이 셋이서 종종걸음으로 오가면서 바구니에 양털을 담아 나르고 있어.

길가에 나지막하게 자리 잡고 있는 오두막집 안에서 탁, 탁, 탁 하는 소리가 들려. 창문으로 안을 살짝 들여다보니까, 한 아낙이 양털로 실을 잣는 물레를 돌리고 있어. 저쪽에서는 아낙의 남편인 듯한 남자가 베틀 위로 허리를 숙이고 털실로 천을 짜고 있어. 그 소리는 바로 남편이 베틀의 북(베틀에 딸린, 씨울의 실꾸리를 넣는 도구)을 치는 소리였던 거야. 난로에서는 장작이 타고 있고, 집 옆의 마당에서는 어린 사내아이가 도끼로 장작을 패고 있어.

거리 저쪽에서 깡, 깡, 깡 하는 소리가 작으면서도 또렷하게 들리네. 대장장이가 말의 편자(말굽에 대어 붙이는 쇳조각)를 만들고 있는가 봐. 어린 도제*가 풀무(불을 피울 때 바람을 일으키는 기구)질을 하면서, 날이 차가운데도 이마에 송글송글 돋은 땀을 닦고 있을 거야. 대장장이는 망치를 머리 위로 치켜들었다가 내리쳐서 벌겋게 달구어진 쇠를 반달 모양으로 만들어 가고 있어. 마을 거리의 끝에는 때마침 부는 산들바람 속에서 풍차가 천천히 돌고 있어. 거기는 방앗간이야. 방앗간 주인이 풍차의 힘으로 도는 맷돌로 마을 사람들이 맡긴 밀을 빻고 있어.

이 마을에서는 근육의 힘으로 기계를 돌리고 연장을 사용하고 있어. 그때 영국에서는 어디에서나 마찬가지였단다. 사람과 가축의 근육 힘으로 영국 사람들이 먹고 사용하는 도구와 음식을 만들어 냈던 거야. 바람이 불지 않을 때는 마을 사람들이 우르르 달려들어서 풍차를 돌리기도 하고, 근처에 개울이 있는 마을에서는

---

*도제—스승 밑에서 기술을 전수받기 위해 견습 생활을 하던 어린 직공.

수차를 사용했단다. 물레방아 말이야.

그러나 오래지 않아서, 사람의 근육도 바람도 물도 아닌, 전혀 새로운 어떤 힘이 사람들의 삶을 크게 바꾸어 놓게 된단다.

제임스 와트James Watts라는 이름의 영국 사람이 증기 기관steam engine이라고 하는 기계를 완성한 거야. 증기 기관이 작동하는 방식은 아주 간단하단다. 우선 '보일러'라고 하는 빈틈없이 꼭 막힌 쇠 주발에 물을 넣고 끓여. 물이 펄펄 끓으면 증기로 변하겠지. 계속 가열하면 보일러 속에서 물보다 증기가 차지하는 공간이 더 많아지게 돼. 그러면 증기가 팽창해서 밖으로 나가려고 위로 솟구치게 되는데, 보일러를 빠져나가는 구멍은 '실린더'라고 하는 아주 좁은 파이프뿐이야. 그 파이프를 '피스톤'이라고 하는 둥근 쇠 막대기가 거의 틀어막고 있어. 팽창된 증기가 실린더를 통해서 빠져나가려고 강한 힘으로 솟구치면서 피스톤을 위로 밀어 올리게 되는 거야. 그렇게 해서 증기의 일부가 빠져나가고 나면, 밀어 올리는 힘이 약해져서 피스톤이 다시 아래로 내려오고, 꽉 막혀 버린 보일러 안에서 증기가 다시 팽창하게 돼. 물이 아직 펄펄

증기 기관을 선전하는 광고

사람들의 삶을 바꾼 증기 기관

끓고 있으니까. 그러다가 피스톤이 다시 밀려 올라가지. 이런 과정이 일정한 간격을 두고 규칙적으로 되풀이되는데, 이 피스톤 운동의 힘을 이용해서 기계를 작동시킬 수 있는 것이란다.

증기 기관은 1백 년 전에 이미 프랑스의 어느 과학자가 발명했고, 70년 전에는 영국의 어느 발명가가 실제로 만들기도 했단다. 그러나 제임스 와트는 연료는 적게 쓰고 힘은 훨씬 더 크게 내는 비결을 알아냈던 거야. 이제 사람들은 맷돌, 쟁기, 풀무, 펌프 같은 것을 증기의 힘을 이용한 기계로 대신할 수 있게 되었고, 무거운 짐을 나르는 수레는 물론이고 심지어는 배까지도 증기의 힘으로 가게 할 수 있게 되었어.

자유와 평등 사상이 그랬던 것만큼이나 증기 기관은 서양 사람들의 삶을 크게 바꾸었어. 증기는 사람의 근육이나 풍차나 수차보다 훨씬 신속하고 강력하게 기계를 작동할 수 있었거든. 사람의 근육은 이내 지치고, 바람은 오래지 않아서 잦아들게 되어 있고, 가뭄이 들면 개울이 말라 버려. 그러나 증기 기관은 연료가 떨어지지 않는 한은 멈추지 않아.

증기 기관이 널리 사용되자, 석탄이 더 많이 필요해졌어. 그런데 석탄을 캐내는 일만은 아직 사람의 손으로 해야 했어. 광부들이 땅을 파고 들어가서 석탄을 괭이로 쪼아 내어야 했던 거야. 땅속 깊은 곳에는 공기가 적겠지? 그래서 광부들은 곳곳에 구멍을 만들어서 공기가 들어오게 했지만, 그래도 땅굴 속에는 공기가 닿지 않는 막다른 곳이 있단다. 곧 숨이 막힐 지경인 광부들이 황급히 뛰어나오지만,

미처 땅굴을 벗어나지 못하고 숨이 막혀 버리는 경우가 많았어. 그들은 탄산 가스와 질소 가스가 섞인 '질식성 가스'를 마시고 쓰러진 것이야. 그런데 질식성 가스보다 훨씬 더 무서운 게 '폭발성 메탄 가스'라는 것이야. 석탄은 '메탄 가스'라는 것을 내뿜어. 굴속에 자욱해진 메탄 가스는 작은 폭발을 일으켜. 거기까지는 괜찮은데, 그 폭발 때문에 굴속에 석탄 가루가 뭉게뭉게 일게 되고, 그것이 화약처럼 터져 버리는 거야. 이 폭발은 메탄 가스의 폭발과는 비교도 되지 않을 정도로 힘이 엄청나서, 땅굴을 무너뜨리고 광부들을 산 채로 묻어 버리기까지 한단다.

수많은 광부들이 질식해서 죽고, 가스가 폭발해서 죽고, 땅굴이 무너져서 죽었어. 그뿐이 아니야. 땅굴 속에서 사고를 당해서 죽지 않은 광부들에게는 또 '규폐'라고 하는 무서운 병이 기다리고 있었어. 규폐란 병은 몇 년 동안이나 땅굴 속에서 마신 석탄 가루가 폐에 쌓여서 호흡을 제대로 할 수 없게 되고, 더욱 심해지면 마침내는 목숨을 유지하는 데 필요한 만큼 폐가 산소를 빨아들이지 못하게 되어서 죽게 되는 병이야.

여자들과 어린아이들도 석탄 가루를 마셨어. 여자들은 남자들이 캐 놓은 석탄을 땅굴 속에서 바깥으로 운반했고, 어린아이들은 칠흑같이 깜깜한 땅굴 속에 쪼그리고 앉아서 공기가 들어갈 수 있는 구멍을 열었다가 닫는 일을 했어. 물론 굴속에 공기가 더 많이 들어오게 하려는 것이었지.

광부들이 그렇게 죽을 고생을 하며 땅속에서 석탄을 캐기만 하면 무엇하겠어? 그 석탄을 태워서 작동시킬 기계가 있는 곳으로 운반해야 하지 않겠어? 그래서 영국

의 강이란 강은 석탄 더미를 실어 나르는 거룻배들이 끊이지 않았어. 하지만 배로 실어 나르는 것만으로 문제가 다 해결될까? 강가에서 멀리 떨어진 곳에 있는 기계들은 어떻게 하지?

해답이 있어. 철도야! 석탄을 태워서 움직이는 기관차에 열차를 매달아서 석탄을 실어 나르는 것이지.

날이 갈수록 증기 기관이 더 널리 사용되자, 온 나라의 구석구석까지 철도가 놓였어. 농부들은 철도를 반대했어. 기차 소리에 놀라서 암소들의 젖이 말라 버릴 거야, 닭이 알을 낳지 못할 거야, 작물이 시들어 버릴 거야, 하고 말이야. 그러나 철도 건설자들은 들은 척도 하지 않았어. 그리고 얼마 후부터는 석탄을 나르는 열차에 사람이 타는 객차가 연결되었어. 증기 기관차는 말이나 말이 끄는 마차하고는 속도가 비교도 되지 않았어. 그래서 수많은 사람들이 예전에는 생각조차 해 보지 못했던 먼 곳까지 가 볼 수 있게 되었단다. 증기의 힘은 영국 사람들의 생활을 전혀 딴판으로 바꾸기 시작했고, 그 변화의 물결이 이내 유럽과 미국으로 번져 갔단다.

사람들의 삶을 바꾼 휘트니의 발명

증기의 힘이 펌프와 풀무를 움직이고, 배와 기차를 달리게 했어. 그런데 미국에서는 전혀 새로운 기계가 발명되었단다. '조면기cotton gin'라고, 목화의 씨를 제거하는 기계가 그것이었어.

미국 남부 지방은 기온이 따뜻하고 습기가 많아서 목화가 특히 잘 자라는 곳이었어. 그래서 그곳에는 끝이 보이지 않을 만큼 넓은 목화 밭을 가진 농장 주인들이 많았단다. 가을이 되면 수많은 노예들과 품삯을 받는 일꾼들이 밭고랑을 걸어가면서 벌어진 목화송이를 따서 자루에 담았어.

그런데 목화송이는 솜은 솜이지만, 약국에서 파는 솜처럼 보드랍지가 않단다. 속에 씨가 박혀 있거든. 목화 씨에는 꼭 낚싯바늘처럼 생긴 작은 가시가 송송 돋아 있어. 목화를 자아서 실을 뽑으려면 먼저 그 씨를 말끔히 없애야 해. 그 작업이 여간 힘든 게 아니었어. 노예 한 명이 하루 종일 잠시도 쉬지 않고 일을 해 봤자 고작 0.5킬로그램 정도의 목화송이를 처리할 수 있었다는구나. 그래서 밭에서 거두어 온 목화송이들이 그냥 썩어서 버려지기도 했대.

매사추세츠 출신의 엘리 휘트니Eli Whitney라는 이름의 대학생이 있었어. 그가 미국 독립 혁명 후에 남부로 가서 어느 농장 근처에 공작소를 차렸대. 휘트니는 기계를 좋아하고, 어려운 문제를 풀어내는 걸 특히 좋아했다는구나. 그는 노예들이 목화송이에서 씨를 뽑아내는 것을 주의 깊게 지켜보면서 이렇게 생각했어. "틀림없이 더 좋은 방법이 있을 거야." 그리고 그는 곧 실험을 시작했어.

휘트니가 목화 씨를 쉽게 빼내는 문제를 어떻게 해결했는지를 정확하게 아는 사람은 없대. 그러나 나중에 전해진 이야기에 의하면, 휘트니가 어느 날 뒷마당 현관에 앉아서 철사로 울타리를 친 닭장을 물끄러미 쳐다보고 있었대. 울타리 밖에 고양이가 한 마리 어슬렁거리고 있었는데, 아마도 배가 고파서 닭이나 한 마리 잡아먹고 싶었던 모양이야. 때마침 제법 큰 암탉 한 마리가 무심결에 울타리 근처로

다가오자, 고양이가 앞발을 철사 사이로 쑥 집어넣어서 닭의 날개를 잡아챘어. 놀란 닭은 용케 달아나고, 고양이는 발톱에 한 움큼 쥐어진 깃털을 놓아 버리고 털레털레 돌아섰대. 휘트니가 무릎을 탁 쳤다는구나.

그는 곧장 공작소로 가서 톱니가 달린 롤러와 구멍이 숭숭 뚫린 격자(가로, 세로가 일정한 간격이 되게 만들어진 것)를 만들고, 롤러와 격자가 맞물려서 돌아가는 기계를 만들었어. 손잡이를 돌리면 롤러가 목화를 물고 들어가서 격자에다가 짓이기는 장치였단다. 그러자 목화 씨가 격자 밖으로 간단하게 빠져나왔어.

노예 한 명이 이 기계를 손으로 돌려서 하루에 7킬로그램 내지 9킬로그램의 목화 송이의 씨를 뽑을 수 있었어. 개울가에 사는 농장 주인은 수차를 이용해서 하루에 450킬로그램을 처리할 수 있었단다. 물론, 증기 기관을 이용한다면 훨씬 더 엄청난 양을 처리할 수 있겠지!

조면기

이 기계 덕분에 목화 농장 주인들은 꿈도 꾸어 보지 못했을 만큼 엄청난 돈을 벌었어. 그래서 농장을 더욱 넓히고, 노예를 더 많이 사들였어. 오래지 않아서 목화 농사는 미국에서 최대의 산업이 되었고, 노예의 수요가 거의 1백 배나 늘어났대.

휘트니의 발명은 그것뿐이 아니었어. 그는 또 한 가지 문제를 해결했단다.

엘리 휘트니
휘트니는 목화 씨를 쉽게 빼낼 수 있는 조면기와 호환할 수 있는 총기를 발명했어. 휘트니의 발명 덕분에 세상은 크게 변하게 된단다.

미국 정부는 군대가 더 성능이 뛰어난 총을 갖게 하고 싶었어. 그런데 그 당시에는 총을 일일이 손으로 만들어야 했단다. 그래서 여러 가지 부품들이 딱 그 총에만 들어맞을 뿐이고, 다른 총에는 쓸모가 없었어. 방아쇠가 깨지거나 총신이 찌그러진 총은 총을 만드는 사람한테 갖고 가서 그 부품을 다시 만들어서 끼워야만 사용할 수 있었던 거야.

휘트니는 곰곰이 생각했어. 모든 총의 총신과 방아쇠와 공이(탄환의 뇌관을 쳐서 폭발하게 하는 송곳 모양의 장치)를 다 똑같은 크기로 만들면 어떻게 되지? 똑같은 크기의 총신과 방아쇠와 공이를 따로따로 수백 개씩 만들어 보자는 말이야. 그 부품들을 조립하면 한꺼번에 수백 개의 총을 만들 수 있을 것이고, 어떤 한 부품이 깨어져 못 쓰게 되더라도 아무거나 집어서 끼워 맞추면 그 자리에서 다시 쓸 수 있지 않겠어? 지금 같으면 그리 대단한 아이디어도 아니겠지? 지금 우리는 같은 종류의 기계라면 어디에나 들어맞은 부품을 사용하는 게 너무도 익숙하니까. 가령, 집에서 전구가 나가면 어떻게 하지? 가게에 가서 사다가 끼우면 되잖아? 연필깎이도 마찬가지야. 네가 시골에 사는데, 서울에 사는 아저씨가 너한테 연필을 선물했다고 쳐 봐. 서울 연필이라고 시골 연필깎이에 꼭 맞지 않을 리가 없잖아? 화장지를 아무 가게에서 아무것이나 집어 와도 화장실의 화장지 걸이에 딱 맞을 거야. 이것을 '표준화'라고 해. 표준화의 핵심은 '호환성'이야. 갑이라는 회사가 만든 전구와 을이라는 회사가 만든 전구를 맞바꾸어 쓸 수 있다는 것이지.

그러나 그 무렵에는 이 표준화란 것이 아직은 누구도 듣지도 보지도 못했던 말이었어. 휘트니는 미국 정부 관리들에게 총기의 각 부품들을 가득 담은 자루들을 지고 가서 그들이 직접 조립해 보게 했어. 그 관리들 중에는 토머스 제퍼슨도 있었는데, 그들은 부품들이 철컥철컥 맞아 들어가서 이내 한 자루의 멀쩡한 총이 되자, 좋아서 어쩔 줄을 몰랐다는구나. 그들은 미국 군대의 모든 병사들에게 똑같은 총을 지급하기 위해서 휘트니를 시켜서 총기 공장을 짓게 했대.

휘트니는 똑같은 크기의 부품들을 조립해서 어떤 기계를 만드는 그 새로운 기술을 유럽 사람들은 아직 모르고 있다고 주장했어. 그래서 이 기술은 '아메리칸 시스템American System' 이라고 불리게 되었단다. 그러나 실은 프랑스의 어느 발명가도 이미 그것을 생각했었지만, 제일 먼저 세상에 그 이름이 알려진 것은 휘트니가 세운 공장이었어. 그리고 곧 시계와 농기구와 조면기 등, 모든 종류의 기계들이 이 기술에 의해서 제작되기 시작했어. 조면기 덕분에 미국 남부 지방에서 목화 농장이 엄청나게 늘어났던 것처럼, 이 기술은 북아메리카의 전 지역에 공장들이 계속해서 지어지게 하는 원동력이 되었단다. 그리고 증기 기관이 그랬던 것처럼, 휘트니의 이 두 가지 발명은 인간의 삶을 그 이전과는 완전히 다른 모습으로 바꾸어 놓는 계기가 되었어.

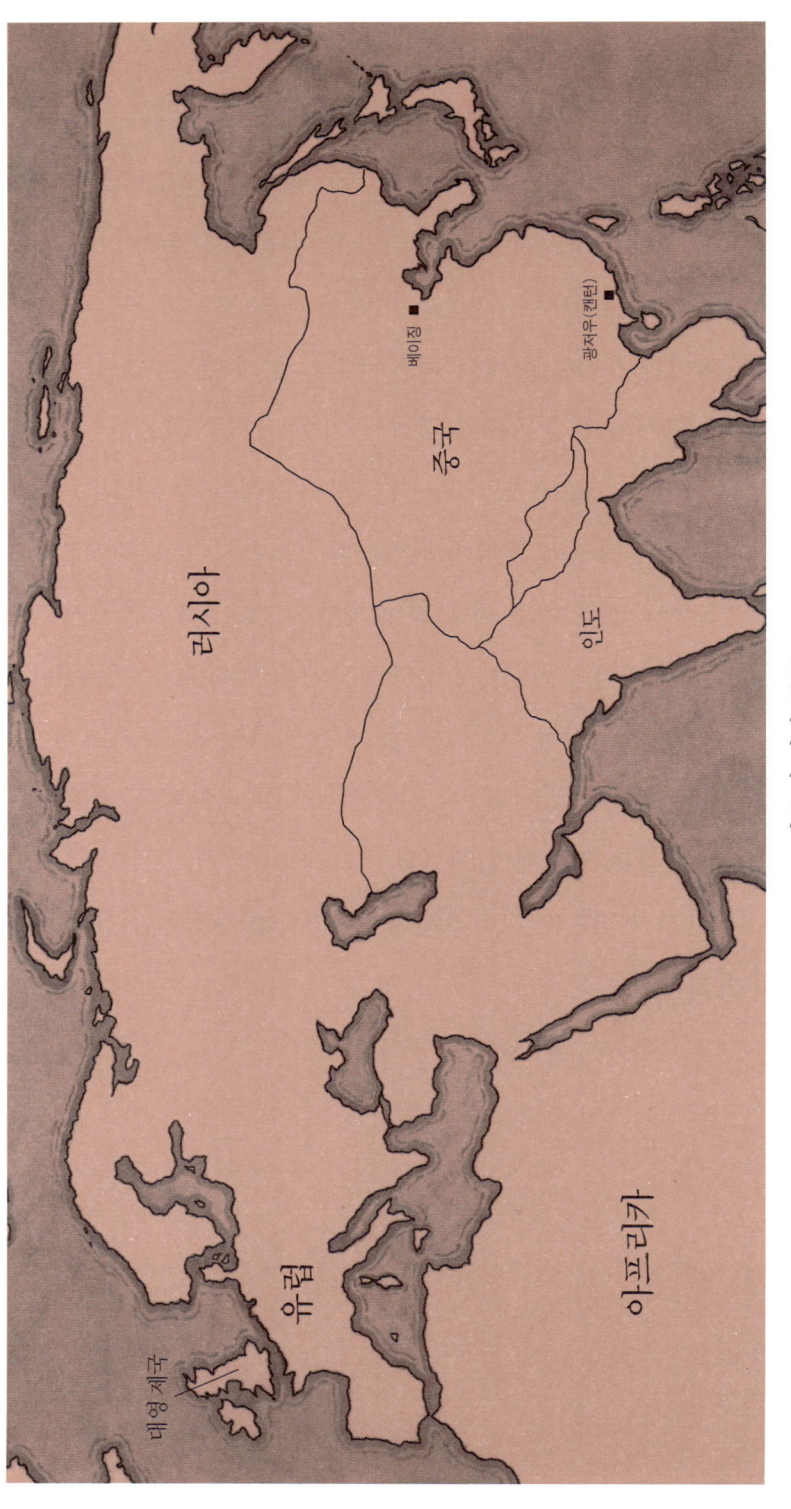

칭기즈 칸의 중국

제28장 **중국을 위협하는 서양**

건륭제에게 무시당한 대영 제국

건륭제는 60년 동안 중국을 통치했어. 아메리카 사람들이 독립을 위해서 싸우고, 제임스 쿡 선장이 오스트레일리아 해안을 항해하고, 프랑스에서는 바스티유 감옥이 함락될 때, 그는 베이징의 궁궐에 앉아 있었어. 휘트니가 조면기를 발명했을 때도 건륭제는 중국을 통치하고 있었단다.

서양의 여러 나라들이 증기 기관을 사용하거나 말거나, 나라 밖에 식민지를 개척하거나 말거나, 건륭제는 아무 관심도 가지지 않았어. 서양의 그 무엇도 중국 사람들에게는 필요가 없었어. 그들은 중국이 우주의 중심이라고 믿었단다. 그들은 스스로를 '중화中華'라고 불렀어. 중(中)은 중앙, 화(華)는 문화란 뜻이야. 자유와 평등에 관한 서양의 사상은 중국하고는 아무 상관도 없었고, 만주족의 황제는 천자(天子. 하늘의 아들)로서 백성들로부터 아득히 멀리 떨어진 자금성에 앉아 있을 뿐이었어. 중국 사람들은 서양의 과학 기술에 관해서는 더욱 관심이 없었어. 서양의 과학자들은 자연의 법칙을 발견해서 밀과 암소와 증기와 목화 같은 것들을 인간의 필요에 더욱 적합하게 만들려고 노력했어. 그러나 중국 사람들은 공자의 가르

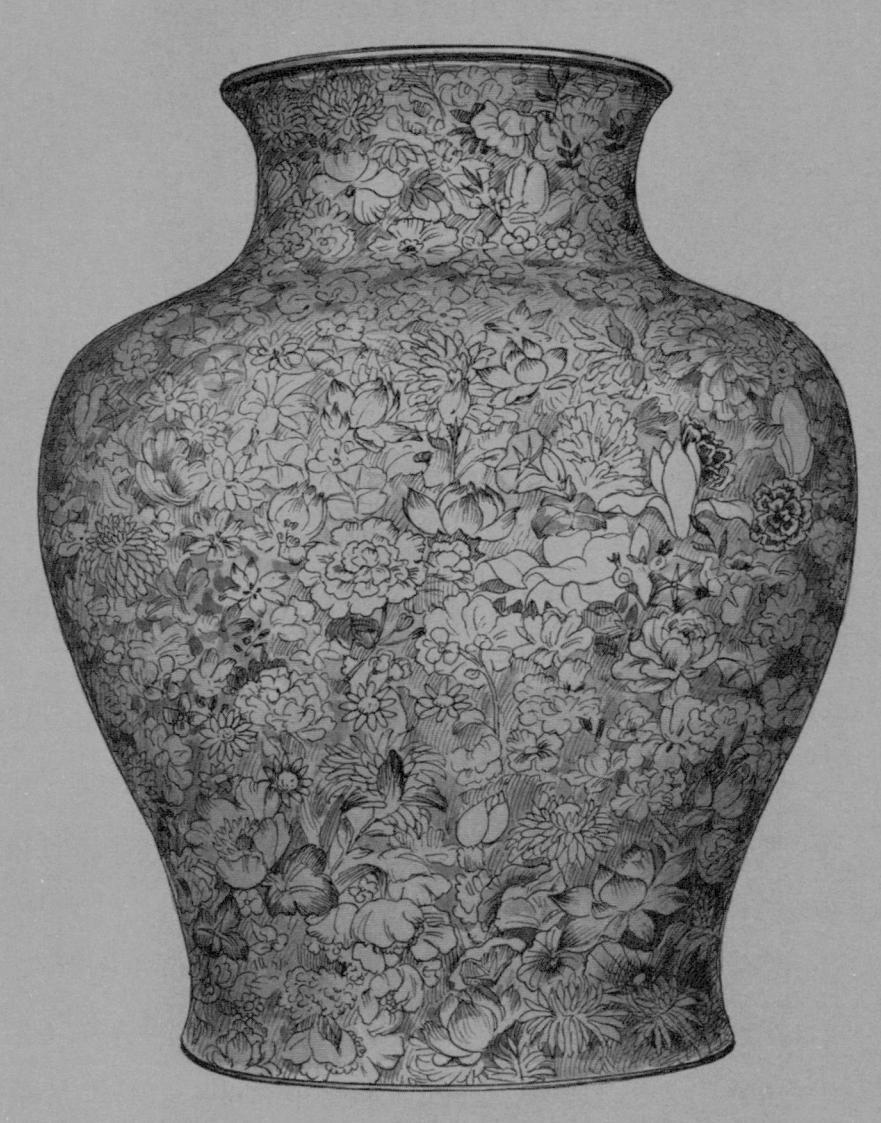

건륭제 시절의 도자기
꽃으로 가득한 도자기 정말 아름답지? 청나라의 문화가 얼마나 발달했는지 이 도자기 하나만으로도 알 수 있는 것 같아.

침만을 따를 뿐이었어. 공자는 인간이 자연을 정복하려 해서는 안 되고, 그저 자연의 이치에 순응해서 사는 법을 배워야 한다고 가르쳤단다.

건륭제가 영국이나 러시아 같은 나라에 대사를 보내지 않거나 해외로 내보낼 무역선을 만들지 않았던 것은 지극히 당연한 일이었어. 건륭제는 또 서양의 대사들이나 상인들이 중국에 몰려오는 것도 원하지 않았단다. 그는 외국의 선박들은 그가 지정한 딱 한 군데 항구에만 들어올 수 있다고 선언했어. 그 딱 한 군데는 광저우[廣州]라는 곳인데, 영국 사람들은 그곳을 캔턴Canton이라고 불렀어. 중국 땅에 들어간 외국인들은 '8개조'라고 하는 법률을 지켜야 했어. 중국에 들어온 외국인들에게 허락되는 것과 허락되지 않는 것을 자세하게 밝히는 법률이야. 그 중 몇 가지만 살펴보면,

- 외국인 여자는 절대로 광저우 항 부두의 창고에 들어갈 수 없다.
- 외국 상인들은 중국인 관리들과 직접 이야기를 주고받아서는 안 되고, 반드시 중국 상인들의 통역을 거쳐야 한다.
- 정해진 교역 기간이 끝나면 외국 상인들은 반드시 자기들 나라로 돌아가야 한다.
- 외국인들이 중국의 책을 사거나 중국어를 배우는 것을 엄격히 금지한다.

등등이었어.

영국 사람들이 답답하게 되었어. 중국 사람들은 영국한테 원하는 게 아무것도 없었지만, 영국 사람들은 그렇지가 않았거든. 영국 사람들은 중국의 차를 너무도 좋아했어. 영국은 해마다 7백만 킬로그램의 중국 차를 수입했어. 또 영국 사람들은 중국의 비단과 향료를 원했어. 그래서 영국 상선들이 중국의 모든 항구에 들어가지 못하는 걸 너무도 안타까워했단다.

그래서 조지 3세는 중국에 대사를 보내서 건륭제에게 8개조를 좀 누그러뜨려 주면 안 되겠느냐고 부탁했어. 그 대사는 조지 매카트니George Macartney라는 이름의 백작이었는데, 경험이 무지무지하게 많은 외교관이었단다. 매카트니는 조지 3세의 대사로서 가 보지 않은 나라가 없었고, 러시아에 갔을 때는 예카테리나 대제가 그를 너무도 좋아하게 된 나머지, 진귀한 보석이 촘촘히 박힌 담뱃갑을 선뜻 선물하기도 했단다. 그 담뱃갑은 러시아 황실의 보물이었는데도!

매카트니는 광저우 항에 들어가면서 해안이 온통 갯벌이고 부두는 초라하기 짝이 없는 걸 보고 고개를 절레절레 흔들었단다. 넓은 세상으로 배를 내보내지 않는 나라가 아직도 있단 말인가? 온 세상의 국왕들이 백성들의 허락이 없이는 법을 만들지 못하는 시절인데, 스스로를 하늘의 아들이라고 부르는 황제가 어떻게 있을 수 있단 말인가? 매카트니는 곁에 있던 친구에게 이렇게 말했다고 해. "중국의 황제는 낡은 군함이나 마찬가지야. …… 150년 동안 가까스로 바다에 떠 있으면서…… 이웃 나라들이 그 선체만 보고도 벌벌 떨게 하려고 안간힘을 써 왔겠지…… 금방 가라앉지는 않을 거야. 한동안은 더 표류라도 하겠지만, 오래지 않아 어느 해안을

들이받고 부서져 버릴 거야."

중국에 도착한 매카트니는 황제의 궁궐로 안내되고 정성껏 대접을 받을 거라고 생각했어. 대영 제국의 대사로서 말이야. 그러나 매카트니는 중국 사람들이 그를 대사로 여기지 않는다는 사실을 알지 못했어. 중국 황제는 외국의 대사를 접견(공식적으로 손님을 만나 봄)한 적이 없었어. 접견한다면 다른 나라의 국왕들도 중국의 황제만큼 위대한 존재라는 걸 인정하는 셈이 되는 것이니까. 건륭제의 궁궐에 들어가는 외국 사절들은 조공을 바치러 가는 것일 뿐, 대사로서 황제를 만난다는 것은 꿈도 꿀 수 없다는 걸 매카트니는 미처 몰랐던 거야.

건륭제는 그의 사냥터에 지어 놓은 털가죽 천막으로 매카트니를 오게 하라고 명령했어. 매카트니는 영국의 온갖 상품들을 배에 가득 싣고 갔단다. 영국하고 무역을 하면 세상의 별 희한한 물건들을 가질 수 있게 된다는 걸 중국 황제에게 가르쳐 줄 속셈이었던 것이야. 매카트니는 망원경, 총, 괘종시계, 악기 등을 가지고 갔어. 또 기구도 한 대 가지고 갔단다. 기구가 뭔지 알지? 바구니를 매단 커다란 풍선 모양의 비행선 말이야. 바구니에 사람이 타고 불을 피워서 뜨거운 공기를 뿜어 올리면 하늘에 뜨는 비행선을 중국 황제가 진짜로 한번 타 볼 수 있게 하려고 조종사까지도 데리고 갔다는구나. 그 짐을 다 내려놓고 실으니까 마차 90대로는 모자라서 손수레 40대가 더 필요했대. 그러나 건륭제는 그 물건들이 그에게 바치는 공물이라고 생각하고는 그가 여름에 거주하는 여름 궁궐 근처의 창고에 가져다 놓으라고 했다는구나.

매카트니는 빈손으로 건륭제를 만나러 가야 했어. 이윽고 매카트니가 하늘의 아들이라고 여기는 중국 황제 앞에 안내되었어. 잠시 아무도 말이 없고, 중국의 조정 대신들은 몹시도 초조한 기색으로 마른침을 삼켰단다. 매카트니가 '고두(叩頭)'를 하지 않았기 때문이야. 중국 황제 앞에서 신하가 두 손과 두 무릎을 바닥에 대고 엎드려서 이마를 아홉 번 땅에 찧는 예법을 고두라고 해.

그런데 매카트니는 중국 사람들이 고두를 하라고 요구하리라는 걸 미리 알고 있었단다. 그래서 그는 조지 3세의 실물 크기의 초상화를 가지고 갔어. 그가 말했어. "폐하, 폐하의 신하들이 저의 국왕 폐하께 고두를 하면, 저도 폐하께 고두를 하겠습니다."

중국 황제의 신하들이 그림 속의 오랑캐에게 고두를 할 턱이 있겠어? 매카트니도 버텼어! 그는 조지 3세의 편지를 황제에게 건네주고 그 내용을 차근차근 설명했어. 대영 제국은 중국에 대사를 파견해서 수도인 베이징에 머물게 하고 싶다, 영국의 상선들이 중국의 넓디넓은 해안의 모든 항구에 들어가고 싶다, 중국 땅에 영국의 무역항을 만들고 영국인들을 이주시키고 싶다.

그러나 건륭제는 편지를 물끄러미 들여다보면서 고개를 저을 뿐이었어. 건륭제가 어느 신하를 보고 고개를 끄덕였어. 그 신하가 영국의 요구를 조목조목 퇴짜를 놓는 답장을 썼어.

건륭제가 조지 3세에게 보낸 그 편지를 읽어 볼까?

"왕이여, 그대는 바다를 여럿 건넌 수만 리 이역(다른 나라의 땅)에 살고 있소. 그대는 우리 빛나는 중국 문명의 혜택을 다소나마 누리고자 하는 겸손한 소망을 누르지 못해 사신을 보내어 그 갸륵한 정성을 표시했소이다. 이 사신은 나의 생일을 경하하기 위해서 여러 바다를 건너왔다는 것을 내가 잘 아오. 그대는 또 그대의 나라가 만든 여러 물건들을 보내서 나에 대한 그대의 극진한 마음을 표시했소. 그러나 이 물건들은 우리한테는 필요가 없다오. 이 괴이하고 잡다한 물건들은 무엇 하나도 나의 관심을 끌지 못하오. 우리에게는 없는 것이 없기 때문이오. 우리가 사는 방식은 그대들이 사는 방식과 아무 상관도 없소이다. 그대가 보낸 이 사신이 제법 유능하여 우리의 방식을 더러 배워 가지고 돌아간다 하더라도, 그대의 오랑캐 나라에서는 능히 펼쳐 보이지 못할 것이라 생각하오. 그대가 우리에게 여러 가지 부탁을 했지만, 우리는 듣지 않았다고 여길 것이외다."

건륭제는 이 편지만 달랑 쥐어 주고 매카트니를 돌려보냈어. 세계의 한가운데를 차지한 왕국이 대영 제국을 싹 무시해 버린 것이었지.

중국에 아편을 판 영국 상인

영국 사람들은 중국 황제를 설득해서 중국 땅에 무역항을 만들려고 했지만 실패했어. 영국 상인들은 중국의 차와 비단과 도자기를 사는 데 엄청난 돈을 쏟아 부었지만, 중국 사람들은 영국의 상품을 거들떠보지도 않았던 거야.

도대체 영국 사람들은 중국에다가 무엇을 팔려고 그렇게 애를 태웠을까? 그건 딱 한 가지…… 바로 아편이었어.

아편은 양귀비의 열매의 즙으로 만드는 약이야. 그냥 물약으로도 쓰고, 즙을 농축시켜서 환약(작고 둥글게 만든 약)으로도 만들었는데, 영국의 의사들은 그것을 고통이 몹시 심한 환자들을 위한 진통제로 썼단다. 그런데 아편은 진통 효과 이외에 또 다른 효과가 있었단다. 그 약을 먹은 환자는 마음이 편안해지고 정신이 고요해지는 것 말고도, 너무도 아름다운 환상을 보게 된다는 것이야. 그 환상이 여러 날을 간대. 영국의 어느 의사는 아편에 대해서 이렇게 말했다는구나. "슬픔과 두려움과 근심 걱정과 초조와 신경질을 예방하고 그런 감정을 말끔히 씻어 낸다."
아편이 고통을 씻어 내고 마음을 편안하게 해 준다는 건 사실이래. 그런데 문제가 있었어. 아편이 정신과 감각을 무디게 하고 쑥대밭이 되게도 한다는 것이었어. 그 의사는 또 이렇게 말했어. "아편은 감각 기능을 마비시켜서 우둔하게 만들고 몽롱하게 만든다." 그러나 이것조차도 아편의 최대의 해악(나쁜 영향)이 아니었어. 아편의 최대의 해악은 중독이 된다는 것이었어. 아편은 쓰면 쓸수록 점차 효력이 떨어지게 되고, 그래서 갈수록 더 많이 쓰게 되는 거야. 그러다가 어느 때부터는 끊을 수가 없게 돼. 아편이 없이는 잠시도 견디지를 못하는 중독자가 되어 버리는 것이지. 죽을 각오를 하고 끊어 보려는 사람은 "견딜 수 없는 불안과 초조와 우울에 시달리다가 대개는 며칠이 못 가서 이상야릇한 고통과 함께 죽음을 눈앞에 바라보게 되고, 그래서 자기도 모르게 다시 아편을 집어먹게 되며, 그러면 또 언제 그랬냐는 듯이 멀쩡해진다."는 거야.
수많은 영국인들이 이미 아편 중독자가 되어 있었단다. 아편은 처음에는 사람들에게 평화와 아름다움을 약속하는 것 같았어. 그 시대의 유명한 시인 중에 콜리지 Coleridge라는 사람이 있었어. 윌리엄 워즈워스William Wordsworth라고, "하늘의 무지개를 보면 내 마음이 뛰는구나."라는 구절로 시작되는 유명한 시를 쓴 시인과 절친한 친구였는데, 그 시인도 너무나 황홀한 환상을 볼 수 있다는 소문을 듣고 아편을 피우기 시작했대. 콜리지는 아편에 취한 상태에서 보았다는 어떤 환상을 묘사한 시를 남겼단다. 〈쿠빌라이 칸〉이라는 제목의 시야.

쿠빌라이 칸은 제너두*에
화려한 아방궁을 지으라 했네
거룩한 알파 강이 흐르는 곳에,
인간이 세지 못할 수많은 동굴을 지나
해 없는 바다에 이르는 곳에…… 반짝반짝
실개천들이 꽃밭 사이사이 꼬불꼬불 흐르네
향기 품은 나무들에 꽃이 핀,
언덕보다 먼저 생긴 숲에는
햇빛 속에 파란 잎들이 일렁이네……
미로처럼 꼬부라지고 꼬부라지며
숲과 골짜기를 지나 거룩한 강이 흐르고,
인간이 세지 못할 수많은 동굴에 이르고,

숨 끊어진 바다에서 소용돌이치며 사라지네……

기적이 만들었다 한들 믿어지지 않네,

얼음 동굴들이 있는 햇빛 속의 아방궁!

* 제너두―쿠빌라이 칸이 별궁을 세운 땅 이름으로 꿈의 정원을 뜻함.

이 시가 도대체 무슨 소리를 하고 있는지는 아무도 몰라. 알려고 할 필요도 없어. 그 환상은 오직 아편에 흠씬 취한 상태에서만 앞뒤 줄거리가 닿을 뿐, 깨어나면 무엇이 무엇이었는지를 자신도 알 수가 없기 때문이야.

영국의 동인도 회사는 인도에서 양귀비를 재배했어. 인도 사람들을 고용해서 양귀비 즙을 모아 아편을 만든 뒤, 배에 실어서 중국으로 보냈어. 영국 상인들은 광저우 항뿐만이 아니라, 다른 여러 항구들을 통해서도 몰래 아편을 팔았어. 중국 사람들은 아편을 담뱃대에 쟁여서 피우면 효력이 훨씬 좋다는 걸 알아냈대. 이윽고 중국에서는 아편이 부르는 게 값인 지경이 되었단다.

이런 사정을 알게 된 황제가 아편을 법으로 금지했어. 영국 상선들은 아편을 싣고는 중국에 들어갈 수 없게 되었어. "그렇게 될 줄을 뻔히 알면서 멍청하고 얼빠진 정신 상태에 빠지는 것을 그치지 못하는 것은…… 인간의 도리에 어긋나는 짓이다."라고 중국 황제는 선언했단다.

영국 사람들은 계속 중국에 아편을 팔았어. 물론 몰래 팔았지. 영국 상인들은 중국과의 아편 무역으로 돈을 벌게 되었어. 중국에서 아편 한 상자 값이 런던 경찰서 순경들의 3년치 월급하고 맞먹었다는구나! 인도의 영국 관리는 양귀비를 어떻게든지 더 많이 재배하려고 눈에 불을 켰대. 그 관리는 중국에는 아편을 무한정 팔아먹으려고 안달을 하면서도, 아편은 '치명적인' 독약이니까 영국인들은 절대로 손을 대지 못하도록 법으로 금지해야 한다고 주장했다는구나.

점점 더 많은 아편이 중국으로 들어갔어. 중국 상인들은 아편을 더 많이 사려고 서로 싸웠단다. 사는 만큼 돈을 벌었으니까. 처음에는 부자들이나 아편을 피웠는데, 어느 때부터는 상점 점원들과 군사들과 하인들도 기다란 담뱃대를 뻑뻑 빨았어. '아편굴'이라는 데서는 사람들이 돗자리 위에 삐딱하게 누워서 이따금 담뱃대를 뻐끔뻐끔 빨고, 이 세상에는 없는 이상한 짐승들이 춤을 추고 현란한 색깔들이 빙글빙글 도는 환상을 보면서 일주일이 지나도 깨어날 줄을 몰랐어.

아편이 중국의 돈을 영국 상인들의 주머니에 부어 주었고, 중국의 남부 지방은 황폐해졌어. 건륭제는 외국의 사상과 상인들이 중국에 들어오는 것은 그런대로 막아 냈지만, 외국의 독약이 들어오는 것은 막아 내지 못했던 것이야.

나폴레옹 때의 프랑스

제29장 나폴레옹의 등장

나폴레옹의 야망

영국 국왕과 중국 황제가 편지를 주고받던 동안에, 국왕이 없어진 나라 프랑스의 국민은 어느 날 문득 정신을 차려 보니까 웬 독재자가 자기들의 머리 꼭대기에 앉아 있는 걸 알아차렸어.

로베스피에르가 기요틴으로 보내진 후, 국민 공회는 프랑스를 전체 국민의 뜻에 의해서 통치되는 나라로 만들겠다던 맨 처음의 생각을 포기했어. 혁명이 국왕과 귀족들을 제거했지만, 혁명은 또한 국가를 피비린내 나는 전쟁 속으로 몰아넣기도 했던 거야. 그래서 국민 공회는 '과두 정치oligarchy'를 채택하기로 결정했어. 소수의 시민들이 국가 통치 권력을 갖는 것을 과두 정치라고 해. 군인들과 일정한 면적의 토지를 가진 모든 국민이 국가의 지도자들을 선출하는 선거에 투표할 수 있었단다. 그 지도자들이, 미국의 상원과 하원처럼, 두 개의 '하우스'를 구성했어. 프랑스에서 두 하우스는 각각 '원로원'과 '500인회'라고 불렸어. 그리고 두 하우스에서 다섯 명을 선출해서 '내각'(집정부)이라는 것을 구성했는데, 이 내각이 프랑스를 통치했단다(이 다섯 명을 총재라고 부르고, 이 내각을 총재 정부라고도 해).

내각의 첫째 과제는 오스트리아의 위협을 막아 내는 것이었어. 오스트리아는 혁명 기간 동안에 이미 프랑스에 대해서 선전 포고를 했었고, 아직도 쳐들어올 기회를 노리고 있었단다. 그래서 내각은 장군들 중에서 어느 누군가가 군대를 이끌고 가서 오스트리아를 공격해 주기를 원했어.

내각이 선택한 장군은 나폴레옹 보나파르트Napoléon Bonaparte였어.

나폴레옹은 이미 세상에 그 이름을 알린 적이 있었던 인물이었어. 몇 년 전에 나폴레옹은 프랑스 남부 지방에서 국왕에게 끝까지 충성을 바치려 했던 사람들 수백 명을 체포했었어. 로베스피에르는 그들 모두를 죽이라고 명령했지. 그래서 나폴레옹은 그들에게 대포를 쏴서 대다수를 죽이고, 죽지 않은 자들은 기요틴으로 보냈어. 그는 나중에 그의 동생에게 이렇게 말했다는구나. "싸움에서 어느 한편을 선택해야 하는 처지가 되면, 이기는 쪽에 붙는 게 상책이란다. 먹히는 것보다는 먹는 게 항상 나은 법이야."

나폴레옹은 이기는 쪽에 붙기 위해서라면 무슨 일이든 할 생각이었단다.

내각의 명령을 받은 나폴레옹은 군대를 이끌고 이탈리아로 진격했어. 그 무렵에 이탈리아는 서로 떨어진 작은 왕국들이 모여서 이루어진 나라였고, 그 북쪽 일대의 프랑스 접경 지역은 오스트리아의 지배를 받고 있었단다. 그래서 그 지역에서 오스트리아 군대를 몰아낸다면 프랑스의 국경이 안전해지는 것이었지.

그런데 나폴레옹의 부대는 이제 전쟁이라면 신물이 날 지경이었어. 병사들은 늘 배가 고파서 비실거렸고 벌써 여러 달째 급료도 받지 못했어. 그래서 병사들은 하루라도 빨리 집에 돌아가고 싶은 생각밖에는 없다고들 투덜거리고 있었어. 그러나 나폴레옹은 병사들의 사기를 순식간에 끌어올리는 데는 아주 도사였단다. 또 통솔력이 뛰어나고 사람들이 원하는 것을 알아보는 능력이 있었어. 그가 소리쳤어.

"제군들! 제군들은 지금 모두 굶주리고 헐벗었다. 그러나 이제부터 우리가 가려는 그곳은 부자들이 우글거리는 곳이다. 거기서 제군들은 각자의 명예와 영광과 부를 위해서 싸우게 될 것이다. 용기를 내어 용감하게 싸우라. 그 모든 것이 제군들에게 돌아갈 것이다!"

싸움 한 번 잘하면 명예와 재물을 얻게 된다는 그 말에 갑자기 기운이 솟구친 병사들은 주먹을 불끈 쥐고 나폴레옹의 뒤를 따랐어. 오스트리아 군은 쫓겨 갈 수밖에 없었어. 북부 이탈리아를 장악한 나폴레옹이 이끄는 프랑스 군은 오스트리아 침략군으로부터 이탈리아 백성들을 해방시키기 위해서 왔노라고 선언했어. 그는 이렇게 외쳤어. "우리는 당신들을 해방시켜 주려고 왔다. 우리는 그동안 당신들을 억압했던 독재자들하고만 싸울 것이다!"

그리고 나폴레옹은 이탈리아의 위대한 미술 작품들을 모조리 훔쳐서 프랑스의 루브르 미술관으로 가지고 갔어. 그때 나폴레옹이 훔쳐 간 레오나르도 다 빈치의 〈모나리자〉는 지금도 파리에 있단다! 나폴레옹은 또 자기는 가톨릭 교회를 존중하기 때문에 절대로 교회를 약탈하지 않을 것이라고 선언했어. 하지만 그 말은 지켜지지 않았어. 그는 교회의 금 그릇과 은 그릇과 값이 얼마인지 알 수도 없는 귀한 그림들을 '안전하게 지켜 준다' 면서 마구 훔쳐 갔어. 이탈리아에는, "프랑스

나폴레옹의 야망

인간들이 다 강도는 아니겠지만, 프랑스 인간들 중에 강도가 많다는 것은 틀림없는 사실이다."라는 속담이 있는데, 아마도 그때부터 생긴 속담이 아닌가 싶어.

나폴레옹은 군대를 이끌고 오스트리아의 수도인 빈으로 진격했어. 빈은 오스만 투르크 군대의 공격을 막아 낸 적도 있었지만, 나폴레옹의 군대마저도 물리칠 자신은 없었던가 봐. 그래서 그들은 벨기에와 롬바르디아를 내준다는 조건으로 나폴레옹과 평화 조약을 맺었어.

나폴레옹은 승리를 안고 파리로 돌아왔어. 그를 위해서 시가 행진이 열리고 날마다 파티가 벌어졌어. 나폴레옹은, 자신은 다만 조국 프랑스와 프랑스 정부를 위해서 싸웠을 뿐이라고 말했지만, 다른 야망이 있었단다. 그는 가까운 친구들에게는, "이건 시작일 뿐이야. …… 자네들은 내가 내각의 저 변호사들한테나 잘 보이려고 이탈리아에서 목숨을 걸고 싸웠을 거라고 생각해?"라고 큰소리를 쳤대.

내각은 권력을 노리는 나폴레옹의 속셈을 훤히 알고 있었어. 그래서 나폴레옹에게 이번에는 영국을 쳐들어가 달라고 말했어.

바다 건너 영국을 공격한다는 것은 스스로 죽음을 재촉하기 위한 가장 빠른 길이라는 것을 나폴레옹이 모를 리가 없었어. 영국 해군은 세계 최강이고, 프랑스 군대는 약하고 지쳐 있었어. 그래서 그는 영국보다는 이집트를 먼저 공격하는 게 낫다고 내각을 구슬렸어. 지금 이집트를 지배하고 있는 투르크 사람들은 프랑스와는 한 번도 사이가 좋았던 적이 없었거든. 내각이 승낙했어. 이집트는 아주 먼 곳이고, 따라서 나폴레옹이 한동안은 돌아오지 못할 것이고, 그동안 자기들이 국가 권력을 확실하게 장악할 수 있을 것이라고 생각했던 것이지.

나폴레옹의 부대가 바다를 통해 이집트로 향했어. 한편 영국 해군 제독 호레이쇼 넬슨Horatio Nelson은 첩자들의 보고를 통해서 프랑스 군의 한 부대가 어딘가로 막 떠났다는 소식을 들었어. 싸움터로 나가기는 했는데, 어디로 가는지는 알아내지 못했다는 보고였어. 넬슨은 나폴레옹을 찾으려고 지중해로 향했어. 그는 프랑스 군대가 영국의 어느 식민지나 보호령을 공격하려는 게 아니라는 것을 확인하고 싶었던 것이야.

한편, 이집트에 상륙한 나폴레옹은 알렉산드리아와 카이로를 점령했어. 그는 이집트 사람들에게 이렇게 말했어. "나는 당신들을 억압했던 투르크 사람들을 물리치고 당신들의 권리를 찾아 주기 위해서 왔다. 마호메트와 코란을 존중하는 내 마음은 투르크 사람들보다 못할 게 하나도 없다!"

그러나 나폴레옹은 승리에 취해 있을 시간이 없었어. 영국 해군이 마침내 그의 발자취를 발견했던 거야. 두 군대가 맞붙었어. '아부키르 만 해전Battle of Aboukir Bay'이라고 불리는 이 싸움에서 나폴레옹의 군대는 영군 해군에 크게 패했어. (이 전투를 '나일 강 전투'라고도 해.) 이때 나폴레옹은 프랑스와 연락이 끊겨 고립되었어. 그 다음 해에는 유럽에서 나폴레옹을 견제하기 위한 동맹이 맺어졌고, 나폴레옹은 군사를 두고 프랑스로 돌아올 수밖에 없었어. 나폴레옹의 이집트 원정은 실패로 끝난 거야. 하지만 나폴레옹이 파리에 도착했을 때, 프랑스 사람들은 다시 한 번 그를 영웅으로 대접했단다. 물론 그들은 이집트에서 무슨 일이 있었는지를

나폴레옹의 야망

까맣게 몰랐던 것이지.

나폴레옹은 권력을 차지할 준비가 다 되어 있었어.

나폴레옹은 총검을 세운 무장한 군인들을 이끌고 원로원으로 쳐들어갔어. 그리고 내각은 너무 나약해서 프랑스를 지킬 수 없다고 선언했어. 총검을 보고 겁에 질린 원로원은 내각을 치워 버리고 세 명의 집정관들에게 내각의 임무를 대신하게 하라는 나폴레옹의 요구를 대뜸 받아들였단다. 집정관이란 고대 로마 시대에 나라를 주물렀던 최고 행정관들과 똑같은 것인데, 나폴레옹도 물론 그 세 명 중의 한 명이 되었어. 그리고 오래지 않아서 나폴레옹은 프랑스의 단 한 명뿐인 집정관이 되었단다.

프랑스 시민들은 나폴레옹을 신뢰했어. 나폴레옹의 솔직하고 거침없는 성격에 매력을 느끼는 사람들이 많았나 봐. 또 그 당시 프랑스는 혁명 후에 질서나 제도가 바로 잡혀 있지 않았기 때문에 대다수의 국민은 누구든지 나서서 혼란을 잠재우고 질서를 되찾아 준다면 그에게 감사하겠다고 생각하던 참이었어. 나폴레옹은 국민에게 안정을 주고 힘을 주기만 한다면 국민은 그에게 권력을 허락할 것이라고 믿었어. 그는 친구들에게 이렇게 말했단다.

"공화국이라고? 공화국 좋아하시네! 우리 국민은 자유 사상이라고 하는 것에 물들어 있지만, 그건 곧 사라지게 되어 있어. 인간이란 말이야, 원래부터 자기 개인의 영달(높은 지위에 오르고 귀하게 됨)과 만족을 갖고 싶어 하게 되어 있는 것이라고. 자유라고? 흥, 자유가 뭔지 알기나 할까?"

황제가 된 나폴레옹

나폴레옹이 집정관으로서 프랑스를 다스렸어. 프랑스 국민은 아직 투표권을 갖고 있었지만, 있으나마나였단다. 나폴레옹과 그의 '국가 위원회'가 모든 권력을 틀어쥐고 있었기 때문이야. 나폴레옹은 몹시 낡아서 너덜너덜해진 헌법을 뜯어고치는 작업을 시작했어. 프랑스를 법이 똑바로 지켜지는 질서 있는 나라로 만들겠다는 것이었지. 그가 만든 '나폴레옹 법전'은 근대 시민법의 기본적 원리를 담고 있고 나중에 제정된 각 나라 법전의 바탕이 된단다. 이 새로운 법의 요점은 모든 사람이 평등하게 대우받아야 한다는 것이었는데…… 그런데 예외가 있었어. 고용살이하는 사람이 주인하고 싸우면 반드시 주인이 이긴다, 여자들에게는 아무 권리도 없다, 등이었어. 나폴레옹은 이렇게 말했다는구나.

"여자들은 뜨개질이나 잘하면 돼!"

나폴레옹은 또 가톨릭 교회의 지지와 충성을 받아 내려고 했어. 그는 교황에게 프랑스는 가톨릭 신자들이 자기들의 방식으로 신을 경배하는 것을 허락할 것이며, 로마 가톨릭 교회가 지명한 가톨릭 성직자들에게 급료를 지불할 것이라고 말했어. 물론 그들이 나폴레옹에게 충성을 바친다는 조건에서 말이야. 교황이 승낙했어. 교황은 또 '교리 문답'이라고 하는 가톨릭 교회의 공식적인 가르침에다가 새로운 항목을 한 개 보태겠다고 약속했어.

질문 : 황제를 숭배하지 않고 황제에 대한 의무를 다하지 않는 자에 대해서 우리는 어떻게 생각해야 되나요?

대답 : 하느님께서 정하신 질서를 어기는 것이며, 영원한 형벌을 스스로 버는 짓을 하는 것이라고 생각해요.

나폴레옹은 어느 누구도 '그가 정한' 질서에 도전하는 것을 용납하지 않겠다는 것이었어!

집정관이 된 지 3년 후에 나폴레옹은 다른 집정관들에게 압력을 가해서 평생 집정관 자리에 있을 수 있도록 그를 종신 집정관으로 추대하게 했어. 그리고 프랑스를 지배하기 위한 헌법을 제정했어. 그러나 이 헌법은 영국이나 미국의 헌법과는 다른 것이었단다. 프랑스의 새 헌법은 나폴레옹이 자기 마음대로 법을 만들고, 자기 마음대로 전쟁을 선포하고, 모든 국가 정책을 자기 혼자서 결정하는 것을 허락하는 내용이었어. 나폴레옹은 그 헌법을 채택할 것인지 말 것인지를 투표로써 결정하라고 국민에게 명령했단다. 그리고 그는 찬성 3백만 표, 반대 2천 표로 헌법이 통과되었다고 선언했어(이 수치는 나폴레옹이 직접 정했대)!

나폴레옹은 이제는 자기의 왕국이나 마찬가지가 된 프랑스의 영토를 유럽 대륙 내에서 더욱 넓히려고 했어. 그러기 위해서는 먼저 돈이 필요했어. 그래서 그는 북아메리카의 프랑스 땅을 모두 미국한테 팔았단다. '루이지애나 준주'라고 불리는 프랑스 영토는 뉴올리언스의 식민지로부터 아칸소, 미주리, 캔자스, 네브래스카 등 중서부 여러 주를 지나 캐나다까지 이르는 넓은 지역이었어. 그 넓은 땅에서 프랑스 사람들이 사는 곳은 뉴올리언스뿐이었단다. 나폴레옹은 아메리카에서 식민지를 개척하는 사업과 유럽 대륙에서 전쟁을 일으켜서 영토를 넓히는 사업을 동시에 진행할 수는 없다고 판단했던 거야. 그래서 나폴레옹은 그 넓은 땅을 1천 5백만 달러를 받고 미국에 넘겨주었어. '루이지애나 구입Louisiana Purchase'이라고 불리는 이 거래를 통해서 미국의 영토는 단 하루 만에 두 배가 되었단다!

나폴레옹은 이제는 자기가 '황제'라는 칭호를 가지는 게 마땅하고, 나중에 그 칭호를 물려받을 사람까지도 자기 마음대로 정해야 한다고 생각했어. 그래서 나폴레옹은 성대한 대관식을 자기가 직접 계획했어. 그는 노트르담 대성당의 황금 옥좌에 보검을 들고 앉았고, 그 보검은 초대 신성 로마 황제인 샤를마뉴 대제가 쓰시던 것이라고 주장했어. 그 다음에는 월계관처럼 만든 황금 왕관을 자기 손으로 자기 머리에 쓰고, 이제 내가 황제가 되었노라, 선언했단다.

그렇게 황제가 된 나폴레옹은 드디어 다른 제국을 정복하러 나설 준비를 갖추었어. 그는 프랑스의 해묵은 원수 영국부터 우선 공격하기로 했어.

나폴레옹은 먼저 프랑스에서 살고 있던 영국인들을 모조리 체포했어. 영국은 영국 영해(한 나라의 영역에 포함되는 바다) 안에 있던 프랑스 배들을 모조리 나포(영해를 침범한 외국 선박을 붙잡음)했어. 프랑스 전함들과 영국 전함들이 서로를 찾아 바다를 헤집고 돌아다니고, 만나기만 하면 대포를 쏘고 총격전을 벌였어. 한편, 나폴레옹은 15만 명의 병사들을 영국으로 실어 갈 수백 척의 배를 만들기 시작했어. 노를

황제가 된 나폴레옹   439

나폴레옹의 대관식
나폴레옹이 황후가 되는 조제핀에게 관을 씌워 주는 장면이야. 나폴레옹은 자신의 대관식에서도 황금 왕관을 직접 썼다고 전해진단다. 아마도 스스로 황제가 되었다는 사실이 무척 뿌듯한 모양이야. 나폴레옹의 옷도, 조제핀의 옷도 무척 화려한 게 인상적이네.

저어 가는 널빤지 배들이었는데, 대충대충 만들어져 가는 배들을 보면서 나폴레옹은, 바다를 건너는 도중에 한 2만 명쯤은 물에 빠져 죽을 게 틀림없겠다고 생각했대. 그러나 그는, "어차피 전투 한 번 치르면 그 정도는 죽게 되어 있는걸 뭐."라고 중얼거리면서, 하여간에 빨리 만들라고 독촉했다는구나.

영국은 프랑스가 수백 척의 배를 만들어서 영국으로 병사들을 실어 나를 준비를 한다는 것을 알아차렸어. 그래서 전국에 걸쳐서 장정들을 강제로 불러내서 해군 병력을 늘려 강화하고 훈련을 시켜서 나폴레옹과의 전투에 대비했어. 영국군 병사들은 프랑스 군과 싸워서는 절대로 지지 않겠다는 의욕에 차 있었고, 심지어 농부들까지도 쇠스랑 같은 것을 움켜 쥐고 뛰어나올 기세였단다.

이윽고 때가 되자 나폴레옹은 해군 제독에게 전함들을 이끌고 먼저 가서 영국 해군과 붙으라고 명령했어. 해협을 지키는 영국 전함들을 싹 쓸어버린 다음에, 급히 만든 수백 척의 널빤지 거룻배로 육군을 실어 간다는 작전이었어.

영국 함대의 사령관은 넬슨 제독이었어. 전에 이집트의 아부키르 만 해전에서 나폴레옹과 맞붙었던 바로 그 사람이야. 그가 함대를 이끌고 프랑스 함대를 맞으러 나갔어. 그의 기함(旗艦. 함대의 사령관이 타고 있는 배) 빅토리아 호가 앞장을 섰지. 빅토리아 호의 신호기(신호하는 데 쓰는 깃발)에는 이렇게 쓰여 있었단다. '영국은 각자가 임무를 다할 것을 기대한다!' 전투가 시작되었어. 넬슨의 전함들이 뛰어난 전략으로 프랑스 해군 부대를 순식간에 무찔러 버렸어. 영국 전함은 단 한 척도 침몰하지 않았단다. 그러나 프랑스의 전함은 스물두 척이나 침몰되거나 나포되었어. 육군을 실어 나르려고 급히 만든 거룻배들은 아예 바다로 나가 보지도 못했어.

넬슨 제독은 나폴레옹으로부터 영국을 지켜 냈어. 그러나 넬슨은 기함의 갑판에 서서 전투를 지휘하다가 그만 프랑스 군이 쏜 탄알을 맞았는데, 몇 시간 후에 숨을 거두었어. 프랑스 해군 제독도 죽었어. 그러나 그는 넬슨처럼 죽은 게 아니라, 그의 부대가 아주 박살이 나게 되었다는 것을 깨달은 순간에 그만 자결을 해 버렸어. '트라팔가르 해전Battle of Trafalgar'이라 불리는, 세계 역사에서 아주 유명한 이 해전은 황제가 된 나폴레옹의 기세를 꺾어 놓았단다. 나폴레옹은 영영 영국을 정복하지 못했어. 그러나 그 후 10년 동안 나폴레옹은 유럽의 나머지 지역으로 그의 세력을 떨쳤어.

투생 루베르튀르가 활약했을 때의 생도밍그 섬

제30장 아이티 노예들의 봉기

생도밍그 섬의 반란

영국으로부터 아득히 먼 곳에 있는 어느 작은 섬이 나폴레옹 황제의 막강한 힘을 물리치려 하고 있었어. 생도밍그Saint Domingue라는 이름의 그 섬은 함대도 없고 제독도 없었지만, 결국에는 프랑스로부터의 독립을 이루어 냈어.

생도밍그는 카리브 해의 북쪽, 미국 플로리다 주와 남아메리카 대륙 사이에 자리 잡은 섬이란다. 대략 1백 년 전부터 프랑스 사람들이 그 섬에 와서 살기 시작했어. 그들은 사탕수수를 경작하고, 그 줄기의 즙을 짜고 끓여서 설탕을 만들어 유럽과 북아메리카에 팔고, 커피도 경작했어. 생도밍그의 항구들을 통해서 실려 나가는 설탕과 커피가 날이 갈수록 늘어 가고, 농장 주인들은 부자가 되어 갔단다.

프랑스에서 나폴레옹이 권력을 잡은 무렵에, 이 프랑스 식민지는 전 세계에서 소비되는 설탕과 커피의 거의 절반을 생산하고 있었어. 농장 주인들과 식민지 지도자들은 프랑스 귀족들을 능가할 만큼 풍족하게 살았단다. 비단옷을 입고 온갖 보석으로 몸을 치장하고 춤판을 벌이고 잔치를 벌였어. 섬 서쪽의 정착지 카프프랑수아는 어느새 극장과 거대한 저택들이 즐비하고 드넓은 도로들이 뻗어 있는, 인

구 2만 5천의 대도시로 발전해 있었어. 생도밍그의 농장 주인들이 날이 갈수록 부유해지자, 베르사유 궁정의 대신들은 고개를 절레절레 흔들면서 섬 구석에 처박혀 사는 농장 주인들이 돈을 펑펑 써 대는 꼴을 그냥 보고만 있어도 되느냐고 투덜거리기 시작했대.

한편, 생도밍그의 사탕수수와 커피 농장에서는 수많은 노예들이 노동을 하고 있었어. 백인인 유럽 사람의 수는 고작 3만 6천 명이고, 아프리카 출신의 노예 인구는 거의 50만 명이나 되었어.

죽어라 일을 하지만 돌아오는 것이라고는 거의 아무것도 없는 이 아프리카 노예들 사이에 자유와 평등의 사상이 퍼지지 않게 하려고 농장 주인들이 갖은 애를 썼겠지. 프랑스의 법은 노예의 신분에서 벗어나 자유를 얻은 자는 프랑스 시민이 되어서 모든 권리를 누릴 수 있다고 규정하고 있었어. 그러나 생도밍그의 법은 그렇지가 않았어. 아프리카 혈통을 가진 자는 노예이건 자유민이건 누구나, 따로 정해진 옷을 입어야 하고, 교회 등의 공공 장소에서도 따로 정해진 자리에 앉아야 하고, 밤 9시 이후에는 돌아다녀서는 안 된다는 것이었어. 아프리카 혈통을 가진 자는 금을 세공하는 사람이나 보석상이 될 수 없고, 군인이나 의사도 될 수 없다고 했어. 한마디로 말해서 노예들에게는 아무런 권리도 허락하지 않는다는 것이었지. 노예들은 보통 서로 한 사슬에 묶인 채 날마다 죽지 않을 정도로 노동만 해야 했어. 지치고 병들어서 죽어 넘어지는 사람들이 잇달아 나왔지만, 아프리카로부터 언제든지 노예를 사 올 수 있으니까 농장 주인들은 전혀 걱정하지 않았어.

아프리카에서 팔려 온 노예들이 자신들의 처지를 위로하는 방법은 딱 한 가지뿐이었어. 이따금 한자리에 모여서 아프리카의 길고 오래된 관습들을 지키고, 그들의 성직자들이 맡아서 집행하는 종교 의식에서 설교를 듣는 것이었지. 노예들이 모여서 종교 의식을 치르는 것을 지켜본 농장 주인들은 그들이 그저 춤이나 추고 노래나 부르는 줄만 알았단다. 그러나 그렇지가 않았어. 노예들은 춤을 추고 노래를 부르면서 속박으로부터 해방된 프랑스와 미국의 혁명에 관해서 성직자들이 들려주는 이야기에 귀를 기울였던 것이야. 춤을 추고 노래나 부르는 줄 알았던 노예들이 반란을 꾸미고 있었더라는 말이지.

프랑스에서 바스티유 감옥이 무너진 지 3년 후의 일이었어. 들에서 일하던 노예들과 숙소에서 쉬고 있던 노예들이 우르르 달려가서 한곳에 모였어. 그들은 농장 주

생도밍그 섬의 반란

인들의 저택을 모조리 불태우고, 농장 주인들을 눈에 띄는 대로 잡아서 죽였어. 그들은 온 섬을 휩쓸고 다니면서 그동안 그들의 허리를 꺾어지게 했고 수많은 동료들을 죽게 했던 농장들을 마구 짓밟았단다.

그 노예들의 무리를 몹시 불안한 눈으로 지켜본 아프리카 사람이 있었어. 투생 루베르튀르Toussaint L'ouverture라는 사람이었어. 투생은 마침내 들고 일어난 노예들이, 아무 전략도 없고, 생도밍그를 해방시키려는 것도 아니고, 단지 복수만 하고 있는 것이라고 보았어. 그는 몇 년 전에 노예 신분에서 풀려 났었어. 투생은 그의 옛 주인의 가족들을 피신시키고, 그의 뜻에 따르는 사람들을 모아서 군대를 만들기 시작했어. 대다수의 노예들과는 달리 투생은 프랑스 어를 읽을 줄 알았단다. 군대에 관한 지식도 꽤나 알고 있었던 투생은 그의 병사들에게 조직적으로 싸우는 방법을 가르쳤어.

투생 루베르튀르

한편, 스페인이 그새 프랑스에 선전 포고를 했어. 생도밍그에서 프랑스 사람들을 몰아내는 것을 돕겠다면서 스페인 군대가 왔을 때, 투생은 대뜸 그들의 편에 섰어. 그리고 곧 투생은 4천 명의 부대를 지휘하게 되었어. 투생과 마찬가지로 노예 출신의 자유민인 장 자크 데살린Jean-Jacques Dessalines이라는 사람이 그의 부관이 되었어.

그러나 투생은 속마음까지도 스페인 편은 아니었어. 그의 목적은 생도밍그를 해방시키는 것일 뿐이었단다. 그런데 투생은 섬을 점령한 스페인 군대도 노예들을 대하는 태도가 프랑스 사람들과 전혀 다르지 않다는 걸 알아차렸어. 그래서 그는 더 이상 스페인을 위해서는 싸우지 않겠다고 선언했어. 투생은 다시 프랑스에 충성을 바치겠다고 결심했어. 혁명을 이루었던 프랑스, 모든 인간은 평등해야 한다고 말했던 프랑스 말이야.

잃어버렸던 섬을 되찾을 기회가 왔다고 생각한 프랑스 사람들은 투생을 생도밍그의 총독으로 임명했어. 투생은 총구를 스페인 군대에 돌리고 그들을 내쫓아 버렸어. 이제 투생은 한때 그가 노예로 일했던 섬의 통치자가 된 것이야.

생도밍그는 전쟁의 가운데에서 아주 폐허가 되어 있었어. 촌락과 도시들이 불타 버렸고, 길이 무너졌고, 잡초가 무성해진 밭에는 벌써 어린 나무들이 자라고 있었고, 성한 집이라고는 거의 남아 있지 않았어.

투생은 달아났던 농장 주인들이 다시 돌아오도록 허락할 것이고, 아프리카 사람들은 다시 농장으로 돌아가야 한다고 선언했어. 그러나 예전처럼 되돌아가라는 것은 아니었어. 농장 주인들과 아프리카 사람들이 나란히 들에서 일을 하게 될 것이고, 소득은 똑같이 나누어 가질 것이며, 아프리카 사람이라고 해서 무턱대고 매질을 당하고 벌을 받는 일은 다시는 없을 것이라고 선언했어.

생도밍그는 다시 천천히 설탕과 커피를 생산해 내기 시작했어.

그런데, 투생은 자기가 충실한 프랑스 국민의 한 사람이라고 주장했지만, 나폴레

생도밍그 섬의 반란

옹은 그의 충성을 받아들이지 않았단다. 프랑스의 황제는 아프리카 사람들을 싫어했어. 나폴레옹은 한때 프랑스의 돈주머니에 돈을 펑펑 쏟아 부어 주던 그 섬을 아프리카 출신인 자에게 맡겨 둔다는 것이 싫었던가 봐.

그래서 나폴레옹은 생도밍그를 다시 정복하려고 2만 명의 군사를 보냈어. 나폴레옹은 자기의 매제인 샤를 레클레르를 군대의 사령관으로 임명했어.

레클레르의 군대가 섬에 상륙했어. 투생의 군대가 맞서 싸워서 수천 명의 프랑스 병사들을 죽였어. 그러나 투생은 아무리 해 봤자 그의 군대로는 막강한 프랑스 군대를 이길 수 없다는 걸 이내 깨달았어. 때마침 레클레르가 항복을 권유해 왔어. 항복하면 섬의 통치권은 데살린에게 넘겨주고 그는 농장에서 조용하게 살게 해 주겠다는 것이었어.

투생은 그 말을 믿고 항복했어. 그런데 레클레르는 약속을 지키지 않았어. 레클레르는 농장이나 하나 차지하고 조용히 살게 해 주겠다는 약속을 언제 했냐는 듯이 투생을 냉큼 체포해 버렸단다. 생도밍그의 해방자 투생은 프랑스 알프스의 어느 추운 감옥으로 끌려갔어. 투생은 그곳에서 1년도 채 못 넘기고 죽었단다.

생도밍그 사람들—노예들—은, 레클레르가 다음에는 또 무슨 짓을 할 것인지를 숨을 죽이고 기다려야 했어. 나폴레옹이 이미 레클레르에게 주민들 모두를 다시 노예로 돌려보내라는 명령을 내렸다는 사실을 노예들이 알 턱이 없었어.

그러나 하늘이 무심하지만은 않았던가 봐.

몹시 무더운 6월 어느 날 아침에 레클레르가 아침을 다 먹고 막 숟가락을 놓으려

할 때, 부관이 허둥거리며 뛰어 들어왔어. 부관이 가쁘게 숨을 몰아쉬면서 말했어. "장군님! 큰일 났습니다! 빨리 나가 보셔야겠어요."

레클레르는 어리둥절했어. 그는 부관을 따라서 병사들의 막사로 갔어. 군의관이 막사 안에 어지럽게 드러누운 병사들을 돌보고 있었어. 입구 근처에 장교 한 명이 침대에 누워 있는데, 누렇게 뜬 얼굴이 잔뜩 일그러졌고 두 팔과 두 다리를 파르르 떨고 있었어.

"황색 열병이에요!" 부관이 잦아드는 소리로 말했어.

프랑스 사람들은 말라리아를 황색 열병이라고 부르는데, 그 병을 특히 무서워한대. 말라리아는 열대 섬 지방의 모기가 옮기는 전염병인데, 몸이 불덩이처럼 뜨거워졌다가는 또 얼음처럼 차가워지고, 땀이 뻘뻘 흐르고 정신이 흐리멍덩해진단다. 말라리아는 수만 명의 군대를 삽시간에 죽일 수 있어.

4주 만에 4천 명이 죽었어. 레클레르도 병에 걸렸어. 군대가 쪼그라들어 가는 동안에, 생도밍그 주민들 사이에 소문이 퍼졌어. 주민들이 모두 다시 노예 신세로 돌아갈 것이라는 소문이었단다.

투생의 장교들이 모여서 다시 싸울 계획을 세웠어. 또다시 노예가 되느니 차라리 싸우다가 죽어 버리자고 입들을 모았어. 겁에 질린 레클레르는 급히 나폴레옹에게 편지를 보내서 군대를 더 보내 달라고 애원했단다. 그러나 레클레르는 지원군이 도착하기 전에 죽었어.

영국군이 프랑스 군을 아주 확실하게 내쫓아 주겠다면서 생도밍그에 왔어. 아직

죽지 않은 프랑스 군 장교들은 항복하지 않고는 배길 도리가 없었지. 그리고, 1804년 1월 1일에, 데살린은 프랑스로부터의 독립을 선언했단다. 데살린은 섬의 이름을 '아이티Haiti'로 바꾸고 첫 통치자가 되어서, '아이티의 자크 1세'라고 불렸어. 그는 프랑스 국기를 끌어내려서 한가운데의 흰 색 띠를 찢어 버렸어. 프랑스 국기의 세 가지 색깔 중에서 흰 색은 프랑스의 국왕들을 상징하는 색깔이야. 그래서 데살린은 아이티의 깃발에서 흰 색을 영영 없애 버렸어. 이제 이 새로운 나라에서는 빨강과 파랑으로 이루어진 국기가 펄럭이게 되었어.

아이티의 국기

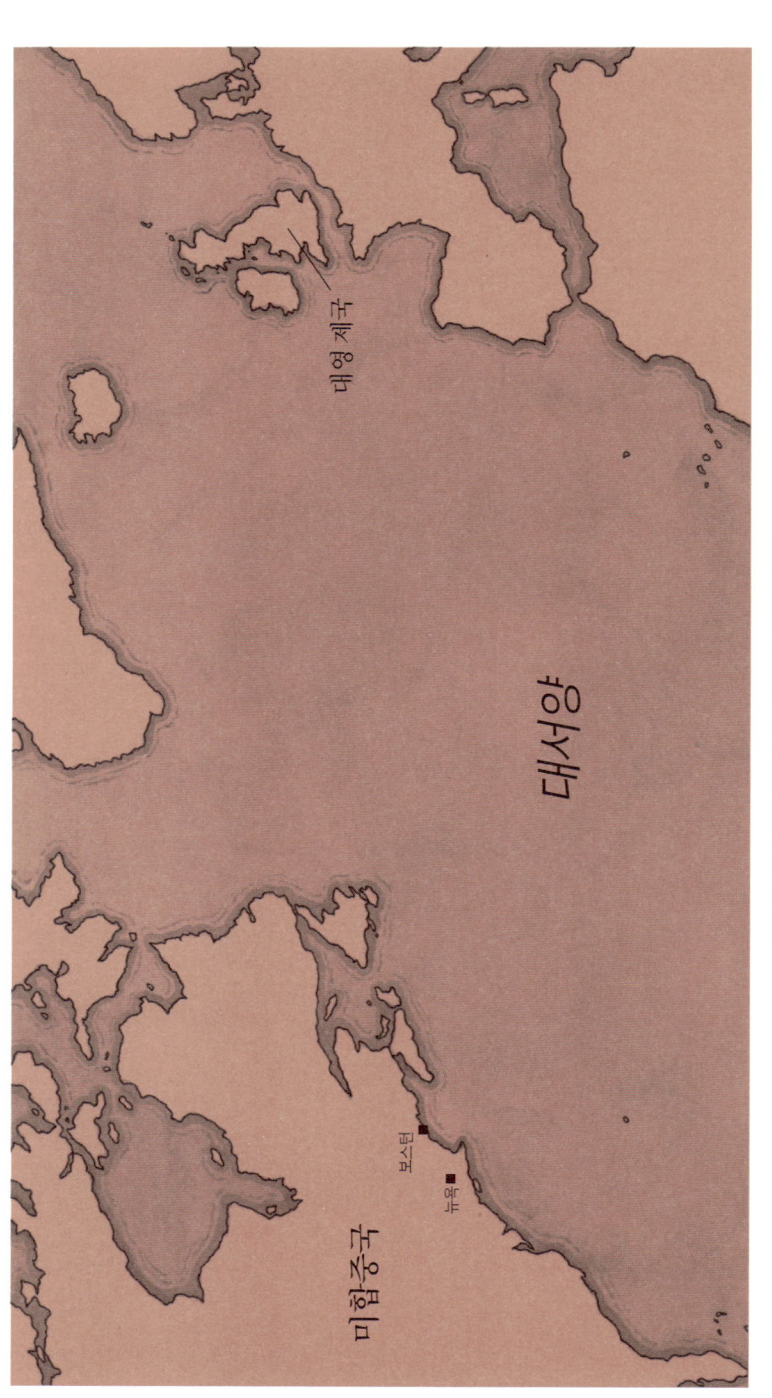

꽁장이 생긴 무렵의 영국과 미합중국

제31장 또 다른 반란

여자들과 어린아이들이 공장으로

포플러 가로수 길을 걸어 영국의 어느 작은 마을에 들어가서, 아낙은 실을 잣고 남편은 베를 짜는 농가를 보았던 걸 아직 기억하고 있겠지? 19세기 작가 앤드류 우르라는 사람은 그렇게 소박한 촌민들의 삶이 참으로 건강하고 행복했으며, 돈을 많이 벌지는 못했지만 힘은 그리 들지 않았다고 묘사했단다. 그는 이렇게 썼어. "집과 작은 채소밭은 깨끗하고 산뜻했으며…… 식구들의 의복도 그런대로 좋았다. 물레 앞에 앉아 실을 잣고 베틀 앞에 앉아 베를 짜다가 허리가 아프고 어깨가 뻐근해지면 언제든지 일손을 놓고 밖에 나가서 채소밭을 돌볼 수 있었다."

영국 사람들만 그렇게 살았던 게 아니었어. 당시 유럽의 모든 가정에서는 식구들이 모두 자기 집에서 일을 했어. 어머니와 아버지가 천을 짤 때면 아이들이 거들었어. 열 살 된 아이는 목화 씨를 발라내고, 몇 살 위의 누이는 실을 뽑고, 제법 어른 티가 나는 맏아들은 양들을 먹이고 털을 깎았어. 온 식구가 힘을 합쳐서 만든 옷감을 시장에 내다 팔고, 그 돈으로 음식과 연장을 샀어. 여름에는 채소밭에서 홍당무나 배추나 콩을 가꾸는 시간이 더 많았을 것이고, 눈 내리는 겨울에는 하루

종일 집 안에서 베를 짰을 거야.

그 시절로부터 한 30년쯤 미래로 가 볼까? 채소밭이 딸린 작은 오두막집들이 있었던 시골의 풍경에 대한 앤드류 우르의 묘사는 전혀 딴판이 된단다. "사방이 온통 공장이고…… 높이 솟은 굴뚝들이 시커먼 연기를 뿜어낸다. 집들은 연기에 그을려서 하나같이 새카맣고, 강은 너무도 더럽혀져서…… 꼭 검정 물감을 풀어놓은 것 같다."

영국에서 그새 대체 무슨 일이 일어났을까?

전국의 시골에 공장들이 속속 들어섰어. 이제는 사람의 손이 아니라 기계가 실을 잣고 천을 짜고 있는 것이야. 증기 기관 덕분에 옷감을 짜는 기계가 잠시도 쉬지 않고 돌아갈 수 있게 되었어. 옛날에는 가난한 촌민들에게 토지를 빌려 주고 세금을 받았던 부자들이 이제는 돈을 훨씬 쉽게, 훨씬 많이 벌 수 있는 방법이 생긴 것이지. 공장을 지어서 기계를 들여놓고 직공들을 고용해서 옷감을 짜는 거야. 기계는 사람보다 엄청나게 빨리 옷감을 짜니까, 집에서 옷감을 짜던 사람들이 하루에 버는 만큼의 돈을 급료로 주고도 엄청난 돈을 남길 수 있었어!

영국 전 지역에서 부유한 지주(땅의 임자)들이 공장을 짓거나 사기 시작했어. 그리고 오래지 않아서, 그들은 촌민들이 가정에서 만든 것과는 비교도 되지 않을 만큼 싼값에 옷감을 팔 수 있다는 걸 알게 되었어. 가정에서 손으로 만든 옷감보다 값이 훨씬 싼 옷감에 사람들이 몰려들었어.

이제 집에서 손으로 옷감을 짜는 사람들은 예전과 같은 값으로는 옷감을 팔 수가 없게 되었어. 벌이가 뚝 떨어지니까 당연히 일을 더 많이 할 수밖에 없었겠지? 그들은 하루에 열여섯 시간이나 물레와 베틀 앞에 앉아서 일을 해야 했고, 손가락이 터지고 눈이 벌겋게 짓물렀어. 그런데도 벌이는 예전과 같지 않았어.

그들에게는 한 가지 방법밖에 없었어. 집에서 옷감을 짜는 것을 그만두고, 공장에 취직을 하는 것이었어.

지금은 사람들이 대개 '직장'에 나가지? 그러나 이 당시에는 '직장에 나간다'는 것은 전혀 새로운 개념이었단다. 그때까지만 해도 온 가족이 가정에서 일을 했어. 그런데 어느 때부터 대다수의 사람들이 가정이 아닌 다른 어떤 곳에서 일을 하게 되었어.

공장에서의 작업은 가정에서 하는 작업과는 전혀 달랐어. 가정에서는 재료에서부터 완제품에 이르기까지를 모두 자기 손으로 했어. 양털을 깎고, 곱게 빗고, 실을 잣고, 옷감을 짜고, 재단하고, 시장에 내다 파는 일을 모두 했단 말이야. 그런데 공장에서는 한 사람이 한 가지 작업만을 하루 종일 했단다.

가정에서 옷감을 짜던 사람들은 누가 시키지 않아도 일을 했어. 옷감을 짜는 만큼 돈이 들어왔으니까. 게으름을 피우거나 낮잠을 자면 그만큼 옷감을 적게 만들게 되고, 그만큼 벌이가 줄게 돼. 그게 심해지면 식구들이 배를 곯아야 해! 그러니까 누가 시키지 않아도 열심히 일을 할 수밖에 없었던 거야.

그러나 공장에서는 그렇지 않았어. 하루에 짠 옷감의 양만큼 직공들에게 급료가 지불되는 게 아니었어. 직공들은 옷감이 완성되기까지의 과정 중에서 어느 한 작

여자들과 어린아이들이 공장으로

업만을 맡았고, 그래서 일을 한 시간만큼 급료를 받았단다. 그러면 어떻게 될까? 직공들이 잠시도 한눈팔지 않고 일만 하도록 늘 감시하는 사람이 있어야 했어. 직공들은 이 감시자들을 '감독'이라고 불렀어. 감독들은 직공들을 잔인하게 대했어. 돈을 받아 가는 만큼 일을 하게 하려는 것이었지. 다시 말하면, 돈을 주는 만큼 우려내려는 것이었단 말이야. 그래서 직공들은 멍하니 창밖을 내다보거나, 잡담을 하거나, 밥을 먹을 때 15분 이상이 걸리거나 하면 벌금을 내야 했어. 심지어는 하루 종일 단 한 번도 화장실에 보내 주지 않는 날도 있었단다!

직조 공장에서 일하는 어린아이와 여자들

또 오래지 않아서 공장 주인들은 굳이 어른 남자가 아니더라도 기계를 돌릴 수 있다는 것을 알게 되었어. 여자와 어린아이들도 얼마든지 기계를 돌릴 수 있고, 게다가 훨씬 싼값에 부려 먹을 수 있다는 걸 알아차렸어! 그래서, 집에서 일을 해서는 식구들을 먹여 살릴 수가 없어서 공장에 나온 어른 남자들이 이제는 거기서도 떨어져 나올 판이 되었어. 식구들을 먹여 살리려고 공장에 나가는 어린아이들이 날이 갈수록 늘어났어. 어린아이들은 하루 종일 기계 앞에 서서 일을 해야 했고, 너무 오래 서 있다 보니까 다리가 안으로 휘어졌어. 옆 사람과 떠들거나 서로 얼굴을 쳐다보기만 해도 벌금을 내야 했어. 또 면화 공장에서 일하는 아이들은 하얀 털 가루를 하루 종일 마셔야 했어. 그러니 어떻게 되었겠어? 그 가루가 폐에 쌓여서 숨을 제대로 쉴 수 없었겠지. 수많은 아이들이 폐가 막혀서 죽었단다!

영국의 시인 윌리엄 블레이크라는 사람은 이 가혹한 공장 노동에 대해 거세게 항의했어. 그는 공장들이 영국을 기독교의 왕국인 '예루살렘'에서 신의 심판이 내려질 속세의 나라로 바꾸고 있다고 썼어.

　　신의 노여움의 빛이
　　구름 덮인 언덕들을 비추네,
　　저 악마 같은 검은 공장들 사이에
　　예루살렘이 지어졌던가?

시인 윌리엄 워즈워스도 돈 때문에 수많은 사람들의 생명이 희생당하는 것을 강하게 비난했어.

　　남자들, 처녀들, 총각들이
　　어머니들과 어린아이들, 소년과 소녀들이

여자들과 어린아이들이 공장으로　459

저마다 몸에 밴 그 일을 다시 시작하네,
왕국의 최고의 우상인 '이윤*'에게
영원한 희생을 바치는 저 사원에서.

* 이윤 : 이익.

영국 정부는 공장의 환경을 개선하기 위한 법률을 만들려고 했어. 그러나 공장을 돌려서 엄청난 돈을 버는 부자들이 거세게 반대했어. 부자들의 거센 반대에 부딪친 정부는 그저 있으나마나 한 법률들만 몇 가지 통과시켰을 뿐이야. 그 중에서 '공장법Factory Act'이라는 게 있었는데 말이야, "어린아이들에게 하루에 12시간 이상 노동을 시켜서는 안 된다." "여덟 살이 안 된 어린아이는 공장에서 일을 할 수 없다."라는 것이었어!

이게 대체 무슨 뜻이지? 고작 여덟 살짜리 어린아이를 해가 뜰 때부터 해가 질 때까지 공장에서 일을 시켜도 법적으로 아무 문제가 없다는 게 아니겠어? 영국 전 지역에서, 그리고 이내 유럽 전 지역에서, 어린아이들과 여자들이 성인 남자들과 함께 섞여서 노동을 하게 되었어. 너무도 춥고 참담한 환경 속에서, 고작 굶어 죽지 않을 만큼의 돈을 벌려고!

기계를 때려 부순 러다이트 운동

공장이 늘어나는 것을 반대하지 않은 사람들도 있었어. 미국의 알렉산더 해밀턴이라는 정치가는 공장이 국가의 이익에 크게 보탬이 된다고 주장했대. 이제까지는 특별한 기술을 배우지 못한 사람들은 거의 거지나 도둑이 되어야 했지만, 이제는 공장에 취직해서 돈을 벌 수 있게 되었다는 것이었어. 해밀턴은 심지어 공장 주인들이 어린아이들을 고용하는 것은 그들을 위해서 '좋은' 일을 하는 셈이라고까지 주장했어. 해밀턴은 이렇게 썼단다. "공장 덕분에 여자들과 어린아이들도 사회에 유익한 기여를 할 수 있게 되었고, 특히 어린아이들은 훨씬 더 이른 나이에 그들의 가치를 인정받게 되었다."

그러나 실을 잣고 옷감을 짜는 등의 기술을 가진 사람들은 그 일을 할 수 없게 되었어. 남보다 더 질 좋고 아름다운 옷감을 짤 수 있다는 걸 자랑으로 여겼던 사람들조차도 이제는 공장으로 내몰리지 않을 수 없게 되었어. 그들은 어두컴컴하고 시끄러운 곳에서 어떤 한 가지 작업만을 신물이 나도록 반복해야 했어.

마침내 영국에서 일이 터졌어. 직조공(천 짜는 일을 하는 사람)들과 방적공(실 뽑는 일을 하는 사람)들이 공장을 습격해서 기계를 부수기 시작했단다. 목수와 대장장이와 재단사 같은 다른 기술자들이 곧 거기에 힘을 보탰어. 기계 때문에 먹고 살아갈 수단을 잃을 날이 멀지 않았다는 것을 그들도 깨달았던 것이야. 지하 저항군이 조직되었어. 스스로를 '네드 러드 장군General Ned Ludd'이라고 부르던 어떤 수수

께끼의 남자가 그들의 지도자였어. 그가 누구인지, 왜 그런 이름을 붙였는지는 아무도 몰라. 하여간에 영국 전 지역에서 수많은 노동자들이 '러드 장군의 군대'에 들어갔어. 그래서 그들은 '러다이트Luddites'라는 이름으로 불렸단다. 그들은 여러 부대로 조직되었고, 싸울 준비를 갖췄으며, 자기들끼리만 아는 악수 방법을 갖고 있었어. 그들은 또 '프리 리버티!Free Liberty'라고 하는 암호를 갖고 있었어. 그들은 전쟁 노래를 부르고, 도끼와 망치를 흔들면서 공장으로 진격했어. "우울하고 어둡구나, 빵 한 조각을 위해서 목숨 걸고 싸워야 하는 신세여!"라는 가사로 시작되는 노래가 있었고, 또 이런 노래도 있었대.

영국의 압제자들이여,
너희 족속은 곧 망하리라.
너희들이 저지른 죄의 값을
기어이 치르고야 말리라.

러다이트들은 닥치는 대로 기계를 부수고 공장을 허물었어. 그들은 가난에 찌든 공장 노동자들의 영웅이 되었어. 그 시절에 유명했던 노래 중에 이런 게 있단다.

용감한 로빈 후드를 기리는 옛 노래는 이제 그만 부를 거야
신출귀몰 그의 재주를 난 이제 흠모하지 않아.

이제 난 러드 장군의 업적을 노래할 거야

그분이 이제는 노팅엄서*의 영웅이니까!

* 노팅엄서 : 로빈 후드의 활약으로 유명해진 잉글랜드 중부 지역으로 주도는 노팅엄. 노팅엄의 직물 공장에서 러다이트 운동이 시작되었음.

지금도, 컴퓨터 같은 새로운 기계의 역할을 의심하는 사람들을 '러다이트'라고 부른단다. 그러나 그들이 기계를 부순 것은 새로운 과학적 발견과 발전을 싫어해서가 아니었어. 그들은 단지 오랫동안 자기들을 지탱해 왔던 삶의 방식이 송두리째 뽑히는 데 분노했던 거야. 가정에서의 노동만으로는 먹고 살 수가 없게 되었어. 그래서 공장에 나가서 일을 해야 했고, 아니면 굶어 죽어야 했어. 급료를 얼마나 받게 되는지, 하루에 몇 시간씩 일을 해야 하는지를 공장 주인들이 마음대로 결정했어. 공장 주인들에게는 그럴 힘이 있었고, 노동자들에게는 아무 힘이 없었어. 일한 만큼의 대가를 달라고 요구할 힘도 없고, 작업 시간을 줄여 주고 주말에는 쉬게 해 달라고 요구할 힘도 없었어. 늘 어두침침한 작업장을 더 밝게 해 달라고도 할 수 없고, 점심 시간에 음식을 천천히 씹어 먹을 수 있도록 시간을 충분히 달라고도 할 수 없었어. 일주일에 엿새를 일해야 했고, 일요일에도 또 한나절을 일해야 하는 경우도 있었어. 그런 요구를 하는 사람들이 물론 있었겠지만, 공장 주인들은 상관하지 않았어. 그런 요구를 하는 노동자는 내쫓아 버리면 그만이었으니까. 온 나라에 배를 주린 사람들이 들끓고 있었기 때문에 언제든지 새로운 직공을

구할 수 있었으니까.

기계를 부수면서 거세게 대항하는 사태가 몇 년이나 계속되었어. 마침내 영국 정부가 공장 주인들의 편을 들고 나섰어. 기계를 부수는 자들은 무거운 벌에 처한다는 내용의 법률이 속속 통과되었단다. 기계를 부수다가 적발된 자는 사형까지도 당할 수 있게 되었어! 공장을 지켜 주려고 군대가 동원되었어. 그리고 정부는 그나마도 일을 할 수 있는 것을 다행인 줄로 알라고 노동자들에게 말했대.

그러나 일을 할 수 있다는 것을 다행인 줄로 아는 노동자들은 그리 많지 않았어. 어느 노동자는 이렇게 말했다는구나. "뜨끈뜨끈한 불기운 속에서 허리가 휘도록 일을 하다 보면 문득 내가 지금 악마한테 쫓기고 있는 게 아닌가 하는 생각이 들었다. …… 그런데도 우리는 하나님께서 우리에게 정해 주신 곳에서 일을 하고 있는 것이라고 생각하며 만족하라는 소리를 들어야 했다. 그러나 아무리 생각해도 하나님이 우리를 그런 자리에 정해 주신 거라고는 믿고 만족할 수가 없었다."

미국에서는 토머스 제퍼슨을 비롯한 지도자들이 노동자들의 심정을 헤아렸던가 봐. 제퍼슨은 알렉산더 해밀턴에게 보낸 편지에서 이렇게 썼대. "일할 토지가 있는 한, 우리는 우리 국민이 그러한 가혹한 노동에 처해지는 사태가 벌어지지 않기를 빕시다. 그런 일은 유럽 사람들한테나 맡겨 두자고요." 제퍼슨은 면화와 양모와 목재 같은 원료를 유럽으로 싣고 가서 그곳의 공장에서 제품을 만들어 가지고 온다면, 미국이 훨씬 더 살기 좋은 나라가 될 것이라고 생각했어. 제퍼슨은 공장에 대해 "사람의 몸에 돋은 종기가 그 사람의 힘을 빼 버리는 것처럼, 공장이라는 것은 정부가 움직이는 데 엄청난 부담이 될 것입니다."라고 해밀턴에게 말했단다. 그러나 미국의 사업가들은 엄청난 돈을 손쉽게 벌어 주는 공장의 매력을 떨치지 못했어. 이내 미국에도 공장들이 속속 생겨나기 시작했어. 보스턴과 뉴욕 같은 대도시의 변두리가 공장 지대로 변했어. 노동자들이 공장 근처에서 모여 살게 되고, 다닥다닥 붙은 작은 집들이 너저분한 마을을 이루었어. 벌이가 너무도 적어서 두세 가구가 한 집에서 사는 경우도 허다했대. 가난한 사람들이 모여서 '슬럼 slum' 이라고 하는 지저분한 주거지를 이루게 되었고, 그곳에는 도로를 낼 수도 없고 수도관을 묻을 수도 없었어. 뚜껑을 덮지 않은 하수구에 사람의 배설물이 그대로 버려졌어. 하수구가 쓰레기 구덩이가 되어서 독한 가스를 내뿜었고, 푹푹 찌는 무더운 날에는 그 가스가 폭발해서 불이 나기가 일쑤였단다. 장티푸스와 콜레라 같은 무서운 전염병이 돌아서 수많은 가난한 사람들이 한꺼번에 죽어 나가기도 했어. 일자리를 구하러 미국으로 건너온 어느 아일랜드 사람은 고작 2주일도 못 가서 중노동에 지친 채 전염병에 걸려서 죽어 버리기도 했단다. 제퍼슨의 말이 옳았던 것이야. 공장 지대의 빈민가가 미국이라고 하는 몸뚱이에 돋은 종기가 되어 버렸어!

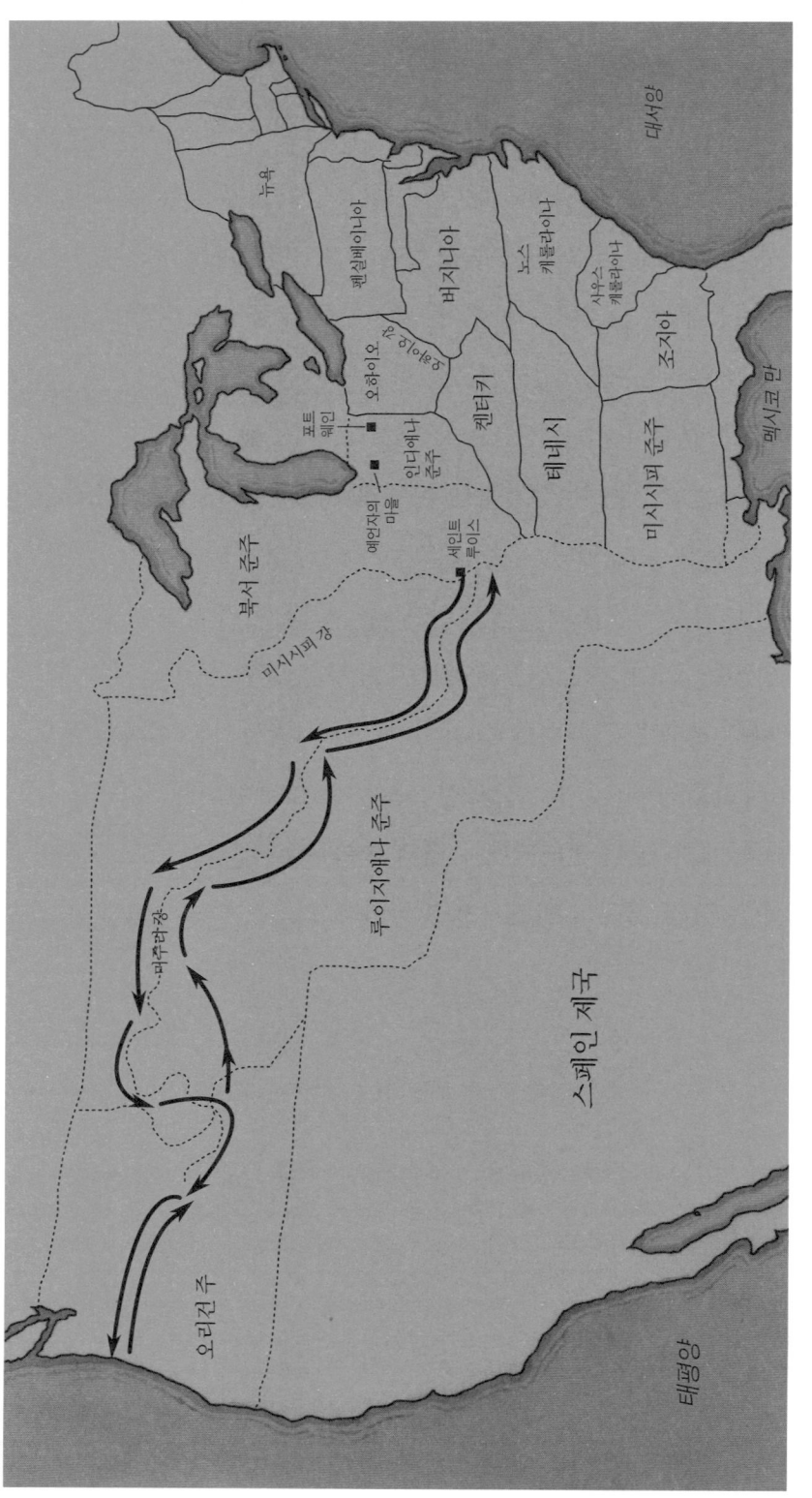

제32장 길 트는 서부

루이스와 클라크의 미국 서부 탐사

그 무렵에 미국 땅에서 살던 사람이 동쪽을 쳐다보면 보스턴과 뉴욕 변두리의 빈민가가 유독 눈에 띄었을 거야. 그러나 그 사람이 서쪽을 향해 돌아서면 그 앞에는 참으로 아름다운 풍경이 펼쳐져 있었단다. 드넓은 벌판들과 울창한 숲들과 치솟은 산들이 미국인들의 발길을 기다리고 있었어.

최초의 열세 개 주의 바로 서쪽에 중서부 준주가 놓여 있었어. 미국 독립 전쟁 이후에 영국은 미합중국에게 미시시피 강 동쪽의 땅을 모두 넘겨주었어. 이제는 주가 된 열세 개의 식민지들은 그 땅을 '준주territory(準州)'로 나누기로 합의했어. 한 준주에 일정한 수의 인구가 들어차면 하나의 주로 인정받고, 미합중국에 편입되었어. 지금까지 테네시와 켄터키의 두 준주가 주로 승격했단다. 그 나머지 땅은 아직 인디애나 준주, 북서 준주, 미시시피 준주 등의 세 준주로 갈라져 있었어.

대통령이 된 토머스 제퍼슨이 나폴레옹한테서 루이지애나 준주를 사들였어. 이제 미국은 미시시피 강 저편에까지 이르는 서부의 땅을 갖게 된 것이었지. 제퍼슨은 미국인들이 그 땅의 곳곳에 마을을 짓고 농장을 일구어 주기를 원했어. 그러나 서

부로 이주민들을 보내기에 앞서서 반드시 해야 할 일이 있었어. 도대체 그곳에 무엇이 있는지를 알아야 했던 거야. 미시시피 강 저편의 땅이 어떻게 생겼는지를 아는 사람은 아직 아무도 없었어.

제퍼슨은 루이스와 클라크라는 두 명의 모험가를 물색해서 루이지애나 준주 저편을 탐사하고 지도를 그리게 했어. 메리웨더 루이스Meriwether Lewis는 육군 대위로서, 제퍼슨의 개인 비서로 발탁되었던 사람이야. 윌리엄 클라크William Clark는 루이스의 친구로서, 같은 부대에서 복무했던 사람이야. 그 두 사람이 배를 만들고 열세 명의 탐사대를 구성했어. 루이스와 클라크는 장비와 물자를 싣고 대원들과 함께 미시시피 강을 거슬러 올라가기 시작했어. 배에는 루이스의 털북숭이 애견 스캐넌도 타고 있었어.

루이스와 클라크는 미시시피 강의 발원지까지 올라간 다음에 서쪽으로 가서 루이지애나 준주의 미지의 땅을 탐사할 계획이었단다. 그들은 빠른 물살을 거슬러 올라가느라 무진 애를 먹었어. 대원들이 물에 들어가서 밧줄로 배를 끌어야 했어. 모기와 각다귀(모기 비슷한 곤충. 모기보다 더 크고 회색임)가 머리와 어깨를 물어뜯고, 물뱀이 무릎에 휘감겼어. 그들은 그렇게 고생을 하면서 이윽고 지금의 노스다코타 주 땅으로 들어갔어. 우호적인 원주민 부족들이 사는 곳을 지나고, 몹시 적대적이고 사나운 테턴 수 족(다코타 족이라고도 함)의 전사들이 숲에서 나타났다 숨었다 하는 미지의 땅을 거쳤어. 떠나온 지가 벌써 6개월이 지나가고 있었어. 날씨가 추워지기 시작했어. 벌써 11월이 되어 있었고, 눈이 내려서 그들의 길을 막을 때가 적지 않았어.

루이스와 클라크는 탐사를 중단하고 캠프를 차려서 겨울 한 철을 보내기로 결정했어. 그들은 매나단 족이 사는 땅에 캠프를 차렸어. 매나단 족은 온순한 사람들이었어. 매나단 족은 이미 백인들에게 익숙해져 있었단다. 모피를 사려고 북쪽에서 내려온 캐나다 장사꾼들을 상대한 경험이 많았기 때문이야. 루이스와 클라크는 대원들을 지휘해서 요새를 짓기 시작했고, 크리스마스 날에 요새의 공사가 끝났어. 그들은 요새의 지붕에 미국 국기를 걸었어. 그 요새는 미국 땅에서 가장 서쪽에 위치한 기지가 된 것이야.

봄이 오기를 기다리는 동안 루이스와 클라크는 매나단 족과 거래를 하러 온 백인 캐나다 장사꾼 한 사람을 만났어. 그는 프랑스 어를 했는데, 영어는 아주 조금만 할 줄 알았단다. 대원들 중에서 프랑스 어에 능한 사람이 통역을 맡았어. 이름이 샤보노Charbonneau인 그 캐나다 장사꾼은 원주민들의 말을 몇 가지 할 줄 알았대. 샤보노는 원주민 여자와 결혼했는데, 아내인 사카자웨어Sacagawea는 원주민들의 말을 훨씬 더 많이 알고 있었단다. 샤보노는 봄이 되어 탐사대가 다시 길을 떠날 때 자기들도 같이 가고 싶다고 했어. 장차 루이스와 클라크가 만나게 될 원주민들과 대화를 할 때, 그와 아내가 통역을 해 주겠다는 것이었지.

루이스와 클라크가 허락했어. 4월이 되어 탐사대는 다시 출발했어. 그런데 그 사이에 사카자웨어가 아기를 낳았어. 그래서 고작 2개월 된 아기를 안고 있었는데, 아기의 이름은 장밥티스트였단다. 대원들은 아기를 '폼피'라는 별명으로 불렀어.

사카자웨어
미국에서 만든 1달러 동전이야. 미국 사람들이 지폐를 더 좋아하기 때문에 지금은 만들어지지 않는다고 하네. 이 동전에는 서부 탐사를 도와주었던 사카자웨어의 얼굴이 그려져 있어. 지금도 미국 사람들은 아기를 업고 서부 탐사를 도와주었던 그녀가 꽤 고마운 모양이야.

서쪽을 향해 다시 출발한 탐사대는 곧 미주리 강과 옐로스톤 강이 합쳐지는 곳에 당도했어. 루이스는 거기서 캠프를 차리고 식량을 사냥하기로 결정했어. 그는 소총을 들고 사냥을 하러 나갔다가 거기서 엄청나게 큰 곰을 만났어.

루이스가 총을 겨누고 쏘았어. 총알을 맞은 곰이 두 앞발을 치켜들고 벌떡 일어섰어. 그러나 그 곰은 겁 많은 검은곰이 아니었어. 동쪽 지방에서 흔히 보았던 곰들과는 전혀 다른 곰이었단 말이야. 그 곰이 바로 저 악명 높은 회색곰 '그리즐리베어'였어. 회색곰은 달아나기는커녕 휙 뒤로 돌아서서 루이스를 향해 돌진했어. 그는 걸음아 날 살려라, 도망을 쳤어. 정신없이 뛰면서 총에 총알을 재고, 휙 돌아서서 총을 쏘았어. 루이스는 너무도 아슬아슬한 순간에 회색곰을 쓰러뜨렸단다. 죽여 놓고 보니까 정말로 이제까지는 보지 못했던 거대한 곰이었어. 코에서 발톱까지의 길이가 거의 2미터 70센티미터나 되었대.

탐사대가 위험에 처한 것은 그때뿐이 아니었어. 이제 그들은 로키 산맥Rocky Mountains에 다가가고 있었어. 로키 산맥은 북아메리카의 '대륙 분수령'이야.

대륙 분수령은 북아메리카 대륙의 한가운데를 가르는 산맥이야. 산맥의 동쪽에 떨어진 빗방울은 비탈을 타고 동쪽으로 흐르고 흘러서 마침내 대서양에 이르게 돼. 그러나 불과 한 뼘도 안 되는 차이로 서쪽에 떨어진 빗방울은 서쪽으로 흘러가서 태평양에 이른단다. 그 산맥만 넘으면 탐사대는 어느 강에서 배를 타든지 태평양 해안까지 갈 수 있는 거야.

탐사대는 로키 산맥을 향해서 비탈을 오르고 또 올랐어. 루이스가 몇 명의 대원들

과 함께 정탐을 나갔어. 그들은 쇼쇼니 족을 찾아보려는 것이었어. 산맥을 건너가려면 말이 꼭 필요했고, 그래서 쇼쇼니 족한테서 말을 사려고 했던 거야.

루이스 일행은 용케도 쇼쇼니 족 사람들을 만났어. 루이스는 그들을 설득해서 추장을 만났어. 쇼쇼니 사람들은 태어나서 처음 보는 백인들을 수상쩍게 여겼지. 이 자들이 우리 땅까지 무얼 하러 왔을까? 혹시 우리를 공격하려고 미리 염탐(몰래 조사함)을 하러 온 건 아닐까? 루이스는 때마침 클라크와 다른 대원들이 그들의 뒤를 따라온 걸 보고 안도의 한숨을 내쉬었어. 사카자웨어의 통역으로 자기들이 나쁜 뜻을 전혀 품고 있지 않다는 것을 추장에게 알릴 수 있었기 때문이야.

쇼쇼니 사람들과 미국 사람들이 한자리에 앉았어. 이야기가 너무도 느리게 진행되었어. 사카자웨어는 추장의 말을 곧장 영어로 통역해 낼 만큼 영어를 잘하지 못했단다. 그래서 그녀는 추장의 말을 그녀의 남편이 알아들을 수 있는 다른 원주민 부족의 말로 먼저 옮겼어. 그 말은 미네토레라는 부족의 말이었는데, 샤보노는 또 미네토레 말을 곧장 영어로 옮길 만큼 영어가 능통하지 않았기 때문에 그 말을 프랑스 어로 통역했어. 그리고 프랑스 어를 할 줄 아는 대원이 그의 말을 루이스와 클라크에게 영어로 옮겨 주었어. 그 과정이 거꾸로 되풀이되었어. 두 대장이 영어로 대답하면 우선 프랑스 어로 옮겨지고, 다음에는 미네토레 어로 옮겨지고, 그 다음에 쇼쇼니 어로 옮겨지는 거야. 그러다 보니까 한 마디를 하는 데도 시간이 오래 걸릴 수밖에.

갑자기 사카자웨어가 벌떡 일어나더니 추장에게 달려갔어. 두 사람이 얼싸안았어. 한참 이야기를 하다가 그녀가 갑자기 그 추장이 누구인지를 알아차렸던 거야. 사카자웨어는 원래 쇼쇼니 족의 딸이었는데, 어릴 적에 납치를 당했어. 그런데 알고 보니까 그 추장이 바로 자기의 오빠였던 거야.

사카자웨어가 루이스와 클라크가 말을 사려고 한다고 오빠에게 말했어. 추장은 서른 필의 말을 서른 자루의 총과 바꾸기로 약속했어. 마침내 탐사대는 산맥을 넘어가는 데 꼭 필요한 말을 구했어.

너무도 춥고 힘들었어. 산에 눈이 덮여 있었어. 대원들은 사슴이나 버팔로(아메리카 들소)를 잡아서 고기를 먹고, 사카자웨어는 그들에게 야생 양파나 순무 같은 것을 먹는 법을 가르쳐 주었어. 이윽고 그들은 풀이라고는 거의 없는 벌거숭이 바위산에 눈과 얼음이 덮인 곳에 당도했어. 이대로 가다가는 모두가 굶어 죽지 않으리라는 보장이 없었어. 클라크는 그의 일기에서 이렇게 썼어. "물고기조차 없고, 풀이란 풀은 모두 말들이 먹어 치웠다. 바위뿐인 산은 갈수록 더 가팔라지고, 대원들도 말들도 모두 지칠 대로 지쳤다. …… 나는 흠뻑 젖은 채로 바들바들 떨었다. 이윽고 우리는 얼어붙은 작은 개울가에 캠프를 차렸다. 그러나 먹을 것이라고는 아무것도 찾을 수 없었다. 나는 그 개울을 '헝그리 크리크Hungry Creek'(배고픈 개울)라고 이름 지었다." 그들은 어쩔 수가 없어서, 제일 허약해 보이는 말을 잡아서 주린 배를 채웠대.

말고기 덕분에 그들은 굶어 죽지 않았어. 그러나 자꾸 말을 잡아먹을 수는 없었어. 말이 줄면 걸음이 더뎌지게 마련이고, 그러면 굶어 죽기 전에 얼어 죽을지도

모를 지경이었으니까. 그래서 그들은 사냥개 몇 마리를 잡아먹었단다. 클라크는 개고기가 너무 역겨워서 간신히 삼켰대. 그러나 알고 보니까 루이스는 개고기도 먹을 만하다 싶을 만큼 맛있었다고 일기에 썼어. (물론 그의 애견 스캐넌은 무사했어.)

이윽고 탐사대는 산맥을 넘어서 서쪽으로 흐르는 강을 발견했어. 그들은 강가의 어느 원주민 마을에서 음식을 얻어먹고, 그 강이 컬럼비아 강의 지류(원줄기로 흘러 들어가는 물줄기)인 클리어워터라는 이름의 강이라는 걸 알게 되었어. 컬럼비아 강은 태평양으로 흘러 들어간단다! 대원들은 거대한 통나무로 카누를 만들어서 타고 강을 따라 내려갔어. 그리고 11월의 어느 날, 클라크는 일기에 이렇게 썼단다. "대원들이 기뻐서 환호성을 질렀다. 마침내 우리 앞에 바다가 나타난 것이었다. 그토록 보고 싶어 했던 태평양이 바로 우리 앞에 펼쳐져 있었다!"

또다시 겨울이 왔어. 그들은 다시 한 번 캠프를 차리고 겨울을 보낸 후 봄이 되자, 왔던 길을 되짚어서 돌아갔어. 루이스와 클라크는 3년 만에 돌아왔단다. 맹장염으로 죽은 한 명만을 제외하고 모든 대원들이 무사히 살아 돌아왔어. 사카자웨어는 어린 폼피를 안은 채로 그 먼 길을 끝까지 함께했대.

루이스와 클라크는 수많은 원주민 부족들을 만났고, 낯선 식물들과 동물들을 발견했어. 그들은 보았던 모든 것들을 글과 그림으로 자세하게 묘사했고, 서부로 가는 길을 표시한 지도들을 그렸어. 그리고 곧, 수많은 사람들이 루이스와 클라크가 개척한 길을 따라서 아득히 먼 서부의 땅으로 몰려가기 시작했어.

백인에게 저항한 테쿰세

루이스와 클라크가 그린 지도 덕분에 백인들이 서쪽으로 진출할 수 있었어. 새로운 곳에 터전을 잡고 살러 가는 사람들도 있었고, 덫으로 짐승을 잡고 가죽을 팔아서 돈을 벌려고 간 사람들도 있었어. 억센 사냥꾼들이 로키 산맥 자락의 몹시 거친 땅에 집들을 짓기 시작했어. 이 산 사나이들은 무슨 짐승이든지 닥치는 대로 잡아먹으며 살았어. 쇠로 만든 덫으로 개울에서 비버를 잡고, 가죽을 벗겨 말려서 원주민들이나 캐나다에서 온 장사꾼들에게 팔았어. 원주민 여자들하고 결혼한 사람들도 많았대.

더 서쪽으로 가서 오하이오밸리와 그 너머에서 집을 짓고 토지를 개간한 사람들도 있었어. 근처에 사는 원주민 부족들 중에는 백인들을 환영하는 부족들도 있고, 두려워하는 부족들도 있었어. 두려워하는 이유는 그들이 차지하고 살아왔던 땅을 백인들이 뺏으려고 했기 때문이야.

쇼니 족Shawnee에 테쿰세Tecumseh라는 이름의 남자가 있었어. 그는 아주 어렸을 때부터 백인들을 무서워해 왔어. 테쿰세가 여섯 살이었을 때 아버지가 백인들에게 죽음을 당했기 때문이었어. 아버지를 잃은 어린 테쿰세를 쇼니 족의 추장 블랙피시가 양자로 들여서 키웠어. 블랙피시는 백인 정착민들한테서 납치해 온 여러 명의 백인 아이들까지 양자로 삼았대. 그는 백인과 쇼니 족의 양자들이 백인 정착민들을 미워하고 증오하도록 가르쳤단다.

테쿰세

테쿰세는 열다섯 살이 되었을 때 블랙피시를 따라서 오하이오밸리로 이주해 온 백인들을 공격하러 갔어. 쇼니 족이 백인 남자 한 명을 사로잡아서 말뚝에 묶고 불태워 죽였어. 격분한 테쿰세가 쇼니 족의 전사들에게 소리쳤어. "포로를 학대하면 안 됩니다. 이런 잔인한 짓을 하면 안 돼요. 우리는 정정당당하게 싸워야 해요." 테쿰세가 너무도 화를 내자, 전사들은 다시는 그가 보는 앞에서는 포로를 학대하지 않았대.

그러나 테쿰세는 백인 포로를 학대하는 것은 원하지 않았으나, 그의 동족들이 침략자들을 물리치기 위해서 전쟁을 치르고 있다는 것을 모르지는 않았어. 그는 자기도 백인들을 공격해서 죽이겠다는 의지를 불태웠단다. 테쿰세는 북서 준주의 백인 마을들과 요새들을 공격하는 전사들의 선두에 서서 싸웠어, 형제들도 같이. 그는 두 형제를 싸움터에서 잃었대.

시간이 지나면서 테쿰세는 다른 부족들이 백인들과 협상을 맺고, 그들로부터 선물을 받고 땅을 내주려 한다는 걸 알게 되었어. 테쿰세는 또다시 격분했어. 그는 이렇게 외쳤단다. "우리는 이 땅의 주인이 아니다. 땅은 공기나 물과 같은 것이다. 땅은 누구의 것도 아니다. 우리는 다 같이 땅을 이용할 뿐이다!"

그러나 테쿰세는 백인들의 생각을 닮아 가는 원주민들이 날이 갈수록 많아진다는 것을 또 알아차렸어. 원주민들은 자기들이 사는 땅은 자기들의 소유니까 백인들에게 팔아도 된다고 믿었어. 테쿰세는 백인들을 물리치려고 싸우는 것보다 더 큰 문제가 있다고 생각했어. 원주민들이 그들이 사는 땅으로 몰려오는 백인들처럼 생각하고 행동하는 것을 막아야 한다는 것이었어.

테쿰세는 그의 군대를 막내 동생의 군대와 합쳤어. 그의 막내 동생 텐스콰타와 Tenskwatawa는 아주 이상하고 무시무시하게 생긴 설교자였어. 그는 어렸을 적에 실수로 눈에 화살을 맞았는데, 그 바람에 오른쪽 눈이 아래로 축 처졌고 얼굴의 오른쪽 절반이 심하게 일그러졌어. 그 흉측한 얼굴 때문에 그의 설교는 더욱 무시무시하게 들렸어. 텐스콰타와는 자기가 '그레이트 스피리트'(신령)가 계시는 곳에 갔다 왔으며, 신령님께서 원주민들에게 전하는 말씀을 받들어 가지고 왔다고 주장했어. 그는 신령님께서는 그분의 자식들이 백인들처럼 생각하고 행동하는 걸 아시고 몹시 화를 내셨으며, 한시라도 빨리 고치지 않으면 땅을 영영 잃게 될 것이라 말씀하셨다고 전했어. 그는 이렇게 설교했대. "백인들이 준 술을 마시지 마라. 그들이 준 털옷과 무명옷(면으로 만든 옷)도 입지 마라. 그들과 조약을 맺어서도 안 된다. 이 땅은 우리의 소유가 아니기 때문이다. 백인들과 결혼을 해서도 안 된다!" 이러한 설교를 듣고 원주민들은 그를 '예언자'라고 불렀대.

테쿰세는 텐스콰타와가 정말로 신령님이 계시는 곳에 갔다 왔다고는 믿지 않았어. 그러나 동생의 설교가

텐스콰타와

자기의 생각과 똑같다는 게 마음에 들었어. 테쿰세는 모든 원주민 부족들이 연합해서 백인들과 싸우게 되기를 원했어.

테쿰세의 형제들이 모두 모여서 '인디애나 준주'에 정착했어. 예언자 텐스콰타와가 그들의 조상들이 살아왔던 방식에 대해서 설교를 했어. 테쿰세는 중서부 지역에 사는 모든 부족들을 찾아다니면서 서로 힘을 합치자고 설득했단다. 그리고 수많은 원주민들이 '예언자 마을'이라는 별칭으로 불리는 그 정착지에 와서 함께 살았어.

인디애나 준주의 총독 윌리엄 헨리 해리슨William Henry Harrison이 북서부 지역에 사는 모든 부족의 추장들을 그의 사령부인 포트 웨인으로 초대했어. 그러나 해리슨은 테쿰세는 초대하지 않았어. 해리슨은 추장들을 설득해서 땅을 사려고 했어. 그는 추장들에게 미국 정부가 그들의 땅을 사고 싶어 한다고 말하고 나서, 근처에서 진을 치고 있던 수백 명의 병사들을 가리켰대. 그는 이렇게 말했다는구나. "우리는 마음만 먹으면 당신들의 땅을 힘으로 뺏을 수 있소. 그러나 우리는 땅값을 제대로 쳐주려는 거요. 우리의 생각이 변하기 전에 우리 제의를 받아들이는 게 좋을 것이오."

테쿰세가 염려했던 바로 그 제의였어. 그러나 병사들을 보고 겁을 먹은 추장들은 1천2백만 제곱킬로미터의 땅을 넘겨주면 7천 달러를 주겠다는 해리슨의 제의를 받아들였어.

그러한 거래가 이루어졌다는 소식을 듣고 분노한 수많은 원주민들이 예언자 마을로 몰려왔어. 싸우기를 즐기는 원주민 전사들이 한곳에 모이고 있다는 사실을 안 해리슨은 예언자 텐스콰타와에게 전령을 보내서 이렇게 말했단다. "내가 당신을 워싱턴으로 데리고 가서 우리 백인들의 위대한 아버지를 만나게 해 주겠소!" 해리슨은 예언자가 미국 대통령을 만나 보고 백악관과 워싱턴 시를 구경하고 나면 그만 기가 질려서 다시는 백인들에게 저항을 하지 못하게 될 것이라고 생각했던 거야.

테쿰세는 예언자 대신에 자기가 가겠다는 답변과 함께 전령을 돌려보냈어. 워싱턴에 가겠다는 것이 아니라, 총독의 사령부로 가겠다는 것이었어. 그는 4백 명의 무장한 전사들과 함께 여덟 척의 카누를 타고 그곳으로 갔어. 그리고 전사들을 뒤에 남겨 놓고, 몇 명의 경호원들과 함께 총독의 저택으로 갔어. 테쿰세의 모습을 본 어느 미국 병사는 이렇게 썼단다. "그렇게 멋있는 사나이는 내 생전 처음 보았다. …… 키가 훤칠하게 큰 몸이 아래위로 쭉 뻗었고, 머리에는 화려한 깃털을 꽂은 모습이 너무도 당당하고 위엄이 서려 있었다."

테쿰세는 저택 안으로 들어가지 않겠다고 버텼어. 근처의 나무 그늘에서 기다릴 테니 총독이 거기로 나오라는 것이었어. 밖으로 나온 해리슨이 부하들을 시켜서 나무 그늘에 의자들을 갖다 놓았어. 테쿰세는 의자들을 치우라고 손짓했어. 그는 이렇게 말했어. "신령님이 나의 아버지이시고, 땅은 나의 어머니이시다. 나는 어머니의 품에 안길 것이다." 그리고 그는 풀 위에 앉았어.

해리슨과 그의 장교들은 의자에 앉았지.

테쿰세가 입을 열었어. "당신들은 이 땅을 훔쳤다. 아무도 당신들에게 땅을 팔 수 없다. 이 땅은 어떤 부족이나 어떤 추장의 것이 아니다. 이 땅은 우리 모두의 것이다. 나는 지금 모든 원주민들의 뜻을 당신들에게 말하고 있다. 나는 그들 모두의 지도자이기 때문이다. 우리는 이 거래를 인정하지 않는다. 그건 겁 많고 욕심 많은 자들의 소행일 뿐이다."

해리슨이 말했어. "나는 이 거래를 물릴 수 없다. 그리고 당신네 부족들은 제각기 다른 말을 쓰고, 다들 따로 떨어져서 산다. 그런데 어떻게 당신이 그들 모두의 뜻을 대표한다는 것인가?"

테쿰세가 코웃음을 쳤어. "우리도 미국하고 똑같다. 부족들이 다 독립되어 있지만, 침략자와 싸울 때는 당연히 서로 힘을 합친다. 당신이 무언데 우리한테 이래라저래라 간섭하는가?"

해리슨은 할 말이 궁했지. 그러나 그는 거래를 절대로 물릴 수 없다고 우겼어. 테쿰세와 전사들이 돌아간 후 해리슨은 곧 전투 태세에 들어갔어. 그는 워싱턴에게 전령을 보내서 병사들을 더 보내 달라고 했어. 테쿰세도 전사들을 더 끌어 모았어. 그는 동생인 예언자에게, 자기가 돌아올 때까지 아무 행동도 하지 말고 기다리라고 말해 놓고 급히 남쪽으로 내려갔어. 남쪽에 사는 촉토 족을 만나서 백인들과의 싸움에 가세해 달라고 설득하려는 것이었어.

그러나 촉토 족은 거절했어. 그리고 테쿰세가 돌아오기 전에 해리슨이 부대를 이끌고 예언자 마을로 와서 티피커누 강둑에 진을 쳤어.

예언자 텐스콰타와는 테쿰세가 돌아오기를 기다리지 않았어. 그는 원주민들에게 그의 마술이 백인들의 총알을 못 쓰게 만들 것이니까 안심하고 해리슨의 부대를 공격하라고 말했단다. 전사들은 그의 말을 믿고 공격을 시작했어. 그러나 테쿰세의 지휘를 받지 않은 그들은 아무 작전도 없이 무턱대고 쳐들어가기만 했어. 오합지졸이었던 거야. 해리슨의 부대는 대오를 갖추고 사격을 했어. 수십 명의 원주민 전사들이 쓰러졌어. 예언자의 마법이 통하지 않았던 거야.

예언자가 도망쳤어. 겁에 질린 원주민들도 도망쳤어. 해리슨은 예언자 마을로 쳐들어가서 마을을 불태워 없앴어. 그는 심지어 마을의 무덤을 파헤치고 시체를 꺼내서 던지라고 명령했어. 다시는 원주민들이 그곳에 모여 살지 못하게 하려는 것이었단다.

남쪽에서 돌아온 테쿰세는 마을이 불타 없어졌고, 전사들이 뿔뿔이 흩어졌고, 예언자가 실은 사기꾼이었다고 하는 말이 여러 부족들 사이에 퍼져 있다는 사실을 알게 되었어. 몇몇 충성스러운 전사들이 남아 있었어. 그들은 싸움이 한창일 때 마을을 빠져나가던 예언자를 사로잡아서 묶어 두고 있었어. 테쿰세는 동생의 목에 칼날을 대었지만, 긋지는 못했어. 테쿰세는 다시는 자기 앞에 나타나지 말라고 하면서 예언자를 풀어 주었단다.

그 후 20여 년 동안 예언자는 이 마을 저 마을을 떠돌아다니는 초라한 거지로 살았단다. 원주민 부족들을 하나로 묶으려 했던 테쿰세의 노력은 실패로 돌아가고 말았어.

나폴레옹 보나파르트의 세계

제33장 나폴레옹의 종말

나폴레옹의 전쟁들과 1812년 영·미전쟁

미국에서 사람들이 서부로 이주해 가기 시작할 때, 유럽에서도 또 다른 침략이 벌어지고 있었단다. 프랑스의 황제 나폴레옹이 제국의 영토를 자꾸만 넓혀 갔고, 마침내는 유럽의 거의 전 지역에서 프랑스 국기가 펄럭이게 되었어.

나폴레옹이 트라팔가르 해전에서 크게 패한 후 영국은 오스트리아와 러시아를 끌어들여서 나폴레옹을 아주 끝장내려고 했어. 두 나라가 영국과 힘을 합쳤어. 그러나 나폴레옹은 트라팔가르에서의 패배를 보기 좋게 설욕했단다. 그의 군대가 러시아와 오스트리아 연합군을 아주 박살을 냈거든. 오스트리아는 다시 한 번 이탈리아를 포기할 수밖에 없었어. 나폴레옹은 나폴리 시를 그의 형 조제프 보나파르트Joseph Bonaparte에게 맡겨서 다스리게 했어. 프로이센 군도 나폴레옹을 공격했으나 패배했고, 한 번 물러갔던 러시아 군이 다시 공격했지만 또 지고 말았단다.

러시아의 황제 알렉산드르 1세Aleksandr I는 예카테리나 대제의 손자였어. 그러나 그는 예카테리나의 그 강인한 의지를 물려받지는 못했던가 봐. 그는 나폴레옹과 싸우는 데 그만 지쳐 버렸어. 그래서 그는 폴란드 땅의 일부를 나폴레옹에게 넘겨준다고 약속하고 평화 조약을 맺었어.

이제 나폴레옹은 유럽을 그의 손아귀에 집어넣었어. 그러나 영국만은 어쩌지를 못했단다. 끈질기게 괴롭히는 영국을 도대체 어찌하면 좋을까?

나폴레옹은 바다를 건너서 영국으로 쳐들어가는 것은 어리석은 짓이라는 것을 잘 알고 있었어. 그래서 그는 영국을 굶겨 죽이겠다고 작정했어. 그는 영국의 선박들은 유럽의 어느 항구에도 들어올 수 없다고 선언했어. 나폴레옹은 유럽의 어느 나라도 영국의 상품을 수입할 수 없으며, 음식이나 물자를 싣고 영국으로 가려는 배들은 어떤 나라든지 바다에서 나포될 것이고, 그 선장은 프랑스에 대한 반역죄로 처형을 당할 것이라고 호령을 했단다.

그런데 스페인 반도의 해안에 자리 잡은 작은 나라 포르투갈은 그 말을 듣지 않았어. 포르투갈은 영국과의 무역을 통해서 엄청나게 많은 돈을 버는 나라였단다. 영국 사람들이 굶어 죽는다면 포르투갈 사람들도 굶어 죽을 게 뻔했지.

나폴레옹은 조그마한 나라인 포르투갈이 그에게 반항하도록 내버려 둘 생각이 조금도 없었어. 그러나 육지의 길로 포르투갈을 공격하려면 스페인을 거쳐 가야 했어. 그래서 그는 스페인으로 군대를 이끌고 가서 스페인 국왕을 끌어내렸어. 그는 스페인도 그의 형 조제프에게 맡기고, 포르투갈로 향했어.

그러나 나폴레옹은 포르투갈을 정복하지 못했어. 조제프를 증오하는 스페인 사람들이 잇달아 반란을 일으키는 바람에 군대가 잠시도 눈을 돌릴 틈이 없었기 때문이야. 한편, 러시아의 알렉산드르 1세도 그새 생각이 달라졌어. 그는 나폴레옹과 맺었던 평화 조약을 무효라고 선언했어.

나폴레옹의 넓디넓은 제국은 마치 물고기를 담아 둔 양동이 같은 형편이 되었어. 물고기들이 양동이 안에 갇히기는 갇혔는데, 어떻게든지 바깥으로 나가려고 꿈틀거리며 뛰어오르는 것이었어. 나폴레옹은 가장 큰 물고기인 러시아부터 다시는 꼼짝 못하게 하겠다고 마음먹었어. 그래서 그는 1812년 6월 모든 군사들을 모아서 러시아로 전진했어. 글쎄, 군사의 수가 60만 명이 넘었대.

러시아 군은 그 대군과 맞서 싸우지를 않고 후퇴했어. 나폴레옹 군대는 계속 추격하고, 러시아 군은 후퇴에 후퇴를 되풀이했단다. 늦여름 즈음에 프랑스 군은 맨 앞에서 대열의 맨 끝까지의 길이가 1천 킬로미터나 뻗어 있었대. 나폴레옹은 군대에게 마을을 닥치는 대로 불 지르고 짓밟아 버리라고 명령했어.

9월의 둘째 주에 나폴레옹은 모스크바에 도착했어. 그 아름다운 도시가 거의 텅 비어 있었대. 나폴레옹은 모스크바도 불 질러 버리라고 명령했어. 그리고 그는 알렉산드르에게 사람을 보내서 평화 조약을 맺자고 제의했어.

아무 대답도 오지 않았어.

나폴레옹을 러시아 땅 깊숙이 끌어들이는 게 알렉산드르의 작전이었던 거야. 알렉산드르는 측근들에게 이렇게 말했어. "우리 뒤에는 후퇴할 곳이 얼마든지 있다. 우리는 겨울을 기다렸다가 싸움을 시작할 것이다." 나폴레옹은 옛날에 러시아가 스웨덴 군대를 무너뜨렸던 바로 그 덫에 걸려들었던 거야. 나폴레옹이 알렉산드르

로부터 항복하겠다는 대답이 올 줄 알고 모스크바에 앉아서 기다리던 동안에 날씨가 하루가 다르게 추워지기 시작했어. 아득히 먼 곳까지 후퇴한 알렉산드르는 이렇게 말했대. "평화 조약을 맺기 전에, 시베리아에 가서 감자나 실컷 먹을래."

기다리다 지친 나폴레옹은 마침내 집으로 돌아가자고 명령했어. 그러나 벌써 10월이 되어 있었어. 프랑스 병사들은 자기들이 불 지르고 짓밟았던 러시아의 시골을 거쳐서 돌아가고 있었어. 어디서도 먹을 것을 찾을 수가 없었지. 게다가 그들은 여름 군복을 입고 있었어. 어느 때부터 눈송이가 날리기 시작하고, 기온이 뚝 떨어졌어. 영하 30도까지나! 나폴레옹 휘하의 어느 장군은 이렇게 썼단다. "얼어 죽은 병사들이 길바닥에 널려 있었다. 우리는 연달아 시체를 넘어야 했다." 프랑스 군이 러시아와 폴란드의 국경선인 베레지나 강에 도착했을 때 그 강에는 다리가 하나도 남아 있지 않았어. 러시아 군이 모조리 불 질러 버렸던 거야.

나폴레옹 군은 얼어붙은 강을 꾸역꾸역 걸어서 건넜어. 55만 명이 죽었고, 살아남은 자는 고작 5만 명 정도였단다!

프랑스에 정복당했던 유럽의 다른 나라들은 신이 났어. 프로이센과 독일과 오스트리아와 이탈리아가 프랑스의 지배를 받고 있었는데, 이탈리아 사람들은 "프랑스도 이젠 끝났다!"라고 외쳤어. 프랑스 국민조차도 오랜 전쟁과 죽고 죽이는 것과 파괴에 신물이 났단다. 파리의 거리에서는 사람들이 나폴레옹에 대해서 내놓고 불평을 했어. "황제도 이젠 끝장이야!"라고 수군거리는 사람들도 있었어.

불평의 목소리들이 점점 커져 갔어. 나폴레옹은 패잔병들을 이끌고 급히 파리로

말 탄 나폴레옹
그는 많은 전쟁을 일으키고, 프랑스의 영토를 넓혔어. 하지만 말년은 쓸쓸했단다. 워털루 전투에서 패한 후 세인트 헬레나 섬에서 일생을 마치게 돼.

돌아왔어. 바야흐로 유럽이 그의 손아귀에서 빠져나가려는 판이었어.

바로 그 무렵에 미국 사람들이 영국 사람들과 전쟁을 시작했어.

이미 오래전부터 미국 선장들은 영국인들에 대한 불만이 이만저만이 아니었단다. 영국은 나폴레옹과의 지루한 전쟁을 치르느라고 선원이 딸리는 지경이었어. 그래서 영국 선장들이 바다에서 미국 배들을 붙들어 세우고 미국 선원들을 강제로 끌고 가서 해군에 집어넣었어. 미국 사람들은 캐나다에 있는 영국 병사들이 내려와서, 테쿰세가 이끄는 쇼니 족의 전사들이 백인들을 공격하는 것을 지원하는 데 대해서도 몹시 화를 내고 있었단다. 그래서 미국은 영국에 대해서 전쟁을 선포했어 (이 전쟁을 영·미 전쟁 또는 1812년 전쟁이라고 해).

영국은 미국하고 싸울 생각도 없었고, 그럴 겨를도 없었어. 나폴레옹을 상대하기에도 힘에 부치는 지경이었으니까! 그러나 나폴레옹이 권력을 잃을세라 황급히 파리로 돌아오고 있을 때, 영국은 해군의 일부를 미국으로 보냈어. 영국 배들이 북아메리카 5대호(미국 동부의 5개의 큰 호수)의 이리 호와 미시간 호로 항해해 가고, 병사들이 상륙해서 오하이오로 진격할 준비를 갖추었어.

그러자 테쿰세는 다시 한 번 미국과 싸울 기회가 왔다고 보았어. 그는 쇼니 족은 영국군과 한편이라고 선언했어. 그가 전사들을 이끌고 가서 영국군을 도왔고, 영국군은 북서 준주를 공격해서 디트로이트 시를 점령했단다. 그 전쟁이 꼬박 1년이나 걸렸어.

이제는 미국군의 장군이 된 해리슨이 다시 한 번 테쿰세의 전사들과 싸웠어. 크게 벌어진 전투에서 해리슨은 영국군과 원주민 연합군을 크게 무찌르고 북서 준주 밖으로 몰아냈어. 테쿰세는 전투 중에 죽었는데, 그의 시체가 감쪽같이 사라졌다는구나. 부하들이 어딘가에 몰래 가져다 묻었을 거야, 아마.

미국 군대가 북서 준주를 완전히 장악했지만 영국군은 물러나지 않았어. 이듬해 여름에 영국 배들이 워싱턴 시의 해안에 병사들을 상륙시켰어. 제임스 매디슨 대통령은 영국군 병사들이 워싱턴 시내를 휩쓸고 시청 건물을 불태우기 바로 직전에 몸을 피했단다. 의회 도서관 건물은 수많은 책들과 함께 화염 속에 사라졌어. 영국군은 대통령 관저를 약탈했어. 보물을 훔치고, 빨간 벨벳을 두른 의자들을 수북이 쌓아 놓고 불을 질렀어. 곧 관저 건물이 화염에 휩싸였어.

그러나 영국 사람들은 미국을 아주 점령할 생각은 없었어. 나폴레옹하고 싸우느라 너무도 지쳐 있었기 때문이야. 그래서 두 나라는 평화 조약을 맺었어. 그들은 그 전쟁이 일어나지 않았던 것으로 치자고 합의를 했어. 그래서 전쟁은 어느 쪽도 아무것도 얻은 것이 없는 채로 끝났단다.

프랑스는 나폴레옹에게 이제는 제발 전쟁을 그만두라고 요구하고 있었어. 오스트리아, 러시아, 프로이센, 영국 등은 나폴레옹을 거꾸러뜨리는 그날까지 서로 힘을 합쳐 싸우겠다며 동맹을 맺었어. 나폴레옹도 다시 한 번 군대를 모았어. 그는 유럽 연합군과 싸우기 위해서 프랑스의 국경을 넘어 진군했어.

그가 밖에 나간 사이에 어느 관리가 이제부터 프랑스는 나폴레옹 황제의 지배를 받지 않는다고 선언했어. 기요틴에서 목이 잘린 루이 16세에게 동생이 있었어. 영

국에서 살고 있던 루이 16세의 동생에게 전갈이 전해졌지. 그는 거의 환갑(예순한 살)이 다 되어 가는, 몸이 엄청나게 뚱뚱하고 머리는 몹시 나쁜 사람이었단다. 그가 프랑스로 돌아와서 국왕이 되라는 제의를 수락하고, 루이 18세Louis XVIII가 되었어.

거대한 군대와 맞선 상태에서 국가의 지지마저 잃어버린 나폴레옹은 패배를 인정하지 않을 수 없었어. 영국과 러시아와 오스트리아와 프로이센 연합군의 대표들이 모여서 회의를 한 끝에, 나폴레옹을 지중해의 작은 섬으로 유배시키기로 결정했어. '엘바Elba' 라는 이름의 바위투성이 섬이었어. 연합군의 대표들은 나폴레옹에게, 그렇게도 황제 행세를 하고 싶거든 그 섬에 가서 하라고 말했대. 병사 몇 백 명을 딸려 보낼 테니까 군대를 만들고 싶거든 그렇게 하라고도 했대. 나폴레옹은 이제 폭이 약 11킬로미터밖에 안 되는 작은 섬에서 정어리잡이 배들이 떠다니는 풍경을 보며 올리브 열매가 자라는 과수원이나 거닐면서 남은 인생을 살아야 하는 신세가 되었단다.

나폴레옹의 운명을 바꾼 워털루 전투

'유럽의 괴물' 나폴레옹이 작은 섬에 갇혀서 시간을 보내고 있었어. 실은 그는 인구가 얼마 되지 않는 엘바 섬의 통치자로 임명받았던 셈이고, 그 섬에서 나름대로 정부를 만들어 보라고 몇 명의 관리들을 배정받았어. 거기에는 작은 궁궐이 있었어. 그의 어머니와 누이가 거기에 와서 같이 살았단다. 프랑스 정부는 또 그가 섬의 살림을 꾸려 갈 수 있도록 해마다 돈을 보내 주겠다고 약속했단다.

나폴레옹은 그 작은 섬을 바쁘게 돌아다니고, 작은 궁전의 꽃밭을 가꾸고, 방을 더 늘였어. 곳곳의 도로를 보수하고, 다리를 놓고, 가을에는 들에서 곡식을 더 많이 거두어들이려고 애쓰면서 나날을 보냈대.

그러나 한때 프랑스를 지배했던 그 사나이는 그 삶이 지겨워졌어. 그는 몹시 화가 났어. 모욕을 당하는 때가 너무 많았어. 유럽을 쩌렁쩌렁 울렸던 나폴레옹이 감옥 생활을 어떻게 하고 있는지를 보려고 관광객들이 엘바 섬으로 왔던 거야. 또 날이 갈수록 그는 가난해졌어. 프랑스는 해마다 보내 주겠다고 약속했던 그 돈을 한 푼도 보내지 않았어.

한편, 프랑스에서는 루이 18세가 국민들의 인기를 잃어 가고 있었어. 그는 국민들이 과거에 부르봉 왕조(앙리 4세부터 루이 16세까지 이어진 프랑스 왕조)의 국왕들을 섬겼던 것과 똑같은 존경심으로 자기를 받아들이게 하고야 말겠다고 마음을 단단히 먹었던 것 같아. 혁명 같은 것은 아예 있지도 않았던 것처럼 생각하게 만들려고 했던 거야. 처음 대중 앞에 모습을 나타낸 행사에서 루이 18세는 그 뚱뚱한 몸을 주체하지 못하고 그만 넘어져 버렸는데, 너무도 무거워서 스스로 일어나지 못했어. 그런데 그는 조정 대신들 중에서 가장 지체가 높은 자가 와서 일으켜 주지 않으면 일어나지 않겠다고 우겼다는 거야. 그래서 그 대신을 찾아서 데리고 올 때까지 평퍼짐하게 누워 있었대! 프랑스의 국민들은 국왕이 다시 한 번 폭군이 되어 버리지나 않을까 하는 두려움을 느끼기 시작했어.

나폴레옹은 멀리서 그러한 광경들을 지켜보고 있었어. 그는 프랑스에 아직 남아 있는 옛 부하들에게 편지를 보냈어. 그 중에서 여럿이 답장을 보냈는데, 나폴레옹이 다시 돌아와서 부르봉 왕조의 국왕을 내쫓아야 한다는 내용이었어.

나폴레옹은 유럽의 지도자들이 그를 더 먼 곳으로, 대서양에 떠 있는 어느 섬으로 보내려고 이야기들을 주고받고 있다는 사실을 알게 되었어. 그렇게 된다면 그야말로 죽을 날만 기다려야 하는 신세가 되어 버리는 거야. 2월의 어느 날, 나폴레옹은 엘바 섬의 항구에서 병사들과 금과 총기와 탄약을 배에 실었어. 그리고 그는 어머니에게 다시 한 번 싸우러 돌아간다며 작별 인사를 했어.

어머니는 이렇게 말했단다. "잘 생각했다. 가서 칼을 들고 싸우다가 죽는 한이 있더라도, 여기서 죄수 노릇이나 하고 있는 것보다야 낫겠지."

나폴레옹은 지금 무슨 일이 일어나고 있는지를 유럽 사람들이 알아차리기 전에 출발했어. 그는 칸에 상륙했어. 그리고 이렇게 선언했단다. "나는 엘바의 황제다! 나는 6백 명의 군대를 이끌고 국왕과 그의 60만 군대와 싸우러 왔다. 반드시 내가 이길 것이다!"

나폴레옹은 파리를 향해 진군했어. 절대 군주 시절을 기억하고 있던 촌민들이 쏟아져 나와서 그를 환영했어. 가장 가까이에 있던 프랑스 군의 한 사단이 그를 체포하러 왔어. 군대가 다가오는 걸 보고 나폴레옹은 그의 병사들에게 프랑스 국가를 부르게 했어. 그리고 그는 외투 자락을 확 벌려서 펼치며 앞으로 걸어 나갔어. 그는 소리쳤어. "나는 너희들의 황제다. 나를 알아보지 못하는가? 너희들 중에서 어느 누구라도 너희의 황제를 죽이고 싶은 자가 있거든, 당장 나서라! 너희의 지도자들 중에서 마흔다섯 명이 나를 다시 불렀다. 유럽의 세 나라가 나의 귀환을 지지하고 있다!"

병사들이 무기를 내렸어. 박수를 치는 병사들이 더러 있었어. 그리고 이내, 전 부대가 외쳤어. "황제 폐하 만세!"

이 무시무시한 소식을 전해 들은 루이 18세는 군대에서 최고로 높은 장군을 보내서 나폴레옹을 막으려 했어. 그러나 나폴레옹과 맞닥뜨린 그 장군은 한때 자기가 황제로 섬겼던 사나이를 체포할 엄두가 나지 않았어. 나폴레옹의 바로 곁에서 수많은 전투를 함께 치렀던 장본인이었거든. 그는 조금 고민을 하는 척만 하다가 금방 나폴레옹 쪽으로 넘어가 버렸어.

루이 18세는 파리를 버리고 도망쳤어. 프랑스 땅에 상륙한 지 3주일 만에 나폴레옹은 파리에 도착해서 잃었던 왕좌에 다시 앉았어. 그때까지 단 한 발의 총알도 발사되지 않았어! 나폴레옹은 이렇게 선언했어. "나는 혁명의 정신으로 다시 돌아왔다! 나는 프랑스 국민을 성직자들과 귀족들의 억압으로부터 해방시키려고 돌아왔다!"

어디서 많이 들어 본 말이지? 나폴레옹은 이 말을 이미 과거에 두 번이나 했었거든. 한 번은 이탈리아에 쳐들어 갔을 때, 또 한 번은 이집트에 쳐들어 갔을 때 그 말을 했었어. 그러나 그는 두 번 다 자유를 가져다 주지 않았었고, 이번에도 마찬가지였어. 흥분이 가라앉기 시작했어. 그리고 오래지 않아서 프랑스의 국민들은

누구나 지금이 루이 18세 치하에서보다 나아진 게 하나도 없다는 것을 알아차리게 되었단다.

나폴레옹이 돌아왔다는 소식이 전해지자마자 영국과 오스트리아와 프로이센은 프랑스 국경을 향해서 군대를 이동시켰어. '유럽의 괴물'이 다시 한 번 자기들의 영토를 덥석덥석 집어삼키게 될까 봐 겁이 덜컥 났던 것이야.

나폴레옹은 7만 2천 명의 군대를 모았어. 그리고 영국군이 진을 치고 있던 워털루 Waterloo라는 곳으로 진군했어. 워털루는 지금 벨기에의 수도인 브뤼셀 남쪽에 있는 마을이야.

웰링턴 공Duke of Wellington이 지휘하는 영국군의 병력은 나폴레옹의 병력과 비슷한 규모였어. 전투가 시작되고, 팽팽한 접전이 몇 시간이나 계속되었어. 양쪽 모두 수많은 병사들을 잃었어. 영국군도 용감하게 싸웠고, 나폴레옹이 직접 지휘하는 프랑스 군도 용감하게 싸웠어. 어느 쪽으로도 전세가 기울지 않고 있을 때, 영국군을 지원하러 온 프로이센 군대가 도착했어. 나폴레옹은 크게 패하고, 병사들이 뿔뿔이 흩어졌어. 나폴레옹을 체포하러 왔다가 한편이 되어 버렸던 그 장군은 포로가 되었다가 총살을 당했단다. 다시 황제의 자리에 돌아온 나폴레옹은 그렇게 허망하게 무너졌고, 황제의 자리에 잠시 있었던 그 기간을 나폴레옹의 '백일천하Hundred Days'라고 부른단다.

유배지에서 갓 돌아와서 싸울 준비를 제대로 갖추지도 못한 군대를 이끌고서도 나폴레옹은 웰링턴 공이 이끄는 영국 군대를 거의 무찌를 뻔했던 순간까지 갔었어. 운명을 가른 전투가 끝난 뒤에 웰링턴 공은 아직도 대포의 연기가 잦아지지 않은 싸움터를 어슬렁거리면서, "아슬아슬했어. 정말 너무도 아슬아슬했어."라고 계속 중얼거렸대. 그의 친구들도 여럿이 시체가 되어 있었어.

파리로 돌아온 나폴레옹은 프랑스의 황제 자리를 다시 포기한다는 내용의 문서를 작성했어. 그리고 그는 조용히 떠났어. 그 후 몇 주일 동안은 나폴레옹이 어디에 있는지를 아는 사람이 아무도 없었대. 그는 옛 부하들의 집을 이리저리 옮겨 가면서 이제부터는 무엇을 어찌할 것인지를 궁리하고 있었어. 그는 미국으로 가서 식물학을 공부하고 싶다는 생각을 했다는구나. 그러나 영국은 프랑스의 모든 항구를 막아 버렸어. 나폴레옹을 찾을 때까지는 어느 배도 허락 없이 바다로 나갈 수 없었어.

마침내 나폴레옹은 모든 것을 단념하고 영국군에게 항복했어. 영국 사람들은 이제는 또 그를 어떻게 처리해야 할 것인지를 결정해야 했어. 그들은 나폴레옹이 미국에 가는 걸 원치 않았어. 거기 가면 또 무슨 짓을 저지를지 알 수 없기 때문이었어. 엘바 섬으로 돌려보낼 수도 없었어. 또 탈출할 게 뻔하니까. 그렇다고 해서 그를 아주 처형해 버릴 수도 없었어. 돌아온 그를 환영했던 프랑스 사람들이 들고일어나지 않으리라는 보장이 없었으니까. 그래서 영국 사람들은 프랑스 사람들이 직접 나서서 그를 처형해 주었으면 더 바랄 게 없겠다는 심정이었지만, 프랑스 사람들은 끝내 그런 뜻을 비춰 주지 않았어.

영국 사람들은 이윽고 결정을 내렸어. 나폴레옹을 뭍에서 멀리 떨어진 대서양의

니폴레옹의 운명을 바꾼 워털루 전투　495

외딴 섬 세인트헬레나Saint Helena로 보내겠다는 것이었어. 그 섬은 아프리카의 서부 해안에서 2천 킬로미터나 떨어져 있고, 길이는 고작 16킬로미터이고 폭은 10킬로미터밖에 안 되는 작은 섬이야. 엘바 섬보다도 훨씬 작고 쓸쓸한 곳이란다.

10월의 어느 날, 나폴레옹은 유배지에 도착했어. 그 작은 섬에서조차도 그는 영국군 장교의 감시를 받지 않고서는 아무 데도 갈 수가 없었어. 그래서 그는 늘 서재에 틀어박혀서 지냈대. 그는 자기의 살아온 자취에 관한 책을 쓰고, 프랑스 어와 영어로 쓰인 책들을 읽고, 카드를 치고, 이따금 작은 파티를 열었대. 유럽에서 아득히 먼 그곳까지 관광객들이 왔어. 물론 한때 황제였던 사나이가 그 외딴 섬에서 어떻게 지내고 있는지가 몹시 궁금했던 사람들이었겠지. 새커리Thackeray라는 이름의 영국 작가도 그 섬에서 나폴레옹을 본 적이 있었대. 다섯 살이었을 때 부모를 따라 여행을 하고 있었는데, 그들이 탄 배가 마침 세인트헬레나 섬에 들렀다는 거야. 그의 유모가 어느 집의 정원을 거닐고 있던 웬 남자를 가리키며 귀에 대고 소곤소곤 말했대. "저 사람이 나폴레옹이에요! 저 사람은 날마다 양을 세 마리나 잡아먹는대요. 도련님 같은 어린아이는 눈에 띄기만 하면 냉큼 잡아먹는대요!"

세인트헬레나 섬에 온 지 2년이 지났을 때, 나폴레옹이 어느 날부터 배가 몹시 아프다고 했다는구나. 갈수록 상태가 나빠졌어. 의사들이 아무리 애를 써도 어떻게 해 볼 수가 없었어. 나폴레옹은 침대에서 일어나지도 못했대. 그는 유언장을 써야겠으니까 종이를 가져다 달라고 했대. 그는 유언장의 끝에 이렇게 썼어. "내가 죽으면 뼈를 갈아서 센 강에 뿌려 주시오. 내가 사랑했던 우리 프랑스 국민들의 품에 안기게 해 주시오." 그는 또 이렇게 썼어. "나는 하늘이 내려 주신 천명을 다하고 죽는 게 아니다. 나는 영국인들의 손에 죽는다. 그들이 보낸 암살자들이 나를 서서히 죽음으로 몰고 온 것이다!" 나폴레옹은 그동안 누군가가 그의 음식에 독을 넣어 왔던 게 틀림없다고 생각했던가 봐. 그러나 의사들은 그가 위암으로 죽었다고 발표했단다.

유언장을 쓰고 나서 몇 시간 후에 나폴레옹은 눈을 감았어. 나폴레옹은 그 섬에 묻혔는데, 묘비에는 그의 이름이 새겨지지 않았단다. 그의 묘비에는 '여기에 눕다' 라고만 써 있어. 나폴레옹이라는 그 이름이 너무도 무서워서 누구도 다시는 입밖에 내지 못하게 하려고 그랬던 것 아닐까?

볼리바르가 활약했을 때의 남아메리카

제34장 남아메리카의 자유

베네수엘라의 해방자 볼리바르

우리가 지금 세인트헬레나 섬에 있는 나폴레옹의 무덤 앞에 서 있다가 시간을 거슬러 올라가서 다른 곳으로 간다고 상상해 볼까? 시원하던 봄바람이 갑자기 후끈후끈해져. 세인트헬레나의 땅이 갑자기 사라져 버려. 놀라서 아래를 내려다보니까 네가 푹신한 잔디밭에 서 있어. 웬 사람이 땅바닥에 엎드려서 가위로 풀을 고르게 깎고 있어.

네가 지금 서 있는 그곳은 스페인의 수도 마드리드에 있는 궁전의 테니스 코트야. 두 젊은이가 라켓을 휘두르며 코르크(코르크 나무의 조직으로 탄력이 있음)에 거위 깃털을 감싼 공을 치고 있어. 스페인의 왕비가 황금 빛과 주홍색의 차일(햇볕을 가리기 위해 치는 포장) 그늘에 앉아 있고, 곁에서는 하녀가 커다란 부채를 천천히 흔들고 있어. 때는 프랑스에서 나폴레옹이 막 최고 집정관이 된 직후였어. 그러나 스페인의 왕실 사람들은 머지않아서 쳐들어올 그자에게 자기들이 쫓겨나게 될 줄을 아직은 짐작조차 못 하고 있었어.

왕비는 지금 남아메리카의 식민지에서 온 손님을 초청해서 자기 아들하고 테니스

를 치게 하고 그것을 구경하고 있어. 페르난도 왕자는 테니스를 전혀 열심히 치지 않아. 그는 챙이 살짝 꼬부라진 멋진 모자를 벗지도 않았어. 손님인 시몬 볼리바르Simón Bolívar가 당연히 져 줄 것이라고 생각하는 거야. 이제 열여섯 살인 볼리바르는 왕자가 공을 받아치지 못하도록 강하게 쳐 넘기고 있어. 볼리바르가 라켓을 머리 위로 높게 치켜 올렸다가 세차게 내리쳐서 페르난도의 머리를 향해서 공을 쳐 날리자, 왕자가 깜짝 놀라서 라켓을 떨어뜨리고 머리를 숙여. 그의 머리를 때린 공이 모자를 땅에 떨어뜨렸어!

왕비가 딱하다는 듯이 쳐다보면서 천천히 박수를 쳐. 벌떡 몸을 일으킨 페르난도는 얼굴이 시뻘겋게 달아올랐어. 몹시 화가 났나 봐.

왕자가 씨근덕거리며 볼리바르한테 소리를 질러. "너 지금 뭐 하는 거야! 당장 사과해!"

볼리바르가 대꾸해. "왜요? 내가 뭘 잘못했는데요?"

페르난도가 꽥 고함을 쳐. "네가 감히 나를 이겨? 이, 이, 이, 크레올 자식!" 왕자는 땅에 떨어진 모자를 덥석 집어 가지고 나가 버려.

볼리바르는 혼자 한참 동안 테니스 코트에 멍하니 서 있어. 그의 가족은 스페인의 남아메리카 식민지 베네수엘라Venezuela에서 넓은 땅을 갖고 있어. 그는 지금 조상들의 나라를 구경하려고 스페인에 와 있는 중이야. 그는 잘 교육받았고, 싸움을 잘하고 말도 잘 타고, 대단히 강하고 용감한 젊은이야. 그러나 볼리바르가 아무리 유능하고 강하다 하더라도 스페인에서는 절대로 군대의 장군이나 정부의 관리가 될 수 없었어. 그는 '크레올creole'이야. 남아메리카의 식민지에서 스페인 이주민들의 자식으로 태어난 사람을 크레올이라고 해. 스페인의 토박이로 태어난 '반도인peninsular'들만이 군대의 장관이나 정부의 관리가 될 자격이 있었어.

볼리바르가 태어난 베네수엘라의 크레올들은 오래전부터 스페인에 대해서 강한 불만을 품어 왔어. 마드리드에서 볼리바르가 왕자와 테니스를 쳤던 그때로부터 바로 얼마 후에, 프란시스코 데 미란다Francisco de Miranda라는 이름의 크레올이 다른 크레올들을 모아서 베네수엘라에서 스페인 총독과 병사들을 쫓아내려고 일어섰어. 그러나 반란은 싱겁게 실패로 끝났고, 미란다는 런던으로 달아나야 했단다!

프란시스코 데 미란다

그 무렵에 볼리바르는 벌써 여러 해째 유럽을 여행하고 있었어. 그는 존 로크를 비롯한 계몽주의 사상가들의 책을 읽었고, 프랑스와 미국의 혁명에 관해서 많은 사실들을 알게 되었어. 볼리바르는 이 세상에는 본국의 권력을 엎어 버리고 독립해서 별개의 국가가 된 식민지들이 더러 있다는 것을 알게 되었어. 그는 베네수엘라도 반드시 그렇게 되게 하고야 말겠다고 결심했어! 그는 이렇게 맹세했단다.

"조상님들께서 섬기셨던 신 앞에 맹세하노니, 나는 우리를 억압하고 있는 쇠사슬을 끊어 버리기 전에는 절대로 편히 쉬지 않을 것이다!"

베네수엘라로 돌아온 볼리바르의 머릿속에는 이미 구체적인 계획이 서 있었어.

어느 날 그는 총독의 초대를 받고 파티에 갔어. 총독이 술잔을 들고 손님들을 찾아다니면서 건배를 했어. 스페인 국왕의 무병장수(병 없이 오래 삶)를 위해서 한 잔 쭉 마시자는 것이었지. 이윽고 총독이 볼리바르 앞에 와서 건배를 하자고 했어. 볼리바르가 일어서서 잔을 치켜들고 이렇게 말했어. "먼저 스페인의 국왕을 위해서 잔을 들겠습니다. 그리고, 남아메리카의 자유를 위해서, 다시 한 번, 더욱 높이, 잔을 들겠습니다."

오래지 않아서 볼리바르가 고대하던 기회가 왔어. 나폴레옹이 스페인으로 진격해서 페르난도 왕자와 그의 왕실 일가를 내쫓고, 형인 조제프에게 통치를 맡겼어. 한 무리의 군대 장교들이 세비야에 모여서 '훈타junta'라는 이름의 비밀 단체를 만들고 프랑스 침략군에게 저항했어. 스페인 땅이 온통 싸움터가 되었단다.

남아메리카의 크레올들은 '훈타'가 나폴레옹 군대와 싸우느라 다른 생각을 할 겨를이 없기 때문에, 베네수엘라에서 무슨 사태가 벌어지건 관심을 갖지 못할 것이라고 믿었어.

볼리바르의 강력한 뜻에 크게 힘을 얻은 크레올들은 무기를 들고 수도인 카라카스Caracas로 몰려가서 스페인 총독을 쫓아내고, 이제부터 베네수엘라는 자유의 나라가 되었다고 선언했어. 볼리바르는 '애국자 군대'라고 불린 그 반란군의 대령이 되었고, 런던으로 도망갔던 미란다가 돌아와서 총사령관이 되었어. 남아메리카의 독립 전쟁이 바야흐로 시작된 것이야! 저 멀리 남쪽에서는 아르헨티나가 이미 독립을 선언한 뒤였고, 아르헨티나의 바로 북쪽에 있는 파라과이도 오래지

시몬 볼리바르
볼리바르는 '해방자'라는 이름으로 사람들에게 불렸어. 그는 남아메리카의 독립을 위해서 평생을 보냈단다. 뉴그라나다, 베네수엘라, 키토를 해방시키고, 콜롬비아 공화국의 통치자가 되기도 했어. 하지만 그는 그 자리에서 물러나야만 했고 병으로 죽었단다. 그리고 콜롬비아 공화국도 갈라져 버리고 말았어.

않아서 독립을 선언했어.

그러나 스페인 사람들은 아직은 베네수엘라를 포기할 생각이 전혀 없었단다. 스페인 군의 한 연대가 나폴레옹 군대와의 전투에서 떨어져 나와서 배를 타고 서쪽으로 대서양을 건너갔어. 그들은 베네수엘라의 가장 큰 항구에 도착해서 전투 준비를 갖추었어. 볼리바르는 그 항구를 방어하는 임무를 맡았단다. 그러나 그의 휘하 장교들 중에서 한 사람이 그들의 반란은 실수였다고 생각하고는 부하들을 꾀어서 스페인 군에 항복해 버렸어. 볼리바르는 후퇴하지 않을 수 없었어. 그는 미란다에게 전령을 보내서 지원군을 보내 달라고 요청했지만 미란다는 그들의 독립 전쟁은 참패로 끝나고 말 것이라고 벌써부터 체념하고 있었대. 그는 또다시 몰래 배를 타고 런던으로 도망갈 궁리를 하고 있었다는구나. 정말 비겁한 사람이지?

볼리바르와 수많은 애국자들이 격분했어. 그들은 미란다의 집으로 몰려가서 그를 끌어내고, 바로 미란다의 요새에 미란다를 가두어 버렸어. 스페인 군대가 도착해 보니까, 반란군의 지도자가 벌써 감옥에 갇혀 있는 게 아니겠어? 이런 고마울 데가! 스페인 군은 미란다를 스페인으로 보냈는데, 미란다는 어느 지하 감옥에 갇혀서 남은 일생을 보내다가 죽었대.

볼리바르도 도망치지 않을 수 없었어. 베네수엘라에서 어정거리고 있다가는 언제라도 미란다와 같은 신세가 될 판이었거든. 그러나 볼리바르는 멀리 도망가지 않았어! 그는 바로 이웃 나라로 갔어. 이미 스페인으로부터의 독립을 선언했던 뉴그라나다라는 곳이었어. 볼리바르는 그 나라를 두루 돌아다니면서 그곳의 크레올들에게 베네수엘라를 도와 달라고 간청했어.

뉴그라나다 사람들이 승낙했어. 볼리바르는 이번에는 그 나라 군대의 대령이 되었어. 그에게 주어진 병력은 채 1백 명도 안 되었지만, 그는 그 작은 부대를 이끌고 베네수엘라 국경 지대를 휩쓸고 다니면서 스페인 군대를 공격하고 쫓아냈어. 볼리바르의 부대에 들어오고 싶어 하는 병사들이 갈수록 많아지고, 그의 부대는 점점 커져 갔어. 그렇게 2년쯤 지났을 때 볼리바르의 부대는 베네수엘라의 수도인 카라카스에 거의 다가가고 있었단다. 1813년에 볼리바르는 부대를 이끌고 카라카스에 들어가서, 다시 한 번 베네수엘라의 독립을 선언했어! 베네수엘라 사람들이 "엘 리베르타도르!"라고 외치면서 그를 맞이했어. '해방자'라는 뜻인데, 그때부터 이 칭호가 볼리바르의 별명이 되었단다.

그러나 독립을 선언한다고 해서 독립 전쟁이 끝나는 건 아니야. 스페인 군대가 아직도 여러 도시들을 장악하고 있었어. 스페인 군의 장군들이 볼리바르를 거꾸러뜨리려고 잔꾀를 썼어. 그 잔꾀는 이런 것이었어.

스페인 군의 장군들은 '해방자'와 그의 추종자들이 반란을 일으킨 목적은 스페인 귀족들의 지배를 엎어 버리려는 것이라고 주장했어. 평민들에게 권력을 돌려주었던 프랑스 혁명처럼! 그런데 베네수엘라 반란의 지도자들은 모두 크레올들이었어. 그곳에서 태어나기만 했을 뿐이지, 핏줄은 스페인 사람들이란 말이야. 그들은 넓은 토지와 목장을 갖고 있었어. 볼리바르조차도 부모로부터 농장과 구리 광산과 거대하고 화려한 저택을 물려받은 사람이었어!

베네수엘라의 해방자 볼리바르

그러나 베네수엘라 남부의 드넓은 초원에서는 가난하기 짝이 없는 수많은 사람들이 소를 먹이면서 간신히 목숨을 이어 가고 있었단다. '라네로llanero'라 불리는 그 사람들은 부유한 크레올들을 미워했어. 스페인 군의 장군들은 바로 그들을 꾀었던 것이야.

간단하게 속아 넘어간 라네로들이 스페인 군대에 가세해서 볼리바르와 싸웠어. 그들은 말을 타는 솜씨가 뛰어나고 거칠기 짝이 없는 사람들이었어. 볼리바르는 라네로들이 힘을 보탠 스페인 군대를 도저히 막아 낼 방법이 없었어. 1년이 채 못 되어서 스페인 군대가 카라카스로 들어가서, 다시 한 번 그 도시는 스페인의 것이 되었다고 선포했어. 볼리바르는 가까운 자메이카 섬으로 도망갔어. 그 섬은 영국의 식민지였단다. 엎친 데 덮친다고, 그 무렵에 스페인이 마침내 나폴레옹 군대를 몰아냈어. 옛날에 볼리바르하고 테니스를 쳤던 그 왕자가 이제는 스페인의 국왕 페르난도 7세Fernando VII가 되었어. 그는 1만 1천 명의 병력을 남아메리카로 보냈어. 반란을 일으켰던 식민지들이 이내 다시 스페인의 손아귀에 들어갔어! 유럽에서는 나폴레옹이 죽고, 참으로 오래간만에 평화가 왔어. 그러나 해방자 볼리바르는 망명자 신세가 되어 있었고, 남아메리카의 스페인 식민지들은 자유를 아주 잠깐 맛보다가 만 것을 아쉬워해야 했단다.

독립했으나 단결하지 못한 남아메리카

볼리바르는 베네수엘라의 독립을 위한 싸움을 포기하지 않았어. 볼리바르는 언젠가는 반드시 그의 나라를 해방시킬 자신이 있다고 믿었어. 그 다음에는 남아메리카의 다른 식민지들을 독립으로 이끌겠다고 결심했지. 볼리바르는 남아메리카의 미래를 위한 그의 포부와 계획을 글로 써서 자메이카에서 발행되는 어느 잡지에 발표했어. 〈자메이카로부터의 편지Letter from Jamaica〉라는 제목의 글이 남아메리카 전 지역에 퍼졌어. 모든 식민지의 모든 크레올들이 볼리바르의 '편지'를 읽었어. 볼리바르는 남아메리카의 여러 식민지들이 각기 독립해서 하나의 주가 되고, 각 주들이 모여서 의회를 구성하고 대통령을 선출하고, 하나의 크고 강한 국가를 이루게 되기를 원했어. 남아메리카 전체가 미합중국처럼 새로운 강대국으로 태어나게 하겠다는 게 그의 포부였던 것이야.

그러나 볼리바르는 미국이라는 나라는 그 시스템(system)과 제도(制度)가 너무 약하다고 생각했대. 가만히 보아하니까, 미국의 대통령이란 사람이 별로 힘이 없어 보이는 거야. 그래서 볼리바르는 자기가 꿈꾸는 나라는 대영 제국에 더 가까운 나라가 되어야겠다고 생각했어. 헌법이 있지만 국민들의 삶을 지배하는 국왕이 따로 있는 영국의 시스템이 아무래도 훨씬 더 좋아 보였던 것이지.

볼리바르는 자기가 바로 그 왕이 되고 싶었어! 그러나 그에게는 군대가 없었고, 베네수엘라는 그의 해묵은 원수인 페르난도 7세의 손안에 들어 있었어.

볼리바르는 자메이카를 떠나서 아이티로 갔어. 아이티의 국왕은 볼리바르의 처지를 크게 동정했어. 아이티의 국왕은 식민지 지배자들을 몰아내고 독립을 이루기 위해서 싸우는 다른 식민지를 흔쾌히 도우려 했어. 그 자신도 스페인의 속박에서

벗어나려고 험난한 싸움을 했던 사람이었으니까. 말하자면 동병상련이라고, 똑같은 병을 앓는 사람끼리 마음이 통했던 것이겠지. 아이티의 국왕이 볼리바르에게 여러 척의 배와 병사들을 내주었어. 다시 한 번 외국의 작은 부대를 이끌게 된 볼리바르는 아직도 노예로 살고 있는 베네수엘라의 아프리카 사람들을 모두 해방시켜 주겠노라고 약속했어. 볼리바르는 망명지에서 그와 합세한 몇몇 '애국자'들과 함께 고국으로 되돌아갈 준비를 했어.

볼리바르의 작은 군대는 3년 동안 싸우고 또 싸웠어. 볼리바르는 다른 식민지들의 반군 지도자들과 힘을 합치려고 갖은 노력을 다했어. 남아메리카의 모든 식민지들이 힘을 합친다면 스페인 군대가 제아무리 막강하다 하더라도 물리치지 못하리라는 법이 없을 테니까.

그 지도자들 중에 산 마르틴San Martín이라는 사람이 있었어. 볼리바르는 산 마르틴 군대의 도움으로 기어이 스페인 군대를 몰아냈단다.

산 마르틴은 아르헨티나에서 태어난 사람이었어. 그는 일찍이 스페인 군대에 들어가서, 나폴레옹과 그의 형 조제프에게 대항하기 위해서 세비야에서 결성되었던 비밀 단체 '훈타'에 충성을 맹세했던 적이 있었어. 산 마르틴은 누구보다 더 용감하게 싸웠노라고 늘 자부하고 있었는데, 아무리 열심히 싸워서 공을 세워도 높은 계급으로 올라갈 가망이 보이지 않는 거야. 물론 그가 '크레올'이기 때문이었지.

산 마르틴은 스페인을 버리고 고국으로 돌아와서 반란군에 들어갔어. 그는 남아메리카에서 스페인 군대를 완전히 몰아내려면 먼저 리마Lima를 정복해야 한다고 생각했어. 리마는 태평양 해안에 자리 잡은 식민지 페루의 수도야. 남아메리카 전체에서 스페인 병사들이 가장 많이 주둔해 있는 곳이 바로 리마였단다. 리마를 장악하고 있는 스페인 권력을 엎어 버릴 수 있다면, 반란이 성공할 가망이 있다는 게 그의 생각이었어!

그러나 리마의 스페인 사람들은 반란군이 쳐들어오리라는 걱정 같은 것은 꿈에도 하지 않고 있었단다. 리마로 통하는 모든 길이 철통같이 지켜지고 있었거든! 설령 반란군의 어느 부대가 공격해 온다 하더라도, 리마의 성벽을 보기도 전에 반란군 전체가 박살 나 버릴 만큼 준비가 튼튼했단 말이지.

산 마르틴

산 마르틴이 그걸 모를 리가 없었어. 그래서 그는 배를 타고 리마로 가겠다고 작정했어! 반란군을 배에 태우고 리마 근처의 태평양 해안에 상륙한 다음에 스페인 군대를 몰아낸다는 계획이었지.

태평양까지는 어떻게 가지? 산 마르틴은 누가 보아도 무모하기 짝이 없는 생각을 하고 있었어. 안데스 산맥Andes Mountains을 넘어갈 작정이었던 것이야. 안데스 산맥은 세계에서 손꼽히는 거대한 산맥이란다. 구름에 가려진 능선(산의 봉우리에서 봉우리로 이어지는 산등성이의 선)이 대륙의 해안을 따라 단 한 곳도 트인 곳이 없이 뻗어 있고, 하늘에 닿을 듯한 봉우리들이 치솟아 있어. 만년설(언제나 녹지 않고 쌓여 있

독립했으나 단결하지 못한 남 아메리카

는 눈)을 뒤집어쓴 산의 정상에는 1년 내내 눈이 내리고, 가파른 기슭에서는 날카로운 칼날같이 살을 에는 바람이 몰아쳐. 군대를 이끌고 안데스 산맥을 넘어간다는 것은 정말 상상도 할 수 없는 일이었어!

그러나 산 마르틴은 기어이 부대를 이끌고 산맥을 넘었어. 얼어붙은 비탈을 오르고 발 디딜 데 없는 땅들을 지나 해안까지 가는 데 한 달이나 걸렸단다. 그런 엄청난 일이 있었던 줄을 나중에야 안 다른 부대의 사령관들은 고개를 절레절레 흔들면서 이렇게 감탄했대.

"그런 짓을 할 수 있는 자는 나폴레옹밖에 없는 줄 알았어!"

해변에 도착한 산 마르틴은 배를 구해 보았지만, 이곳저곳이 깨져서 물이 줄줄 새는 짐을 싣는 배들밖에는 없었어. 그러나 어쩌겠어, 거기까지 갔는데? 그는 물이 줄줄 새는 배에 병사들을 태웠어. 그리고 리마에서 가장 가까운 해안에 상륙해서 진격했어. 그는 몇 달 동안 리마를 포위하고 있었어. 마침내 리마의 스페인 군대가 포기하고, 페루의 산악 지대로 후퇴했어. 산 마르틴은 이제 페루가 해방되었다고 선언했단다!

그러자 볼리바르는 남쪽으로부터는 공격받을 걱정을 할 필요가 없게 되었어. 그래서 그는 안심하고 페루와 베네수엘라 사이에 있는 뉴그라나다로 진격해서 그곳의 스페인 군대를 몰아냈어! 그리고 볼리바르는 반란군의 여러 지도자들을 만나서, 그가 꿈꾸는 남아메리카 연합국의 헌법을 제정하기 위한 협의를 했어. 그들은 '콜롬비아 공화국'이라는 이름을 갖게 될 그 연합국이 뉴그라나다, 베네수엘라,

키토(페루와 그라나다 사이에 자리 잡은 작은 식민지로서, 현재의 에콰도르) 등, 세 개의 주로 이루어질 것이라고 합의했단다.

키토는 아직 스페인의 손안에 있었지만, 산 마르틴은 볼리바르의 계획이 성사되도록 기꺼이 도울 작정이었어. 산 마르틴은 볼리바르에게 그의 부대의 일부를 빌려 주었고, 그 덕분에 키토도 곧 해방되었어. 반란군은 남아메리카의 거의 전 지역에서 스페인 군대를 털어 내었어. 담요에 묻은 검불을 털어 내듯이! 볼리바르는 콜롬비아 공화국의 통치자가 되었고, 산 마르틴은 페루의 집정관이 되었어.

그러나 남아메리카 전체를 연합해서 하나의 강대국으로 만들려던 볼리바르의 꿈은 끝내 이루어지지 않았단다.

새로이 독립한 여러 나라들이 한 사람의 대통령의 통치를 받게 되는 것을 거부했기 때문이야. 그동안 독립을 위해서 싸웠던 반란군의 지도자들은 볼리바르가 이제는 권력에 눈이 멀어 버린 것 같다고 생각했어. 볼리바르는 이따금 정말로 자기가 나폴레옹이나 된 것처럼 행동했어. 자기의 제국을 만들려고 하는 것 같았단 말이야. 그는 심지어 페루의 어느 항구를 공격해서 빼앗았어.

산 마르틴이 가만있을 리 있겠어? 산 마르틴은 페루 사람들의 존경과 믿음을 얻어 내려고 갖은 애를 쓰고 있었어. 페루 사람들은 산 마르틴이 아르헨티나 출신의 크레올들만을 중요한 자리에 앉히는 걸 보고는 몹시 격분해 있었어. 또 페루의 산악 지대에는 아직 스페인 병사들이 남아 있는데도 산 마르틴이 모른 척만 한다는 것에 대해서 불만이 이만저만이 아니었어. 그런 저런 이유에서 산 마르틴은 자기가

독립했으나 단결하지 못한 남 아메리카 511

대단히 강력하고 훌륭한 지도자라는 것을 증명할 기회가 오기만을 고대하고 있었단다. 그러던 참에 볼리바르가 페루의 항구를 빼앗았던 거야. 자, 그렇다면, 볼리바르로부터 그 항구를 되찾는다면, 페루 사람들은 산 마르틴이 저 위대한 '해방자'에 조금도 뒤지지 않은 위대한 인물이라고 생각해 주지 않겠어?

산 마르틴은 볼리바르를 만나서 그 항구 문제를 따지려고 콜롬비아 공화국으로 갔어. 그런데 그 만남에서 볼리바르가 그의 옛 동지 산 마르틴에게 무슨 말을 했는지를 아는 사람은 아무도 없대. 아무도 모르게 단 둘이서만 만났기 때문이야. 하여간에, 페루로 돌아온 산 마르틴은 빼앗긴 그 항구를 되찾아 가지고 왔노라고 말하지 못했어. 일이 어떻게 되었느냐고 측근들이 묻자, 그는 그저 이렇게만 말했대. "해방자는 지금까지 우리가 생각해 왔던 사람과는 영 딴판이던걸."

그리고 한 달 후에 산 마르틴이 물러났어. 그는 친한 친구들에게, 남아메리카의 식민지들은 아직 해방된 게 아니라고 말했대. 하긴, 그의 말이 틀린 건 아니었어. 독립의 허울만 갖춘 나라들이 이제는 자기들 안에서 싸우고 있었어. 크레올들은 스페인 정복자들이 들이닥치기 이전부터 그 대륙에서 살았던 원주민들을 '인디언'이라고 부르며 업신여겼어. 인디언들은 또 아프리카에서 팔려 온 노예의 후손들과 늘 다투었어. '순수 혈통'의 스페인 후손들과 인디언들이 '메스티소 mestizo'라 불리는 인디언 혼혈이나 '파르도 pardo'라 불리는 아프리카 혼혈들과 툭하면 싸웠어. 또 지주들과 군 장교들도 권세를 서로 차지하려고 싸우는 데 정신이 팔린 나머지, 남아메리카를 정말 사람이 살기 좋은 곳으로 만들 능력을 가진 지도자들을 중심으로 단결해야겠다는 생각 같은 것은 염두에도 없었어.

산 마르틴은 이렇게 하소연했대. "자유를 위해서 24년 동안이나 싸워 왔으나, 이젠 정말 지쳤어. 수많은 고생을 했지만, 얻은 건 재앙뿐이야. 자유? 그건 마치, 두 살배기 아이한테 면도날이 가득 든 상자를 안겨 줘 놓고는 무슨 사태가 벌어질 것인지를 지켜보는 것이나 마찬가지라고 할까?"

오래지 않아서 볼리바르도 권력을 포기하지 않을 수 없게 되었단다. 독립을 얻기 위한 싸움을 이끌어 왔던 볼리바르를 남아메리카의 수많은 사람들이 사랑했어. 페루의 북부 지방은 심지어 그의 이름을 기려서 '볼리비아Bolivia'라고 이름을 바꾸기까지 했어. 그러나 권력을 독차지하려는 것처럼 행동하는 것을 보고는 그를 증오하게 된 사람들도 그만큼 많았단다. 그를 사랑하는 사람들과 그를 증오하는 사람들 사이에서 싸움이 벌어졌어. 언젠가는 적들이 그를 아주 죽여 버리려고 그의 저택을 습격한 적도 있었는데, 볼리바르는 창문으로 뛰어내려서 간신히 도망쳤대!

마침내 볼리바르는 남아메리카를 영영 떠나야만 하는 지경이 되었어. 그는 벌써 오래전부터 자주 몸이 아팠고, 이제는 남아메리카 연합국을 세우기 위한 노력에 바칠 기운이 남아 있지 않았어. 그는 자기가 떠난 후에는, 남아메리카의 여러 나라들이 서로 싸우지 말아 주기를 빌었다고 해. 그렇게 볼리바르는 남아메리카를 떠났는데, 곧 병이 더욱 심해졌다는구나. 그는 결핵으로 죽었어. 그가 사랑했던 남아메리카는 스페인의 지배에서는 벗어났으나, 여전히 서로 갈라져 있었어.

뉴스페인

제35장 멕시코의 독립

돌로레스의 외침

이른 아침에 미겔 이달고Miguel Hidalgo는 부엌 아궁이 앞에 앉아서 책을 읽고 있었단다. 아침 식사로 먹으려고 차려 놓은 빵과 커피에는 손도 대지 않고, 무릎에 앉은 고양이의 귀를 슬슬 어루만지던 손으로 이따금 책장을 넘기고 있었어. 이윽고 그는 이야기가 매듭이 지어지는 부분까지 다 읽고 책을 덮었어. 고양이가 몸을 뒤척이더니 책을 물끄러미 노려보는 거야. 이달고가 얼른 책을 멀리 치우면서 말했어. "너도 프레이 에스트라다처럼 내 책을 빼앗으려고 하는구나."
그가 일어서서 토라진 고양이를 바닥에 내려놓고, 찬장 문을 열고 계란 바구니 밑에 책을 숨겼어. 왜냐고? 그가 무슨 책을 읽는지 염탐하는 자들이 있기 때문이야. 그 책은 프랑스의 사상가 볼테르의 책이야. 볼테르는 인간의 평등과 인간이 스스로를 다스릴 권리에 대해서 글을 썼단다. 중앙아메리카의 스페인 식민지인 뉴스페인에서는 신부들이 프랑스 철학자들의 혁명 사상에 관한 책을 읽는 것이 알려지면 큰 낭패를 당하게 되어 있었단다.
이달고가 식어 버린 커피를 마시며 창밖을 물끄러미 내다보았어. 해가 뜨기 시작하고, 마당이 점점 밝아졌어. 이제부터 그는 밖에 나가서 말에게 여물을 먹이고, 밤새 닭이 낳은 계란을 모으고, 암소들을 목장으로 내보낼 것이고, 그 다음에는 외투를 입고 교회로 가서 미사를 집전할 예정이야. 친구이자 동료 신부인 호세 호아킨이 죽은 후, 이달고는 뉴스페인의 돌로레스Dolores라는 작은 마을의 단 하나뿐인 신부가 되었단다.

이달고는 호아킨이 그리웠어. 그가 지금 거기서 신부 노릇을 할 수 있는 건 순전히 호아킨 덕분이었거든. 몇 년 전에 프레이 에스트라다라는 신부가 로마 가톨릭 교회의 종교 재판소 판사들에게 이달고는 이단자라고 고해 바친 적이 있었어. 에스트라다는 이달고가 이상야릇한 거짓 신앙을 가르치고, 교회의 사업에 헌신하지는 않고 툭하면 술을 마시고 놀기만 한다고 주장했지 뭐니.

판사들은 이달고의 친구들을 불러서 심문했어. 그러나 혐의를 증명할 만한 증거를 찾지 못한 판사들은 에스트라다가 거짓말을 했다고 판단했어. 그들은 판결문에서 이렇게 썼단다. "미겔 이달고는 죄가 없다. 그러나 그는 금지된 책들, 특히 프랑스 책들을 읽었다. 그는 혁명에 관한 위험한 사상을 갖고 있다." 이달고는 교회에서 쫓겨나 허송세월만 하고 있었는데, 때마침 호아킨이 죽자 그의 후임으로 돌로레스 교회를 맡게 된 것이었지.

판사들이 제대로 본 것이었어. 이달고는 자유와 평등을 이야기하는 금지된 책들을 읽었거든. 그러나 중앙아메리카의 뉴스페인에서는 아직 인간이 평등하지 않았어. 뉴스페인은 아직 스페인의 지배를 받고 있었어. 스페인에서 태어난 '반도인' 들이 모든 권력을 쥐고 크레올들과 인디언들과 인디언 혼혈 메스티소들을 지배하고 있었어.

이달고는 돌로레스의 인디언들을 도우려고 자기가 할 수 있는 모든 것을 다했단다. 이달고 자신도 두 곳에 농장을 가진 크레올이었어. 이달고는 그의 돈을 들여서 인디언들에게 기술을 가르쳤대. 이달고는 도자기와 벽돌을 만드는 공장을 지어서 인디언들에게 일을 시켰어. 그는 인디언들이 누에를 쳐서 비단을 만들게 해 주려고 농장에 뽕나무를 심었고, 포도주 짜는 기술을 가르치려고 농장 집 근처에 포도 밭을 일구었어. 이달고는 포도 밭을 사랑했단다. 하루 일과를 마치면 그는 어김없이 포도 밭에 가서 그새라도 혹시 병이 들어 짓무른 포도 송이가 있지나 않은지를 살폈대. 그는 포도 나무들한테 말을 걸기도 했어. "제발 우리 뉴스페인에서 제일 굵은 포도를 맺어 다오. 우리가 돈을 많이 벌 수 있게 너희들이 제발 도와 다오."

이달고는 빈 잔을 내려놓고 외투를 집어 들었어. 바로 그때 땅이 희미하게 흔들리는 게 느껴졌어. 그는 얼른 알아차렸단다, 땅을 흔드는 것은 말발굽 소리라는 것을. 수많은 말들이 그의 농장을 향해서 빠르게 달려오고 있는 것이었어. 이달고는 문을 박차고 밖으로 나갔어. 말을 탄 스페인 병사들이 이미 포도 밭을 헤집고 다니면서 긴 칼을 휘둘러 포도 덩굴을 닥치는 대로 잘라 대는 것이 아니겠어. 땅에 떨어진 포도 덩굴이 잔뜩 쌓인 곳에, 대장인 듯한 자가 횃불을 던졌지 뭐니. 연기가 솟기 시작했어. 저쪽에서는 이미 불이 활활 타오르고 있었어.

미겔 이달고
멕시코의 독립 운동가이자 신부인 그는 뉴 스페인을 해방시키기 위해 '돌로레스의 외침'을 부르짖었어. 지금도 멕시코 사람들은 그를 기억하고 기리고 있단다.

대장이 말고삐를 잡아당긴 채 농장 주위를 맴돌고 있었어. "이 포도 밭은 스페인 국왕께서 금지하신 것이다. 식민지 사람들은 스페인에서 만든 포도주만 마셔야 한다! 너희들은 포도주를 만들 수 없다. 너희들은 우리가 만든 포도주를 사야 한다."

병사들이 물러가고, 포도 밭은 잿더미가 되어 있었어. 이달고는 분노에 차서 얼굴이 하얗게 변해 있었대. 오랫동안 그는 스페인 총독들의 잔혹하고 난폭한 행동에 이를 갈아 왔었어. 그런데 이제는 그가 너무도 사랑하는 포도 밭마저 짓밟아 버린 것이야. 그 포도 밭이 마지막 지푸라기였어. 이달고의 결심이 굳어졌지. 반란!

1810년 9월 16일, 이달고는 교회의 종을 쳐서 마을 사람들을 불러 모으고 미사를 올렸어. 그러나 여느 때와는 달리 미사가 끝난 뒤에 그는 사람들을 곧장 돌려보내지 않았어. 그는 이렇게 말했어. "제 말을 들어 보십시오! 우리가 언제까지 이렇게 살아야 합니까?" 이달고는 마을 사람들의 삶이 너무도 고통스러운 것은 스페인 사람들에게 쥐어살기 때문이라고 설명했어. 그가 외쳤대. "이제는 우리가 행동을 해야 할 때가 되었습니다!"

인디언들과 메스티소들도 외쳤어. "독립 만세! 아메리카 만세! 악독한 정부를 몰아내자!"

뉴스페인에서 드디어 반란이 시작된 것이야!

이달고의 그 연설은 '엘 그리토 데 돌로레스'라는 이름으로 불렸어. '돌로레스의 외침'이라는 뜻인데, 그 연설을 들은 사람들이 다른 사람들에게 옮기고 전했어.

고난의 삶을 살던 식민지 주민들이 이달고 주위에 모였어. 그들에게는 총도 칼도 넉넉하지 않았지만, 새로운 지도자의 뒤를 따라 행진하려고 모여든 사람들의 수가 이내 2만여 명에 이르렀어. 신부였던 이달고는 이제 '뉴스페인 군대의 총사령관 미겔 이달고'라는 이름으로 세상에 알려지게 되었단다.

우선 가까운 마을부터 정복한 메스티소와 인디언들이 스페인 총독이 있는 도시 과나후아토로 몰려갔어. 반란이 일어났는데도 총독은 사태를 심각하게 받아들이지 않았다는구나. 그러나 군중은 총독의 요새를 무너뜨리고, 시 정부를 장악했어. 그리고 그들은 몹시 흥분하고 대오가 흐트러진 상태에서 닥치는 대로 사람들을 죽였어. 이달고가 간신히 그들을 막았을 때에는 이미 5백 명의 죄 없는 남녀들이 죽음을 당한 뒤였지.

과나후아토를 장악한 반란군은 기세가 등등해졌어. 그들은 그 기세를 몰아서 멕시코시티Mexico City로 진군했어. 더 많은 사람이 가세했단다. 이달고의 군대는 이제 5만 명 이상으로 불어나 있었지.

그러나 멕시코시티의 성문 앞에 도착했을 때, 이달고가 군대를 멈추어 세웠어. 그가 말했대. "안 됩니다. 이제 그만 돌아갑시다."

병사들은 하나같이 귀를 의심했어. 그러나 이달고와 그의 장교들은 군대를 돌려서 퇴각했어. 비록 투구를 쓰고 칼을 들었어도 아직은 신부의 신분인 이달고는 그의 군대가 과나후아토에서처럼 선량하고 죄 없는 사람들을 희생시킬까 봐서 겁이 났던 것이었어.

이달고의 군대가 물러나자 멕시코시티의 스페인 군대가 그들을 공격해 왔어. 반란군은 힘껏 맞서 싸웠으나, 마침내 뿔뿔이 흩어지고 말았어. 이달고는 북부의 사막을 건너 미국으로 도망치려고 했다는구나. 그러나 이달고는 장교들과 함께 체포되어서 감옥에 갇혔고, 장교들은 모두 반란죄로 총살을 당했어.

이달고는 신부이기 때문에 함부로 처형할 수 없었어. 그를 처형하려면 교회의 허락을 받아야 했거든. 로마 가톨릭 교회가 사건을 접수하고 심의에 들어갔으나, 스페인 총독은 판결이 내려질 때까지 기다리기가 너무도 갑갑했어. 그가 버럭 소리를 질렀어. "난 더 이상 못 기다리겠어. 그자의 신분을 박탈해 줄 주교를 찾아 봐!" 그래서 총독의 부하들은 어느 주교를 윽박질러서 이달고는 이제부터 신부가 아니라고 선언하게 했대. 그리고 이내 이달고는 감옥에서 끌려 나와서 교수형에 처해졌지.

이달고는 뉴스페인을 해방시키지 못했어. 그러나 멕시코에서는 지금도 그의 이름을 기리고 있어. 해마다 9월 15일이 되면 멕시코 대통령이 직접 종을 치고, 이달고의 그 유명한 '돌로레스의 외침'을 읽는대. 그리고 다음 날 9월 16일에는 온 국민이 독립 기념일 행사를 벌인단다.

멕시코 공화국 탄생

이달고의 군대는 실패했어. 그러나 남아메리카의 여러 식민지들이 스페인으로부터의 독립을 선언하는 것을 보고 용기를 낸 뉴스페인 사람들이 다시 들고일어났

단다.

스페인의 지배에서 벗어나기 위한 두 번째 봉기를 주도한 사람은 호세 마리아 모렐로스 이 파본Jose Maria Morelos y Pavon이라는 사람이었어. 모렐로스는 전에 이달고 군대의 한 부대를 지휘했던 사람이었어. 이달고가 처형된 후 모렐로스와 그의 부하들이 '훈타'를 결성하고, 자기들이 뉴스페인의 진정한 통치자라고 선언했어. 그들은 뉴스페인을 '아메리카'라는 이름으로 바꾸고, 새로운 헌법을 만들었어. 크레올이건 반도인이건 인디언이건 메스티소건, 그 땅에 사는 사람은 누구나 평등하다고 선언하는 내용이었어. 그들은 단지 '아메리카 사람'으로서, 모두가 똑같이 투표를 하고 돈을 벌고 재산을 소유할 권리를 갖는다는 것이었지.

불과 몇 년 전에 이달고와 그의 군대가 그랬던 것처럼, 모렐로스의 군대도 스페인 군대와 맞서 싸웠어. 그러나 이달고가 그랬던 것처럼, 모렐로스도 체포되고 처형당하고 말았어.

반란군을 이끈다는 것은 그만큼 위험스러운 일이었어. 이달고도 모렐로스도 독립을 위해서 싸우다가 죽음을 당했지.

그러나 세 번째로 일어선 반란 지도자는 호락호락 당하지 않았단다.

그 지도자는 뉴스페인에서 태어난 아구스틴 데 이투르비데Agustin de Iturbide라는 크레올이었어. 그는 원래 스페인 국왕에게 충성을 바쳤던 사람이었어. 이달고가 반란을 일으켰을 때 그는 스페인을 위해서 싸웠고, 또 모렐로스를 추격하는 스페인 군대를 돕기도 했다는구나.

그 후 이투르비데는 '산 페르난도 훈장'이라는 이름의 특별 훈장을 받으려고 스페인 정부에 신청했대. 그 훈장은 특별히 용감하고 충성스러운 군인에게 스페인 국왕이 내리는 훈장이래. 이투르비데는 확실히 충성스러운 군인이었어. 비록 잔혹하고 탐욕스러운 인간이라는 욕을 얻어먹을 만큼 얻어먹었지만 어느 누구한테도 뒤지지 않는 용감한 군인이었던 거야. 그러나 그는 그 훈장을 받을 자격이 없다는 통보를 받았대. 이투르비데가 크레올이기 때문이었어. 그 훈장은 반도인들에게만 주어지는 것이었지.

격분한 이투르비데는 심한 모욕감마저 느꼈어. 아무리 애를 써도 스페인 군에서는 높은 계급을 얻을 수 없고, 스페인 정부의 중요한 자리에 앉을 수 없다는 것을 깨달은 거지. 모든 명예는 오직 반도인들만의 차지였던 것이야.

그래서 이투르비데는 스페인 군대에 몸을 담고 있는 상태에서 뉴스페인이 독립을 얻어 낼 수 있는 방법이나 계획들에 관한 자기의 생각을 글로 쓰기 시작했어. 그리고 그는 그와 함께 스페인 군대에 복무하던 장교들을 모아서 자기의 계획을 설명했어. 뉴스페인을 독립시켜서 멕시코라는 이름의 새로운 독립 왕국을 만들어서 국왕을 앉히고, 그 백성들은 어느 곳에서 어느 핏줄의 후손으로 태어났건 누구나 평등한 권리를 누리게 하고, 로마 가톨릭 신앙을 공식 종교로 채택하자는 것이었지. 장교들은 이투르비데의 계획에 찬성했어. 멕시코의 혁명가들도 찬성했어. 가장 강력한 반란 지도자 비센테 게레로Vicente Guerrero까지도 그의 계획을 실현하기 위해서 싸우겠다고 나섰단다. 이투르비데와 게레로의 군대가 합세해서 멕시코시

멕시코 공화국 탄생

티로 진격하고, 스페인 총독에게 권좌에서 내려오라고 명령했어.

총독이 순순히 응했대. 이번에는 반란군의 기세가 너무도 강해서 도저히 맞서 싸워 이길 승산이 없었기 때문이었을 거야. 1821년 8월 24일에 스페인은 멕시코의 독립을 허락한다는 조약 문서에 서명을 했어. 세 번째로 일어난 반란이 고작 6주일 만에 성공을 거둔 것이야.

이제 멕시코가 독립되자, 멕시코 사람들은 새로운 헌법을 만들기 위한 의회를 구성했어. 미국처럼 공화국이 되기를 원하는 사람들도 있었고, 영국처럼 헌법을 준수하는 국왕이 다스리는 나라가 되기를 원하는 사람들도 있었어. 국왕이 다스리는 나라가 되기를 원하는 사람들은 페르난도 7세를 멕시코로 데려와 헌법을 준수하겠다는 약속을 받아 낸 다음에 국왕으로 추대하는 게 가장 좋다고 생각했대. 그러나 이투르비데가 국왕이 되어야 한다고 생각하는 사람들도 있었다는구나.

이투르비데의 지지자들이 이겼어. 그는 멕시코의 황제 아구스틴 1세Agustin Ⅰ가 되었단다.

그러나 아구스틴 황제는 군인으로서는 훌륭했지만, 국왕으로서는 영 신통치가 않았나 봐. 그는 자기 누이를 공주로 삼고 자기 아버지를 왕자로 삼았대. 그는 화려한 저택을 짓고 하인들을 엄청나게 많이 들여놓았어. 그의 명령에 의회가 복종하지 않으려 하자 그는 의회 지도자들을 감옥에 가두기까지 했단다. 멕시코에 가서 아구스틴 1세 황제를 만났던 미국 대사는 제임스 먼로 대통령에게 보낸 보고서에서, "그는 제멋대로, 폭력적으로 권력을 휘두르고 있다."라고 썼어.

아구스틴 황제가 즉위한 지 고작 아홉 달 후에 안토니오 로페즈 데 산타 안나 Antonio López de Santa Anna라는 이름의 장군이 반란을 일으켰어. 산타 안나는 멕시코가 공화국이 되기를 원했어. 국왕이 없는 나라를 원했던 것인데, 9개월 동안 아구스틴의 독재와 전횡(권세를 제멋대로 휘두름)에 시달렸던 군인들이 하나같이 그의 뜻을 찬성했대. 아구스틴은 분노한 군인들에게 붙잡혀서 죽음을 당할까 봐서 얼른 이탈리아로 도망갔어. 아구스틴 황제를 쫓아낸 멕시코 사람들은 다시 의회를 소집해서 새로운 멕시코 연합국을 위한 헌법을 제정했어. 그리고 멕시코는 미국처럼 대통령이 있고 의회가 있고 여러 주들이 있는 나라가 되었단다. 스페인 식민지였던 나라가 마침내 공화국이 된 것이야.

이투르비데는 그 공화국에서 살아 보지 못했어. 그의 적들이, 그에게 사이좋은 척을 하면서, 새로운 헌법이 국민의 인기를 얻지 못하고 있다면서 그를 꼬드겼다는구나. 그들은 이투르비데에게 이렇게 말했대. "나라가 불안하고 국민은 불행하다. 지금 돌아가면 당신은 온 국민의 환영을 받을 것이고, 빼앗긴 왕좌를 되찾을 것이다."

이투르비데가 그 말에 깜박 속았지 뭐니. 그는 멕시코에 도착하자마자 체포되었고, 곧 처형당했단다.

멕시코 공화국 탄생

유럽, 아프리카, 미합중국

제36장 **막 내리는 노예 무역**

노예 제도 폐지론자들의 호소

유럽 전 지역과 남북아메리카와 중앙아메리카의 모든 나라에서 사람들이 평등에 대해서 말하고 생각하고 글을 쓰고 있는 것 같았어.

그러나 유럽 전 지역과 남북아메리카와 중앙아메리카의 모든 나라에서 사람들은 노예를 부리고 있었어.

왜냐고?

이것이 노예 제도 폐지론자(어떤 제도를 없애기를 주장하는 무리)들이 제기했던 의문이었단다. 존 로크는 자연법(인간 본성에 바탕을 둔 보편적인 법)에 관한 글에서 인간은 누구나 '생명, 건강, 자유, 재산'을 가질 권리를 타고났다고 썼어. 그렇다면, 아프리카 사람들은 인간이 아닌가? 아프리카 노예들은 자유를 누릴 권리를 타고나지 않았을까?

영국에서는 퀘이커 교도들이 이미 오래전부터 인간이 인간을 노예로 부리는 것은 옳지 않다고 주장해 왔어. 그리고 노예 제도를 당연히 법으로 금지해야 한다는 데 찬성하는 영국인들이 날이 갈수록 많아졌단다. 노예 제도를 반대하는 사회 단체들이 속속 생겨났어. 그 회원들은 노예 제도의 실상에 관한 많은 글을 써서 발표했고, 그리하여 이제는 영국인이라면 어느 누구도 노예들의 참담한 삶에 대해서 제대로 알지 못한다는 말을 할 수가 없게 되었다는구나. 감리교의 창시자인 존 웨슬리는 이렇게 썼단다.

"자기의 나라에서 쫓겨나고, 친척들과 친구들로부터 영원히 떨어지고, 인간의 삶을 안온(아무 탈 없이 편안하고 조용함)하게 해 주는 모든 것들로부터 뿌리가 뽑힌 그들은, 차마 짐승이라 하더라도 감당하지 못할 만큼 비참한 처지로 떨어졌다. 풀뿌리가 그들의 음식이고…… 낮의 더위도 밤의 추위도 가려 주지 못하는 누더기가 그들의 옷이다. 잠을 제대로 자지 못하고, 도저히 몸으로 감당하지 못할 혹독한 노동으로 몸이 부서져 갔다. 그래서 수많은 이들이 한 인생의 절반도 채 살지 못하고 쓰러져 죽었다. …… 그들에게는 늘 감시자가 있었다. 감시자들이 너무도 무자비하게 채찍질을 해 대었고, 그들은 어깨에서부터 허리까지 매를 맞은 자국으로 심하게 일그러지지 않은 사람이 없었다. …… 우리의 눈에 보이는 이 세계에서 가장 숭고한 생명이라는 인간이 그러한 삶을 살아야 하는 것마저도 창조주의 뜻일까?"

노예였다가 자유민이 된 사람들도 그들의 삶에 대해서 이야기했어. 오라우다 에퀴아노라는 사람은 노예선에 실려서 대서양을 건너갔던 그 자신의 경험을 이렇게 기록했어.

"나는 절망의 구렁텅이에 빠졌다. 다시는 내가 태어났던 나라로 돌아갈 희망조차 없다는 것을, 아니, 그 해변을 한 번만이라도 다시 바라볼 희망마저도 완전히 빼앗겼다는 것을 나는 알아차리지 않을 수 없었다. …… 견딜 수 없는 악취 속에서 수많은 사람들과 뒤엉킨 채 하염없이 울면서, 나는 심하게 쇠약해져 가고 병들어 갔다. 먹을 힘마저 없었고, 무엇을 먹고 싶다는 욕구마저 전혀 느낄 수 없었다. 어느새 나는 이 세상에서의 마지막 친구가, 죽음이, 제발 나를 구원해 주기만을 빌고 있었다."

이러한 이야기들이 수없이 전해지자 노예 제도에 반대하는 영국인들이 나날이 늘어 갔어. 그러나 의회는 노예 제도를 법으로 금지하자는 여론을 거부했대. 노예 장사를 통해서 막대한 돈을 버는 상인들이 떡하니 버티고 있었기 때문이었지.

미국의 노예 제도 폐지론자들은 훨씬 더 굳센 장벽에 가로막혀 있었어. 미국에서는 우선 헌법부터 노예는 인간이 아니라고 선언하고 있었단다!

1776년에 발표된 독립 선언문에는, "모든 인간은 평등하다. …… 생명, 자유, 행복 추구 등, 절대로 빼앗길 수 없는 몇 가지 권리를 창조주로부터 부여받았다."라고 쓰여 있었어. 그러나 10년 후에 각 주의 대표자들이 모여서 헌법을 제정할 때, 그들은 아프리카에서 온 노예들은 인간이 아니라고 단정했어. 그래서 그들은 각 주가 인구의 수를 셀 때는 노예 다섯 명을 백인 세 명으로 여기자는 데 합의를 보았어. 그러니까 아프리카 노예는 인간으로서의 가치가 백인의 5분의 3이라는 것이었지.

왜일까?

노예 제도 폐지론자들의 호소

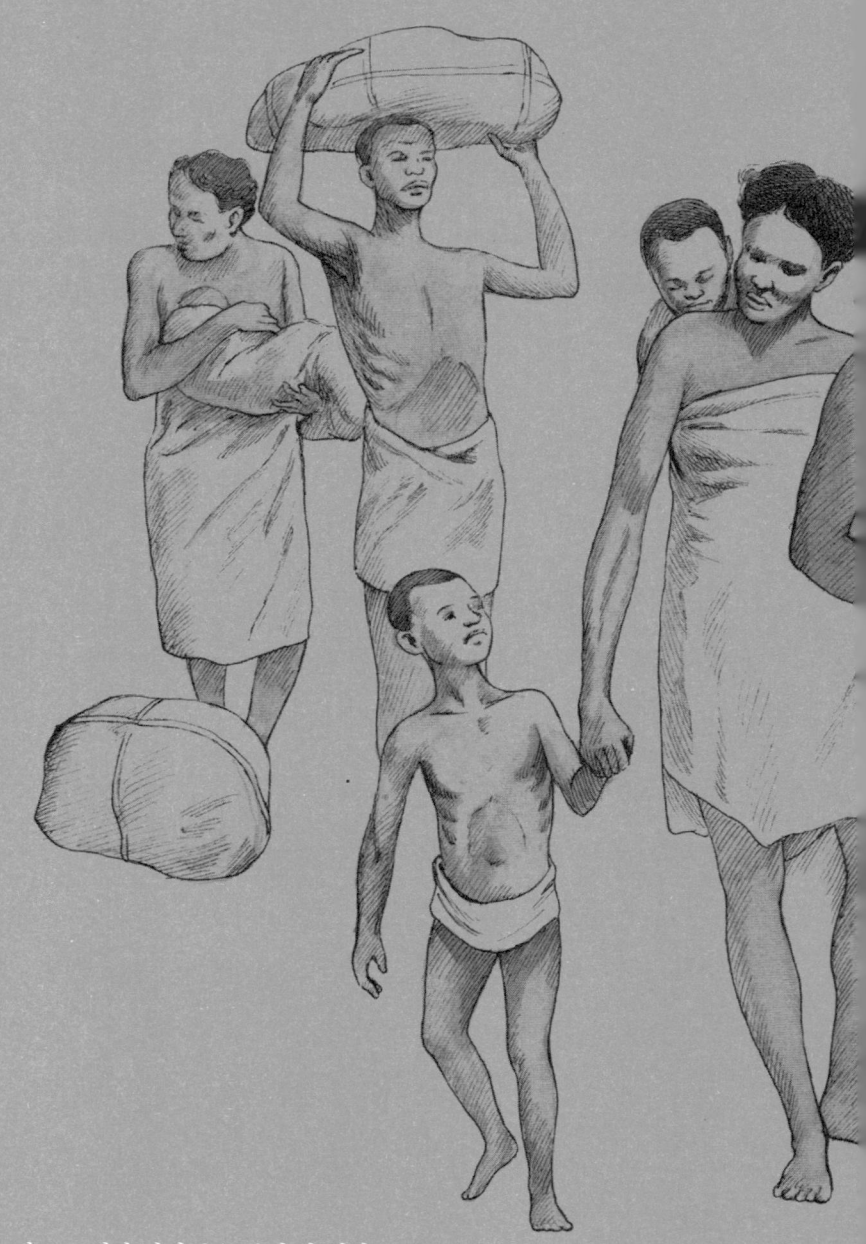

노예 무역
아프리카 대륙에서 노예로 끌려간 사람들은 풀려 날 거라는 희망도 없이 그저 일하고, 또 일해야만 했어. 그들의 고통을 막아야 한다면서 노예 제도 폐지론자들이 등장했어. 하지만 노예 무역이 완전히 막을 내리기까지는 많은 시간이 걸렸단다.

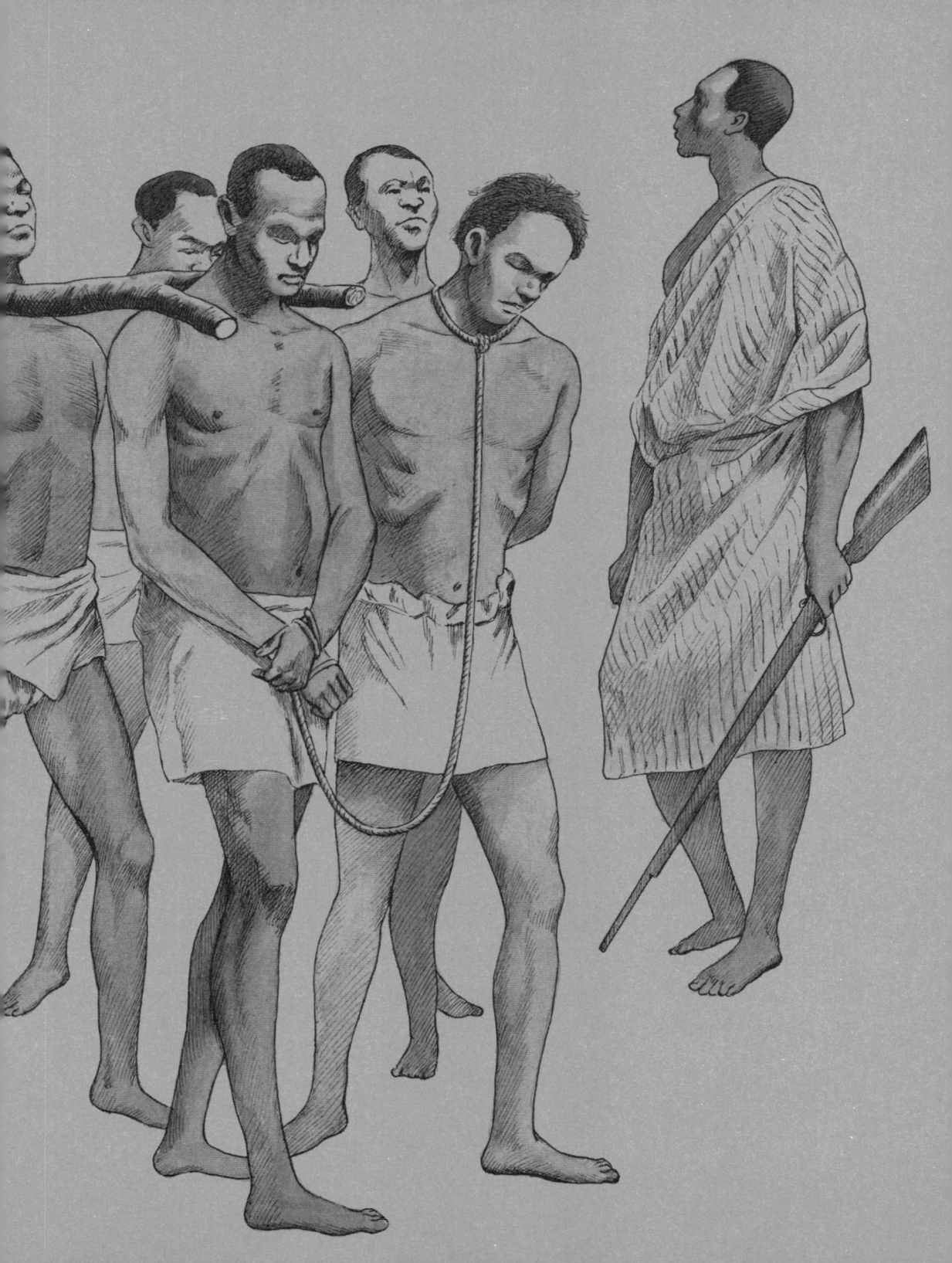

북부의 여러 주에서는 노예 제도를 법으로 금지해야 한다고 믿는 사람들이 많았어. 북부에서는 노예를 소유한 사람, 혹은 소유할 필요가 있는 사람이 드물었거든. 그러나 남부의 농장 주인들은 목화, 담배 농사로 먹고살았어. 그 두 농사는 사람의 일손이 많으면 많을수록 수확이 많았어. 그래서 남부 사람들은 노예 제도가 언제까지나 합법으로 남아 있게 되기를 원했지.

그런데 북부 사람들은 노예들이 마땅히 해방되어야 한다고 믿었는데도, 그 대표자들은 노예는 백인의 5분의 3으로 여기자는 의견에 찬성했대. 남부에는 노예들이 엄청나게 많기 때문에 북부보다 인구가 훨씬 많을 수밖에 없었어. 그러나 모든 주들이 인구 3만 명에 한 명씩 대표자를 선출해서 의회로 보낸다면, 당연히 남부 출신의 의원 수가 더 많아질 것이고, 남부 사람들이 북부 사람들보다 더 큰 권력을 갖게 될 거라고 생각했다는구나. 그러나 노예 한 명의 인간 가치가 백인의 5분의 3이 된다면, 남부와 북부가 균형을 맞출 수 있는 것이었지.

그래서 미국의 노예 제도 폐지론자들은 남부와 북부 모두가 노예 제도라는 죄악을 저지르고 있다고 주장했어. 남부 출신의 노예 제도 폐지론자 안젤라 그림케라는 여자는 필라델피아의 의사당에서 노예 제도를 반대하는 연설을 했어.

"남부 사람으로서, 나는 오늘 밤 이 자리에서 노예 제도를 반대하는 증언을 하는 것을 나의 의무라고 생각합니다. 말로는 다 설명할 수 없도록 무서운 실제 모습을 나는 직접 보았고…… 누구보다 더 잘 알고 있습니다. 그래서 나는 이곳 윌리엄 펜의 땅으로 왔습니다. 여기에서는 노예들에 대한 동정심을 분명히 발견할 수 있을 것이라 생각했기 때문입니다. 그러나 나는 여기서도 그것을 발견하지 못했습니다. …… 우리는 흔히 중립적인 입장이라는 것을 입에 올리곤 합니다마는, 이 문제에 관한 한, 중립적인 입장이라는 것은 있을 수 없습니다. 우리와 의견을 같이하지 않는 사람은 우리의 의견을 반대하는 것입니다."

노예 제도 폐지론자들이 곳곳에서 집회를 열고 노예 제도의 나쁜 점을 세상에 알렸어. 자유민이 된 노예들이 쇠사슬에 묶여서 살았던 지난날의 이야기를 전해 주었어. 유명한 찬송가 곡조에 가사를 바꿔 붙인 노래들이 불려졌어. 그 중에는 이런 노래도 있었단다.

노예 제도 폐지를 위해 함께 나서자,
용감하고 씩씩한 청년들이여,
뜨겁고 맑은 열정을 가슴에 품고,
다 함께 모여서 전진하자,
노예 제도 폐지를 위해 함께 나서자,
곱고 아리따운 아가씨들이여,
함께 나아가 거룩한 사랑의
대기를 함께 마시자,
오, 기쁨의 날은 오리라,
기쁨의 날은 오리라, 우리가 다 함께,

오늘은 자유의 날이다,

억압을 몰아내었다, 외칠

기쁨의 그날은 오리라.

영국과 미국의 노예 제도 폐지론자들은 노예 제도를 법으로 금지하기 위해서는 먼저 노예 무역부터 법으로 금지해야 한다고 생각했어. 영국에서는 윌리엄 윌버포스William Wilberforce라는 이름의 의원이 그 어떤 대가를 치른다 하더라도 반드시 노예 무역을 법으로 금지하자고 호소했어. 윌버포스는 의원들에게 이렇게 말했대. "나는 이 자리에서 어느 누구를 비난할 생각은 없습니다. 다만 나는 우리의 이 의회가 그동안 그 끔찍한 노예 무역을 승인해 왔다는 사실에 대해서 참으로 커다란 수치심을 느낀다는 심정을 솔직하게 말하고자 할 뿐입니다. 우리는 모두 죄를 지었습니다. …… 돈을 벌고자 하는 욕심에 눈이 멀어서, 너무도 깜깜하게 멀어 버려서, 우리는 아무것도 보지 못했습니다. …… 그 사악한 무역은 폐지되어야 합니다. …… 그 어떤 결과를 가져오더라도 반드시 없어져야 합니다."
윌버포스가 19년 동안이나 끈질기게 호소한 뒤에야 의회는 노예 무역을 법으로 금지하는 법안을 통과시켰어. 그러나 그렇게 제정된 법률은 노예 제도를 없애지는 못했어. 다만 영국 상선들이 이제부터는 아프리카에서 노예를 사다가 다른 나라에 팔 수 없다고만 규정했을 뿐이었어. 1년 후, 미국도 똑같은 법률을 제정했대. 영국이 노예 제도를 법으로 금지하기까지는 26년이 더 걸렸어. 드디어 영국 의회가 노예 해방 조례를 통과시킴으로써 노예 제도를 법으로 금지한 거야. 그 법이 의원들의 투표로써 채택된 날은 윌버포스가 죽기 사흘 전이었어. 소식을 들은 윌버포스는 이렇게 말했대. "주여, 감사합니다. 주님께서는 이 한 목숨을, 노예 제도를 없애기 위해서 우리 영국이 2백만 파운드를 기꺼이 포기한 이날까지 살아 있게 해 주셨습니다."

영국은 노예 제도를 폐지함으로써 적어도 2백만 파운드의 손실을 입은 것이었어! 법이 효력을 나타내자마자 수많은 농장들이 무너지기 시작했지. 마음껏 부릴 일손이 없어진 농장 주인들이 잇달아 파산했어. 그들은 설탕과 커피와 면화와 담배를 더 이상 생산할 수 없게 되었던 거야.

그러나 미국에서 노예 제도가 법으로 금지되기까지는 아직 오랜 시간을 더 기다려야 했단다.

19세기 초의 아프리카

제37장 요동치는 아프리카

아프리카를 재난으로 몰아넣은 샤카 왕

중앙아메리카와 남아메리카의 식민지들이 스페인으로부터 독립하기 위해서 싸우고 있을 때, 세계의 어느 곳에서는 그보다 훨씬 더 큰 전쟁이 벌어지고 있었단다. 그 전쟁에서 10년 동안에 2백만 명이나 죽음을 당했대. 그러나 그 전쟁에 관해서, 그리고 거기서 죽은 수많은 사람들에 대해서 자세한 내용을 아는 사람은 영국인 두 명뿐이었어.

그 전쟁은 아프리카에서 일어났어. 그 무렵까지 아프리카 대륙의 깊숙한 곳까지 들어가 본 유럽 사람은 극히 드물었던가 봐. 유럽 사람들은 이 거대한 땅덩어리를 '검은 대륙'이라고 불렀어. 아프리카의 역사를 들여다본다는 것이 마치 깜깜한 방을 들여다보는 것과도 같았기 때문이야. 수천 년 동안 아프리카의 여러 부족 사람들도 잔치를 벌이고, 추수를 하고, 전쟁을 치러서 승리도 하고 패배도 하고, 왕의 지배를 받고, 천재지변을 당하고, 태어나고, 결혼하고, 죽는 등, 유럽 사람들이 겪어 왔던 모든 것을 겪으며 살아왔어. 그러나 아프리카 사람들은 역사를 기록하지 않았기 때문에 그들이 살아온 내력이 유럽 사람들에게 거의 알려지지 않았을 뿐이었어. 지금 우리가 그들의 내력에 대해서 조금이나마 알고 있는 것들은 서양의 군인과 여행가와 탐험가들이 그곳에 갔던 경험을 기록해 놓은 글들을 통해서일 뿐이야.

남아프리카의 어느 해변에 상륙한 두 명의 영국인 상인이 어느 부족의 사냥꾼들을 만났어. 사냥꾼들이 두 상인을 그들의 왕 앞으로 데리고 갔대. 줄루 족Zulus의 샤카Shaka 왕 앞으로 데리고 간 거야. 샤카는 두 상인이 나쁜 뜻을 품고 있지는 않은 게 확실하다고 생각하고, 그들에게 땅을 내주고 집을 짓고 살게 해 주었다는구나. 영국 상인들은 그곳에 무역항을 건설하고, 이름을 더반Durban이라고 지었어. 영국 상인들은 줄루 사람들과 그들의 언어에 반했대. 그래서 그들은 줄루 어를 배워서 샤카 왕과 전사들과 원활하게 말이 통하게 되었어. 알고 보니까 '줄루'라는 그 종족의 명칭은 그들의 언어로 '하늘'이라는 뜻이었어. 줄루 사람들은 자기들이 아득한 옛날에 하늘나라에서 살았던 어떤 젊은이의 후손이라고 믿었어. 그 젊은이가 자주 분란을 일으켜 천신(天神)의 노여움을 사서 땅으로 쫓겨 내려와서 그들의 조상이 되었다는 것이야.

그리고 영국 상인들은 샤카 왕이 아프리카에서 엄청난 분란을 일으켰던 장본인이라는 사실도 알게 되었어.

샤카의 어머니는 난디라는 이름의 공주였는데, 이웃에 사는 다른 줄루 족의 추장 아들 센장가코나와 결혼했어. 그녀는 곧 뱃속에 아기를 가졌다는구나.

그런데 남편의 가족이 난디에 대해서 불평을 하기 시작했대. 그녀의 부족이 남편의 부족과 너무 가까운 사이라는 것이 이유였어. 서로 너무 가까운 종족의 자식들끼리는 결혼을 해서는 안 된다는 것이 줄루 종족의 오랜 관습이었어. 아기가 태어났을 무렵에는 난디는 너무도 힘이 들어서 더 이상 남편과 같이 살 수가 없을 지경이었대. 그래서 그녀는 어린 아기 샤카를 안고 친정으로 돌아와 버렸어.

그러나 난디의 친정 식구들도 화를 냈어. 그들은 난디를 수치스럽게 여겼어. 아이들은 샤카를 놀렸어. 나이가 들어가자, 어른들도 툭하면 그를 꾸짖고 비웃었대. 마침내 난디의 가족은 그녀에게 자식을 데리고 멀리 가 버리라고 말했어. 난디와 샤카는 동족들을 떠나서 음테트와라는 이름의 왕국으로 가서 살았단다.

음테트와 왕국에서 샤카는 키가 크고 튼튼한 청년으로 자라났어. 그는 싸우는 기술을 연마하고 군인이 되어서 음테트와의 왕을 섬겼대. 샤카의 아버지 센장가코나가 죽었다는 소식을 들은 음테트와 왕은 샤카를 보내서 그의 아버지의 왕국을 정복하게 했어.

전쟁으로 단련된 샤카는 한때는 아버지가 다스렸던 줄루 족 마을을 정복했어. 음테트와 왕의 군대의 든든한 지원을 받은 샤카는 누구의 반대도 받지 않는 권력을 갖게 되었어. 그리고 샤카는 자기의 군대를 만들기 시작했어. 그 군대는 샤카에게 무조건 복종했어. 샤카는 자기가 버려진 여자의 아들이 아니라, 누구나 두려워할 왕이라는 것을 증명할 날을 손꼽아 기다렸단다.

우선 샤카는 아버지의 병사들이 사용했던 무기를 바꾸었어. 줄루 족의 군대는 멀리서 적을 향해 던지는 창을 사용했어. 그러나 그 무기로는 군대가 딱 한 번만 적

을 공격할 수 있었어. 창을 던지고 나면 손에 무기가 없기 때문에 뒤로 돌아서 달아나야 했거든. 샤카는 병사들이 긴 칼을 들고 싸우게 했어. 긴 칼을 들면 적의 진영 속까지 깊숙이 들어가서 싸움을 벌일 수 있기 때문이었어. 그는 또 병사들이 맨발로 가시 위를 걷도록 훈련시켰어. 그러면 발바닥이 돌처럼 단단해져서 아무리 거칠고 험한 곳에서도 마음껏 내달릴 수 있기 때문이었어. 샤카는 병사들에게 제복을 입히고, 군대를 네 부대로 나누어서 질서 있게 전투를 치르는 법을 가르쳤어. 첫 부대는 적을 향해 정면으로 돌진해서 맞붙고, 두 번째와 세 번째 부대는 적의 옆면을 돌아가서 뒤에서 공격하고, 네 번째 부대는 근처에서 대기하고 있다가 앞의 세 부대 중에서 맨 먼저 기세가 떨어진 부대와 교대한다는 것이었어. 그런데 이 네 번째 부대는 반드시 뒤로 돌아앉아서 기다려야 했어. 그 이유는 싸우는 모습을 지켜보고 있으면 그만 자기도 모르게 흥분한 나머지, 아직 뛰어나갈 때가 되지도 않았는데 뛰어나가게 될까 봐였지!

무기를 들고 춤 추는 줄루 족

잘 훈련된 새로운 군대가 갖추어지자 샤카는 그의 첫 번째 표적을 공격했어. 그의 어머니의 부족이 그 첫 번째 표적이었어. 샤카는 옛날에 그를 비웃었던 사람들을 모조리 찾아내서 남김없이 죽여 버렸어. 그리고 그는 군대를 돌려 음테트와 왕국으로 가서 왕을 죽였어.

이제 샤카는 남아프리카의 전 지역을 지배할 준비가 다 되어 있었단다.

샤카는 정복 전쟁을 시작했어. 그 후 10년 동안 샤카의 전사들은 남아프리카와 중앙아프리카의 수많은 부족들을 공포 속에 몰아넣었어. 그 시기를 아프리카 사람들은 '음페카네mfecane' 라고 부르는데, '재난의 시기' 라는 뜻이야. 줄루 말로는 '파괴' 라는 뜻이지. 마을들이 파괴되고 부족민들이 뿔뿔이 흩어졌어. 수천 년을 이어 온 부족 왕국의 전통이 무너졌어. 수많은 부족들이 샤카의 군대를 피해서 짐을 꾸려 가지고 달아났어. 그들은 단지 도망만 친 게 아니었어. 도망치는 길에서 맞닥뜨린 다른 부족들을 공격해서 멀리 쫓아 버리고 자기들이 그 땅을 차지하고 앉아서 살았단다. 아프리카의 수많은 부족들은 '재난의 시기' 에 마치 도미노처럼 쓰러졌어. 자기 땅에서 쫓겨난 부족들이 다른 부족들을 공격해서 사람들을 죽이고 마을을 파괴했어. 그 10년 동안에 죽은 사람의 수가 2백만 명에 이르렀대.

그런데 어느 날 샤카의 어머니 난디가 죽었어. 늘 난폭하고 걷잡을 수 없는 성격이었던 샤카는 이제는 아주 미친 사람이 되어 버렸대. 그는 온 나라를 헤집고 다니면서 백성들을 닥치는 대로 죽였다는구나. 그는 들에 곡식을 심지 말라고 명령했어. 백성들이 굶어 죽게 되는 건 아랑곳도 하지 않았어. 샤카는 우유를 마시는 것도 금지했어. 우유를 보면 어머니 난디의 품과 그 사랑이 생각나서 미칠 지경이 되기 때문이라나. 그는 새끼가 있는 어미 암소들을 모조리 죽이라고 명령하기까지 했대. 송아지들에게 어미를 잃은 슬픔이 어떤 것인지 가르치려는 것이었지.

아프리카를 재난으로 몰아넣은 샤카 왕

샤카의 전사들은 그 모든 것을 묵묵히 받아들였어. 그러나 샤카는 끊임없이 전사들을 싸움터로 보내고, 번번이 더 멀리로 내보냈어. 싸움터에서 전사들이 돌아오면 잠시도 쉴 틈을 주지 않고 또 내보냈어. 마침내 지치고 신물이 난 전사들이 그에게 등을 돌렸단다. 샤카의 두 이복형제가 샤카를 살해했어. 줄루 족의 위대한 왕 샤카의 통치가 마침내 막을 내렸고, 이제는 그의 이복 동생인 딩가네Dingane가 왕좌에 앉게 되었어.

보어 인과 영국인 손에 넘어간 아프리카

딩가네는 샤카처럼 난폭하지 않았고, 다른 부족들을 정복하려는 욕심도 별로 없었어. 그러나 딩가네도 전사의 피를 타고난 왕이었고, 오래지 않아서 그 기질을 드러냈단다.

딩가네가 다스리는 줄루 족의 영토로부터 1천5백 킬로미터나 떨어진, 아프리카 대륙의 남쪽 끝에는 케이프 식민지Cape Colony라는 이름의 유럽 사람들의 정착지가 있었어. 그 무렵으로부터 150년 전에 네덜란드 사람들이 지은 무역 기지였어. 동양으로 가는 네덜란드 배들이 그곳에 들러서 식량과 물을 보충했어. 그곳의 네덜란드 총독은 요새를 짓고, 자기 손으로 채소밭을 일구고, 아몬드 나무를 심어서 울타리를 쳤대. 그 아몬드 나무 울타리가 아프리카에서 네덜란드 사람들이 차지한 땅의 경계선이 되었지.

세월이 지나면서 더 많은 네덜란드 사람들이 그곳으로 이주해 왔어. 그들에게는 요새 근처의 땅이 주어졌어. 그들은 해안에서 그리 멀지 않은 케이프 식민지에 채소를 심고, 낮은 구릉에서 양을 먹였어. 그 네덜란드 사람들을 '보어 인Boers'이라 부르는데, 네덜란드 어로 '농부들'이라는 뜻이야. 그들의 농장이 점점 위로 넓혀져 갔어. 근처에 살던 아프리카 부족 코이코이 족과 산 족은 그들의 땅을 야금야금 먹어 들어오는 보어 인들과 맞서 싸워야 했어. 그러나 보어 인들에게는 말과 총이 있었어. 아프리카 사람들은 뒤로 물러날 수밖에 없었지.

유럽의 다른 식민지 개척자들이 그랬던 것처럼, 보어 인들도 농장을 운영하기 위해서 노예를 부렸어. 양이나 암소 떼를 몰고 다니면서 물과 풀을 먹이고 젖을 짜고 털을 깎자면, 버터와 양털을 케이프 식민지로 싣고 가서 설탕과 커피와 담배와 화약으로 바꾸어 오자면, 일손이 엄청나게 필요했거든. 샤카 왕이 정복 전쟁을 시작하던 무렵에, 케이프 식민지에는 1만 5천 명의 노예들이 있었다고 해.

영국 사람들은 케이프 식민지를 차지하려고 늘 눈독을 들이고 있었어. 그래서 그들은 보어 인들에게 접근했어. 드디어 영국 사람들은 케이프 식민지를 빼앗았다가 다시 빼앗기고, 또다시 빼앗는 등의 우여곡절 끝에 영영 차지하게 되었어. 영국 이주민들이 몰려오기 시작하고, 영국인 총독이 그곳을 다스리게 되었지.

보어 인들이 영국의 지배를 달가워할 리가 없었고, 근처에 와서 정착하는 영국인 식민지 개척자들을 환영할 리가 없었겠지. 그런데 그 무렵에 영국은 본국의 여러 섬에서는 물론이고 해외의 모든 식민지들에서도 노예를 금지한다는 법을 선포했어. 그것이 보어 인들에게 마지막 지푸라기가 되었단다. 그들은 영국인들이 노예

보어 인과 영국인 손에 넘어간 아프리카   543

가 없이는 도저히 그곳에서 살아갈 수가 없다고 생각했어.

하지만 상황은 보어 인들의 뜻대로 되지 않았어. 1만 명의 보어 인들이 8년 정도의 기간 동안 케이프 식민지를 떠났어. 그들은 재산을 꾸려서 황소가 끄는 수레에 싣고 새로이 터전을 잡고 살 곳을 찾아서 북쪽으로 올라갔어. 이것을 '보어 인들의 대이동'이라고 부른단다. 너무도 힘들고 위험스러운 길이었어. 그러나 보어 인들은 그 동안의 힘겨운 삶을 통해서 하나같이 강인하게 단련되어 있었어. 셜록 홈스라는 유명한 탐정을 탄생시킨 영국의 작가 아서 코난 도일Arthur Conan Doyle은 보어 인들이 남아프리카 땅에서 터전을 잡아 가던 무렵에 살았던 사람이었어. 그는 보어 인들을 이 지구상에서 '가장 닳아 빠진…… 그 무엇에도 굴하지 않을' 사람들이라고 말했어. 그는 이렇게 썼단다.

"50년 동안 스페인의 폭압(폭력으로 억압함)을 이겨 냈던 네덜란드 사람들의 한 무리를 골라 보라. …… 그들을 저 유들유들한 프랑스 사람들과 섞어 보라. …… 그리고 그들을 일곱 세대 동안 야만인들과 맹수들이 우글거리는 곳에서, 약한 자는 절대로 살아남을 수 없는 조건 속에서, 무기를 쓰고 말을 부리는 남다른 기술을 저절로 습득하지 않을 수 없는 환경 속에서, 늘 목숨을 걸고 싸우게 하라. …… 그 모든 기질과 재주를 한 몸에 다 타고난 자들이 바로 지금 우리가 보어 인이라고 부르는 자들이다. 나폴레옹과 그의 백전(수많은 싸움)의 용사들조차도 그 군세고 단단한 자들에 비하면 오합지졸에 불과하다!"

그 군세고 단단한 보어 인들이 샤카의 전사들이 짓밟고 지나간 곳으로 들어갔어.

딩가네의 영토에 도착한 그들은 하나같이 얼굴에 기뻐하는 빛이 가득 차 올랐어. 그 영토가 그들이 새로운 터전으로 삼기에 딱 알맞은 곳이기 때문이었지.

딩가네는 그의 왕국의 변경에 얼쩡거리는 자들을 얼른 쫓아 버리고 싶었지만, 그들의 말과 총을 경계하지 않을 수 없었단다. 보어 인들이 짐을 풀고 무장을 하고 농장을 개간하기 시작했어. 그리고 그들의 작은 무리가 딩가네가 사는 마을에 불쑥 들이닥쳤어. 보어 인들은 줄루 족 사람들과 사이좋게 지내고 싶었던 것이었어. 그런데 딩가네는 그들을 모두 죽여 버리라고 명령했대.

그게 실수였어! 보어 인들이 쳐들어왔거든. 그러나 보어 인들은 총만 믿고 덤비지는 않았어. 딩가네의 이복 동생인 음팡데Mpande가 왕이 되고 싶어 한다는 것을 용케 알아낸 그들은 음팡데를 꾀어서, 싸움에서 이기도록 도와주면 나중에 줄루 족의 왕이 되게 해 주겠다고 약속했어.

음팡데의 도움으로 보어 인들은 줄루 족과 몇 차례 전투를 벌였어. 가장 치열했던 전투는 은코메 강변에서 벌어진 전투였어. 보어 인들은 나중에, 줄루 족 전사들의 피로 그 강이 붉게 물들었다고 억지 소리를 했다는구나! 그래서 그 전투는 '피의 강의 전투'라는 이름으로 알려지게 되었단다.

그 전투에서의 패배가 딩가네의 운명을 결정했어. 그는 보어 인들을 피해서 아프리카 땅의 깊숙한 곳으로 사라졌어. 그렇게나 사나웠던 줄루 족의 싸움 기질도 사라져 버렸어. 보어 인들이 옛날에 두 명의 영국 상인이 건설했던 무역항 더반 일대에 정착했어. 그들은 그 새로운 삶의 터전을 나탈Natal이라고 불렀단다.

4년 후에 영국이 나탈마저도 보어 인들로부터 빼앗았대. 보어 인들은 더 북쪽으로, 중앙아프리카를 향해 올라가야 했어. 이윽고 그들은 다시 한 번 새로운 터전을 잡고, 두 개의 나라를 건설했어. 오렌지 자유 주Orange Free State와 트란스발 공화국Transvaal Republic이 그것이야. 남아프리카는 백인 정착민들과 그들이 부리는 노예들로 가득 찬 곳으로 서서히 변해 가고 있었어.

눈물의 길

제38장 미국의 비극

눈물의 길

보어 인들은 남아프리카의 평원에 살던 원주민 부족들을 몰아내고 그곳에 정착했어. 그런데 미국 정부는 보어 인들과는 다른 방식으로 땅을 넓혀 나갔어. 미국에서는 원주민들이 살고 있는 땅에다가 집을 짓고 살려는 사람들은, 원주민들에게 땅값을 지불하고 땅을 샀다는 것을 증명하는 계약서를 정부에 제시하도록 했단다.

그러나 원주민들에게는 선택의 여지가 주어지지 않은 경우가 훨씬 더 많았어. 또 땅값을 제대로 쳐서 받은 경우도 거의 없었다는구나. 백인 이주민들은 고작 싸구려 보석 한 줌이나 담배 몇 킬로그램을 주고 숲이나 농장을 샀어. 어쨌거나 그들은 원주민들이 그 땅의 주인이라는 것을 인정은 한 셈이었지!

점점 오하이오밸리와 동남부 여러 주의 원주민들의 땅을 사려고 하는 사람들이 크게 늘어났어. 미국이 날로 커져 가고 있었던 것이야. 유럽에서 최근에 건너온 이주민들은 도로도 없고 상점도 없고 병원도 없는, 프랑스에서 판 땅인 루이지애나 지역으로는 가려고 하지 않았어. 그들은 도시와 강 주변에서 정착하기를 원했단다.

그러나 남동부와 중서부에 사는 원주민들은 쉽사리 땅을 팔려 하지 않았고, 절대로 팔 수 없다고 버티는 부족들도 많았어.

그래서 미국 대통령 앤드류 잭슨은 '인디언 강제 이주법Indian Removal Act' 이라는 법률을 채택했어. 이 법은 미국 대통령이 원주민들의 뜻을 물어보지 않고도, 혹은 돈을 지불하지 않고도, 그들의 땅을 압수할 수 있으며, 다만 아직 사람이 살지 않는 서부의 초원에서 그만큼의 땅을 갖게 해 준다는 내용이었어.

인디언 강제 이주법은 의회와 대통령 자신에게는 참으로 훌륭하고 새로운 생각인 듯싶었을 거야. 벌써 1백 년이 넘도록 백인들과 원주민들이 다투고 싸우고 서로를 죽여 왔거든. 백인들은 이제는 백인 정착민들은 백인들끼리만 이웃해서 살 수 있게 되었고, 인디언들은 또 저 멀리 서부로 가서 새로운 터전을 잡고 살 수 있게 되었다고 생각했어.

그러나 원주민 부족들에게 이 법은 오랫동안 살아왔던 집을 잃게 된다는 뜻이고, 다시는 돌아오지 못할 곳으로 떠나야 한다는 뜻이었어. 그 무렵에는 수많은 원주민들이 백인들의 생활 관습을 받아들이기 시작하고 있었어. 원주민의 자식들이 백인 선교사들이 세운 학교에 다녔어. 유럽식 복장을 한 사람, 영어식 이름을 가진 사람들도 많았대. 남동부에서는 칙소 족, 촉토 족, 세미놀 족, 체로키 족, 크리크 족 등의 다섯 부족들이 '다섯 개명 부족Five Civilized Tribes' 이라는 하나의 별명으로 불리고 있었대. 개명(開明)이란 문명화되었다는 뜻이야. 그들 중의 대다수가 백인 정착민들과 거의 똑같은 모습을 하고 살고 있었기 때문이었어. 체로키 족은 상점과 교회가 있는 그들만의 작은 도시를 가지고 있었고, 그들의 언어와 영어가 나란히 쓰인 신문을 발행했으며, 백인과 결혼해서 자식을 낳은 남자와 여자들도 더러 있었어. 또 체로키 족의 추장들은 '존 로스'니 '데이비드 반'과 같은 영어식 이름을 사용했어. 심지어 농장을 소유하고 아프리카 인 노예들을 부리는 사람들도 있었다는구나. 그들은 이제 더 이상 살림살이를 꾸려 가지고 숲을 떠돌아다니면서 아무 데나 천막을 짓고 살던 지난날의 그들이 아니었어.

그런데 이제 와서 그들이 모두 서부로 떠나야 한다는 인디언 강제 이주법이라는 것이 선포되었단다!

다섯 개명 부족들 중에서 몇몇은 미국 정부와 맞선다는 것은 무모한 짓이라고 벌써부터 체념한 상태였어. 칙소 족이 맨 먼저 짐을 꾸려서 떠났어. 촉토 족은 이주법이 선포된 지 1년 후의 한겨울에 서부로 출발했어. 정부는 그들에게 서부로 가는 도중에 필요한 식량과 옷을 살 돈을 주겠다고 약속했지만, 아무리 기다려도 돈은 오지 않았대. 그들은 오래지 않아서 담요와 외투가 부족해졌어. 수많은 사람들이 눈밭을 맨발로 걸어야 했지.

크리크 족은 떠나지 않겠다고 버텼어. 그래서 미국 병사들이 쳐들어가서 그들을 사슬에 줄줄이 엮어서 끌고 서부로 가야 했어. 크리크 족은 가는 내내 발목을 묶은 사슬 때문에 제대로 걷지도 못하고 굶주리고 추위에 떨었어. 그들 중에서 3천5백 명이 서부의 땅에 도착하지 못하고 죽었어.

체로키 족과 세미놀 족이 가장 거세게 저항했어. 플로리다 주에서 세미놀 족 사람

들은 무기를 들고 나가 싸웠어. 미국 군대가 세미놀 족의 저항을 무너뜨리고 플로리다에서 쫓아내기까지는 7년이나 걸렸어. 7년이나 걸린 이 전쟁은 '제2차 세미놀 전쟁'이라는 이름으로 알려졌단다.(제1차 세미놀 전쟁은 그 전에 있었던 일인데 여기에서는 생략할게.)

체로키 족은 또 다른 방식으로 저항했어. 그들은 소송을 걸었어. 그들은 집과 농장을 떠나지 않을 권리가 있다고 판사들에게 주장했어. 재판이 거의 8년이나 계속되었단다. 그런데 체로키 족이 가장 많이 사는 조지아 주의 총독은 판결이 날 때까지 기다리지 않았어. 그가 자기 마음대로 체로키 족의 땅을 쪼개서 복권에 당첨된 이주 희망자들에게 나누어 주기 시작했던 거야.

그렇게 땅을 나누어 주는 것으로도 모자란다는 듯이, 마침내 7백 명의 병사들이 조지아 주의 체로키 족의 땅에 쳐들어가서 집집마다 문을 부수고 사람들을 밖으로 끌어냈어. 그 광경을 목격했다는 어느 침례교 목사는 이렇게 썼단다.

"사람들이 집에서 질질 끌려 나왔다. …… 살림살이를 챙길 겨를도 없이, 그저 옷만 입은 채로…… 이러한 것을 평화 속의 전쟁이라고 하는가?"

임시 수용소로 끌려간 체로키 족은 여러 무리로 나누어져서 서부로 출발했어. 그 즈음에 백인 이주자들은 쫓겨난 원주민들의 집과 농장을 마구잡이로 약탈했어. 가구와 옷과 보석과 책과 접시와 은수저 같은 것을 닥치는 대로 훔쳐 대는 걸 보고, 그들을 지키던 병사들조차도 심한 역겨움과 분노를 느꼈던 모양이야. 어느 병사는 "내가 군대에 들어올 때, 장차 내가 사람을 소 떼처럼 몰아내게 된다는 걸 아

인디언
콜럼버스는 신대륙에서 본 원주민들을 인도인이라고 믿었단다. 그래서 스페인 어로 인도인이라는 뜻의 '인디오'로 그들을 불렀어. 그러다가 아메리카에 사는 인도인이라는 뜻으로 '아메리카 인디언'이라고 불렀지. 그들은 신대륙의 주인이었지만 식민지 개척자들에 의해 서부로 쫓겨났어.

무도 가르쳐 주지 않았어."라고 중얼거렸고, "나는 수천 명이 한꺼번에 총을 맞고 쓰러지는 것도 보았다. 그러나 체로키 족 사람들을 몰아내는 것보다 더 끔찍한 건 없었던 것 같다."라고 일기에 쓴 병사도 있었다는구나.

6월의 어느 날, 체로키 족은 오클라호마 주의 '인디언 준주'로 출발했어. 1천3백 킬로미터에 이르는 그 길을 가는 데 꼬박 1년이 걸렸어. 그들은 지독한 가뭄이 한창이던 때에 출발했어. 홍역을 비롯한 온갖 병들이 퍼지기 시작했어. "어린아이들은 거의 전부 기침을 했고, 어른들조차도 콜록콜록 기침을 해 대었다."라고 어느 병사는 길을 떠난 지 2주일 후의 일기에 썼어.

겨울이 오고 눈이 내렸어. 그들은 담요만 걸친 채 모닥불 앞에 쪼그려 앉아서 밤을 지샜단다. 천막도 없고 지붕도 없었어. 어느 백인 나그네는 이렇게 썼어. "길가에 앉아서 밤을 새는 체로키 인디언들을 우연히 보았다. 비가 내리고…… 그들은 흥건하게 젖은 맨땅에서 지친 몸을 쉬고 있었다. …… 그들이 쉬었다가 간 자리에는 어김없이 열네댓 개의 무덤이 생겨 있었더라는 이야기를 우리는 주민들한테서 들었다." 병들고 지친 사람들은 앉은 자리에서 다시는 일어나지 못했어. 그들은 아침마다 밤사이에 죽은 사람들을 묻어 주고 나서 다시 길을 떠났대.

그들이 오클라호마 주에 도착하는 데에는 1년이 걸렸어. 네 명 중에서 한 명만이 도착했어. 체로키 족 사람들은 너무도 험난했던 그 여행을 '눈나-다-울-츠순-이'라고 부른대. '울며 걸어왔던 길'이라는 뜻이래. 그 여행은 지금은 '눈물의 길 Trail of Tears'이라고 불린단다.

흑인 목사 냇 터너의 반란

자기들의 땅을 지키기 위해서 반란을 일으킨 사람들은 세미놀 족만이 아니었어. 남부의 여러 주에서는 수많은 흑인 노예들이 날마다 이른 아침부터 깜깜해진 밤까지 농장에서 일을 했어. 그들은 배가 고프지 않은 때가 없었고, 침대에 누운 적이 없었고, 편히 한 번 쉰 적도 없었어. 감시자들에게 미움을 살 때마다 채찍질을 당했어. 형제들과 누이들과 어머니들과 아버지들이 어느 날 갑자기 딴 곳으로 팔려 가 버리고, 다시는 돌아오지 않았단다. 남부의 노예들은 체로키 족 사람들보다 훨씬 더 가혹한 처지에서 하루하루의 목숨을 이어 가고 있었어.

생도밍그 섬에서 반란이 일어나서 노예들이 주인들을 죽였다는 소식이 전해지자 (30장에서 이야기했지?) 농장 주인들이 겁에 질려서 부들부들 떨었어. 그들이 부리는 노예들도 자유 사상에 물이 들어서 반란을 일으키면 어떻게 되나? 투생 루베르튀르가 반란을 승리로 이끌었다는 이야기를 들은 농장 주인들은 총알이 충분히 있는지를 확인하고 총을 늘 가까이에 두었어. 그들은 일요일마다 노예들을 교회로 보냈어. 백인 목사가 하나님께서는 노예들이 아무것도 묻지 말고 주인들에게 복종하기를 원하신다고 설교를 했단다.

그러나 일요일 저녁에 노예들은 자기들만의 예배를 보았어. 자유에 관한 노래를 부르고, 잔혹한 악행을 저지른 자들에게 내려질 신의 심판에 관한 노래를 불렀어. 흑인 목사들은 언젠가는 노예들이 당하는 그 모든 고난을 신이 치료해 주실 해방

의 날이 반드시 올 것이라고 설교했대!

그 흑인 목사들 중에 냇 터너Nat Turner라는 사람이 있었어. 터너는 아주 어렸을 적에 버지니아 주의 어느 농장에서 노동을 했던 기억을 가물가물 가지고 있었어. 그는 그때에 이미 신께서 그로 하여금 다른 노예들을 해방으로 이끌라는 중대한 임무를 내리셨다고 믿었어. 그의 주인인 토머스 무어라는 사람은 터너가 이웃 마을들을 돌아다니면서 노예들에게 설교를 하는 것을 허락했대. 터너는 신의 계시를 환상 속에서 보았노라고 설교했어. "나는 하얀 영혼들과 검은 영혼들이 뒤엉켜 싸우는 것을 보았습니다. 피가 강이 되어 흘렀습니다. …… 위대한 심판의 날이 멀지 않았습니다."

무어는 터너가 아마도 성경의 계시록에 기록된 세상의 종말에 대해서 설교를 하는 것이라고 생각했을 뿐, 그 이상은 특별히 귀를 기울이지 않았단다. 그는 이렇게 생각했어. 노예들이라고 해서 한자리에 모여서 신을 경배하지 못할 이유가 무엇인가? 신앙을 가지면 더욱 충성스러운 노예가 되겠지. 일을 더 열심히 할 것이고, 주인에게 더 고분고분 복종할 거라고 생각했어.

그러나 터너의 설교는 실은 노예들이 들고일어나서 싸우게 할 준비를 하고 있었던 것이었어. 터너는 어느 날 자기가 천둥 같은 어떤 목소리를 들었는데, 노예들을 이끌어서 주인들과 싸우라고 그에게 말하는 목소리라고 설교했단다.

어느 날 터너는 울타리를 고치고 있었어. 허리를 숙이고 철사를 꼬는 그의 두 손을 희미한 2월의 햇빛이 비추었어. 어느 순간에 터너가 눈을 끔벅였어. 아직 해가

질 때가 멀었는데도 햇빛이 점점 어두워지는 것 같았어. 철사가 제대로 보이지도 않았지.

그는 고개를 들고 하늘을 올려다보았어. 해가 사라지고 있었어. 검은 동그라미가 아주 조금씩 해를 잡아먹고 있었어. 그리고 오래지 않아서 주위의 농장이 온통 어두컴컴해지고, 풀빛이 너무도 섬뜩하게 변했단다.

그것은 달이 해를 가리는 일식이었어. 그러나 터너는 그것을 하늘이 그에게 보내는 신호라고 생각했어. 그는 아이티의 노예들처럼 이제는 우리도 자유를 위해서 일어서야 할 때가 되었다고 생각했던 거야. 터너는 글을 조금은 읽을 줄 알았어. 그래서 그는 투생에 대해서 알고 있었고, 나폴레옹의 군대에 대해서도 알고 있었어. 그는 자기도 군대를 만들어서 노예들의 해방을 위해서 싸우지 못할 이유가 없다고 생각했지.

터너는 계획을 세우기 시작했어. 그는 노예들을 한 사람 한 사람씩 붙들고, 군대를 만들려는 계획을 이야기했어. 이윽고 그들은 헛간이나 지하실이나 숲에서 몰래 만났어. 다른 농장의 노예들에게도 말이 전해졌어. 그들은 주위의 집들과 농장들을 지도로 그렸단다. 터너는 '헤라클레스'라는 별명으로 불리는 노예를 그의 부관으로 선택했어. 헤라클레스는 체구가 엄청나게 큰, 근처의 어느 백인보다도 더 키가 큰 거인이었어.

8월의 일요일이었어. 깊은 밤중에 터너와 헤라클레스와 다섯 명의 다른 노예들이 어느 연못가에서 만났어. 그 자리에서 터너는 이렇게 말했다고, 그들 중의 누군가

흑인 목사 냇 터너의 반란

가 나중에 전했단다. "우리는 오늘 밤에 만나는 백인들을 반드시 죽여야 한다. 오늘 밤에 우리는 강도질을 하러 가려는 게 아니다. 이건 자유를 위한 전쟁이다. 절대로 살려 줘서는 안 된다."

그리고 그들 일곱 명은 도끼나 칼을 들고 출발했어.

처음에 그들은 터너의 주인집으로 갔어. 그들은 그 집 식구들을 모두 죽였어. 그리고 어둠 속을 걸어 이웃집으로 가서 혼자 사는 농장 주인을 죽였어. 그러고는 또 그 옆집으로, 또 그 옆집으로.

반란자들의 수가 늘어나서 열다섯 명이 되었어. 그들은 두 패로 갈라져서 다른 집들을 공격했어.

아침 10시 무렵에 터너의 무리는 마흔 명으로 늘어났어. 모두들 도끼를 휘두르고 총으로 무장하고 있었어. 정오 무렵에는 온 읍내가 공포에 휩싸였어. 쉰 명이 넘는 백인들이 죽었어. 백인 남자들은 어서 총을 들고 나오라고 고함을 질러 대고, 교회들이 요란하게 종을 쳐 댔단다. 말 탄 사람들이 군대를 부르려고 황급히 어딘가로 달려갔어. 그 소란 속에서 노예들은 박수를 치고 춤을 추고 고함을 질렀지.

이제는 '터너 장군'이라 불리게 된 터너는 그곳에서 멀지 않은 버지니아 주 예루살렘 마을로 가려고 했어. 거기 가서 진을 치고, 곧 몰려올 백인 병사들과 맞서 싸울 작정이었던 거지. 그런데 부하들이 이른 아침부터 브랜디를 마셔 대고 있는 거야. 그들이 비실거리기 시작했어. 터너가 그들을 이끌고 예루살렘에 막 들어가고 있을 때, 무장한 한 무리의 농장 주인들이 뒤를 추격해 왔어. 총격전이 벌어지고,

터너와 부하들은 숲으로 달아나 숨어야 했어.

터너는 다음 날 아침에는 다시 군대를 모을 수 있을 것이라고 생각했어. 그러나 뿔뿔이 흩어졌던 부하들이 하나씩 차례로 붙잡혔어. 숲 속으로 더 깊이 숨어 들어간 터너는 아주 행방을 감추어 버렸단다.

버지니아 주가 온통 공포에 휩싸였어. 터너는 어디에 숨었을까? 그가 또 한밤중에, 이번에는 정말로 군대를 이끌고 쳐들어오지나 않을까? 공포와 분노에 찬 백인들이 노예들을 마구 죽이기 시작했어. 터너의 반란과는 아무 상관도 없는 남녀 노예들이 순식간에 120명이나 죽음을 당했대. 붙잡힌 터너의 부하들은 모두 목이 매달렸다는구나.

흑인 목사 냇 터너

두 달 동안 터너는 붙잡히지 않았어. 그는 근처의 습지에 숨어 있었어. 언젠가는 다시 나가서 군대를 모으고 자유를 위해서 싸울 날이 올 것이라 믿으며, 숲 속을 헤매며 주린 배를 채웠어. 그런데 어느 날 이른 아침에 숲으로 사냥을 나갔던 어느 사냥꾼이 우연히 터너와 딱 맞닥뜨렸어. 터너는 구덩이에서 잠을 자다가 깨어서 막 나오던 참이었던 것 같아. 그는 사냥꾼에게 잡혀서 근처의 마을로 끌려갔단다.

터너는 재판을 받고 선고를 받은 후 처형당하기 전에 그의 변호사인 토머스 그레이라는 사람에게 자기의 이야기를 다 털어놓았어. 그레이 변호사는 터너의 이야기를 기록한 《버지니아 주 사우샘프턴의 반란 지도자 냇 터너의 고백》이라는 제목의 책을 발간했어.

터너는 그레이에게 이렇게 말했단다.

"나의 어머니와 할머니는 내가 어떤 커다란 목적을 갖고 태어났다고 늘 말씀하셨다. 신은 내가 이 세상에 태어나기 전에 일어났던 일들을 내게 보여 주셨다. 그래서 나는 동료 노예들의 마음을 움직일 수 있었다. …… 나는 나의 그 목적을 이루기 위해서 그들을 끌어들이기 시작했다. 나는 그들에게 말했다. 나에게 내려진 거룩한 약속이 마침내 실현되게 할 일이 바야흐로 일어나려 한다고…… 마침내 내가 일어나서 나의 적들을 그들의 무기로써 죽여야 할 때가 되었다고."

2주일 후에 터너는 교수대에 매달렸어. 그의 반란은 노예들을 해방시키지 못했어. 아니, 노예들의 처지를 더욱 비참하게 만들었어! 노예 주인들은 또다시 반란이 일어날까 봐 두려워했어. 새로운 법령들이 마구 쏟아졌지. 노예들은 세 명 이상 한자리에 모여서는 안 되고, 흑인 목사들의 설교가 금지되고, 노예에게 글을 가르치는 자는 최소 징역 1년의 처벌을 받게 되었어. 노예 신분에서 풀려 난 흑인들도 이루 말할 수 없는 고통을 당했어. 그들은 총기를 가지고 있을 수 없었고, 밤에 여럿이 한자리에 모일 때는 반드시 적어도 백인 세 명의 감시를 받아야 했단 말이지.

그 모든 법령들의 목적은 단 한 가지, 노예들이 다시는 반란을 꾀하지 못하게 하려는 것이었어. 그러나 미국인들은 노예 제도가 없어지지 않는 한은 언제라도 다시 참혹한 싸움이 벌어질 수밖에 없다는 생각을 하지 않을 수 없었을 거야. 어떤 사람은 이렇게 말했대. "이대로 나가다가는 이 땅은 머지않아 온통 피로 얼룩지게 될 것이다."

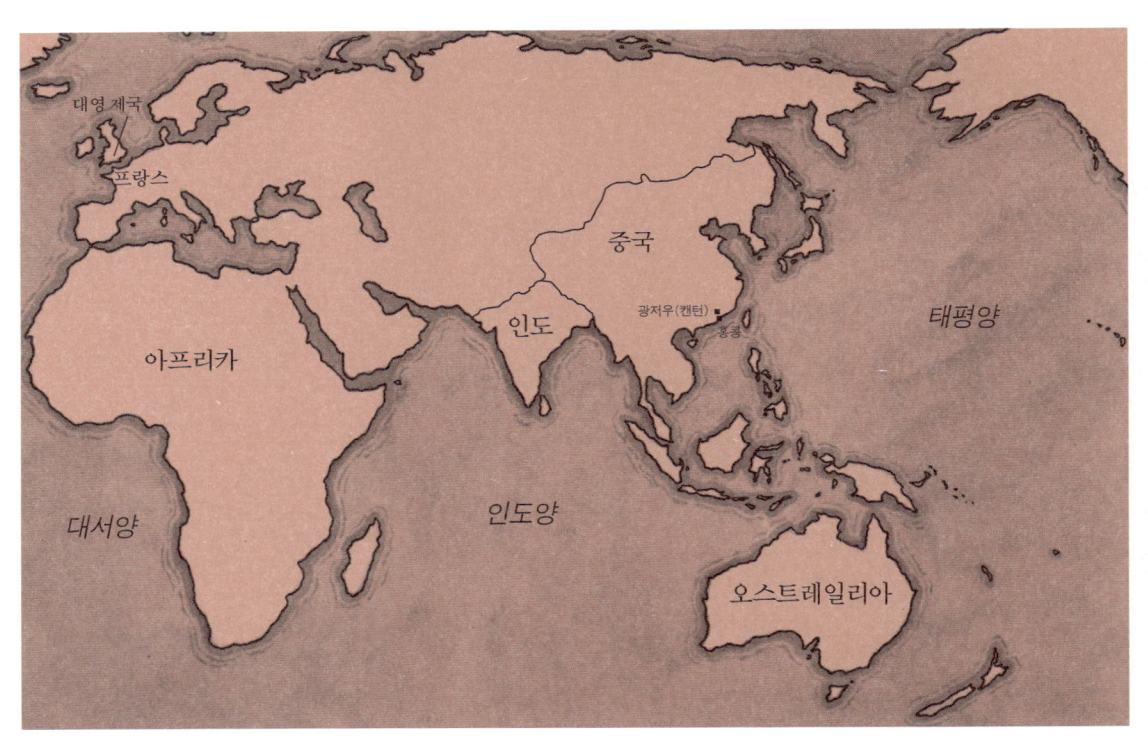

아편 전쟁 때의 중국

제39장 표류하는 중국

아편 전쟁으로 문 열린 중국

건륭제를 만났던 영국 대사 조지 매카트니가 중국을 가리켜 언제 어느 순간에 해안을 들이받고 부서질지 모르는 채로 정처 없이 떠돌아다니는 낡은 배라고 말했던 거 기억 나니? 건륭제가 황제 자리에 있었던 마지막 몇 년 동안 중국은 언제일지 모를 그 순간을 향해서 더욱 가까이 다가가고 있었단다.

늙은 황제는 어느 때부터 가장 아끼는 신하 화신(和珅)에게 점점 더 많은 권력을 허락했어. 건륭제는 화신의 아들과 자기의 딸을 결혼시켰어. 그는 그의 모든 명령을 화신을 통해서 수행하게 했단다. 황제의 총애를 받는 동안에 화신은 백성들로부터 뇌물을 거두어들이고 조정의 관리들이 자기에게 돈을 바치도록 억압했어. 중국 조정에서는 화신이 썩어 빠진 거짓말쟁이라는 걸 모르는 이가 없었지만, 건륭제는 자기 사돈에 대해서 불평하는 소리를 귀담아듣지 않았단다.

중국의 황제가 된 지 60년이 지났을 때, 건륭제는 그의 다섯째 아들인 옹염(顒琰)에게 제위를 물려준다고 선포했어. 그의 할아버지인 강희제도 60년 동안 중국을 통치했었어. 건륭제는 만주족의 가장 위대한 황제보다 더 오래 그 자리에 앉아 있는 것은 예의 없는 짓이라고 믿었어.

옹염이 황제가 되고(가경제嘉慶帝), 이듬해에는 연호를 가경(嘉慶)으로 정했어. 연호란 임금이 왕위에 있는 동안의 연대에 붙이는 칭호야. 그러나 그는 아직은 실질적으로 중국을 통치하는 황제가 아니었어. 건륭제는 비록 85세의 노인이었지만, 중국의 실질적인 권력을 장악하고 있었단다.

건륭제는 89세의 장수를 누리고 세상을 떠났어. 가경제는 당장 화신을 체포하고 재산을 몽땅 압수했어. 그는 화신에게 이렇게 말했대. "나는 당신을 처형하지 않을 것이오. 당신을 총애했던 내 아버지의 뜻을 어기지 않겠다는 것이오. 대신에 나는 그대가 명예롭게 스스로 목숨을 끊는 것을 허락하겠소." 오갈 데가 없게 된 화신은 자결하지 않을 수 없었지.

화신이 죽은 지 8년이 지났지만, 중국 정부는 여전히 파산 직전에 몰려 있었고, 부패한 관리들이 득시글거렸어. 중국의 관리들은 뇌물을 받는 게 버릇이 되어 있었어. 국고는 바닥이 난 지 오래였단다. 농민들은 부패한 관리들의 배를 불리느라 늘 힘에 겨운 무거운 세금에 시달려야 했지.

가경제는 화신이 저질러 놓은 난장판을 깨끗이 청소하려고 갖은 애를 썼어. 그러나 중국 정부의 조직은 너무도 거대하고, 온 나라 구석구석에 부패한 관리들이 널려 있었기 때문에, 가경제의 노력은 제대로 통하지 않았어. 그는 청나라 왕조에서 가장 원망의 소리를 많이 들은 황제라는 오명(더러워진 이름이나 명예)을 남기고, 재위 25년 만에 세상을 떠났단다.

가경제의 뒤를 이은 황제는 도광제(道光帝)야. 도광제는 텅 빈 국고를 물려받았어. 당시에 황허 강의 범람을 막기 위해서 쌓은 수많은 제방들은 자주 수리를 해야 했어. 그러나 그 공사를 위해서 백성들로부터 거둘어들인 돈을 부패한 관리들이 자기들끼리 나누어 가졌대. 도광제는 황실의 음식과 의복 비용을 줄여서까지 그 공사비를 지원해야 했어. 그러나 도광제에게는 그것보다 훨씬 더 큰 문제가 있었단다. 그것은 바로, 아편이었어.

중국 정부가 아편을 법으로 금지한 지 이미 오래였지만, 아편 중독자는 날이 갈수록 늘어났어. 해마다 1만 8천 상자의 아편이 중국에 들어왔어. 불법이기 때문에 아편은 해적들이 가지고 들어오거나, 합법적인 무역으로 꾸민 영국 상인들의 짐 꾸러미 사이에 섞여서 들어왔단다. 그리고 윌리엄 자딘William Jardine이라는 이름의 영국 상인은 중국에 아편을 몰래 들여오려고 선단 하나를 통째로 샀대. 그의 아편 밀수선들은 광저우 항에만 들어가지 않았어. 자딘은 다른 항구에도 배를 들여보냈어. 그것은 이중으로 법을 어기는 짓이었어. 영국인들은 광저우 이외에는 어느 항구를 통해서도 중국과 무역을 할 수 없도록 되어 있기 때문이었지.

중국의 은화가 영국의 아편 상인들과 다른 나라 해적들의 주머니 속으로 쏟아져 들어갔고, 중국에서는 곧 은화가 심각하게 부족해지기 시작했어.

도광제의 신하 중에서 어떤 사람이 말했어. "이제라도 아편을 합법화하는 게 좋지 않겠습니까? 그리고 아예 우리가 아편을 생산하는 것입니다. 그러면 은화가 밖으로 나가는 것을 막을 수 있습니다."

그러나 도광제는 아편을 싫어했어. 그는 그 신하의 말은 들은 척도 하지 않고, 그가 가장 믿는 신하에게로 고개를 돌렸어. 임칙서(林則徐)라는 사람이었어. 그의 별명은 '청천(靑天)'인데, 구름 한 점 없이 맑고 푸른 하늘처럼 정직하고 깨끗한 사람이라는 뜻이래. 도광제는 임칙서에게 광저우로 가서 아편 거래자들을 뒤져서 찾아내 체포하고, 아편 무역을 막으라는 임무를 맡겼단다. "그 뿌리에서 줄기를 베어 버리시오."라고 도광제는 임칙서에게 말했어.

도광제는 임칙서에게 아편 무역을 막기 위해서라면 무엇이든지 그의 뜻대로 해도 좋다는 권한을 허락한 것이었어. 임칙서는 우선 예순 명의 중국인 아편 상인들을 체포해서 감옥에 넣었단다. 그러나 그는 아편을 아주 싹 쓸어 내기 위해서는 영국인들이 중국에 아편을 가지고 들어오는 것을 막아야만 한다는 걸 잘 알고 있었어. 임칙서는 광저우 항으로 가서 거기에 배를 대고 있던 영국인들에게 전령을 보냈어. 임칙서는 지금 광저우 항에 정박해 있는 모든 영국 배에 실린 아편을 넘겨주지 않으면 앞으로는 중국의 어느 항구를 통해서도 무역을 할 수 없을 것이며, 아편을 몰래 들여오려다가 발각된 영국인은 현장에서 체포되고 사형에 처해질 것이라고 영국 사람들에게 통보했단다.

광저우에 있던 영국 상인들은 중국과 무역을 할 수 있는 단 하나뿐인 항구마저 잃어버릴 위험을 감수하고 싶지 않았어. 그날 밤에 영국 상인들이 모여서 대책을 협의했단다.

다음 날 아침 해가 뜰 무렵에, 갑판에 나온 영국 상인들은 사방의 벽이란 벽이 온통 거대한 현수막으로 뒤덮여 있는 걸 보았어. 임칙서의 명령을 적은 현수막들이었어. 또 주위의 모든 지붕을 빽빽하게 메운 수천 명의 중국 병사들이 구식 소총의 총구를 영국 상인들에게 겨누고 있었어.

영국 상인들은 배에 실린 아편 상자들을 내주기로 했어. 아편을 꽉 채운 상자들이 모두 2만 개나 되었다는구나! 임칙서는 물가에 거대한 구덩이 세 개를 파고 거기에 아편을 쏟아 붓게 했어. 밀물이 들어와 구덩이에 물이 차자 아편이 녹아서 거품을 일으키며 바다로 쓸려 갔어. 세 개의 구덩이에 쌓인 아편이 모두 녹아서 바다로 쓸려 가는 데 꼬박 3주가 걸렸대.

런던에서는 영국 정부가 이제는 중국과 전쟁을 치를 때가 되었다고 결정했어. 군함을 보내서 중국의 모든 항구를 강제로 열고, 자기들이 팔고 싶은 것이면 무엇이든지 마음대로 팔 수 있게 하자는 것이었어.

중국은 군함을 갖고 있지 않았어. 아니, 해군이라고 할 만한 군대가 아예 없었어. 그러나 영국은 지난 1백 년 동안 수많은 해전에서 단련된 막강한 해군을 갖고 있었단다. 영국의 거대한 증기 철선들이 광저우 항에 들어갔어. 아편 전쟁Opium War이 시작되었어. 중국이 항복할 때까지는 단 한 척의 배도 광저우 항을 드나들 수 없게 되었어.

결국 중국이 항복했단다. 중국과 영국 대표가 난징Nanjing(남경南京)에서 만나 조약을 맺었어. 이 '난징 조약Treaty of Nanjing'을 중국 사람들은 '불평등 조약'이라고 불렀어. 중국은 영국이 원하는 모든 것을 내주어야 했지만 중국은 아무것도

아편 전쟁

얻은 게 없었기 때문이야. 중국은 그들이 바다에 버린 아편 값으로 2천1백만 달러를 영국에게 물어 주어야 했어. 또 영국 상선들이 마음 놓고 들어와서 장사를 하도록 다섯 개의 항구를 더 열어 주어야 했어. 영국 상인들이 중국 땅에 들어와서 거주할 수 있도록 땅을 내주어야 했으며, 저 멀리 남쪽의 홍콩 섬을 통째로 넘겨주어야 했어. 게다가 중국은 미국과 프랑스와도 똑같은 조약을 맺겠다는 약속을 할 수밖에 없었단다.

세계의 한가운데에 자리 잡은 제국이 이제는 예전처럼 다른 나라들에게 등을 돌린 채 앉아 있을 수 없게 되었어. 이제는 중국도 인도처럼 영국의 명령에 따라야 하는 처지가 되어 버린 것이었지.

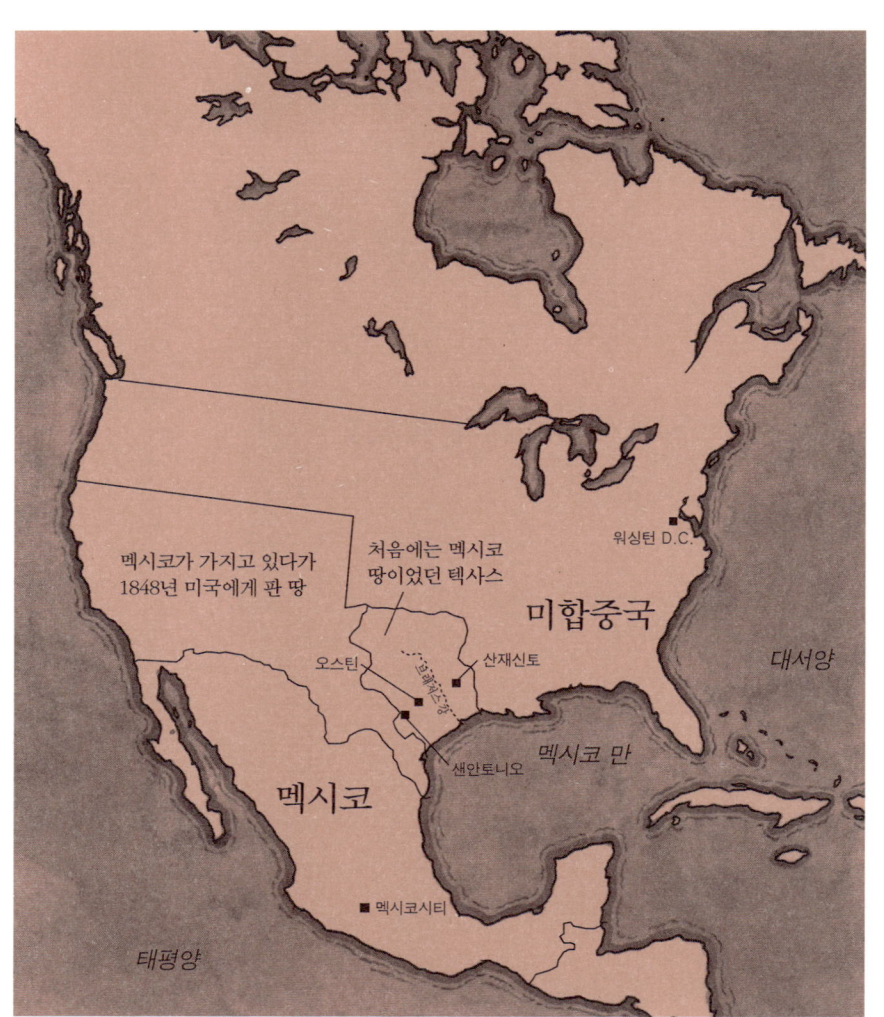

멕시코 전쟁 동안의 아메리카 대륙

제40장 멕시코와 이웃 나라들

멕시코의 미국인 거주지 텍사스

새로 독립한 멕시코 공화국에 문제가 생겼어. 스페인으로부터 독립한 지가 고작 10년밖에 안 되었는데, 벌써부터 여러 주들 중의 한 주가 공화국에 대해서 반란을 일으키고 있었단 말이지.

멕시코의 북쪽 끝에 자리 잡은 텍사스Texas 주는 멕시코 인들의 고향이지만, 사실 그곳은 '앵글로Anglos'라고 부르는 영국계 미국인들이 훨씬 더 많이 살고 있었어. 멕시코가 아직 스페인의 지배를 받고 있었을 때, 그러니까 뉴스페인 시절에, 모세 오스틴이라는 이름의 미국인 은행가와 그의 아들이 스페인과 어떤 협약을 맺었던 적이 있었어. 미국 이주민들이 뉴스페인의 북부 지방에서 사는 것을 허용한다는 내용이었어. 그 협약에 의해서 뉴스페인 땅에 생겨난 미국인 거주지들을 '엠프레사리오empresarios'라고 부른단다.

그런데 멕시코 공화국이 수립된 후, 의회는 미국 정부와 또 다른 협약을 맺었어. 멕시코 영토 안에 있는 미국인 거주지들을 멕시코 정부가 계속 인정한다는 내용이었어. 엠프레사리오는 멕시코 사람들에게 매우 유익했단다. 사람이 거의 살지 않는 메마르고 건조한 평원에 미국 사람들이 와서 풍요로운 도시를 만들고, 멕시코 정부에 상당한 액수의 세금을 내었거든. 그 협약에서 미국은 멕시코 땅에 정착해 사는 미국인들은 당연히 멕시코의 시민이 되어야 하고, 멕시코의 공식 종교인 가톨릭으로 종교를 바꾸어야 하고, 멕시코의 법을 따라야 한다는 멕시코 측의 요구를 수락했단다.

그러나 시간이 지나면서 멕시코 사람들은 엠프레사리오에 대해서 짜증이 나기 시작했어. 텍사스 주에 미국인 인구가 크게 늘어나서 스페인 어보다 영어를 쓰는 사람들이 훨씬 더 많아졌단 말이야. 그들은 세금을 꼬박꼬박 냈으나, 가톨릭 신자가 되거나 멕시코의 법을 따르는 것은 거부했어. 다른 무엇보다도, 텍사스로 이주해 오는 수많은 미국인들은 노예들을 데리고 오는 것을 허락하라고 요구했다는구나. 멕시코는 노예 제도가 금지된 나라인데도! 멕시코 정부는 허락하지 않았지만, 미국 이주민들은 들은 척도 하지 않았단다.

그래서 멕시코는 이제부터는 미국인들이 텍사스로 이주해 오는 것을 금지한다고 선언했어. 텍사스의 미국인들은 그 선언을 곱게 받아들이지 않았지. 가만히 보아하니까, 멕시코 의회가 옛날에 그들을 괴롭혔던 영국 의회하고 똑같은 행동을 하는 것 같았단 말이야. 미국 이주민들은 멕시코 의회가 자기들의 의견은 물어보지도 않고 일방적으로 이래라저래라 명령만 하는 데 대해서 강하게 반발했단다.

한편, 멕시코시티에서는 선거가 치러졌는데, 대중의 인기가 높은 산타 안나 장군이 현직 대통령을 무난히 제치고 새로운 대통령으로 선출되었어. 그러나 취임한

지 1년 만에 산타 안나는 독재자로 돌변했어. 산타 안나는 멕시코 사람들이 그저 아무것도 묻지 말고 자기에게 복종해 주기를 원했어. 그는 또 텍사스 주의 앵글로 사람들이 너무 제멋대로 행동한다고 생각했어. 그래서 그는 새로운 법률을 선포했단다. 텍사스 주민들은 멕시코 정부의 허락을 받지 않고는 누구도 절대로 총기를 가지고 있을 수 없으며, 불법으로 총기를 가진 자는 반역죄로 교수형에 처해질 것이라는 내용이었어.

산타 안나

텍사스 사람들이 격분했어. 텍사스 사람들은 이미 누구나 총을 가지고 있었어. 그들은 총으로 사냥을 하고, 사나운 짐승들로부터 자신들을 보호했어. 텍사스 사람들은 산타 안나의 새로운 법을 지키지 않았지. 산타 안나로부터 자신들의 자유를 지키기 위해서 싸워야 한다는 말이 나돌기 시작했어. 텍사스의 모든 곳에서 주민들이 무기를 한곳에 모으고, '개리슨garrison'이라고 하는 작은 무장 수비대를 만들기 시작했어.

그 수비대 중 하나가 그의 이웃에 자리 잡은 어느 정착지 사람들이, 원주민들의 공격에 대비하기 위해서 몇 년 전에 대포를 한 대 들여놓은 적이 있다는 걸 기억해 냈어. 그들은 몇 년 동안 대포를 한 번도 쏘지 않았어. 오히려 거추장스럽기만 해서 구덩이를 파서 묻어 두었어. 수비대가 대포를 다시 꺼내서 흙을 말끔하게 털어

내고, 수비대로 끌고 갔어. 포탄은 남아 있지 않았어. 그래서 그들은 쇠사슬이나 쇳조각을 대포에 쑤셔 넣었어.

그 수비대에서 가장 가까운 곳에 있던 멕시코 군의 외곽 부대가 그 사실을 알고는 대포를 내놓으라고 요구했어. 수비대 사람들이 거절했어. 멕시코 병사들이 강제로 대포를 뺏으려고 수비대로 진격했어. 수비대의 텍사스 사람들이 싸울 채비를 하고 있었고, '올 테면 와!'라고 쓴 깃발이 펄럭이고 있었어.

총과 대포로 무장한 텍사스 사람들이 샌안토니오San Antonio와 곤잘레스Gonzales 시를 점령했어. 한편, 텍사스 전 지역에서 온 마흔아홉 명의 대표자들이 북쪽의 브래저스 강변의 어느 정착지에 모였어. 그들은 그 정착지를 미합중국 수도의 이름을 따서 '브래저스 강변의 워싱턴'이라 부르고, 그들의 수도로 정했어. 대표자들은 텍사스 주의 헌법 초안을 작성했고, 투표를 통해서 샘 휴스턴Sam Houston이라는 변방 개척자를 이제 곧 조직될 텍사스 군대의 장군으로 선출했어. 휴스턴은 성미가 몹시 급하고 몸집이 엄청나게 큰 사나이였단다.

휴스턴은 몇 주일 만에 군대를 만들었어. 한편, 산타 안나는 몸소 군대를 이끌고 텍사스를 향해 북쪽으로 진격했어. 휴스턴은 남쪽에 있는 사람들에게 전령을 보내서 이렇게 말했대. "버티는 데까지 버티고 있으시오! 우리가 최대한 빨리 도우러 갈

샘 휴스턴

거요!"

국경에서 가까운 샌안토니오의 텍사스 사람들이 전투 채비를 했어. 텍사스 주에서 이름을 날리던 최고의 싸움꾼들이 그곳으로 달려왔단다. 제임스 보위는 두려움이라는 감정을 전혀 모른다는 듯이 용감하고 과감하기로 유명한 사나이인데, 그의 이름을 따서 '보위 나이프Bowie Knife'라고 불리는 사냥 칼이 있을 정도였다는구나. 그는 루이지애나 주에서 악어의 등을 탔고, 카리브 해에서 해적선을 탔고, 텍사스의 금광에서 일을 했던 사람이었어. 테네시 주 출신의 변방 개척자로서 크리크 족과의 싸움에서 이름을 날렸던 데이비 크로켓도 그들을 도우러 왔어.

2월 초순까지 샌안토니오 수비대의 병력은 189명으로 늘어났어. 그들은 산타 안나가 거기에 도착하려면 아직 몇 주일은 더 걸릴 것이라고 생각했단다. 그러나 그게 아니었어. 멕시코 군대는 이미 그들의 요새 앞을 흐르는 강 건너편에 와 있었단 말이야. 불과 몇 킬로미터 앞이었어. 적군이 몇 시간 안에 들이닥치리라는 걸 뒤늦게야 알아차린 샌안토니오 수비대의 대장 윌리엄 트래비스는 부대를 근처의 요새로 급히 이동시켰어. 몇 년 전에 가톨릭 신부들이 신앙을 퍼뜨리기 위한 본부로 쓰기 위해서 만들었던 그 요새는 사방이 벽으로 둘러쳐져 있었어. 텍사스 사람들은 그 요새를 '알라모Alamo'라고 불렀단다.

멕시코 군대가 알라모 요새에 도착했어. 4천 명의 멕시코 병사들이 189명의 텍사스 '반란군'을 포위했어. 멕시코 군의 선봉에는 빨간 깃발이 나부끼고 있었어. 그것은 '무조건 항복하라!'라는 뜻이었지.

멕시코의 미국인 거주지 텍사스　575

텍사스 사람들은 거절했어. 트래비스는 말 타는 솜씨가 특별히 뛰어난 병사를 한 명 골라서, 지원을 요청하는 편지를 쥐어 주고 요새 밖으로 내보냈어. 그는 편지에 이렇게 썼대. "적이 우리 텍사스 사람들에게 항복을 요구했다. …… 나는 대포를 쏘아서 그 요구에 응답했고, 지금 우리 요새의 성벽 위에는 우리의 깃발이 펄럭이고 있다. 나는 절대로 항복하지 않을 것이고 물러나지도 않을 것이다. …… 자유의 이름으로 그대들에게 요청하니…… 어서 와서 우리를 도와 달라. …… 이 요청이 무시되더라도, 나는 끝까지 이곳을 지키다가, 개인의 명예와 국가의 명예를 욕되게 하지 않는 것이 무엇임을 결코 잊은 적이 없는 한 군인으로서 죽을 것이다. 승리가 아니면 죽음뿐이다!"

그러나 근처에는 텍사스 사람들을 도우러 올 사람들이 아무도 없었어. 텍사스 사람들은 12일 동안 밤낮없이 멕시코 군대를 향해 총을 쏘았고, 멕시코 군대는 알라모 요새를 향해 대포를 쏘았어. 포위된 지 13일째 되는 날, 멕시코 군대가 최후의 공격을 감행했어. 멕시코 병사들이 벽을 타고 올라가서 요새 안으로 쏟아져 들어갔단다. 장검과 단검을 든 텍사스 사람들이 그들과 뒤엉켜서 싸움을 벌였어. 계단에서도 싸우고, 컴컴한 복도에서도 싸우고, 땅굴 속에서도 싸웠어. 불과 30분이 못 되어서 텍사스 사람들이 모두 죽었어. 189명의 텍사스 사람들이 600명의 멕시코 병사들을 죽였다는구나. 부상자도 수백 명이나 되었대.

알라모 요새가 무너진 거야. 그러나 텍사스 전 지역에서 산타 안나와 싸우려는 사람들이 들고일어났어. 구름같이 모인 사람들이 "알라모를 기억하라!"라고 외치면서 행진했대. 맨 앞에 선 사람은 휴스턴이었어. 산타 안나는 샌안토니오를 점령했지만, 텍사스 전체를 점령하려는 그의 계획은 이루어지지 않을 것 같았지.

멕시코 땅을 사들인 미국

산타 안나는 몹시 화가 났던가 봐. 멕시코 공화국의 텍사스 주는 그에게 복종하지 않으려는 미국인 이주민들로 가득 차 있었거든. 그는 샌안토니오를 점령하기는 했지만, 텍사스 북부의 모든 작은 도시들은 휴스턴을 따르는 자들이 차지하고 있었어. 산타 안나는 혼잣말로 으르렁거렸어. "그놈들이 감히 나한테 대들면, 모조리 갈가리 찢어 버릴 거야! 두고 봐, 내가 워싱턴까지 진격해서 우리 멕시코 깃발을 꽂을 테니까!"

산타 안나는 나중에 정말로 워싱턴에 가게 되었어. 그러나 멕시코의 깃발을 꽂으러 간 것은 물론 아니었어. 텍사스 사람들과의 전쟁은 머지않아서 훨씬 더 큰 전쟁으로 바뀌게 되어 있었어. 미국 전체와의 전쟁으로!

샌안토니오를 점령한 군대가 북쪽으로 진격했어. 휴스턴은 900명의 병사들과 함께 산재신토에서 멕시코 군대를 기다리고 있었어. 멕시코 군대가 알라모 요새가 함락된 지 한 달이 지나기 전에 휴스턴의 부대와 가까운 곳에 진을 쳤어. 산타 안나는 텍사스의 오합지졸쯤은 아주 싱겁게 해치울 수 있을 거라고 생각했나 봐. 그는 심지어 주위에 보초도 세우지 않았어. 점심 식사를 마친 멕시코 병사들은 '시에스타siesta'라고 부르는 낮잠을 느긋하게 즐기고 있었단다.

휴스턴의 병사들이 근처의 숲에서 튀어나왔어. 말 탄 병사들이 멕시코 진영으로 돌진하면서 총을 쏘았어. 자다가 깜짝 놀라서 깬 멕시코 병사들이 황급히 무기를 집어 들었지만, 이미 때가 늦은 뒤였지. 18분 만에 텍사스 사람들은 7백 명의 멕시코 병사들을 죽이고 그 이상을 포로로 잡았어. 허둥거리며 막사에서 뛰어나오던 산타 안나도 체포되었어. 멕시코 군대가 항복했단다. 멕시코 병사들은 텍사스 사람들에게 "알라모 아니야! 알라모 아니야!"라고 소리를 질렀대. 알라모 요새를 포위하고 함락했던 그 부대의 병사들인 줄 알고 그 자리에서 모조리 죽여 버릴지도 모른다고 생각했던 것이지!

휴스턴은 포로들을 죽이지 않았단다. 산타 안나는 텍사스를 독립국으로 인정한다는 내용의 문서에 서명을 해야 했어. 그리고 산타 안나는 워싱턴으로 압송(죄인을 다른 곳으로 데려감)되었어. 앤드류 잭슨 대통령이 그를 만나서 이렇게 말했대. "우리 미국이 당신네 멕시코한테 돈을 주고 텍사스를 사면 어떻겠소? 그러면 텍사스와 멕시코가 다시는 싸울 일이 없지 않겠소?"

산타 안나는 그렇게 하는 게 서로가 좋겠다고 대답했어. 그러나 멕시코 사람들은 찬성하지 않았어. 그들은 산타 안나가 제멋대로 텍사스를 미국한테 팔 권리가 없으며, 텍사스를 독립국으로 인정한다는 조약 문서에 서명한 것도 받아들일 수 없다고 주장했어. 텍사스는 아직 멕시코의 영토라는 것이었지.

미국인들은 산타 안나를 곱게 멕시코로 돌려보냈어. 그들은 멕시코 사람들의 주장을 무시했어. 텍사스의 사람들은 자기들이 이제는 독립 공화국의 시민이라고 믿으며 살 뿐이었어. 그들은 투표를 통해서 헌법을 채택하고, 휴스턴을 대통령으로 선출했단다.

휴스턴은 오스틴 시의 초라한 목조 건물을 정부 청사로 삼았대. 텍사스 사람들은 휴스턴의 집무실의 난로에 불을 피울 땔감을 사 줄 만큼의 돈도 없었다는구나. 그러니 정식 군대를 만들고 유지할 비용이 있을 턱이 없었지. 휴스턴은 멕시코가 다시 공격해 온다면 텍사스가 다시 그들의 손으로 넘어갈 거라고 생각하는 지경이었어.

문제를 해결하기 위한 가장 쉬운 방법이 있었어. 텍사스가 한 주로서 미합중국에 편입되는 것이었어. 텍사스가 미국의 한 주가 된다면, 언제든지 미국 군대가 와서 적의 공격을 막아 줄 것이잖아.

어렵게 얻은 독립국의 지위를 포기하는 것을 불안하게 여기는 텍사스 사람은 그리 많지 않았던가 봐. 한편, 워싱턴에서는 텍사스를 편입시키는 것을 모두가 다 찬성하지는 않았던 모양이야. 노예 제도를 반대하는 사람들은 텍사스가 노예를 부리는 주가 되리라는 점을 지적했대. 면적이 엄청나게 넓은 텍사스가 미국의 한 주가 된다면, 미국 내에서 노예를 부리는 지역이 두 배로 늘어날 것이었어! 또 텍사스 사람들은 하나같이 성격이 거칠고 잔인하고 과격한 말썽꾸러기들이라는 점을 들어서 반대하는 사람들도 있었다는구나.

10년 동안의 논쟁 끝에 텍사스 공화국의 국민은 투표를 통해서 미합중국에 편입되는 길을 선택했고, 미합중국 의회는 그들을 받아들이기로 결정했어.

멕시코 사람들은 미국이 그들의 땅을 훔쳐 갔다고 거세게 반발했어. 그때부터 미국 병사들과 멕시코 병사들이 국경 부근에서 서로 대치한 채 총질을 해 댔어. 마침내 미국이 멕시코에 대해서 전쟁을 선포했어. 이 전쟁은 단지 텍사스에 대한 권리만을 주장하려는 전쟁이 아니었어. 미국은 북아메리카 땅에서 멕시코 사람들을 아주 깨끗하게 몰아낼 작정이었던 거지. 멕시코는 텍사스의 북부와 서부 일대의 땅을 아직 차지하고 있었는데, 미국은 그 땅마저도 빼앗고 싶었던 거야. "우리는 텍사스에서부터 곧장 태평양까지 진군해야 한다."라고 어느 의원은 열변을 토했대.

일리노이 주 출신의 젊은 의원이 반대하고 나섰어. 그의 이름은 에이브러햄 링컨 Abraham Lincoln이었어. 그는 의회에 진출한 지 얼마 되지 않는 신출내기 의원이었어. 그러나 미국 군대가 멕시코 국경을 넘어서 멕시코시티를 향해 진격하자, 링컨이 반대하고 나섰어. 그는 군대가 멕시코 영토로 처들어가서 '선량하고 평화롭게 사는 멕시코 사람들을 놀라게 하고, 그들이 정성스럽게 가꾸어 놓은 농작물을 짓밟고, 그들의 집을 파괴하는' 것은 옳지 못한 짓이라고 주장했대.

의원들이 투표를 해서 링컨을 비롯한 반대자들의 의견을 간단하게 무시해 버렸어. 미국 군대가 멕시코시티로 진격했어.

그 무렵에, 텍사스에서 패배한 책임을 지고 쫓겨난 산타 안나는 쿠바의 어느 시골 농장에서 조용히 지내고 있었어. 그런데 그가 무슨 결심을 했는지 다시 멕시코로 돌아갔다는구나. 그는 말을 타고 시골을 돌아다니면서 다시 한 번 자기를 따라 달라고 멕시코 사람들에게 호소했어. 그는 이렇게 외쳤단다. "여러분들이 한때는 나를 '국민의 병사'라고 불렀습니다! 다시 한 번 나를 그 이름으로 불러 주십시오. 그러면 나는 이 한목숨을 걸고 우리의 자유와 독립을 위해 싸우겠습니다!"

멕시코 군대가 쏟아져 나와서 산타 안나를 환영하고 그를 다시 지도자로 앉혔어. 미국 군대가 멕시코시티에 점점 가까이 다가오자 산타 안나는 교외의 어느 곳에서 그들과 맞붙을 계획을 세웠어. 그는 높은 언덕 아래에 진을 쳤단다. 그리고 참호를 파고 장벽을 쌓게 했어. 그러나 그는 뒤쪽에 대해서는 전혀 신경을 쓰지 않았대. 그는 미국군이 설마 뒤로 돌아가서 언덕을 넘어 공격해 올 것이라고는 상상도 하지 못했던 거지.

미국 군대의 사령관은 로버트 에드워드 리Robert Edward Lee라는 이름의 젊은 대위의 부대를 언덕 뒤로 보냈어. 리 대위는 기둥을 여러 개 세우고 거기에 밧줄을 얼기설기 엮어서 병사들을 올려 보내고, 대포와 탄약을 언덕 위로 끌어올렸어. 다음 날 아침, 미국 병사들이 불시(뜻하지 아니한 때)에 사방에서 산타 안나의 군대를 공격했어. 뒤에서도 공격할 줄은 꿈에도 생각하지 못했던 산타 안나는 곧 후퇴 명령을 내려야 했지.

미국 병사들이 멕시코시티의 거리로 쏟아져 들어가자, 멕시코 의회는 미국이 제시한 협상 내용을 재빨리 받아들였어. 멕시코가 잃게 될 땅들에 대해서 미국 정부가 멕시코 정부에게 돈을 지불하겠다는 것이 협상의 핵심이었어. 미국은 멕시코에게 1천5백만 달러를 지불했고, 그 대가로 멕시코는 텍사스 이외에도 현재 캘리포니아, 네바다, 유타, 애리조나, 콜로라도, 와이오밍 등이라 불리는 땅을 미국에

게 넘겨야 했단다.

몇 년 후에도 미국은 다시 1천만 달러를 멕시코에 지불하고 현재의 뉴멕시코 주를 사들였어. 멕시코 전쟁이 최종적으로 끝난 거지. 미국은 이제 북아메리카 대륙의 맨 아래 지역 전체를 차지하게 되었단다.

뉴질랜드의 두 개의 섬

제41장 뉴질랜드와 그 지배자들

영국 땅이 된 뉴질랜드

미국은 한때 프랑스와 스페인과 멕시코의 영토였던 땅을 합쳤어. 미국과 멕시코 군대가 한창 싸우고 있을 때, 세계의 저 반대편에서도 또 다른 합병이 이루어지고 있었단다.

뉴질랜드가 바로 그곳이었어. 미국 사람들 중에는 그때까지 뉴질랜드에 가 본 사람이 거의 없었어. 그러나 영국으로부터는 이미 수많은 사람들이 그곳에 이주해 와서 터전을 잡고 살고 있었단다. 오스트레일리아의 포경선(고래잡이 배)들이 그 큰 두 섬의 해안에 자주 나타나고, 오스트레일리아에서 형기를 마친 죄수들 중에서도 많은 이들이 뉴질랜드로 건너가서 집을 짓고 살고 있었지.

뉴질랜드의 원주민들은 다른 곳에서 온 사람들에게 대단히 우호적이었대. 그곳을 방문했던 어느 영국인 나그네는 이렇게 썼단다. "그들은 매우 친절하고 인정미가 넘치는 사람들이었다. 딱 벌어지고 잘 발달된 그들의 신체는 이 세상의 어떤 종족과도 비길 수가 없을 것 같았다. 어린아이들은 특히 눈이 번쩍 뜨이도록 예뻤다. …… 나는 그들의 집에서 여러 날을 묵고 잤지만, 단 한 번도 마음이 불안한 적이 없었다." 영국인 식민지 개척자들이 그 섬의 해안에 도착했을 때는 원주민들이 나와서 그들과 거래를 했어. 원주민들은 영국인들을 '파케하pakehas'(하얀 이방인)라고 불렀고, 자신들을 '마오리maori'(평범한 사람)라고 불렀어.

이주민들은 '마오리'라는 말이 그들의 부족 명칭일 거라고 생각했어. 그러나 그 말은 어떤 한 부족만을 일컫는 명칭이 아니었어. 뉴질랜드에는 서로 다른 여러 부족들이 살고 있었고, 각 부족들은 제각기 고유한 명칭과 관습들을 가지고 있었어. 그 여러 부족 사람들이 고기나 고구마 같은 음식을 가지고 나와서 백인들의 총하고 교환했단다. 그래서 부족들 간의 전쟁이 벌어진 곳에서는 언제부터인가 요란한 총성이 울려 퍼지게 되었어. 화약 연기와 냄새가 매캐해지고, 예전의 그 어느 전쟁에서보다도 더 많은 전사들이 죽었어. 총상을 입고 부상당한 사람들의 상처도 이제까지는 겪어 보지 못했던 것이어서 그들이 대대로 써 왔던 약초로는 치료가 되지 않았단다.

마오리들은 또 파케하들로부터 천연두, 홍역, 감기 등의 전혀 새로운 질병들이 옮았어. 수천 명이 죽었다는구나. 백인들이 들어온 지 40여 년 만에 마오리들의 수가 절반으로 줄었어.

마오리들은 자기들끼리 싸웠고, 영국인 이주민들도 자기들끼리 싸웠어. 뉴질랜드에는 법이 없었어. 농부들은 밭의 경계선을 놓고 싸우고, 물을 서로 먼저 끌어들이려고 싸웠어. 마오리들에게 기독교를 가르치려고 온 선교사들은 백인들이 마오리들의 땅을 야금야금 뺏는 것을 목격했어. 그들은 또 마오리들이 백인들과 거래를 하는 것에 대해서도 몹시 불안해했대. 마오리들은 백인들에게 음식을 가지고 가서 술과 바꾸었어. 술을 마신 마오리들이 병이 들었어.

선교사들과 영국 이주민들은 영국 정부가 제발 뉴질랜드로 관리들을 보내서 그곳을 법이 다스리는 곳이 되게 해 달라고 간청했다는구나. 영국 정부는 그들의 간청을 못 들은 척했어. 뉴질랜드는 영국의 식민지가 아니기 때문이야. 따라서 그곳에 관리를 보내서, 마오리를 위해서건 파케하를 위해서건, 법을 만들게 할 권리가 없었던 것이었어.

그러나 영국 정부는 한 가지 해결 방안을 제시했어. 마오리들이 뉴질랜드를 영국에게 넘겨준다면, 영국 정부가 그들을 백인들의 침략으로부터 보호하기 위한 법을 만들어 줄 수 있다는 것이었어. 영국은 마오리들이 그들의 땅을 온전히 지키게 해 줄 것이며, 혹시라도 백인 이주자들에게 땅을 빼앗기는 경우가 발생하지 않도록 군대를 보내서 지켜 주겠다고 약속했대.

윌리엄 홉슨William Hobson이라는 영국 해군 대위가 마오리들의 지도자들을 만났어. 영국을 대표한 홉슨과 마오리들을 대표한 지도자들이 조약을 맺었어. '와이탕기 조약Treaty of Waitangi'이라 불리는 이 조약의 내용은, 영국이 영국 이주민들의 침략으로부터 마오리들의 재산과 권리를 보호할 것이고, 그 대신에 마오리들은 영국을 그들의 지배자로 받아들인다고 하는 것이었어. 곧 홉슨이 뉴질랜드 총독이 되어서 뉴질랜드는 이제부터 영국 식민지가 되었다고 선언했단다.

뉴질랜드가 영국의 식민지가 되었다고 선언하자마자 더 많은 이주민들이 그곳에

왔어. 그들은 대개 남쪽 섬에서 살기를 원했대. 그곳이 가축을 먹이고 곡물을 경작할 땅이 훨씬 더 넓기 때문이었어. 곧 두 떼의 양을 실은 배가 오스트레일리아를 떠나서 뉴질랜드에 도착했어. 뉴질랜드의 사람들은 그때까지 양을 본 적이 없었을 거야. 그러나 양들은 생전 처음 보는 그 섬의 풀을 잘도 뜯어먹었어. 오래지 않아서 두 양 떼가 각각 수백 마리씩으로 불어났어. 털도 무성하게 잘 자랐어. 남쪽 섬의 드넓은 평원을 차지한 농부들은 그들이 개간한 목장의 일부를 새로운 이주민들에게 엄청난 액수의 돈을 받고 팔아서 더욱 부자가 되었단다.

마오리들 중에서도 자기들의 땅을 팔아서 부자가 되고 싶어 하는 사람들이 더러 있었어. 그러나 영국 총독이 그들을 불러서 말했어. "당신은 영국 정부한테만 땅을 팔 수 있습니다. 조약 문서에 그렇게 써 있어요. 내가 영국 정부를 대신하니까, 땅을 팔고 싶으면 내가 사겠소."

마오리들은 어리둥절했지. 그들은 조약 문서에 그런 게 써 있는 줄을 까맣게 몰랐었거든. 총독은 턱없이 싼값을 제시했어. 그제야 그들은 무엇이 어떻게 된 것인지를 알아차렸어. 영국이 그들로부터 땅을 헐값에 사고, 그 땅을 이주민들에게 엄청나게 비싼 값을 받고 다시 팔려는 수작이었던 거야. 마오리들이 그렇게는 못 한다고 항의하자 총독은 조약 문서를 꺼내 보였어. "자, 이걸 보세요. 당신들이 여기다가 도장을 찍었잖소!"

마오리들은 와이탕기 조약 문서에 자기들이 전혀 몰랐던 내용이 적혀 있다는 걸 그제야 알게 되었어. 처음부터 문서가 두 가지로 작성되었던 것이었단다. 두 문서

마오리 족 가면
뉴질랜드 원주민인 마오리 족은 얼굴에 독특한 문신을 하기도 했어. 오늘날에도 마오리 족의 나선 무늬 미술 양식이 남아 있단다.

는 우선 언어부터 달랐어. 마오리들의 문서에는 그들이 영국에게 그 땅을, 마오리들이 인정하는 범위 내에서, '통치할' 권리만을 넘겨준다고 되어 있었어. 그러나 영국 사람들의 문서에는 영국이 마오리들의 땅에 대한 '주권'—그 땅을 완전히 지배할 권리—을 갖는다고 되어 있었던 거야. 그러니까 영국은 뉴질랜드를 합병한 것이었지만, 마오리들은 그 사실을 전혀 모르고 있었던 것이었지.

마오리 족과 영국의 깃대 전쟁

뉴질랜드의 북쪽 섬에서 호네 헤케Hone Heke라는 이름의 마오리 추장이 그의 나라를 되찾겠다고 결심했단다.

그 무렵에 남쪽 섬에서는 영국인들의 정착지가 날로 넓혀져 가고 있었어. 남쪽 섬에 살던 대다수의 마오리들이 북쪽 섬으로 밀려났어. 그러나 영국인들은 이제는 북쪽 섬의 땅까지도 사려고 했어.

마오리들은 자기들의 자그마한 땅조차도 지키지 못하게 될 것 같아서 겁이 났어. 와이탕기 조약을 팽개쳐 버려야 한다고 주장하는 사람들이 나타났단다. 그들은 마오리들 전부를 대신해서 결정을 내릴 권리가 없는 추장들이 그 조약에 도장을 찍었던 것이라고 주장했어.

헤케도 그 조약에 도장을 찍은 추장들 중의 한 사람이었어. 그는 영국 총독의 관저가 있는 코로라레카 정착지 쪽을 물끄러미 쳐다보았어. 거기에는 깃발이 펄럭이고 있었어. 대영 제국의 국기 유니온 잭Union Jack이었지.

헤케는 부하들을 보내서 깃대를 분질러 버렸어. 영국인들이 다시 깃대를 세웠지. 마오리들이 다시 가서 깃대를 분질러 버렸어. 영국인들은 또다시 깃대를 세웠어. 마오리들이 세 번째로 몰려가서

유니온 잭

깃대를 분질러 버리자, 영국인들도 세 번째로 깃대를 다시 세웠다는구나. 그러나 이번에는 깃대 앞에 병사들을 세워서 지켰대.

그래서 헤케는 한 무리의 부하들을 보내서 마을 주위에서 소란을 피우게 했어. 고함을 지르고 소동이 벌어지자, 영국 병사들이 무슨 일이 일어났는지 궁금해서 거기로 몰려갔어. 그 틈에 헤케는 또 한 무리의 부하들을 보내서 그 깃대를 또 분질러 버렸단다.

영국 총독은 조금씩 불안해지기 시작했어. 마오리들이 기어이 나를 공격하려는 걸까? 그는 이런 공격에 대비를 하는 것이 좋겠다고 생각하고, 마을이 안전하다고 믿을 수 있을 때까지 주민들을 피신시켜야겠다고 결심했어. 그래서 주민들 모두를 해안에 대어 놓은 여러 척의 배에 태웠어.

영국인들의 마을이 텅 빈 것을 보자 마오리들이 몰려가서 불을 질렀어. 배에 탄 채로 그 광경을 지켜보던 사람들은 황급히 닻을 끌어올렸어. 그들은 섬의 북쪽에 있는 또 다른 정착지인 오클랜드(뉴질랜드 북섬에 있는 도시)로 갔단다. 오클랜드의 주민들이 무장을 한 채 마을을 지키고 있었어. 사태가 가라앉을 때까지 멀리 피신

깃대를 부수고 있는 호네 헤케

해 있는 게 상책이라고 생각하여 오스트레일리아로 가 버린 사람들도 있었어.

영국군 병사들이 무기를 정비해 가지고 헤케의 마을로 진격했어. 헤케는 진작 카위티라는 이름의 추장과 합세해 있었어. 카위티는 일흔 살의 노인이었어. 그는 일생 동안 수많은 전투를 목격했던 사람이었어. 두 추장이 힘을 합쳐서 그들의 땅을 지키기 위한 계획을 세웠어. 그들은 마오리의 전사들이 몸을 안전하게 가린 채 총을 쏠 수 있도록 곳곳에 구덩이를 팠다는구나.

마오리와 영국 사이의 첫 전투에서 114명의 영국 병사들이 죽었어.

영국 총독 조지 그레이는 헤케와 평화 조약을 맺으려고 했어. 헤케는 처음에는 거절했어. 헤케는 총독에게 편지를 보냈어. "이 땅은 신이 우리에게 주셨소. 땅이 고래라면, 우리가 반을 잘라서 당신들에게 줄 것이오. 그러나 땅은 자를 수가 없으니 어쩌겠소. 우리의 땅을 지키기 위해서 싸우는 수밖에."

그레이는 오스트레일리아로부터 더 많은 병사들을 불러왔어. 영국인들이 계속 전투를 걸어 왔고, 마오리들은 맞싸웠어. 어느 쪽도 시원하게 이기지를 못한 채로 전투가 지루하게 계속되었어. 마침내 그레이는 헤케를 설득해서 평화 조약을 맺었어. '깃대 전쟁Flagstaff War'이라고 불린, 마오리들과 영국인들 사이의 첫 전쟁이 끝났으나, 아무것도 해결된 것은 없었어. 마오리들은 영국인들이 그들의 땅에 들어와 있다는 사실에 몹시 화가 났고, 영국인들은 와이탕기 조약에 따라서 마오리들이 영국 총독의 명령에 따라야 한다고 주장했단다.

영국이 뉴질랜드를 합병하기는 했지만, 그 새로운 식민지가 아직은 그들의 손안에 확실하게 들어온 게 아니었어. 그 후 30년 동안 마오리들과 영국 사람들은 수없는 전쟁을 치렀어. 그리고 결국에는 마오리들이 그들의 땅 대부분을 포기해야 했지.

그러나 그들은 저항을 아주 포기하지는 않았어. 지금도 뉴질랜드는 '영국 연방'의 한 국가로 남아 있단다. 영국 연방이란 한때는 영국의 식민지였으나 지금은 영국과 대등한 위치인 여러 나라들을 말하는 거야. 그리고 지금까지도 마오리의 후손들은 옛날에 헤케가 영국 국기의 깃대를 분질렀던 바로 그 자리에 모여서 그들의 땅을 빼앗았던 영국 사람들에 대한 항의의 뜻을 표시한단다.

1850년의 세계

제42장 1849년 무렵의 세계

골드 러시—황금을 찾아 캘리포니아로!

짐 마샬은 오랫동안 미국 땅을 떠돌아다니며 살아온 사람이었어. 뉴저지 주에서 태어난 그는 어린 나이에 서부로 가게 되었단다. 그는 멕시코를 공격했던 그 군대에서 싸웠고, 북부 지방에서 목수 노릇을 했고, 캔자스의 어느 농장에서 일했고, 미주리 주 일대를 이리저리 돌아다녔으며, 캘리포니아의 목장에서 소 떼를 몰았어. 그런 그에게 새로운 일거리가 생겼단다. 존 서터라는 이름의 사업가가 그를 고용했거든. 그 일은 새크라멘토 계곡의 아메리카 강American River에 가서 제재소(나무를 베어 널빤지 등을 만드는 곳)를 지으라는 것이었어.

마샬은 연장을 챙겨서 출발했어. 서터는 그에게 장비와 일꾼을 살 돈을 넉넉하게 주었어. 그는 마샬에게 제재소 수입의 반의반을 주겠다고 약속했어. 마샬은 원주민들을 고용하고, 두 명의 백인을 작업 감독으로 고용하고, 요리사 한 명을 고용했어. 그리고 그는 아메리카 강가에 캠프를 지었단다. 공사가 시작되고, 여덟 달 만에 제재소가 들어섰어. 강물이 바퀴를 돌리고, 바퀴가 톱을 돌렸어. 마샬은 제재소가 서터에게 큰돈을 벌어 줄 것이라고 생각했어. 물론 그에게도 돈을 벌어 줄 거야. 주위에는 잘 자란 나무들이 수두룩했고, 강의 수량이 풍부해서 목재를 운반하기에도 딱 좋았단다.

마샬은 강가로 나가서 주위를 둘러보았어. 물속에서 무엇인가 반짝이는 게 그의 눈에 잡혔어. 수면이 햇빛을 눈부시게 반사해서 물속이 전혀 보이지 않았어. 마샬은 그 반짝이는 것을 집으려고 허리를 숙이고 물속에 손을 넣었단다. 손가락에 돌멩이가 닿았어. 그는 돌멩이를 꺼내서 물을 털어 냈지.

돌멩이가 금빛이었어!

마샬은 일꾼들을 불러와서 모래와 자갈을 헤집어서 노란 돌멩이들을 더 찾아보았어. 곧 그들은 납작하거나 동그란 노란 돌멩이를 한 줌씩 주웠어. 마샬은 그것이 금이 아니라 '바보의 금'이라고 불리는 황철석일 거라고 생각했어. 황철석은 금처럼 빛나기만 할 뿐 아무 가치도 없는 돌멩이일 뿐이었거든. 망치로 두드렸을 때 납작하게 펴진다면 그 돌멩이는 금일지도 몰라. 그러나 부서져 버린다면 그건 틀림없이 황철석인 것이었지.

마샬은 노란 돌멩이 한 개를 바위에 놓고 큼직한 돌을 집어서 내리쳤어. 돌멩이가 납작해졌지 뭐야.

그 돌멩이는 순금이었던 것이야.

이제는 그것이 금인 줄을 안 일꾼들이 납작하거나 동그란 돌멩이들을 눈에 보이는 대로 주워 모으고, 근처에 있는 물건을 사고 팔 수 있는 교역소에 가서 돈을 내밀듯이 내밀어 보았어. 교역소 주인 샘 브래넌은 깜짝 놀랐어. 서터 제재소 근처에는 도대체 금이 얼마나 많은 걸까? 브래넌은 일꾼들을 따라 제재소로 갔어. 그는 순식간에 금을 한 줌이나 주워 모았단다.

교역소로 돌아온 브래넌은 광산용 곡괭이와 체를 닥치는 대로 사들여서 쌓아 두었어. 그리고 말을 타고 그곳으로부터 150킬로미터 떨어진 샌프란시스코로 달려갔어. 그는 거리를 쏘다니면서 금이 가득 담긴 병을 흔들면서 외쳤단다. "서터 제재소 근처에 금이 널려 있어요. 누구든지 거기 가기만 하면 당장 부자가 될 수 있습니다. 곡괭이나 체는 걱정할 것 없습니다. 서터 제재소 근처의 브래넌 교역소에 가면 얼마든지 살 수 있으니까요."

처음에는 고작 몇 명이 아메리카 강으로 갔어. 그들은 금을 불룩하게 담은 자루를 들고 샌프란시스코로 돌아왔지. 그러자 수백 명이 달려갔단다. 그 다음에는 수천 명이 몰려갔어. 그리고 얼마 후에는 미국 사람치고 서터 제재소의 금에 관한 소문을 듣지 않은 사람은 거의 없을 정도가 되었지.

캘리포니아는 임자 없는 땅이었어. 아무나 가서 말뚝을 박고 자기 땅이라고 주장하기만 하면 자기 땅이 되었던 거야. 수많은 사람들이 캘리포니아로 몰려가서 아메리카 강 주변의 땅에 말뚝을 박았어. 그들은 이런 노래를 불렀단다.

> 오 수잔나, 나를 위해서 울지 마오.
> 나는 양철 냄비를 무릎에 드리우고
> 캘리포니아 땅에 와 있다오.

골드 러시—황금을 찾아 캘리포니아로! 597

또 이런 노래도 있었어.

　　바람아, 함께 가자, 하이-호.
　　캘리포-니-아-로,
　　거기는 금이 널려 있다더구나,
　　새크라멘토 강가에!

1만 5천 명이던 캘리포니아의 인구가 2년이 채 못 되어서 10만 명으로 늘어났어. '포티 나이너스Forty-niners'라 불리는 새 이주자들은 거의 모두가 광부들이었단다. 그들은 강가에 텐트를 치고 살고, 근처의 교역소에서 생활필수품을 샀어. 교역소들을 중심으로 '붐 타운boom town'이라 불리는 새 도시들이 비 온 뒤에 죽순이 돋듯이 생겨났어. 금을 캔 광부들이, 아니, 금을 주워 모은 사람들이 도시로 몰려와서 돈을 펑펑 뿌려 댔어. 브래넌의 교역소는 너무도 장사가 잘되었지. 그는 백만장자가 되었어. 새크라멘토와 샌프란시스코의 땅이 5분의 1이나 그의 소유가 되었어. 그는 은행까지 열었단다.

그러나 재미를 보지 못한 사람들도 수없이 많았어. 땅에 말뚝을 박고 그 땅을 자기의 것이라고 주장하려면, 일주일 이상을 거기에 머물러야 했어. 그래서 광부들은 텐트 근처에 말뚝을 박아 놓고, 하루 종일 체로 모래를 걸러 내거나 곡괭이로 바위를 쪼아서 금을 캤어. 말뚝을 박아 놓은 곳에서 일주일을 버티지 못한 사람들이 도적으로 돌변해서 남의 금을 훔치고, 샌프란시스코나 새크라멘토에 새로 생긴 은행들을 털었어. 강도들이 떼를 지어서 돌아다녔지. 농장 주인이나 목장 주인들은 땅과 가축을 지키기 위해서, 혹은 농장이나 목장에다가 말뚝을 박으려고 설치는 자들을 쫓아내기 위해서 총을 들어야 했어.

그러나 엄청난 금을 캘 수 있다는 희망이 미국뿐만이 아니라 전 세계 사람들을 캘리포니아로 몰려오게 했단다. 중국, 영국, 프랑스, 독일, 스페인, 이탈리아, 포르투갈, 스웨덴 사람들이 거기에 나타났어. 수 세기 동안 서로 죽이고 살리고 전쟁을 치렀던 나라의 사람들이 이제는 캘리포니아의 강가에서 서로 팔꿈치와 무릎을 스치면서 금을 캐느라 허리를 숙이고 있었어. '죽은 당나귀 계곡', '두더지의 영광', '거짓말쟁이 마을', '싸움판 마을', '커피 골짜기' 등, 별 희한한 이름의 금광촌들이 캘리포니아의 여러 강변에 500개 이상이나 생겼어. 광부들은 낮에는 말뚝을 박아 놓은 땅 근처에서 금을 캐고, 밤에는 도시로 몰려가서 술을 마시고, 입씨름을 하고, 노래를 부르고, 춤을 추었어. 갑자기 생긴 도시에는 여자들이 너무도 귀했어. 그래서 남자들이 서로 붙들고 춤을 추어야 했고, 마지막에 가서는 서로 총질을 하는 사태가 흔히 벌어졌단다.

1850년에 캘리포니아는 무법천지(법이 없는 것과 같은 세상)인 금광촌 구역을 포함해서 미합중국에 편입되었어. 캘리포니아는 미국의 31번째 주가 되었어. 그때부터 이미 캘리포니아는 미국에서 가장 부유한 주였단다.

요동치는 세계

250년 전에는 스페인 사람들이 남아메리카에서 금을 캤어. 이제는 미국 사람들이 캘리포니아의 강변에서 금을 펑펑 캐내고 있지.

그 250년 동안에 세계는 엄청나게 달라졌단다. 세계의 거의 모든 곳에서 공장들이 상품들을 쏟아 냈어. 공장 주위에는 도시가 생겼어. 도시의 중심부에는 화려한 건물들과 드넓은 도로가 들어서고, 변두리에는 빈민가가 생겼어. 공장에서 뻗어 나온 철도가 도시를 거쳐서 시골로 달려. 캘리포니아의 수많은 금광들에서 시작된 철도가 미국 서부의 모든 곳으로 뻗어 갔단 말이야. 영국 땅의 이 해안과 저 해안을 철도가 잇고 있네. 유럽에서부터 저 러시아의 얼음 땅까지도 철도가 달리고 있어.

남아메리카에 새로 생긴 공화국들은 늘 자기들 안에서 싸움이 그치지 않았어. 군대의 장군들이 어느 날 권력을 잡고 독재자가 되어서 국민이 천신만고 끝에 간신히 만든 헌법을 휴지로 만들기도 했어. 미국에서는 노예를 부리는 사람들과 노예를 부려서는 안 된다고 믿는 사람들이 싸웠단다. 오스트레일리아와 뉴질랜드의 영국인들은, 애보리진들과 마오리들이 백인들에게 빼앗긴 땅을 되찾으려고 언제 어느 순간에 들고일어날지 몰라서 늘 정신을 바짝 차리고 있어야 했어. 캘커타에서는 인도 병사들이 영국 군인들을 내쫓을 날이 언제일까 쑥덕거리고, 중국의 황제는 중국 땅에서 아편을 마구 팔아 대는 영국 상인들을 마냥 보고만 있어야 하는 자신의 처지를 안타까워했어. 오랜 전쟁의 상처가 아직 아물지 않은 유럽에서는 혁명 사상을 품은 젊은이들이 그들의 국왕을 비난하고, 스페인과 이탈리아를 아직도 주무르는 귀족들을 비난하는 고함을 지르며 거리를 활보했어. 러시아에서는 굶주린 수백만의 농민들이 차르의 호화로운 궁궐을 원망에 찬 눈빛으로 쳐다보며, 기름진 음식을 눈에 선하게 그렸어.

머지않아서 전쟁이 미국을 둘로 갈라놓을 거야. 러시아와 인도와 중국도 전쟁이 휩쓸 것이고, 유럽 전 지역이 전쟁으로 폐허가 될 날이 머지않았어.

1600년부터 1850년까지의 250년 동안에 미국, 멕시코, 브라질, 중국, 인도, 프랑스, 스페인, 러시아, 영국 등의 현대 국가들이 성립되었어. 그러나 그 후 150년 동안에는 지금까지 인류가 목격했던 그 어떤 분란보다도 더 거대한 분란이 일어나 그 모든 나라들을 뿌리째 흔들어 놓게 된단다.

〈4권 현대 편 상권으로 계속〉

연 표

1553년	세바스찬 캐벗이 북서 항로를 찾기 위한 원정길에 오름 [제4장]
1555년	카를 5세가 신성 로마 황제라는 칭호를 포기함 [제1장]
	펠리페 2세가 아버지 카를 5세로부터 스페인의 왕관을 물려받음 [제1장]
1556년	카를 5세의 동생 페르디난트 1세가 신성 로마 황제가 됨 [제1장]
1567년	스코틀랜드의 메리 여왕이 영국의 포로 신세가 됨 [제2장]
1583년	은징가가 은돔바 왕국에서 태어남 [제7장]
1587년	스코틀랜드의 여왕 메리가 처형됨 [제2장]
1588년	아바스 1세가 사파비 왕국의 통치자가 됨 [제8장]
1592년	도요토미 히데요시가 한국을 제압하기 위해 공격해 옴 [제5장]
1598년	스페인의 펠리페 2세가 죽음
1603년	사무엘 드 샹플랭이 캐나다에 처음으로 도착함 [제4장]
	엘리자베스 1세가 죽고, 제임스 1세가 왕위를 물려받음(스코틀랜드의 제임스 6세) [제3장]
	도쿠가와 이에야스가 일본의 쇼군이 됨 [제5장]
1605년	자한기르(세계의 지배자)가 인도의 황제가 됨 [제11장]
	도쿠가와 이에야스가 자기의 아들 히데타다를 쇼군으로 지명함 [제5장]
1607년	버지니아에 제임스타운 식민지를 건설함 [제3장]
1607년	헨리 허드슨이 북서 항로를 찾아 항해를 시작함 [제4장]
1608년	캐나다에 퀘벡 식민지가 세워짐 [제4장]
1611년	헨리 허드슨이 허드슨 만을 표류함 [제4장]

연표

1614년	포카혼타스가 존 롤프와 결혼함 [제3장]
1616년	도쿠가와 이에야스가 죽음 [제5장]
1618년	30년 전쟁이 보헤미아에서의 반란으로 시작됨 [제9장]
1620년	메이플라워 호가 새로운 세계를 찾아 항해를 시작함 [제6장]
1623년	무라드 4세가 오스만 제국의 술탄이 됨 [제8장]
	도쿠가와 이에미쓰가 3대 쇼군이 됨 [제10장]
1625년	찰스 1세가 영국의 왕이 됨 [제12장]
1627년	인도의 자한기르가 죽음 [제11장]
1628년	샤 자한(세계의 왕)이 인도의 황제가 됨 [제11장]
1629년	사파비 왕국의 아바스 1세가 죽음 [제8장]
1633년	도쿠가와 이에미쓰가 일본의 항구를 닫아 버림 [제10장]
1635년	사무엘 드 샹플랭이 죽음 [제4장]
1637년	신성 로마 황제 페르디난트 2세가 죽음 [제9장]
1639년	일본이 유럽의 상인들이 들어오는 것을 금지함 [제10장]
1642년	프랑스의 리슐리외 수상이 죽음 [제9장]
1644년	이자성이 그의 군대를 이끌고 베이징에 쳐들어감 [제10장]
1646년	찰스 2세가 영국을 떠남 [제12장]
1653년	올리버 크롬웰이 영국의 호국경이 됨 [제12장]
1659년	아우랑제브(세계의 정복자)가 인도의 황제가 됨 [제11장]
	올리브 크롬웰이 죽음 [제12장]
1660년	프랑스로 쫓겨 갔던 찰스 2세가 영국에 옴 [제12장]
1661년	강희제가 청나라의 황제가 됨 [제10장]

1663년	은돔바 왕국의 여왕 은징가가 죽음 [제7장]
1665년	런던에 흑사병이 퍼져 많은 사람들이 죽음 [제12장]
1666년	인도의 황제 샤 자한이 죽음 [제11장]
	런던에 큰 화재가 일어남 [제12장]
1672년	표트르 대제가 태어남 [제17장]
1675년	킹 필립의 전쟁이 시작됨 [제15장]
1678년	킹 필립의 전쟁이 끝남 [제15장]
1681년	펜실베이니아 식민지에 필라델피아라는 도시가 건설됨 [제15장]
1682년	표트르 대제가 러시아의 차르가 됨 [제17장]
1683년	오스만 투르크가 빈을 공격함 [제18장]
	강희제가 타이완을 중국의 영토에 포함시킴 [제20장]
1687년	아이작 뉴턴이 《프린키피아》라는 제목의 책을 출판함 [제16장]
1688년	메리와 윌리엄이 명예 혁명으로 왕위에 앉음 [제15장]
1689년	표트르 대제가 누나 소피아가 가지고 있던 그의 왕관을 찾게 됨 [제17장]
	윌리엄 왕 전쟁이 시작됨 [제21장]
1690년	아우랑제브가 영국인들에게 '캘커타' 건설을 허락함 [제11장]
1690년	존 로크가 《정치론Two Treatises of Government》이라는 제목의 책을 출판함 [제16장]
1696년	강희제가 몽골을 중국의 영토에 포함시킴 [제20장]
1697년	윌리엄 왕 전쟁이 끝남 [제21장]
1700년	러시아와 스웨덴의 북방 전쟁이 시작됨 [제17장]
1701년	제스로 툴이 씨를 뿌리는 기계를 발명함 [제16장]

연표

1701년	앤 여왕 전쟁이 시작됨 [제21장]
1703년	표트르 대제가 상트페테르부르크를 건설함 [제17장]
1707년	아우랑제브가 죽고 바하두르 샤 1세가 황제가 됨 [제19장]
1710년	찰스 타운센드의 윤작법이 널리 보급됨 [제16장]
1712년	바하두르 샤 1세가 죽음 [제19장]
1713년	앤 여왕 전쟁이 끝남 [제21장]
1714년	조지 루이스가 영국의 조지 1세가 됨 [제21장]
1715년	루이 14세가 죽고 루이 15세가 프랑스의 왕이 됨 [제13장]
1718년	오스만 투르크 제국의 튤립 시대가 시작됨 [제18장]
1719년	모하메드 샤가 인도의 황제가 됨 [제19장]
1722년	강희제가 죽음 [제10장]
1725년	표트르 대제가 죽음 [제17장]
1726년	티베트가 중국의 영토의 일부분이 됨 [제20장]
1727년	조지 1세가 죽고 조지 2세가 영국의 왕이 됨 [제21장]
1730년	오스만 투르크 제국의 튤립 시대가 끝남 [제18장]
1735년	건륭제가 중국의 황제가 됨 [제20장]
1739년	젱킨스의 귀 전쟁이 시작됨 [제21장]
1744년	조지 왕 전쟁이 시작됨 [제21장]
1748년	인도의 황제 모하메드 샤가 죽음 [제19장]
	조지 왕 전쟁이 끝남 [제21장]
1754년	프렌치 인디언 전쟁이 시작됨 [제21장]
1757년	영국이 플라시 전투(동인도 회사와 벵골의 총독이 벌인 싸움)를 통해 벵

	골을 획득함
1756년	7년 전쟁이 시작됨 [제21장]
1763년	7년 전쟁이 끝남 [제21장]
	프렌치 인디언 전쟁이 끝남 [제21장]
1769년	건륭제가 미얀마를 중국의 영토에 포함시킴 [제20장]
	제임스 와트가 증기 기관에 관한 특허를 받음 [제27장]
1771년	제임스 쿡이 오스트레일리아 해안 지도를 그림 [제24장]
1776년	제임스 쿡이 그의 마지막 항해를 시작함 [제24장]
	북아메리카 식민지가 대영 제국에게 독립을 선언함 [제22장]
1787년	필라델피아에서 헌법 제정 회의가 열림 [제23장]
1789년	5월에 세 계급의 대표자들이 베르사유에 모임 [제25장]
	7월 14일 바스티유 감옥이 함락됨 [제25장]
1791년	미국 헌법에 권리 장전이 덧붙여짐 [제23장]
	노예들이 생 도밍그에서 반란을 일으킴 [제30장]
1793년	루이 16세와 마리 앙투아네트가 처형당함 [제25장]
	엘리 휘트니가 조면기를 발명함 [제27장]
	조지 매카트니가 중국을 방문함 [제28장]
1794년	로베스피에르가 죽고, 프랑스의 공포 정치가 끝남 [제25장]
1795년	중국의 건륭제가 그의 아들에게 왕위를 물려주고 물러남 [제39장]
1796년	예카테리나 대제가 죽음 [제26장]
	중국에서 아편 수입을 금지하는 칙령을 내림 [제39장]
1797년	엘리 휘트니가 총의 부품을 표준화하여 널리 보급시킬 아이디어를 냄

[제27장]

1799년	나폴레옹이 집정관이 됨 [제29장]
1802년	나폴레옹이 한 명뿐인 집정관이 됨 [제29장]
1804년	나폴레옹이 황제가 됨 [제29장]
	루이스와 클라크가 서부 탐험을 시작함 [제32장]
1805년	나폴레옹이 트라팔가르 해전에서 패함 [제29장]
1806년	루이스와 클라크가 서부에서 돌아옴 [제32장]
1807년	영국이 노예 무역을 불법화함 [제36장]
1808년	미국이 노예 무역을 불법화함 [제36장]
1810년	아르헨티나가 독립을 선언함 [제34장]
	미겔 이달고가 '돌로레스의 외침'이라는 연설을 함 [제35장]
1811년	베네수엘라가 독립을 선언함 [제34장]
1812년	나폴레옹이 러시아 원정에 실패함 [제33장]
1812년	미국이 영국과의 전쟁을 선포함(1812년 전쟁) [제33장]
1814년	1812년 전쟁이 끝남 [제33장]
	나폴레옹이 엘바 섬으로 유배됨 [제33장]
1815년	나폴레옹이 권력을 되찾았으나 실패하고 세인트헬레나 섬으로 유배됨 [제33장]
1818년	남아프리카에서 재난의 시기(음페카네)가 시작됨 [제37장]
1820년	영국이 케이프 식민지를 차지함 [제37장]
1821년	나폴레옹이 죽음 [제33장]
	멕시코가 독립을 함 [제35장]

1824년	멕시코가 공화국이 됨 [제35장]
	영국 상인들이 남아프리카 해안에서 더반을 건설함 [제37장]
1828년	줄루 족의 왕 샤카가 죽음 [제37장]
1830년	미국이 인디언 강제 이주법을 채택 [제38장]
1831년	냇 터너의 반란이 일어남 [제38장]
1833년	산타 안나가 멕시코의 대통령이 됨 [제40장]
1835년	보어 인들의 대이동이 시작됨 [제37장]
	제2차 세미놀 전쟁이 플로리다에서 시작됨 [제38장]
	텍사스가 독립을 선언함 [제40장]
1836년	알라모 전투 [제40장]
1839년	체로키 족이 눈물의 길이라 부르게 될 여행을 출발함 [제38장]
	첫 번째 아편 전쟁이 시작됨 [제39장]
1842년	첫 번째 아편 전쟁이 끝나고 난징 조약이 체결됨 [제39장]
1845년	텍사스가 미국의 한 주가 됨 [제40장]
1846년	멕시코 전쟁이 시작됨 [제40장]
1848년	멕시코 전쟁이 끝남 [제40장]
1849년	캘리포니아에 금광이 발견되어 사람들이 몰림 [제42장]
1850년	캘리포니아가 미국의 31번째 주가 됨 [제42장]

찾아보기

ㄱ

가경제 563~564
가이 포크스 50~51
《강희자전康熙字典》 296~300
강희제 158~159, 295, 298, 308
개리슨 573~574
거꾸로 뒤집힌 세상 337~338
거북선 80
거지 떼 35~36
건륭제
    곳곳에 흩어져 있는 책을 모음 296~300
    아편이 중국에 들어옴 428~429
    제국 확장 296
    조지 매카트니의 중국 방문 422~425
계약직 머슴들 109
고두 424
공유지 사유화 법령 249
공장법 460
공포 정치 384~386
과나후아토 520
과두 정치 431
과학적 농업 247~249
과학적 방법 236
광저우 421~422, 428, 564, 566~567
구스타프 2세 141~143
국가 안전 위원회 384
국민 공회 382~386
국민 의회 377~382
국왕의 딸들 222
권리 장전 346~347
그랜드 비지어 129~130
그레이트 브리튼 325
금(남아메리카의 금) 23~29
기사당(왕당파) 178~179
기요틴 380~384
기즈의 메리 37~38
깃대 전쟁 590~593

ㄴ

나디르 샤 284~285

나르바 262
나폴레옹 보나파르트
    나폴레옹 법전 437
    러시아 침략 485~486
    러시아와 오스트리아의 연합군 격파 483~484
    루이지애나 준주를 미국에 팖 438~439
    백일 천하 492~494
    북부 이탈리아 장악 후 오스트리아 공격 432~434
    세인트헬레나 섬 유배 496~497
    스페인 정복과 포르투갈 공격 484
    엘바 섬에 유배됨 490~491
    워털루 전투 494~495
    이집트 점령 434~435
    죽음 497
    집정관이 됨 436~438
    트라팔가르 해전에서 패함 442~443
    황제 등극 439
난디 538~541
난징 조약 567
난징 조약 567~568
남아메리카
    볼리바르가 스페인으로부터 독립하기 위해 싸움 499~513
    산 마르틴의 리마 정복 508~510
    스페인이 엄청난 금을 채취해 감 23~29
    콜럼비아 공화국 510~513)
냇 터너 555~561
네덜란드
    남아프리카의 보어 인 542~546
    대동맹 전쟁 310
    북아메리카에 네덜란드 인 정착 96~103
    30년 전쟁 135~145
    스페인 계승 전쟁 311
    스페인의 펠리페 2세에 대항하여 봉기를 일으킴 31~37
    윌리엄 아담스가 일본에 무역을 하러 감 148~149
네덜란드 동인도 회사 97~98
네덜란드 서인도 회사 98
네드 러드 장군 461~462
노예
    냇 터너의 반란 555~561
    멕시코의 노예 제도 572, 579
    미국의 노예 제도 529~532, 600

찾아보기

북아프리카의 노예 무역이 시작됨 109~110
아이티의 봉기 445~452
앙골라의 여왕 은징가가 포르투갈과 싸움 111~117
영국의 노예 제도 폐지 527~535
노예 제도 폐지론자 527~535
농업 혁명 251
누르하치 154
눈물의 길 554
뉴사우스웨일스 357~359, 364
뉴스페인 28
뉴스페인 96
뉴암스테르담 98
뉴잉글랜드 96
뉴질랜드
　마오리 족과 영국의 깃대 전쟁 590~593
　영국 사람들이 들어옴 585~590
뉴프랑스 96, 219~222

● ㄷ ●

다니엘 디포 190
다섯 개명 부족 550
다이묘 75~76, 82~84, 147
달라이 라마 304
담배 105~110
대동맹 전쟁 310
대습지 전투 217
대통령 345
더반 538, 545
더치 37
덴마크
　30년 전쟁 135~145
　크리스티안 4세 140~142
데칸 170~173, 279
도광제 565~566
도요토미 히데요시 76~81
도쿠가와 막부 83~86
도쿠가와 이에미쓰 149~152
도쿠가와 이에야스 81~86
독립 선언문 334~336, 374
독일
　대동맹 전쟁 310
　30년 전쟁 135~145
　오스만 투르크 군이 빈을 공격 269~272
　오스트리아 계승 전쟁 314~315

6ɪɪ

조지 1세가 영국의 왕이 됨 312
　　프로이센 206~210
돌로레스의 외침 515~521
동인도 회사 286
디스커버리 호 69
딩가네 542~545

 ㄹ

라네로 506
라운드헤즈(의회파) 178~179
러다이트 462~464
러시아
　　나폴레옹이 공격해 옴 485~486
　　북방 전쟁 260~262
　　알렉산드르 1세가 나폴레옹과 평화조약을 맺음 483~484
　　예카테리나의 지배 397~404
　　옐리자베타와 표트르 3세의 지배 389~397
　　표트르 1세의 서양 문물 수용 254~259
런던 대화재 191~193
레나페 족 98~99
레제브 파샤 130~131

로드 단리 41~42
로버트 딘위디 316~318
로버트 베이크웰 249~250
로버트 설리 123~124
로버트 에드워드 리 581
로버트 젱킨스 313~314
로버트 주엣 69~71
로버트 케이츠비 50
로버트 클라이브 289~290
로베스피에르 377~386
루이 14세(태양 왕) 195~203, 220~222
루이 15세 202
루이 16세 371~383, 385
루이 18세 489~494
루이지애나 구입 439
리슐리외 143~144, 197

● ㅁ ●

마라타 170~173
마리 마들렌 222~226
마리 앙투아네트 373~385
마스턴 무어 179
마오리 586~593

찾아보기

마자랭 197~198
마흐무드 1세 277
만주 153
만주족 153~159
매사소이트 94
매사추세츠 만 식민지 96
메리 여왕 37~44
메리(제임스 1세의 누나, 오렌지 공 윌리엄의 아내) 231, 233, 237, 242, 311
메리웨더 루이스 468~474
메스티소 512, 515, 519~522
메이플라워 92
메이플라워 서약 93
메타콤(킹 필립) 214~219
멕시코
   멕시코 미국 전쟁 579~581
   산재신토 전투 277~278
   알라모 전투 575~576
   이달고가 독립을 위해 싸움 515~521
   이투르비데가 스페인으로부터 독립을 이끌어 냄 522~525
멕시코 미국 전쟁 579~581
명예 혁명 233

모하메드 샤 283
몬트리올 220, 222, 320, 325
몽골 302
무굴 왕조 162
무라드 4세 125~132
음팡데 545
뭄타즈 마할 164~168
미겔 이달고 515~522
미국
   냇 터너 555~561
   눈물의 길 554
   루이지애나 구입 439
   멕시코 미국 전쟁 579~581
   미국의 노예 제도 529~532, 600
   산재신토 전투 277~278
   알라모 전투 575~576
   조면기와 호환성이 가능한 총기의 효과 412~417
   1812년 전쟁(영·미 전쟁) 488~489
미국 독립 전쟁 332~339
미니트맨 331
미르 자파르 289~290
미얀마 304~305

민병대 331~337

● ㅂ ●

바부르 161
바스티유 감옥 379
바하두르 샤 1세 280~282
베네수엘라 500~510
베르사유 궁전 199~203
베스트팔렌 평화 조약 144
베어본스 의회(지명 의회) 184
베트남 305
벵골 172
변발 157
보스턴 차 사건 329~330
보스턴 학살 329
보야르 258
보어 인 542~546
보어 인들의 대이동 544
보터니 만 358, 365~366
볼리비아 513
봄베이 286
북방 전쟁 260~262
북서 항로 61~72

분리파 89
분재 152
브란덴부르크 206~210
브로드웨이 99, 103
비지에 270
빈 270~272
빌헬름 1세 209~210

● ㅅ ●

사무엘 드 샹플랭 61~66, 219
사카자웨어 469~474
산 마르틴 508~512
산재신토 전투 277~278
삼각 무역 110
30년 전쟁 135~145
〈상식Common Sense〉 333~334
상원 344
상트페테르부르크 262~266, 388~401
새뮤얼 페피스 190, 192~193
새커리 496~497
새크라멘토 594~595
샌안토니오 574~577
샘 브래넌 596~598

찾아보기

샘 휴스턴 574~577
생도밍그 445~452
샤 자한(쿠람, 세계의 왕) 161~168, 279
샤를 레클레르 450~451
샤를마뉴 19
샤보노 469~472
샤카 왕 537~542
선(禪) 불교 152~153
설탕 조례 326
세미놀 족 550~553
세바스찬 캐벗 68
세인트로렌스 강 62~64
세인트헬레나 섬 496~497
세키가하라 전투 82~84
셀주크 125~127
소피아 253~254
쇼군 82~83, 147~151
쇼니 족 475~476, 488
쇼쇼니 족 470~473
술탄 269
스모 85
스웨덴
    구스타프 2세 141~143

북방 전쟁 260~262
30년 전쟁 135~145
스코틀랜드 325
스콴토 94~95
스퀘터스 367
스페인
    나폴레옹이 침략 484
    남아메리카 식민지와 싸움 508~511
    남아메리카로부터 엄청난 금을 채취해 감 23~39
    네덜란드 인이 반란 진압 31~37
    뉴스페인에서의 반란을 진압 515~521
    대동맹 전쟁 310
    스페인 계승 전쟁 311
    오스트리아 계승 전쟁 314~315
    이투르비데가 뉴스페인을 독립시킴 522~525
    젱킨스의 귀 전쟁 314~315
    페르난도 7세가 베네수엘라 반란군을 진압하기 위해 군대를 보냄 502~506
    페르난도 7세와 볼리바르 499~500
스페인 계승 전쟁 311
슬림 465

시라지 287~290
시마바라 봉기 151~152
시몬 볼리바르 499~513
신형군 179, 183

● ○ ●
아구스틴 1세(→아구스틴 데 이투르비데)
아구스틴 데 이투르비데 522~525
아메리카 강 595~597
아메리카 원주민
  내러갠싯 족 217
  눈물의 길 554
  레나페 족 98~99
  매나단 족 469
  메타콤(킹 필립) 214~219
  모호크 족 217
  몬테그니스 족 65
  사카자웨어 469~474
  세미놀 족 550~553
  쇼니 족 475~476, 488
  쇼쇼니 족 470~473
  스콴토 94~95
  왐파노아그 족 94~96, 213~219

윌리엄 왕 전쟁 310
이로쿼이 족 219~226
존 세사몬 214~216
체로키 족 550~555
촉토 족 550~551, 552, 555
칙소 족 550~551
크리크 족 550~551, 575
테쿰세 475~481, 488~489
테턴 수 족 468
텐스콰타와 477~481
포우하탄 58~59
포카혼타스 59
프렌치 인디언 전쟁 320~322
휴런 족 219~220
아메리칸 시스템 417
아바스 1세 122~125
아서 코난 도일 544
아서 필립 363~369
아우랑제브(세계의 정복자) 161~173,
  279~280
아이작 뉴턴 238~242, 244~246
아이티 445~452
아이티의 자크 1세(→장 자크 데살린)

찾아보기

아조프 255~258
아케인젤 255, 264
아편 423~429, 563~568
아편 전쟁 567
아편굴 429
아프리카
    미국의 노예 제도 529~532, 600
    보어 인들의 정착 542~546
    북아프리카의 노예 무역이 시작됨 109~110
    앙골라의 여왕 은징가가 포르투갈과 싸움 111~117
    영국의 노예 제도 폐지 527~535
    줄루 왕국의 샤카 왕 537~542
아흐메트 3세 273~277
안토니오 로페즈 데 산타 안나 525, 572~581
알라모 575~576
알렉산더 해밀턴 342, 348, 351, 461, 464,
알렉산드르 1세 483, 485
알리 형제 282~283
알브레히트 폰 발렌슈타인 140~143
앙골라 117

앙리에타 마리아 175~176
애보리진 364, 368
앤 여왕 전쟁 311
앵글로 571
앵글리칸 49
에도 82
에드워드 브래독 318~320
에이브러햄 링컨 580
엘 도라도 25
엘리 휘트니 413~417
엘리자베스 1세 41, 43, 44, 48
엘바 섬 490~491
엠프레사리오 571
엥코미엔다 25
연합법 325
영국
    깃대 전쟁 593
    노예 무역 폐지 534~535
    뉴사우스웨일스 섬 356~358, 364
    미국 독립 전쟁 331~339
    아편 전쟁 563~568
    아프리카 보어 인들의 식민지를 뺏음 542~546

연합법 325
와이탕기 조약 587~590
1812년 전쟁 488~489
트라팔가르 해전 승리 442~443
영·미 전쟁(1812년 전쟁) 488~489
예니체리 269
예수회 147~148
예카테리나 대제 389~404, 483
엘리자베타 390~397
오다 노부나가 76~78
오렌지 공(→윌리엄)
오렌지 자유 주 546
500인회 431
오삼계 156
오스만 127~128
오스만 투르크 제국
    빈 공격 269~272
    사파비드 족이 몽골을 공격 122
    아조프 항구를 빼앗으려는 러시아의 공격을 막아 냄 255~256
    아흐메트 3세 273~277
    영토 확장 269~272
오스트레일리아(당시에는 뉴사우스웨일스)
    영국에서 죄수들을 식민지에 보냄 363~369
    쿡 선장이 발견하여 이름을 붙임 358~359
오스트리아
    대동맹 전쟁 310
    오스만 투르크 족의 빈 공격 269~272
    오스트리아 계승 전쟁 314~315
    이탈리아를 점령한 프랑스 군의 침입 432~434
오스트리아 계승 전쟁 314~315
오하이오 강 계곡 316~321
오하이오 포크 317~321
오하이오밸리 475~476, 549
올리버 크롬웰 179~187
옹염(→가경제)
와이탕기 조약 587~590
왐파노아그 족 94~96, 213~219
왕정 복고 188
요크 공 102~103
은돔바 111~117
은징가 111~117
음반디 113~116

찾아보기

워털루 전투 494~495

원로원 431

월스트리트 103

웨일스 325

웰링턴 공 494~495

윌리엄 31~36, 233, 237, 242, 311,

윌리엄 브래드퍼드 89~96

윌리엄 블레이크 459

윌리엄 아담스 148~149

윌리엄 왕 전쟁 310

윌리엄 워즈워스 426, 459~460

윌리엄 윌버포스 534~535

윌리엄 클라크 468~474

윌리엄 트래비스 575

윌리엄 펜 226~234

윌리엄 피트 320~322

윌리엄 헨리 해리슨 478~481, 488~489

윌리엄 홉슨 587~590

윤작법 248~249

의회 344

이로쿼이 족 219~226

이브라힘 파샤 276~277

이스마일 122

이자성 155

인도
  데칸 지역의 여러 왕국 170~171
  동인도 회사가 영국의 이름으로 뱅골 주 통치 171~172
  샤 자한이 타지마할 건설 165~166
  아우랑제브가 영국 인들이 캘커타 건설 허락 172

인디언 강제 이주법 550~555

인디언 준주 554

인지 조례 326

인클로저 249

임칙서 566~567

● ㅈ ●

〈자메이카로부터의 편지〉 507

자연법 527

자한기르(세계의 지배자) 161~164, 279

잔부 의회 180~182

장 자크 데살린 448~452

장기 의회 177~180

저먼 퓨리 21

정부의 틀 230

제1계급 372~381
제1차 대륙 의회 330
제2계급 372~381
제2차 세미놀 전쟁 552
제3계급 372~381
제스로 툴 251
제임스 1세(스코틀랜드의 제임스 6세) 42~44, 47~52
제임스 2세 232~234, 239, 242,
제임스 와트 409~410
제임스 쿡 355~363
제임스타운 54~59, 105~110
젱킨스의 귀 전쟁 314~315
조면기 412~416
조시아 윈슬로 215~216
조지 1세 312~313
조지 2세 313~317, 328
조지 3세 326~328, 336, 351, 356~358
조지 매카트니 422~425, 563
조지 왕 전쟁 315
조지 워싱턴 317~319, 330~337, 342~353
존 녹스 38, 40, 43
존 로크 242~245, 501, 527

존 롤프 59, 105
존 세사몬 214~216
존 스미스 54~59
존 카버 93~95
존 호웰 288
주 의회 326
준주 467
줄루 족 537~542
중국
   건륭제의 영토 확장 296
   만주족이 들어옴 154~159
   아편 전쟁 567
   아편이 들어옴 428~429
중국령 투르케스탄 302~303
중력의 법칙 239~241
중화 419
증기 기관 409~417

● ㅊ ●

찰스 1세 175~182
찰스 2세 102
찰스 2세 187~188, 196, 225~229, 232, 238~239, 242, 380

620

찾아보기

찰스 타운센드 248
천연두 201, 219~220, 322, 393,
청교도 49~59,
청교도 혁명 175~181
청나라 153~159
체로키 족 550~555
촉토 족 550~551, 552, 555
추복뢰 294
최고 사법 재판소 345
칙소 족 550~551
7년 전쟁 320~322
침묵자 윌리엄(→윌리엄)

● ㅋ ●

카라 무스타파 270~272
카를 5세 18~23, 31~32, 135
칼 12세 260~266
캐나다
   앤 여왕 전쟁 311
   윌리엄 왕 전쟁 310
   이로쿼이 족이 뉴프랑스를 공격 219~226
   조지 왕 전쟁 315

프랑스 사람들의 정착 61~66
프렌치 인디언 전쟁 320~322
허드슨 만을 발견 71
캔턴 421
캘리포니아 595~599
캘커타 172~173, 286~290, 365
컬럼비아 특별구 352
케벡 64~66
케이프 식민지 542
콘키스타도레스 24
콜롬비아 공화국 510
콜리지 427~428
콩코드 331~332
쾨니히스베르크 207, 210
쿠람(→샤 자한)
퀘벡 66, 220~226, 311, 320, 355,
퀘이커 교도 227~230, 527
크레올 500~523
크루아상 271
크리스티안 4세 140~142
크리크 족 550~551, 575
킹 제임스 판본(흠정 역역 성서) 52
킹 필립 전쟁 218

킹 필립(→메타콤)

● ㅌ ●

타이완 306
타지 마할 165~167
타히티 섬 355~356
태양 왕(→루이 14세)
테니스 코트의 서약 378
테쿰세 475~481, 488~489
텍사스
    멕시코 미국 전쟁 579~581
    미합중국으로 편입 579~591
    산재신토 전투 277~278
    알라모 전투 575~576
텐스콰타와 477~481
토머스 제퍼슨 334, 351, 417, 464, 467
토머스 페인 333~334
투생 루베르튀르 448~451
튤립 시대 276
튤립 왕(→아흐메트 3세)
트라팔가르 해전 442~443
트란스발 공화국 546
티베트 303~304

● ㅍ ●

파루키시야르 282
파르도 512
파리 조약 322
파케하 586~593
패트릭 헨리 327, 330, 346, 352
페르난도 7세 498, 502, 506~507, 524
페르디난트 1세 18
페르디난트 2세 134~144
펜(윌리엄 펜의 아버지) 227~229
펜실베이니아 226~230
펠리페 2세 18, 24, 25, 28, 135
포우하탄 58~59
포카혼타스 59
포트 윌리엄 287
포티 나이너스 598
표준화 416~417
표트르 1세(표트르 대제)
    북방 전쟁 260~262
    서양 문물 수용 254~259
    아조프 항구를 함락시킴 255~256
표트르 3세 390~403

찾아보기

표트르 대제(→표트르 1세)
표트르 울리히(→표트르 3세)
퓨리어스 오버폴 69
퓨리턴(→청교도)
프라하의 창밖 투척 사건 137~138
프란시스코 데 미란다 501~504
프랑스
    공포 정치 384~386
    대동맹 전쟁 310
    루이 14세(태양 왕) 195~203, 220~222
    루이지애나 구입 439
    리슐리외 143~144, 197
    미국 독립 전쟁 지원 337
    벵골 주와 동인도 회사와 싸움에 벵골군 지원 287
    사무엘 드 샹플랭이 퀘벡에 정착 61~66
    30년 전쟁 135~145
    스페인 계승 전쟁 311
    아이티의 봉기 445~452
    오스트리아 계승 전쟁 314~315
    이로쿼이 족이 뉴프랑스를 공격 219~226
    7년 전쟁 320~322

트라팔가르 해전 442~443
    프랑스 혁명 371~380
프랜시스 사비에르 147
프렌치 인디언 전쟁 320~322
프로이센 206~210
프로테스탄트 연합군 142
프로테스탄트 평의회 36, 38
프리드리히 1세 206~210
프리드리히 2세 210
《프린키피아 Principia》 241
플리머스 플랜테이션 95~98, 213~219
피의 강의 전투 545
피터 스투이베산트 100~103
필그림 92~98
필라델피아 230~234

● ㅎ ●

하와이 섬 360
하우스 344
하원 344
한국 80
한족 153~159
허드슨 만 71

623

허드슨 해협 71
헌법 제정 회의 343
헨리 허드슨 66~72
호국경(→올리버 크롬웰) 184~187
호네 헤케 590~593
호레이쇼 넬슨 442~443
호세 마리아 모렐로스 이 파본 522
호환성 417
화신(和神) 563~564
화약 모의 50~51, 180
훈타 502, 508, 522
휴런 족 219~220
흑사병 48
흑사병(페스트) 188~190, 239
히데요리 81~86
히데타다 149~150
힌두 교 169~170, 279~280

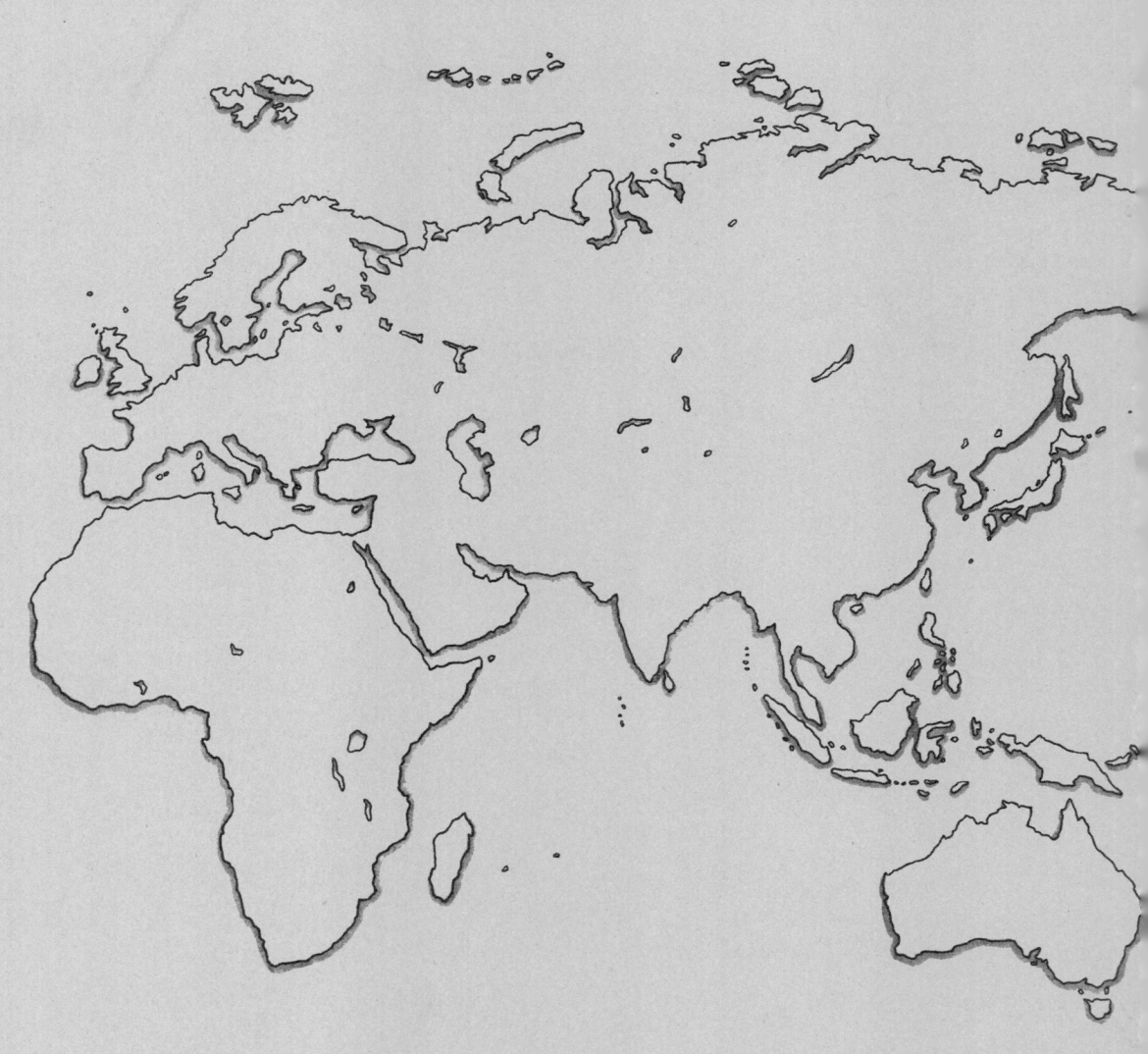